CEDU 쎄듀는 A **C**omprehensive **E**nglish e**DU**cation(종합적 영어교육)의 약자입니다.

펴낸이 김기훈 I 김진희
펴낸곳 (주)쎄듀 I 서울특별시 강남구 논현로 305 (역삼동)
발행일 2016년 11월 14일 초판 1쇄
내용문의 www.cedubook.com
구입문의 콘텐츠 마케팅 사업본부
Tel. 02-6241-2007
Fax. 02-2058-0209
등록번호 제 22-2472호
ISBN 978-89-6806-075-5

첫단추
BASIC

독해편 1

저자

김기훈 現 (주)쎄듀 대표이사
現 메가스터디 영어영역 대표강사
前 서울특별시 교육청 외국어 교육정책자문위원회 위원
저서 천일문 / 천일문 Training Book / 천일문 GRAMMAR
첫단추 BASIC / 어법끝 / 문법의 골든룰 101 / Grammar Q
어휘끝 / 쎄듀 본영어 / 절대평가 PLAN A / 독해가 된다
The 리딩플레이어 / 빈칸백서 / 오답백서 / 리딩 플랫폼 / 거침없이 Writing
첫단추 / 파워업 / 수능영어 절대유형 / 수능실감 등

쎄듀 영어교육연구센터
쎄듀 영어교육센터는 영어 콘텐츠에 대한 전문지식과 경험을 바탕으로
최고의 교육 콘텐츠를 만들고자 최선의 노력을 다하는 전문가 집단입니다.

마케팅 콘텐츠 마케팅 사업본부
영업 문병구
제작 정승호
인디자인 편집 올댓에디팅
내지디자인 디자인인트로
표지디자인 윤혜영
일러스트 조성호
영문교열 Eric Scheusner

이 책을 내며

중학교에 들어가 영어 학습을 하다 보면 초등학교 때 배웠던 영어와는 많이 다르다는 걸 느끼게 되고, 중학교 2, 3학년이 되면서부터는 고등학교 영어, 더 나아가 수능 영어에 대한 걱정과 두려움도 들기 시작합니다. 바로 이때 수능 영어에 대한 기본기를 다져둔다면, 고등학교에 진학하여 더 어려운 수준의 지문을 보아도 충분히 소화해낼 수 있고, 수능 영어에 대한 자신감도 붙을 것입니다. 문제를 아무리 많이 풀어도 성적이 오르지 않는 것은 기본기가 충분히 다져져 있지 않다는 뜻이고, 뒤늦게 기본기부터 다시 학습하려 한다면 그만큼 많은 시간이 소요될 것입니다.

〈첫단추 Basic 독해편〉은 영어 지문이 어떻게 구성되는지, 글의 주제란 무엇이고 어떻게 찾아야 하는지, 글의 구성을 이해하고 주제를 찾는 게 어떻게 문제 풀이에 도움이 되는지를 보여주고, 더 나아가 문제를 집중적으로 풀어보면서 수능 영어 독해를 위한 기초 실력을 탄탄히 다질 수 있도록 구성했습니다.

글에 대한 이해와 수능 유형에 대한 이해

1권에서는 글의 구조에 대한 기본적인 개념을 먼저 이해하고, 그 개념을 토대로 수능 유형에 대한 이해도 할 수 있도록 했습니다.

수능 유형에 대한 집중 연습

2권에서는 1권에서 이해한 글에 대한 개념과 수능 유형에 대한 이해를 바탕으로, 수능 유형을 더욱 자세히 학습하고 많은 문제를 풀어보면서 익숙해질 수 있도록 했습니다.

첫 번째 단추를 잘못 끼우면 나머지 단추들도 잘못 끼워지고 결국 뒤늦게 단추를 전부 풀고 처음부터 다시 끼우는 수고를 해야 합니다. 처음 끼우는 단추부터 제 위치를 찾아야 이후가 순조롭듯이, 본 교재가 수능 영어 학습의 올바른 시작을 제시하는 '첫단추'가 되고자 합니다. 영어 학습에 있어서 여러분이 원하는 목표를 이루시기를 진심으로 기원합니다.

저자 일동

How to Use This Book

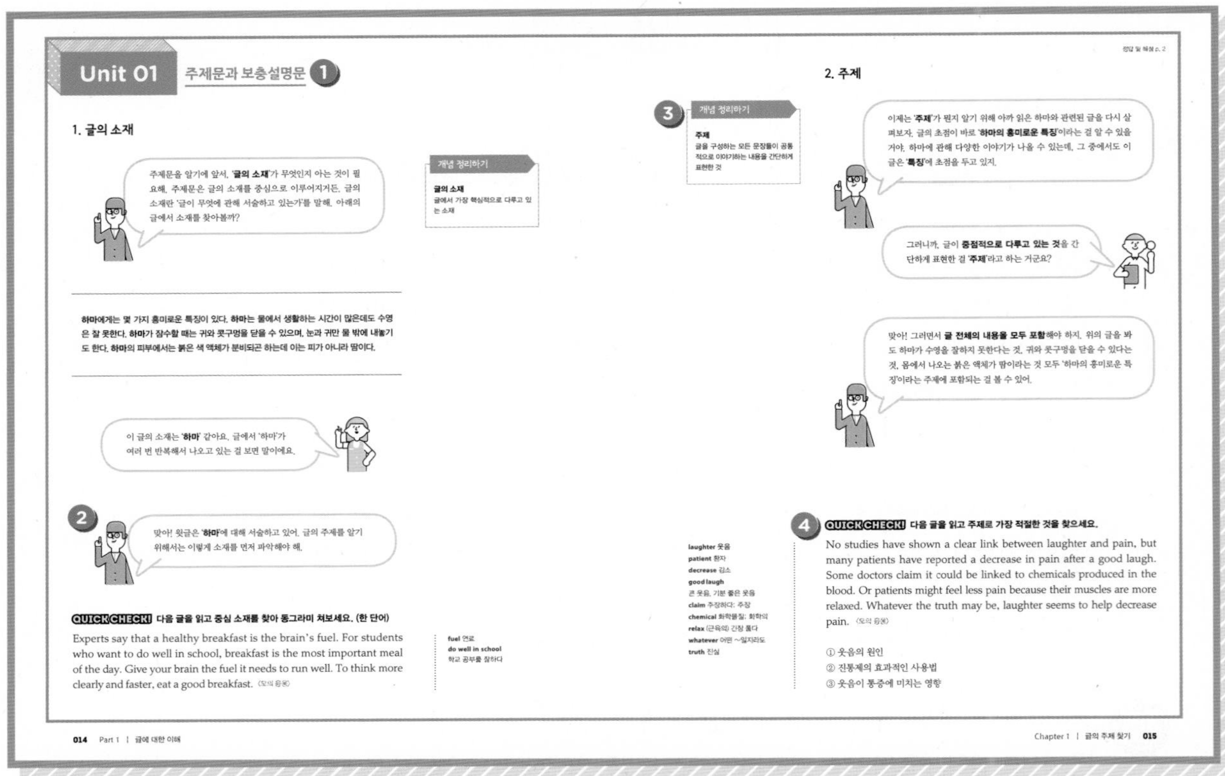

먼저, 글에 대해 이해하자!

Point

1. 글의 '주제'부터 '흐름'까지 자세히 배울 수 있어요.
2. 선생님과 친구들의 대화로 쉽게 공부해요.
3. 해석과 어휘, 어려운 개념은 바로 옆에서 확인해요.
4. Quick Check!로 배운 내용을 적용해 봐요.

기출 문제로 꼼꼼히 복습하기!

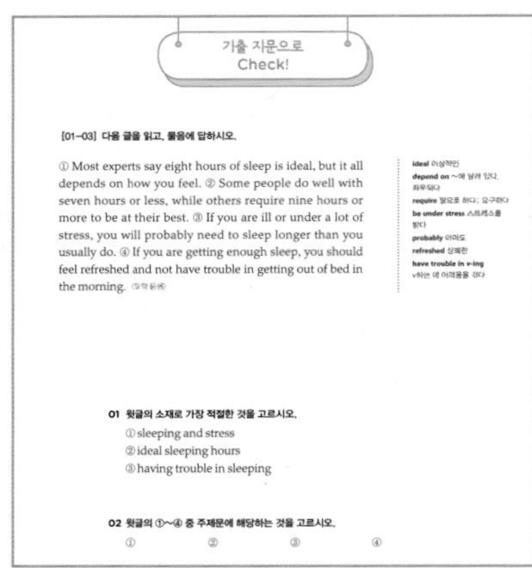

기출 지문으로 Check!

기출 문제로 앞에서 배운 내용을 꽉 잡아 내 것으로 만들어요.

개념 정리하고 실전 문제로 수능 미리 보기!

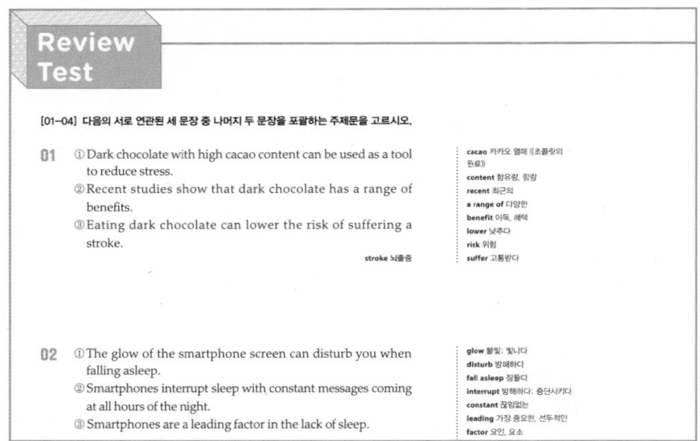

Review Test

간단한 문제로 글의 개념도 정리하고, 실제 수능과 같은 유형의 문제로 실전 감각도 익힐 수 있어요.

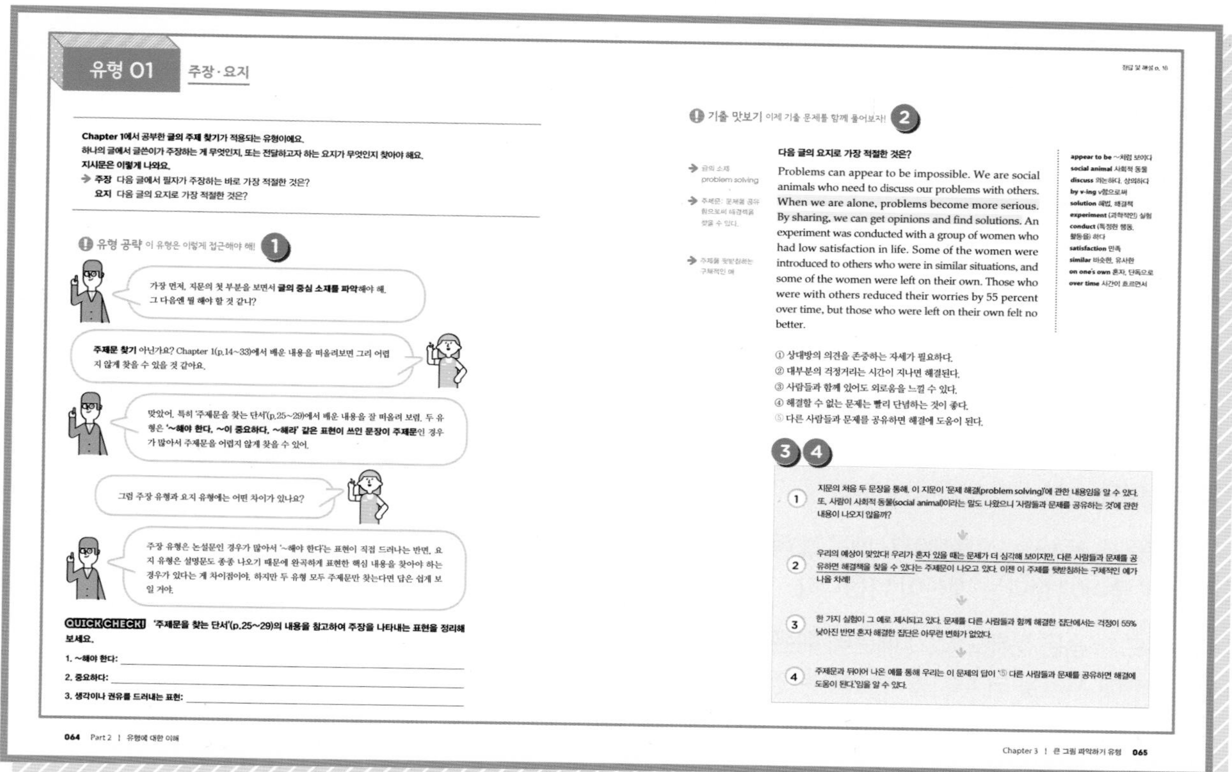

유형 01 주장·요지

Chapter 1에서 공부한 글의 주제 찾기가 적용되는 유형이에요.
하나의 글에서 글쓴이가 주장하는 게 무엇인지, 또는 전달하고자 하는 요지가 무엇인지 찾아야 해요.
지시문은 이렇게 나와요.
→ **주장** 다음 글에서 필자가 주장하는 바로 가장 적절한 것은?
요지 다음 글의 요지로 가장 적절한 것은?

유형 공략 이 유형은 이렇게 접근해야 해! 1

가장 먼저, 지문의 첫 부분을 보면서 **글의 중심 소재를 파악**해야 해. 그 다음엔 뭘 해야 할 것 같니?
주제문 찾기 아닌가요? Chapter 1(p.14~33)에서 배운 내용을 떠올려보면 그리 어렵지 않게 찾을 수 있을 것 같아요.
맞았어. 특히 '주제문을 찾는 단서'(p.25~29)에서 배운 내용을 잘 떠올려 보렴. 두 유형은 **'~해야 한다, ~이 중요하다, ~해라' 같은 표현이 쓰인 문장이 주제문**인 경우가 많아서 주제문을 어렵지 않게 찾을 수 있어.
그럼 주장 유형과 요지 유형에는 어떤 차이가 있나요?
주장 유형은 논설문인 경우가 많아서 '~해야 한다'는 표현이 직접 드러나는 반면, 요지 유형은 설명문도 종종 나오기 때문에 완곡하게 표현한 핵심 내용을 찾아야 하는 경우가 있다는 게 차이점이야. 하지만 두 유형 모두 주제문만 찾는다면 답은 쉽게 보일 거야.

QUICK CHECK! '주제문을 찾는 단서'(p.25~29)의 내용을 참고하여 주장을 나타내는 표현을 정리해 보세요.

1. ~해야 한다: ______
2. 중요하다: ______
3. 생각이나 권유를 드러내는 표현: ______

064 Part 2 | 유형에 대한 이해

정답 및 해설 p. 18

기출 맛보기 이제 기출 문제를 함께 풀어보자! 2

다음 글의 요지로 가장 적절한 것은?

→ 글의 소재 problem solving
→ 주제문: 문제를 공유함으로써 해결책을 찾을 수 있다.
→ 주제를 뒷받침하는 구체적인 예

Problems can appear to be impossible. We are social animals who need to discuss our problems with others. When we are alone, problems become more serious. By sharing, we can get opinions and find solutions. An experiment was conducted with a group of women who had low satisfaction in life. Some of the women were introduced to others who were in similar situations, and some of the women were left on their own. Those who were with others reduced their worries by 55 percent over time, but those who were left on their own felt no better.

appear to be ~처럼 보이다
social animal 사회적 동물
discuss 의논하다, 상의하다
by v-ing v함으로써
solution 해법, 해결책
experiment (과학적인) 실험
conduct (특정한 행동, 활동을) 하다
satisfaction 만족
similar 비슷한, 유사한
on one's own 혼자, 단독으로
over time 시간이 흐르면서

① 상대방의 의견을 존중하는 자세가 필요하다.
② 대부분의 걱정거리는 시간이 지나면 해결된다.
③ 사람들과 함께 있어도 외로움을 느낄 수 있다.
④ 해결할 수 없는 문제는 빨리 단념하는 것이 좋다.
⑤ 다른 사람들과 문제를 공유하면 해결에 도움이 된다.

3 4

1 지문의 처음 두 문장을 통해, 이 지문이 '문제 해결(problem solving)'에 관한 내용임을 알 수 있다. 또, 사람이 사회적 동물(social animal)이라는 말도 나왔으니 '사람들과 문제를 공유하는 것'에 관한 내용이 나오지 않을까?

2 우리의 예상이 맞았다! 우리가 혼자 있을 때는 문제가 더 심각해 보이지만, 다른 사람들과 문제를 공유하면 해결책을 찾을 수 있다는 주제문이 나오고 있다. 이젠 이 주제를 뒷받침하는 구체적인 예가 나올 차례!

3 한 가지 실험이 그 예로 제시되고 있다. 문제를 다른 사람들과 함께 해결한 집단에서는 걱정이 55% 낮아진 반면 혼자 해결한 집단은 아무런 변화가 없었다.

4 주제문과 뒤이어 나온 예를 통해 우리는 이 문제의 답이 '⑤ 다른 사람들과 문제를 공유하면 해결에 도움이 된다.'임을 알 수 있다.

Chapter 3 | 큰 그림 파악하기 유형 065

그다음, 수능 유형 완전 정복하자!

Point

1. 선생님과 친구들과 함께 유형에 따른 문제 해결 방법을 공략해요.
2. 기출 문제를 통해 본격적으로 유형을 알아봐요.
3. 기출 지문의 구조를 간단하게 정리해요.
4. 앞서 배운 공략법을 적용해, 차근차근 정답에 다가갈 수 있어요!

유형에 익숙해지기!

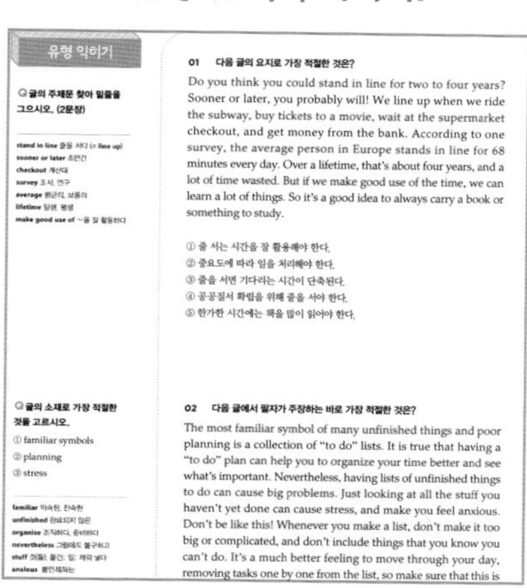

유형 익히기

Q 글의 주제문 찾아 밑줄을 그으시오. (2문장)

stand in line 줄을 서다 (= line up)
sooner or later 조만간
checkout 계산대
survey 조사, 연구
average 평균의, 보통의
lifetime 일생, 평생
make good use of ~을 잘 활용하다

01 다음 글의 요지로 가장 적절한 것은?

Do you think you could stand in line for two to four years? Sooner or later, you probably will! We line up when we ride the subway, buy tickets to a movie, wait at the supermarket checkout, and get money from the bank. According to one survey, the average person in Europe stands in line for 68 minutes every day. Over a lifetime, that's about four years, and a lot of time wasted. But if we make good use of the time, we can learn a lot of things. So it's a good idea to always carry a book or something to study.

① 줄 서는 시간을 잘 활용해야 한다.
② 중요도에 따라 일을 처리해야 한다.
③ 줄을 서면 기다리는 시간이 단축된다.
④ 공공질서 확립을 위해 줄을 서야 한다.
⑤ 한가한 시간에는 책을 많이 읽어야 한다.

Q 글의 소재로 가장 적절한 것을 고르시오.
① familiar symbols
② planning
③ stress

familiar 익숙한, 친숙한
unfinished 완료되지 않은
organize 조직하다, 준비하다
nevertheless 그럼에도 불구하고
stuff 것(들), 물건; 일; 채워 넣다
anxious 불안해하는

02 다음 글에서 필자가 주장하는 바로 가장 적절한 것은?

The most familiar symbol of many unfinished things and poor planning is a collection of "to do" lists. It is true that having a "to do" plan can help you to organize your time better and see what's important. Nevertheless, having lists of unfinished things to do can cause big problems. Just looking at all the stuff you haven't yet done can cause stress, and make you feel anxious. Don't be like this! Whenever you make a list, don't make it too big or complicated, and don't include things that you know you can't do. It's a much better feeling to move through your day, removing tasks one by one from the list, so make sure that this is

유형 익히기
유형 공략법을 직접 적용하여 문제를 풀어보면서, 유형에 익숙해질 수 있어요.

유형 한꺼번에 맛보기!

제1회 미니 모의고사 14개 문제를 25분 안에 풀어보세요.

1 다음 글의 요지로 가장 적절한 것은?

They welcomed you into this world, nursed you, comforted you, and spent countless days and dollars on you. And yet you don't understand why your parents want to know what's going on in your life? Don't you think they deserve for you to talk to them politely and be open with them? This may already be true for you. Your parents may be the first people you go to when you have either good or bad news. If so, good for you! You're probably enjoying the great rewards of a loving, supportive relationship. On the other hand, if you rarely speak, it's likely that your parents feel hurt and ignored.

① 자녀에게 친구 같은 부모가 되어라.
② 화목한 가정은 행복의 필수조건이다.
③ 부모의 희생에 감사하는 마음을 가져라.
④ 자신의 변화나 문제를 부모님께 알려라.
⑤ 갈등을 풀 수 있는 가장 좋은 방법은 대화다.

2 다음 글의 주제로 가장 적절한 것은?

One factor that influences what foods we find tasty is our age. The sense of taste in children is more sensitive than it is in adults, so children often dislike foods with strong flavors. Culture influences what we like, too.

① factors that affect the foods we like
② cultural influences in food preference
③ relationships between appetite and age
④ reasons why children dislike vegetables
⑤ distinguishing between toxic and safe plants

3 다음 글의 제목으로 가장 적절한 것은?

Morse code is a means of communication using dots and dashes to send a message. It was created by Samuel Morse, who was originally an artist. What made an artist decide to invent this system? Sadly, Morse was inspired to develop rapid, long-distance communication by a tragic event. While working on a painting in Washington, Morse received a letter saying his wife was dying. He rushed to his home in New Haven but was too late. Morse knew that slow communication was the reason he never got to see his wife one last time. So, in 1836, Morse produced the first telegraph set and developed Morse code for it. Although telegraphs are no longer used, Morse code remains an important form of communication. Without Morse's loss, this

미니 모의고사 4회
배웠던 유형을 한데 모아 실전처럼 시간 내에 풀어 봐요.

학습을 도와주는 부가자료!

쎄듀 첫단추Basic 독해 | 어휘리스트

Voca List- Chapter 1 글의 주제 찾기

번호	단어	뜻
Unit 1 1-3	ideal	이상적인
	depend on	~에 달려 있다, 좌우되다
	require	필요로 하다; 요구하다
	be under stress	스트레스를 받다
	probably	아마도
	refreshed	상쾌한
	have trouble in v-ing	v하는 데 어려움을 겪다
4-6	native American	북미 원주민
	tribe	부족, 종족
	used to-v	v하곤 했다, 과거에는 v였다
	fit	적절하다, 들어맞다; (모양·크기가) 맞다
	lifestyle	생활 방식
	plain	(-s) 평지, 평원; 분명한; 있는 그대로의; 소박한
	clay	점토, 찰흙
	container	그릇, 용기
Unit 2 1-3	support	지지; 지지하다
	start by v-ing	v함으로써 시작하다
4-6	occur	일어나다, 발생하다
	anxiety	불안(감); 염려
	confidence	자신감
	nervous	두려워하는
	lower	낮추다, 내리다
Unit 3 1-3	calendar	일정표; 달력
	uneasy	불안한
	unscheduled	미리 계획되지 않은
	expect	예상하다, 기대하다
	efficiency	효율성, 능률
	tight	빡빡한; 꽉 조이는
	necessity	필요성
	management	관리
4-6	cross path	(우연히) 마주치다
	react	반응하다
	look away	눈길을 돌리다
	pretend	~인 척하다

쎄듀북 홈페이지에서 어휘리스트 / 어휘테스트 / 어휘 출제 프로그램 / 지문 MP3 자료를 무료로 다운로드 받으실 수 있습니다.

www.cedubook.com

수능 영어 독해, What&How?

시험 시간과 시간 분배

안녕하세요, 여러분.

'수능'은 아직 생소하죠? 멀게만 느껴지는 수능이지만, 지금부터 차근차근 준비한다면 수능을 볼 때 훨씬 더 편안한 마음으로 시험을 치를 수 있을 거예요.

본격적으로 수능 영어 독해를 공부하기 전에, 수능 영어는 어떤 시험인지 알아보려고 해요.

수능 영어는 점심을 먹은 후 3교시인 오후 1시 10분부터 2시 20분까지, 총 **70분간** 치러집니다. 먼저 약 25분 동안 듣기 평가를 본 후, 나머지 **약 45분 동안 독해 평가**를 보게 되는데요,

듣기는 17문제, 독해는 28문제이기 때문에 **독해 문제**는 평균적으로 **한 문제당 1분 30초 내**에 풀어야 한다는 계산이 나옵니다.

하지만 난도가 높은 문제도 있기 때문에 **쉬운 문제**는 **40초에서 1분 이내로 풀어야** 어려운 문제에 시간을 더 투자할 수 있다는 점도 기억해야 해요.

유형별 문제 해결 방법

수능 영어 독해 공부를 해보니까 **'유형 파악'**이 참 중요하더라고요. 유형을 파악하고 공부하면 내가 어떤 유형을 자주 틀리고 어려워하는지 알 수 있어서 시간 분배도 잘 할 수 있고, 체계적으로 시험에 대비할 수 있어요.

푸는 방법이 비슷한 유형끼리 묶어서 간단하게 설명해볼게요.

① **〈주장, 요지, 주제, 제목〉**은 **큰 그림을 파악**해야 하는 유형이에요.
즉, 글의 핵심 소재를 파악하고 그 핵심 소재는 무엇을 말하기 위해 언급이 됐는지, **'이 글이 하고자 하는 말이 결국 무엇인지'** 끊임없이 생각하고 풀어야 하는 유형들이죠.

② **〈흐름 무관, 문장 삽입, 글의 순서, 연결어〉**는 **글의 흐름을 파악**해야 하는 유형이에요. 전체적인 문맥도 물론 중요하지만, 문장과 문장 간의 연결 고리를 꼼꼼히 살펴본 후 '**글의 흐름이 논리적으로 전개되고 있는지**' 파악할 줄 아는 게 중요해요.

③ **〈요약문, 빈칸 추론, 지칭 파악, 심경·분위기, 목적〉** 유형은 '**추론하기**'가 핵심입니다. 글에 직접적으로 드러나지 않은 부분을 추론해야 해요. **요약문 유형은 요약문을, 빈칸 유형은 빈칸 문장을 먼저 읽고** 글의 맥락을 예측할 줄 안다면 문제 해결에 도움이 돼요. **심경·분위기** 문제는 말하는 사람의 기분이나 글에서 느껴지는 분위기를 추론하는 내용인데, **중요한 어휘를 미리 정리**해두면 푸는 데 어렵지 않아요.

④ **〈내용 불일치, 도표·실용문〉**은 **본문과 선택지를 꼼꼼히 비교**하며 풀어야 하는 문제예요. 실수만 줄인다면 어렵지 않게 풀 수 있답니다.

⑤ **〈장문〉** 유형은 맨 마지막에 위치한 데다, 길이도 길고 제목, 빈칸, 순서 배열, 지칭 추론 등의 유형에서 2~3가지를 한꺼번에 물어보기 때문에 **집중력을 잃지 않는 것**이 무엇보다 중요해요.

⑥ **〈어법, 어휘〉**는 특히 어렵게 느껴질 수 있지만, 반복해서 풀어보면 문제가 묻고 있는 포인트를 금방 익힐 수 있답니다. 틀린 문제의 **어법, 어휘 포인트를 정리**해 오답 노트를 만들어 두는 것이 좋아요.

유형이 매우 다양하죠? 유형 공부는 Part 2 유형에 대한 이해(▶p.62)에서 하나하나 자세히 공부할 수 있어요. 저도 처음에는 어려웠지만, 이렇게 하나씩 공부하니까 실력이 쑥쑥 오르더라고요. 여러분들도 할 수 있어요!

글의 여러 가지 종류

수능 영어 독해 지문을 읽다 보면 일기나 편지처럼 친근한 글, 여러 쟁점이나 대상에 대해 설명하는 글, 강하게 주장을 드러내는 글 등 다양한 문체를 볼 수 있어요.

보통 문체는 **글이 쓰여진 '이유나 목적'**에 따라 결정돼요. 수능 지문 역시 문제의 유형에 따라 글의 종류가 비슷하게 제시되기 때문에, 문체를 익혀두면 유형에도 쉽게 익숙해질 수 있을 거예요.

수능 영어 독해, What&How?

① 설명문 · 논설문
수능 영어 독해에서 가장 많이 등장하는 문체는 **'설명문'**이에요. 글쓴이의 생각은 배제하고, 읽는 사람이 잘 이해할 수 있도록 **있는 그대로의 사실을 설명**하는 글을 말합니다.

'논설문'은 **글쓴이의 생각이나 주장이 뚜렷이 드러나는 글**을 말해요. 자기 생각을 주장할 때는 근거도 있어야겠죠? 논설문에는 주장을 뒷받침할 증거나 사례도 함께 제시되곤 합니다. 그럼 설명문과 논설문의 특징이 뚜렷이 드러난 기출 문제의 지문을 한번 살펴볼까요?

> Several studies have found that pet owners have lower blood pressure, a reduced risk of heart disease, and lower levels of stress. Pets can also be a plus in the workplace. A study found that in the course of workday, stress levels decreased for workers who brought in their dogs. (…) Having a dog in the office had a positive effect on the general atmosphere, relieving stress and making everyone around happier. Pet presence may serve as a low-cost wellness solution readily available to many organizations.

> As adults, we have a responsibility to teach children to respect and interact with animals in a positive way. (…) Children must be taught not to chase the family dog or cat, or the wild birds and rabbits at the park. Such lessons help to establish a strong love and respect for all living things – animals can play a huge role in the development of compassion and understanding for our fellow human beings.

왼쪽 글과 오른쪽 글의 차이점이 보이나요? 왼쪽은 'Several studies have found ~, A study found ~'와 같이 연구 결과를 나열하면서 '애완동물을 키우는 사람들이 더 나은 삶의 질을 누리고 있다'고 설명하고 있어요.

오른쪽 글은 어떤가요? 첫 번째 문장부터 강한 어조로 '우리는 성인으로서 아이들이 동물을 존중하고 동물과 상호 소통할 수 있도록 가르칠 책임이 있다'고 말하고 있어요. 글쓴이의 주장이 드러나고 있지요?

'논설문'은 특히 〈주장 · 요지〉와 같이 글쓴이가 말하고자 하는 바를 파악해야 하는 유형에서 자주 나타나곤 해요. 그래서 이러한 유형의 문제를 풀 때는, 글에서 글쓴이가 주장하는 바가 직접적으로 제시되어 있는지 찾으면 문제를 쉽게 해결할 수 있답니다.

② 편지글 · 실용문(광고문, 안내문 등)
편지글이나 광고문, 안내문과 같은 실용문은 독해 유형에서 자주 볼 수는 없지만, 주로 〈목적〉 유형에서 볼 수 있어요. 상대방에게 말하고자 하는 바를 명확히 드러내려면 글을 쉽게 써야 하기 때문이죠.

My dear Harriet,
I was so delighted to receive your letter and to learn that you have been accepted to Royal Holloway. (…) I'm so proud of you. Well done, Harriet! I send you my best wishes for a happy time at university.

With my love,
Elaine

One of the most popular classical pianists in China, Li Yundi is famous for being the youngest pianist to win the International Frederic Chopin Piano Competition at just 18 years of age in 2000. (…) He returns to Shanghai this coming Sunday to perform a selection of Chopin's works. (…)

〈목적〉 유형에서 출제됐던 모의고사 기출 문제예요. 왼쪽은 상대방의 대학 합격을 축하하려고 쓴 글이고, 오른쪽은 대중에게 피아니스트의 연주회를 안내하기 위해 쓴 글이라는 것을 쉽게 파악할 수 있습니다.

Poster Contest

Design a poster for the 2014 Science Film Festival!
The competition is open to anyone.

To Enter:
Entries should be the size of 8.5"11" paper.
The poster should not include any words.

Prizes:
1st Place Winner: Digital Camera
2nd Place Winners: MP3 Player

Deadline : Friday, November 21, 2014

Shoes with Heart

Donate your unwanted shoes!

We are collecting shoes for homeless children.

Our goal is to collect 500 pairs of shoes. All shoes will be repaired and given to children.

Just remember, Skates and Golf Shoes Are Not Accepted!

Shoes Must Be in Pairs.
You can contact us at 455-212-7898

위의 두 글은 〈실용자료 일치·불일치〉 유형 문제인데요, 진짜 안내문과 같은 형태로 되어 있죠? 이 유형은 항상 이렇게 간단한 자료로 나오기 때문에 자료와 선택지를 잘 비교하면 풀기 어렵지 않을 거예요.

③ 일화·이야기 글
필자가 글에 직접적으로 드러난 일기, 일화 형식의 글도 수능 독해에서 출제되고 있어요. 주로 〈심경·분위기〉를 파악하는 유형, 〈지칭 파악〉 유형, 또 〈장문〉 유형에서도 이런 문체가 자주 나와요.

My twelve-year-old son and I were returning home after a trip. When we entered the side door leading to the kitchen, I immediately knew that something was wrong.
(…)
The window above the sink was broken, and hundreds of pieces of glass made a mess on my kitchen floor. My legs were trembling so badly that I could hardly stand still. I held my son by the arm and whispered, "Someone broke in and might still be inside." We ran to a neighbor's.

When Gandhi was fifteen, he stole a piece of gold from his brother's bracelet. Gandhi was so troubled by his guilt that one day he decided to tell his father what he had done. He wrote a letter asking his father to punish him. Then, Gandhi handed the letter to his father who was lying ill in bed. (…) A little later, his father tore up the letter. Through his father's action of tearing up the letter, Gandhi knew he was forgiven. From that day on, he always kept his father's tears and love in his heart and went on to be a great leader.

왼쪽의 글은 〈심경〉 유형, 오른쪽 글은 〈지칭 파악〉 유형에서 출제되었던 기출 문제예요. 왼쪽은 글쓴이 'I'가 직접적으로 드러난 일기 같은 글인데, 무서웠던 당시 상황을 묘사하고 있어요.

오른쪽은 간디의 일화를 소개하고 있는 글이에요. 이런 이야기 글은 보통 말하는 사람의 깨달음이나 교훈을 전달해주곤 해요. 이 글도 간디가 아버지의 눈물을 통해 잘못을 뉘우치게 되는 이야기를 담고 있어요.

자, 문제 유형에 따라 문체도 조금씩 달라진다는 것, 이젠 아시겠죠? 지금까지는 맛보기로 수능에 대해 알아봤지만, 이제 본격적으로 수능 영어 독해를 정복할 차례예요.

준비됐나요?

Contents

Part 1
글에 대한 이해

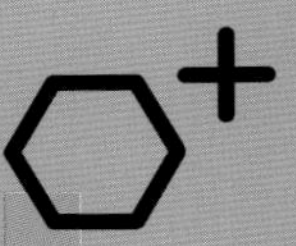

Chapter ①
글의 주제 찾기

이번 장에서는 글의 주제 찾는 법을 알아볼 거예요.
모든 글에는 글쓴이가 전달하고자 하는 하나의 주제가 담겨 있는데요,
독해 문제를 푸는 데 있어서 주제 찾기는 가장 기본이 되면서도 중요하답니다.
주제란 무엇인지, 어떤 특징이 있는지, 어떻게 하면 쉽게 찾을 수 있는지를 알아보도록 해요.

Unit 01 주제문과 보충설명문

1. 글의 소재

주제문을 알기에 앞서, '**글의 소재**'가 무엇인지 아는 것이 필요해. 주제문은 글의 소재를 중심으로 이루어지거든. 글의 소재란 '글이 무엇에 관해 서술하고 있는가'를 말해. 아래의 글에서 소재를 찾아볼까?

개념 정리하기

글의 소재
글에서 가장 핵심적으로 다루고 있는 소재

하마에게는 몇 가지 흥미로운 특징이 있다. **하마**는 물에서 생활하는 시간이 많은데도 수영은 잘 못한다. **하마**가 잠수할 때는 귀와 콧구멍을 닫을 수 있으며, 눈과 귀만 물 밖에 내놓기도 한다. **하마**의 피부에서는 붉은 색 액체가 분비되곤 하는데 이는 피가 아니라 땀이다.

이 글의 소재는 '**하마**' 같아요. 글에서 '하마'가 여러 번 반복해서 나오고 있는 걸 보면 말이에요.

맞아! 윗글은 '**하마**'에 대해 서술하고 있어. 글의 주제를 알기 위해서는 이렇게 소재를 먼저 파악해야 해.

QUICK CHECK! 다음 글을 읽고 중심 소재를 찾아 동그라미 쳐보세요. (한 단어)

Experts say that a healthy breakfast is the brain's fuel. For students who want to do well in school, breakfast is the most important meal of the day. Give your brain the fuel it needs to run well. To think more clearly and faster, eat a good breakfast. 〈모의 응용〉

fuel 연료
do well in school 학교 공부를 잘하다

2. 주제

개념 정리하기

주제
글을 구성하는 모든 문장들이 공통적으로 이야기하는 내용을 간단하게 표현한 것

이제는 '**주제**'가 뭔지 알기 위해 아까 읽은 하마와 관련된 글을 다시 살펴보자. 글의 초점이 바로 '**하마의 흥미로운 특징**'이라는 걸 알 수 있을 거야. 하마에 관해 다양한 이야기가 나올 수 있는데, 그 중에서도 이 글은 '**특징**'에 초점을 두고 있지.

그러니까, 글이 **중점적으로 다루고 있는 것**을 간단하게 표현한 걸 '**주제**'라고 하는 거군요?

맞아! 그러면서 **글 전체의 내용을 모두 포함**해야 하지. 위의 글을 봐도 하마가 수영을 잘하지 못한다는 것, 귀와 콧구멍을 닫을 수 있다는 것, 몸에서 나오는 붉은 액체가 땀이라는 것 모두 '하마의 흥미로운 특징'이라는 주제에 포함되는 걸 볼 수 있어.

QUICK CHECK! 다음 글을 읽고 주제로 가장 적절한 것을 찾으세요.

No studies have shown a clear link between laughter and pain, but many patients have reported a decrease in pain after a good laugh. Some doctors claim it could be linked to chemicals produced in the blood. Or patients might feel less pain because their muscles are more relaxed. Whatever the truth may be, laughter seems to help decrease pain. 〈모의 응용〉

① 웃음의 원인
② 진통제의 효과적인 사용법
③ 웃음이 통증에 미치는 영향

laughter 웃음
patient 환자
decrease 감소
good laugh
큰 웃음, 기분 좋은 웃음
claim 주장하다; 주장
chemical 화학물질; 화학의
relax (근육의) 긴장 풀다
whatever 어떤 ~일지라도
truth 진실

3. 주제문 · 보충설명문

그럼 이제 '**주제문**'에 대해서 알아볼까? **'주제'를 담고 있는 문장**을 '주제문'이라고 해. 아래의 글을 다시 한 번 보면서 주제문을 찾아봐.

> **개념 정리하기**
>
> **주제문**
> 글에 나타난 주제를 담고 있는 문장

하마에게는 몇 가지 흥미로운 특징이 있다. **하마**는 물에서 생활하는 시간이 많은데도 수영은 잘 못한다. **하마**가 잠수할 때는 귀와 콧구멍을 닫을 수 있으며, 눈과 귀만 물 밖에 내놓기도 한다. **하마**의 피부에서는 붉은 색 액체가 분비되곤 하는데 이는 피가 아니라 땀이다.

주제를 담고 있는 문장이라면 '**하마에게는 몇 가지 흥미로운 특징이 있다**'겠네요!

그렇지! 그럼 주제문의 특징을 더 자세히 알아보자. 먼저 다음 문장을 읽어봐.

인도 사람들의 가장 큰 소원 중 하나는 갠지스 강에서 목욕하는 것이다.

왜 그렇죠? 갠지스 강에서 보는 풍경이 아름다워서 그런 걸까요?

'인도인들의 가장 큰 소원'이라는 주제를 말하고 있다는 건 알겠지만, 도대체 왜 인도사람들이 갠지스 강에서 목욕하고 싶어 하는 건지는 말해주지 않고 있어. 이렇게 주제문은 보통 주제를 드러낼 뿐, 자세하게 설명해주지는 않아. 이런 걸 **일반적**, 혹은 **포괄적**이라고 하지. 그렇다면 이유를 설명해주는 문장이 필요하겠지? 그럼 계속 읽어보자고.

> **깊게 이해하기**
>
> **Q**: 잠깐! 포괄적(**general**)이라는 게 어떤 뜻일까요?
>
> **A**:

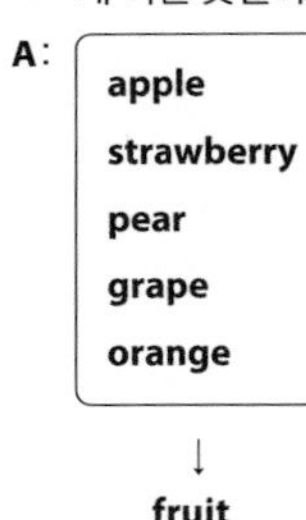

> **apple**, **strawberry**, **pear**, **grape**, **orange**는 모두 **fruit**(과일)에 포함되죠? 이럴 때 **fruit**이 나머지를 '포괄한다'고 합니다. 즉, 나머지 다른 것들을 포함하는 **일반적**이고 **넓은 개념**을 포괄적이라고 하는 것이죠.

인도사람들의 가장 큰 소원 중 하나는 갠지스 강에서 목욕하는 것이다. 인도사람들은 갠지스 강의 물에 특별한 힘이 있다고 믿는다. 그 물이 삶의 나쁜 것들을 정화해주며, 그 물에서 씻고 나면 죽은 후에 더 나은 삶을 살 수 있다고 믿는다.

개념 정리하기

보충설명문
보충설명문은 주제문의 내용을 구체적으로 설명하여 내용을 보충하는 역할을 한다.

위의 글을 읽으니까 왜 인도인들이 갠지스 강에서 목욕하고 싶어 하는지 알겠어요! 주제문만으로는 글의 내용을 완전히 이해할 수 없는 거군요.

맞아. 주제문을 더 자세히 보충해주고 설명해주는 문장이 있어야 글의 내용이 분명해지지. 이런 문장을 **보충설명문**이라고 하는데, 보충설명문은 주제문과 달리 **구체적**이고 **세부적**이라는 특징이 있지.

그럼 보충설명문은 주로 주제문에 대한 이유를 설명해주는 거예요?

항상 그렇지는 않아. 윗글처럼 이유를 설명해주기도 하지만, 그 외에 근거, 부연설명, 예시, 강조 등 다양한 역할을 하지. 자세한 건 뒤에서 더 살펴보자. (▶Chapter 2)

QUICK CHECK! 다음 글을 읽고 주제문과 보충설명문을 찾아 번호를 쓰세요.

① Several animal species help other hurt animals survive. ② If a dolphin is wounded badly and cannot swim, other dolphins gather under it. ③ They then lift it to the surface so it can breathe fresh air. ④ Many elephant experts have reported that when an elephant falls down, other members of the group try to raise it to its feet. 〈모의 응용〉

주제문:

보충설명문:

species (생물의) 종(種)
hurt 다친, 상처를 입은
wound 상처를 입히다
badly 심하게, 몹시
surface 수면, 지면
breathe 숨 쉬다, 호흡하다
expert 전문가; 전문가의
fall down 넘어지다

기출 지문으로 Check!

[01–03] 다음 글을 읽고, 물음에 답하시오.

① Most experts say eight hours of sleep is ideal, but it all depends on how you feel. ② Some people do well with seven hours or less, while others require nine hours or more to be at their best. ③ If you are ill or under a lot of stress, you will probably need to sleep longer than you usually do. ④ If you are getting enough sleep, you should feel refreshed and not have trouble in getting out of bed in the morning. 〈모의 응용〉

ideal 이상적인
depend on ~에 달려 있다, 좌우되다
require 필요로 하다; 요구하다
be under stress 스트레스를 받다
probably 아마도
refreshed 상쾌한
have trouble in v-ing v하는 데 어려움을 겪다

01 윗글의 소재로 가장 적절한 것을 고르시오.

① sleeping and stress
② ideal sleeping hours
③ having trouble in sleeping

02 윗글의 ①~④ 중 주제문에 해당하는 것을 고르시오.

① ② ③ ④

03 윗글의 요지로 가장 적절한 것을 고르시오.

① 지속된 수면 부족은 기억력을 감퇴시킨다.
② 올바른 수면 습관과 환경이 수면의 질을 향상시킨다.
③ 작업의 효율성과 수면 시간이 반드시 비례하지는 않는다.
④ 건강을 유지하기 위해서는 적절한 수면 환경이 중요하다.
⑤ 충분한 수면 시간은 자신이 느끼는 몸 상태에 따라 다르다.

[04–06] 다음 글을 읽고, 물음에 답하시오.

① Early native Americans had to make everything they needed. ② What each tribe used to make tools and other things depended upon what they found around them. ③ Also, the things they made fit their lifestyle. ④ Most tribes spoke their own language, but could communicate with other tribes. ⑤ For example, the people of the plains, who traveled a lot, didn't make clay pots. ⑥ Pots were too heavy and broke too easily, so they made containers from animal skins. 〈모의 응용〉

native American 아메리카 원주민
tribe 부족, 종족
fit 적절하다, 들어맞다; (모양·크기가) 맞다
lifestyle 생활 방식
plain (–s) 평지, 평원; 분명한; 있는 그대로의; 소박한
clay 점토, 찰흙
container 그릇, 용기

04 윗글의 소재로 가장 적절한 것을 고르시오.

① native American items
② communication
③ clay pots

05 윗글의 ①~⑥ 중 주제문을 고르시오.

① ② ③ ④ ⑤ ⑥

기출 **06 윗글의 ①~⑥ 중 글의 전체 흐름과 관계 <u>없는</u> 문장을 고르시오.**

① ② ③ ④ ⑤ ⑥

Unit 02 주제문의 특징

1. 주제문의 위치

앞에서 배운 '주제문'에 대해서 너에게 두 가지 질문을 해볼게. 한번 생각해봐! 첫 번째 질문, **주제문은 어디에 올 수 있을까?** 글의 앞? 중간? 뒤?

위에서 살펴본 것처럼 **맨 처음**에 나오지 않을까요? 주제문이 맨 먼저 나오고, 보충설명문이 나올 거라고 생각해요. 어? 그런데 다음 글은 조금 다른 것 같네요? 주제문을 찾아보니까….

Some people want to stay in a limited comfort zone. They avoid the opportunity to make a public presentation because it makes them nervous. Or they reject a chance to study abroad because they don't consider themselves adventurous. However, this attitude toward life is a huge mistake. Welcome new challenges at every turn. 〈모의 응용〉

해석 & 어휘

어떤 사람들은 제한된 안전지대에 머물고 싶어 한다. 그들은 사람들 앞에서 발표할 기회를 피하는데, 그것이 그들을 긴장되게 하기 때문이다. 또는 외국에서 공부할 기회를 거부하는데, 스스로 모험심이 있다고 생각하지 않기 때문이다. 하지만, 삶에 대한 이러한 태도는 큰 실수이다. 언제나 새로운 도전을 받아들여라.

comfort 안락; 위안
zone 구역, 지역
opportunity 기회
make a presentation 발표하다
reject 거부하다, 거절하다
study abroad 외국에서 공부하다, 유학하다
adventurous 모험심이 강한
attitude 태도
at every turn 언제나

위의 글을 보니까 주제문이 늘 맨 앞에 오는 건 아니라는 걸 알 수 있지? **마지막 문장, "Welcome new challenges at every turn.(언제나 새로운 도전을 받아들여라.)"**에 글쓴이의 주장이 가장 잘 나타나 있어. 따라서 주제문은 꼭 첫 번째 문장일 필요가 없이, 이렇게 맨 마지막에 오기도 해. 그럼 또 다른 글을 살펴볼까?

해석 & 어휘

사람들은 일란성 쌍둥이가 모든 면에서 꼭 닮았다고 생각한다. 하지만 일란성 쌍둥이의 부모들은 다르게 생각한다. 사실, 일란성 쌍둥이는 고유한 개인이다. 예를 들어, 내 아이들은 똑같이 행동하지 않는다. 한 아이는 춤추는 것을 좋아하고, 다른 아이는 농구하는 것을 좋아한다.

identical twins 일란성 쌍둥이
individual 개인, 사람

People think identical twins are exactly alike in every way. Parents of identical twins, however, know differently. In fact, identical twins are unique individuals. For example, my own children don't act alike. One likes to dance and the other likes to play basketball. 〈모의 응용〉

여기서는 또 다르네요. 중간의 **"In fact, identical twins are unique individuals.(사실, 일란성 쌍둥이는 고유한 개인이다.)"**라는 문장이 주제문 같아요.

맞아! 첫 번째 질문에 대한 답을 이제 알겠지? **주제문은 앞, 중간, 뒤 상관없이 '어디에든' 올 수 있어!**

2. 주제문의 개수

자, 그럼 두 번째 질문이야. **주제문은 딱 '한 문장'일까?** 아래의 글에서 주제문을 찾아봐.

해석 & 어휘

학교 실험실에 있을 때, 안전 규칙을 따라야 한다. 차를 타고 여행을 하는 사람을 생각해보라. 안전하기 위해, 운전자와 탑승자는 항상 안전벨트를 착용해야 한다. 마찬가지로, 실험실에서는 항상 안전 장비를 착용하고 사용해야 한다. 어떤 실험이든 가장 중요한 부분은 실험을 안전하게 하는 것이다.

laboratory 실험실
take a trip 여행하다
passenger 승객
fasten 매다, 채우다
safety gear 안전 장비
conduct (어떤 활동을) 하다

When you're in the school laboratory, you must follow safety rules. Think of a person taking a trip in a car. To be safe, drivers and passengers should always fasten their safety belts. Likewise, you should always wear and use safety gear in the laboratory. The most important part of any experiment is to conduct it safely. 〈모의 응용〉

보니까 '실험실에서는 안전이 가장 중요하다'는 게 이 글의 주제 같아요. 그런데 첫 문장과 마지막 문장의 내용이 거의 똑같은데요? 아, 정답을 알겠어요. **주제문은 글에서 꼭 하나일 필요는 없이, 여러 개일 수 있는 거죠?!**

그렇지! 그럼 다음 글은 어때? 주제문을 찾을 수 있겠니?

You may not like some people at first, but after a while you grow to like them, and sometimes you even become their friend. Companies sometimes advertise a picture of a product, or its name repeatedly. Then you see the advertisement over and over again. One day, you find yourself coming out of a shop with the product in your hand. 〈모의 응용〉

해석 & 어휘

당신은 누군가를 처음엔 좋아하지 않을 수 있다. 하지만 조금 지나면 그들을 좋아하게 되고, 때로는 그들의 친구가 되기도 한다. 기업은 때때로 어떤 제품의 사진 혹은 이름을 반복해서 광고한다. 그러면 당신은 그 광고를 몇 번이고 본다. 어느 날, 당신은 그 물건을 손에 들고 상점에서 나오는 자신을 발견한다.

after a while 얼마 후에
grow to-v (차츰) v하기 시작하다
advertise 광고하다
product 제품, 생산물
repeatedly 반복해서, 몇 번이고

음… 모르겠어요. 아무리 봐도 주제문이 안 보여요.

사실 윗글에는 주제문이 없어. 위의 글은 '사람이나 물건을 반복해서 보다 보면 좋아하게 된다'는 내용인데, 어느 문장도 일반적이고 포괄적이지 않아. **하지만 주제문이 없다고 해서 '주제'가 없는 것은 아니야.** 모든 글에는 말하고자 하는 핵심, 즉 주제가 있지만, 위의 글처럼 그 주제가 명확히 문장을 통해 드러나지 않을 수 있지. 이런 경우에는 글의 내용을 종합해서 주제를 찾아내면 돼. 그 방법은 뒤에서 더 알아보도록 하자.
(▶Unit 03 주제문을 찾는 단서)

QUICK CHECK! **다음 글을 읽고 주제로 가장 적절한 것을 찾으세요.**

You put a lot of time, effort, and money into advertising. Of course, you want to know how effective that advertising is. One way would be to track your income before and after the advertising campaign. If it is increasing, it means that your advertising is paying off. You can also place discount coupons in your newspaper ads. By counting the number of returned coupons, you can track the results in detail. 〈모의 응용〉

put A into B B에 A를 더하다
advertising 광고; 광고업
effective 효과적인
track 추적하다
income 소득, 수입
pay off 성공하다
ad (= **advertisement**) 광고
in detail 상세하게

① 광고의 효과를 확인하는 방법
② 상업광고의 여러 가지 유형
③ 신문에 광고를 싣는 절차

정답 및 해설 p. 3

기출 지문으로 Check!

[01–03] 다음 글을 읽고, 물음에 답하시오.

① One of the ways to get support for your dream is to support somebody else's first. ② When your friends and family members don't like your dream, stop asking, "How can I get them to be a fan of my dream?" ③ Instead, ask, "How can I be a fan of their dream?" ④ Tell your friends, "I've explained my dream a few times, but never asked you, what's yours?" ⑤ If you want support for your hope, start by giving support to someone else's hope. 〈모의 응용〉

support 지지; 지지하다
start by v-ing v함으로써 시작하다

01 윗글의 소재로 가장 적절한 것을 고르시오.

① how to explain your dreams
② how to get support for your dream
③ differences between hopes and dreams

02 윗글의 ①~⑤ 중 주제문에 해당하는 문장을 두 개 고르시오.

기출 **03 윗글의 요지로 가장 적절한 것을 고르시오.**

① 타인의 기대에 따라 자신의 꿈을 결정하는 것은 옳지 않다.
② 끊임없는 노력과 구체적인 계획을 통해 꿈을 실현할 수 있다.
③ 자신의 적성을 찾아 그에 맞게 진로를 설계하는 것이 중요하다.
④ 다른 사람을 돕는 것을 통해 인생의 진정한 행복을 찾을 수 있다.
⑤ 자신의 꿈을 지지받으려면 남의 꿈을 먼저 지지해 주는 것이 좋다.

[04-06] 다음 글을 읽고, 물음에 답하시오.

① Strong negative feelings are part of being human. ② Problems occur when we try too hard to control or avoid these feelings. ③ A helpful way of managing strong negative feelings is to take them for what they are. ④ For instance, if you are afraid of a work presentation, trying to avoid your anxiety will reduce your confidence and increase your fear. ⑤ Instead, try to accept your anxiety as a signal that you are probably nervous about public speaking. ⑥ This helps you lower the level of your anxiety and stress, increasing your confidence and making the presentation much easier. 〈모의 응용〉

occur 일어나다, 발생하다
anxiety 불안(감); 염려
cf. anxious 불안해하는, 염려하는
confidence 자신감
cf. confident 자신감 있는
nervous 두려워하는
lower 낮추다, 내리다

04 윗글의 소재로 가장 적절한 것을 고르시오.

① making public presentations
② negative feelings
③ ways to increase confidence

05 윗글의 ①~⑥ 중 주제문을 고르시오.

① ② ③ ④ ⑤ ⑥

기출 **06 윗글에서 필자가 주장하는 바로 가장 적절한 것은?**

① 자신의 생각을 정확하게 전달하라.
② 타인에 대한 공감능력을 향상시켜라.
③ 익숙한 상황을 비판적 관점으로 보라.
④ 정서적 안정을 위해서 자신감을 키워라.
⑤ 부정적인 감정을 있는 그대로 받아들여라.

Unit 03 주제문을 찾는 단서

1. 주장을 나타내는 표현

개념 정리하기

주제문에는 글쓴이의 주장이나 생각이 강하게 드러나는 경우가 많다.

- ~해야 한다: **have to, must, should, need to** 등
- 중요하다: **important, critical**(대단히 중요한), **necessary, vital**(필수적인), **essential**(필수적인) 등
- 생각이나 권유를 드러내는 표현: **I feel that ~, I agree[disagree], Why don't you ~** 등

앞에 나온 문제들을 풀어보니까 어때? 주제문이 왜 중요한지 알겠어?

네! 주제문을 찾으면 기출 문제의 답도 금방 찾을 수 있더라고요.

그걸 벌써 알아내다니 제법인걸? 그럼, 주제문을 더 쉽고 빠르게 찾을 수 있는 방법이 있다는 걸 아니?
먼저, 주제문은 보통 글쓴이의 견해를 강하게 드러내기 때문에 **주장을 나타내는 표현**이 포함되거나 **명령문**인 경우가 많아.

명령문은 뭔지 알겠는데, 주장을 나타내는 표현은 어떤 거예요?

'**~해야 한다, 중요하다, 필요하다**'의 의미를 갖는 표현들이 해당하지. '**~라고 생각한다**'는 표현이나 **권유**를 나타내는 표현도 마찬가지고. 아래 문장들을 한번 볼까?

---

1. We **have to** find a way to help poor countries stand on their own two feet. 〈모의 응용〉
2. It is **essential** to control the amount of food we eat for our health. 〈모의 응용〉

해석 & 어휘

1. 우리는 가난한 나라들이 자립할 수 있도록 도울 방법을 찾아**야 한다**.
2. 건강을 위해서 우리가 먹는 음식의 양을 조절하는 것이 **필수적이다**.

stand on one's two feet 자립하다
essential 필수적인

아, 그러니까 필자의 주장이나 생각이 드러나는 표현이 들어간 문장을 찾으면 그게 주제문이라는 거군요?

항상 그런 건 아니지만 주제문일 가능성이 높지. 그럼 아래 문제를 풀어보면서 더 확인해보자.

QUICK CHECK! 다음 각 문장에서 주제문임을 알 수 있게 해주는 단서를 찾아 동그라미 표시해보세요.

1. Focus on one task at a time, and you'll accomplish each task better. 〈모의 응용〉
2. Water is vital for the smooth function of our brain. 〈모의 응용〉
3. Why don't you give your old shoes or jacket to the homeless? 〈모의 응용〉

accomplish 완수하다, 해내다
vital 필수적인
smooth 순조로운
function 기능
the homeless 노숙자

2. 앞의 내용을 반박하는 내용

앞에서 살펴본 표현 말고도 주제문을 찾을 수 있는 단서가 더 있는데, 아래 문장들을 보면서 한번 찾아봐.

1. Today many people use e-mail instead of letters. **However**, there are still times when a letter is much better. 〈모의 응용〉
2. **Even though** Hippocrates lived nearly 2,500 years ago, many of his ideas sound very familiar today. 〈모의〉

해석 & 어휘

1. 오늘날 많은 사람들이 편지 대신 이메일을 쓴다. **하지만**, 편지가 훨씬 나을 때가 여전히 있다.
2. 히포크라테스는 약 2,500년 전에 살았음**에도 불구하고**, 그의 생각 중 다수는 오늘날에도 아주 익숙하다.

familiar 익숙한, 친근한

정답 및 해설 p. 4

개념 정리하기

바로 앞에 나온 내용을 반박하는 내용에 글쓴이가 말하고자 하는 핵심이 담겨 있다.

- 반박하는 문장에서 볼 수 있는 접속사: **but, however, on the other hand, nevertheless, although, even though, while** 등

음 … **앞에 나온 내용을 반박**하는 내용이 나온다는 게 공통점인 것 같은데요?

와, 제법인데? 1번은 사람들이 요즘 편지보다 이메일을 많이 쓴다는 내용의 문장으로 시작하지만, However 다음에 '편지가 나을 때가 있다'는 내용이 나오지. 바로 이 부분이 주제에 해당한다고 볼 수 있어.

그렇다면 2번에서 글쓴이가 강조하려고 하는 건 '오늘날까지도 남아 있는 히포크라테스의 생각'인가요?

맞아. 이렇게 **앞에 나온 내용을 반박함으로써 글쓴이는 말하고자 하는 내용을 강조**하는 거야.

QUICK CHECK! 다음 각 문장에서 주제문임을 알 수 있게 해주는 단서를 찾아 동그라미 표시해보세요.

1. Fear of sharks has kept many pool swimmers from testing the ocean water. However, the actual chance of being attacked by a shark is very small. 〈모의 응용〉
2. Although televisions, the Internet, and computers are all over the world, different countries have different names for them. 〈모의 응용〉

fear 두려움
keep A from v-ing A가 v하는 것을 막다
actual 실제의, 사실상의

3. 요약과 결론

이젠 주제문을 찾을 수 있는 세 번째 단서를 알아볼 차례야. 아래 문장들을 읽어보자.

1. **Therefore**, the more knowledge and experience a decisionmaker has, the greater the chance for a good decision. 〈모의〉
2. **From these facts**, we can see that sound can be carried to the ear by various materials. 〈모의 응용〉

두 문장 모두 글의 결론 부분에 해당하는 것 같아요. 앞의 내용을 토대로 결론을 내리고 있는 거죠?

맞았어! 이렇게 **글의 마지막 부분에 와서 지문의 내용에 대해 결론을 내리거나 내용 전체를 요약하는 문장**은 주제문일 가능성이 아주 높아.

해석 & 어휘

1. **그러므로**, 의사 결정자가 지식과 경험이 더 많을수록 좋은 결정을 내릴 가능성이 더 커진다.
2. **이러한 사실로부터**, 우리는 소리가 다양한 원료를 통해 귀로 전달될 수 있다는 것을 알 수 있다.

knowledge 지식
decisionmaker 의사 결정자
various 다양한
material 원료; 재료; 물질의

개념 정리하기

글 전체의 내용에 대한 결론을 내리거나 앞의 내용을 요약하는 문장이 주제문일 가능성이 높다.

• 결론을 내릴 때 쓰는 접속사: **therefore**, **so**, **consequently**(그 결과), **as a result**, **thus**(따라서), **hence**(이런 이유로), **ultimately**(결국) 등

QUICK CHECK! **다음 글을 읽고 주제문을 찾아 번호를 쓰세요.**

① Some people need money more than we do. ② For example, some people have lost their homes due to natural disasters or war. ③ Now, I know that some kids might not want to give up their birthday presents, and I understand. ④ However, remember that we can live without new toys or games, but everyone needs to eat. ⑤ So, we should tell our friends and family to donate money to a charity instead of buying us presents. 〈모의 응용〉

due to A A 때문에
natural disaster 자연재해
give up 포기하다, 단념하다
present 선물
donate 기부하다
charity 자선 단체

주제문:

4. 질문에 대한 답변

마지막 네 번째 단서를 알아볼까? 글을 읽다 보면 무언가에 대한 질문을 하는 걸 볼 수 있는데, 지문 내에서 **그 질문에 대한 답**이 주어진다면 그게 바로 주제문에 해당할 가능성이 높아.
아래 예를 살펴보자.

Have you ever wondered how movies set in the winter can be filmed in the summer? The answer to this question is special effects. Special effects help make the movies seem more realistic. 〈모의〉

해석 & 어휘

겨울이 배경인 영화들이 어떻게 여름에 촬영될 수 있는지 궁금해한 적이 있는가? 이 질문에 대한 대답은 특수 효과이다. 특수 효과는 영화를 더 현실적으로 보이게 한다.

set (영화·연극의) 무대를 설정하다
special effect 특수 효과
realistic 현실적인

혹시 이 뒤에 이어질 내용이 뭔지 예상할 수 있겠니?

음, 주제문은 두 번째 문장이고, 주제문을 구체적으로 설명하는 내용이 이어져야 하니 '특수 효과를 사용한 영화의 예'가 나올 것 같아요.

As an example, snow is made by machines in Hollywood. The 1946 film, *It's a Wonderful Life*, shows snow produced with special effects. The movie was actually filmed in the summer. Another example is rain. Rather than waiting around for the rain to fall, Hollywood creates its own. 〈모의 응용〉

해석 & 어휘

한 예로, 할리우드에서 눈은 기계로 만들어진다. 1946년 영화 '멋진 인생'은 특수 효과로 만들어진 눈을 보여준다. 그 영화는 실제로는 여름에 촬영되었다. 또 다른 예는 비이다. 비가 내리기를 내내 기다리기보다, 할리우드는 스스로 비를 만들어낸다.

wait around 빈둥빈둥 기다리다

네 말이 맞았어! 주제문만 보고도 글 전체의 내용을 예상할 수 있다니, 왜 주제문을 찾는 게 중요한지 확실히 알 수 있겠지?

기출 지문으로 Check!

[01–03] 다음 글을 읽고, 물음에 답하시오.

① Many people like to have a full calendar. ② How about you? ③ When you find there is blank space on your calendar, are you uneasy about it? ④ Get comfortable about having unscheduled time because important activities often take more time than you expected. ⑤ Unscheduled time leaves room for important events and other surprises. ⑥ Unscheduled time protects you when a project takes longer than you expected. 〈모의 응용〉

calendar 일정표; 달력
uneasy 불안한
unscheduled 미리 계획되지 않은
expect 예상하다, 기대하다

[선택지 어휘]
efficiency 효율성, 능률
tight 빽빽한; 꽉 조이는
necessity 필요성
management 관리

01 윗글의 소재로 가장 적절한 것을 고르시오.

① a full calendar
② unscheduled time
③ important activities

02 윗글의 ①~⑥ 중 글쓴이의 주장이 가장 강하게 드러나는 문장을 고르시오.

① ② ③ ④ ⑤ ⑥

기출

03 윗글의 주제로 가장 적절한 것을 고르시오.

① the efficiency of a tight schedule
② the necessity of having unscheduled time
③ the importance of finishing work in time
④ difficulties in time management
⑤ efforts to reduce unscheduled time

정답 및 해설 p. 5

[04-06] 다음 글을 읽고, 물음에 답하시오.

① When you cross paths with a stranger, how do you react? ② You probably look away or pretend you are looking at something else. ③ Well, why don't you give them a big smile instead? ④ It does not cost you anything, and it's a lot more fun than pretending you're not there. ⑤ When you smile at people who are not expecting it, some people blush, and others are surprised and smile back. ⑥ And it makes you feel all warm inside. 〈모의 응용〉

cross path (우연히) 마주치다
react 반응하다
look away 눈길을 돌리다
pretend ~인 척하다
cost 비용이 들다; 값, 비용
blush 얼굴을 붉히다

04 윗글의 소재로 가장 적절한 것을 고르시오.

① crossing paths
② smiling at strangers
③ feeling warm inside

05 윗글의 ①~⑥ 중 글쓴이의 주장이 가장 강하게 드러나는 문장을 고르시오.

① ② ③ ④ ⑤ ⑥

기출 **06 윗글에서 필자가 주장하는 바로 가장 적절한 것은?**

① 어려움에 처한 사람을 외면하지 마라.
② 작은 선물에도 감사하는 마음을 가져라.
③ 낯선 사람과 마주치면 먼저 미소를 지어라.
④ 대화를 할 때는 상대방과 시선을 맞추어라.
⑤ 억지웃음으로 상대방을 불편하게 하지 마라.

Unit 04 주제문이 없는 경우

1. 공통되는 내용 종합

앞에서 주제문이 없는 글도 있다고 했던 것 기억하지? 하지만 주제문은 없어도 글에는 반드시 핵심 내용이 있다고 했었지. 아래의 글의 핵심 내용이 뭔지 찾아볼까?

Newspapers are usually thrown out after a day. Magazines, however, may stay around the house or office for weeks or months. Therefore, the ads in them have a better chance of being read and remembered. Magazines also allow for colorful photography and artwork. They provide a way for advertisers to create quality images. Besides, many magazines now publish a range of editions aimed at specific areas and groups. 〈모의 응용〉

위의 내용을 종합해보면,

1. 잡지는 신문보다 오랫동안 보관된다.
2. 잡지에는 화려한 사진과 삽화가 수록된다.
3. 잡지는 특정 분야와 단체를 겨냥한 다양한 판이 발행된다.

이렇게 정리할 수 있으니까 핵심 내용은 '잡지의 특징' 정도 아닐까요?

아주 훌륭해! 이렇게 **각 문장에서 공통적으로 다루는 내용을 종합**하면 그 핵심 내용을 찾을 수 있어. 그게 바로 주제가 되는 거고. 이런 설명문 외에 이야기 글이나 일화도 수능 문제에 종종 출제되곤 하는데, 그런 경우도 한번 볼까?

해석 & 어휘

신문은 보통 하루가 지나면 버려진다. 하지만 잡지는 몇 주 혹은 몇 달 동안 집이나 사무실에 남아있을 수도 있다. 따라서 잡지의 광고가 읽히고 기억될 가능성이 더 높다. 잡지는 또한 화려한 사진술과 삽화를 허용한다. 잡지는 광고주들이 질 좋은 이미지를 만들어낼 방법을 제공한다. 게다가, 많은 잡지들은 지금 특정한 분야와 단체를 겨냥한 다양한 판을 발행한다.

throw out 버리다
stay around (어떤 장소를) 떠나지 않다
ad (=advertisement) 광고
have a better chance of v-ing v할 가능성이 더 높다
allow 허락하다
photography 촬영술
artwork 삽화
advertiser 광고주
quality 양질의, 질 좋은; 질
a range of 다양한
edition (출간된 책의) 판, (시리즈 간행물의) 호
be aimed at ~을 목표로 삼다

정답 및 해설 p. 5

2. 이야기 글의 시사점 도출

My wife and I were running an ice-cream shop. Closing at 1:00 a.m. and then coming back to open the store again at 11:00 a.m. was physically painful. Those extra few dollars earned at midnight just weren't worth it. So we closed our doors at 9:00 p.m. We spent more time with our kids and got good rest. We were also better prepared to go to work the next day. 〈모의〉

해석 & 어휘

아내와 나는 아이스크림 가게를 운영하고 있었다. 오전 1시에 문을 닫고 오전 11시에 다시 문을 열기 위해 가게로 오는 것은 육체적으로 고통스러웠다. 한밤중에 추가로 버는 몇 달러는 그만한 가치가 없었다. 그래서 우리는 가게를 오후 9시에 닫았다. 아이들과 더 많은 시간을 보내고 휴식을 충분히 취했다. 우리는 또한 다음 날 일하러 갈 준비를 더 잘하게 되었다.

run (사업체 등을) 운영하다
physically 육체적으로
painful 고통스러운, 아픈
extra 추가의
earn (돈을) 벌다
worth ~의 가치가 있는

새벽 1시까지 아이스크림 가게에서 장사를 하는 게 육체적으로 힘들었는데, 밤 9시에 문을 닫으면서 아이들과 시간도 더 많이 보내고 휴식도 충분히 취하게 됐다는 내용이네요.

응, 그걸 간단하게 줄이면 '영업시간 단축의 이유와 장점'이 되겠지. 어때? 주제문이 없더라도 주제를 찾는 게 그리 어렵지는 않지?

QUICK CHECK! 다음 글의 내용을 한 문장으로 요약할 때, 빈칸에 들어갈 말로 가장 적절한 것을 고르세요.

Do you ever have trouble deciding what to order at a restaurant? Two members of a California family had this problem often. They solved it by opening a 'bite-size' restaurant in Los Angeles. At this restaurant, 32 small items appear on the menu. Customers can order small salads and very-small-sized French fries, nacho chips, and tacos. People like the restaurant because they do not need to choose between one favorite food and another. 〈모의 응용〉

↓

The idea that customers can enjoy __________ with their size reduced became a hit.

① Californian foods
② various foods
③ one favorite food

have trouble (in) v-ing v하는 데 어려움을 겪다
order 주문하다; 주문
bite 한입; 물다
appear 나오다, 등장하다; ~인 것 같다
customer 손님, 고객

[선택지 어휘]
various 다양한

기출 지문으로 Check!

[01–02] 다음 글을 읽고, 물음에 답하시오.

Some body parts don't seem to be useful. Throughout history, scientists have wondered about them. The appendix is a popular example. Actually, we can live without it. However, a recent study found that the appendix serves as a "safe house" for good bacteria. They help people digest food and fight off "bad" bacteria. Wisdom teeth are another example. Today, most people get their wisdom teeth removed before they get infected. However, millions of years ago, human faces weren't as flat as they are today and mouths had more room for wisdom teeth. Our ancestors might have benefited from them when chewing raw food. 〈모의 응용〉

appendix 충수, 맹장

throughout ~ 동안, 내내
recent 최근의
serve as ~의 역할을 하다
bacteria 박테리아, 세균
digest (음식을) 소화하다
fight off ~와 싸워 물리치다
wisdom tooth 사랑니
remove 제거하다
infect 감염시키다
ancestor 조상, 선조
benefit 유익하다, 득을 보다
chew (음식을) 씹다
raw 익히지 않은, 날것의

[선택지 어휘]
function (사람이나 사물의) 기능; 작동하다, 기능하다
certain 특정한, 어떤; 확실한
unnecessary 불필요한
purpose 목적
separated 분리된, 떨어진
damaged 손상된

01 윗글의 소재로 가장 적절한 것을 고르시오.

① functions of the appendix
② why we get wisdom teeth removed
③ body parts that don't seem to be useful

기출 **02 윗글의 내용을 한 문장으로 요약하고자 한다. 빈칸 (A)와 (B)에 들어갈 말로 가장 적절한 것은?**

> Some body parts seem ____(A)____ but, in fact, they have or used to have certain ____(B)____.

(A)		(B)
① unnecessary	……	purposes
② separated	……	links
③ damaged	……	strengths
④ healthy	……	problems
⑤ similar	……	differences

[03–05] 다음 글을 읽고, 물음에 답하시오.

Charlie, a puppy, was born at an animal shelter. But his mom was too sick to nurse him. Luckily, Satin the cat came to the rescue. This cat was nursing her own kittens, and the shelter workers hoped she might be willing to add one more to her family. Surprisingly, Satin loved Charlie when he was put together with her kittens. The cat fed the puppy for three and a half weeks. Even when the puppy grew, the cat still mothered him. He is twice her size now and she still cares for him. 〈모의 응용〉

animal shelter 동물 보호소
nurse 보살피다; 간호하다; 간호사
rescue 구조, 구제; 구조하다
kitten 새끼 고양이
be willing to-v 기꺼이 v하다
surprisingly 놀랍게도
mother (어머니로서) 보살피다
care for ~을 보살피다, 돌보다

[선택지 어휘]
adopt 입양하다
abuse 학대하다
life-long 평생의, 일생의
rival 경쟁자, 라이벌

03 윗글의 소재로 가장 적절한 것을 고르시오.

① an animal shelter
② a dog and a cat
③ a cat and her kittens

04 윗글의 내용을 한 문장으로 요약하고자 한다. 빈칸 (A)와 (B)에 들어갈 말로 가장 적절한 것은?

> When a ____(A)____ couldn't be nursed by his sick mom, a cat ____(B)____ him with love.

	(A)		(B)
①	kitten	......	came to
②	puppy	......	raised
③	shelter worker	......	fed

기출 **05 윗글의 제목으로 가장 적절한 것을 고르시오.**

① Cat Adopts Dog
② Stop Abusing Pets!
③ Humans' Life-long Friends
④ Rescue Kittens from Dogs!
⑤ Cats and Dogs, Rivals Forever

Review Test

[01–04] 다음의 서로 연관된 세 문장 중 나머지 두 문장을 포괄하는 주제문을 고르시오.

01
① Dark chocolate with high cacao content can be used as a tool to reduce stress.
② Recent studies show that dark chocolate has a range of benefits.
③ Eating dark chocolate can lower the risk of suffering a stroke.

stroke 뇌졸중

cacao 카카오 열매 ((초콜릿의 원료))
content 함유량, 함량
recent 최근의
a range of 다양한
benefit 이득, 혜택
lower 낮추다
risk 위험
suffer 고통받다

02
① The glow of the smartphone screen can disturb you when falling asleep.
② Smartphones interrupt sleep with constant messages coming at all hours of the night.
③ Smartphones are a leading factor in the lack of sleep.

glow 불빛; 빛나다
disturb 방해하다
fall asleep 잠들다
interrupt 방해하다; 중단시키다
constant 끊임없는
leading 가장 중요한, 선두적인
factor 요인, 요소
lack 부족, 결핍

03
① In Brazil, children often choose to live with their parents until they are married.
② In Brazil, family ties are very important.
③ When Brazilian children grow up and leave home to marry, they often choose their new home close by.

tie (강한) 유대 관계
close by 인근에, 가까이

04
① Exercise can be much more than just burning fat.
② If you are doing a team sport, it can be a great way to find new friends.
③ Many people claim that they have more energy available during the day if they work out.

fat 지방, 비계
claim 주장하다
available 이용할 수 있는
work out 운동하다

05 다음 글에서 필자가 주장하는 바로 가장 적절한 것은?

In any society there will always be differences between the values of the old and the young. With today's increasing rate of change, conflicts between older and younger generations may be getting worse. Younger people today seem to use another language on the Internet and cell phones. This makes older people feel left behind and fearful of change. But in order to create harmony, an open conversation between different generations is vital. It's also necessary for youth to question the beliefs of their parents. This is how they can gain the wisdom that comes with age.

value 가치(관)
increasing 증가하는
rate 속도, 비율
conflict 갈등
generation 세대
leave behind ~을 뒤처지게 하다, 뒤에 남겨 두다
fearful of ~을 두려워하는
harmony 조화, 화합
conversation 대화
vital 꼭 필요한
wisdom 지혜

① 젊은 사람들은 어른에게 순종해야 한다.
② 세대 간에도 같은 가치관을 공유해야 한다.
③ 세대 차를 극복하기 위해 서로 대화해야 한다.
④ 부모님의 신념에 의문을 제기할 줄 알아야 한다.
⑤ 인터넷에서 새로운 언어를 사용하지 말아야 한다.

06 다음 글의 요지로 가장 적절한 것은?

Until recently, it was generally believed that, in order to be healthy, we have to get rid of all the stress in our lives. But avoiding all stress prevents us from trying new things, meeting new people, and applying for new jobs. In any case, it's impossible to live a completely stress-free life – each one of us will probably have to face the death of our parents, for example. If we don't invite a certain amount of stress into our lives, we will end up unchanging and aimless, which is bad for us. Ultimately, you should learn to accept stress, and deal with it as it comes. It can hurt, but it can also be good, and having it is all part of being human.

get rid of ~을 면하다, ~에서 벗어나다; ~을 없애다
prevent A from v-ing A가 v하는 것을 막다
apply 지원하다; 적용하다
certain 어느 정도의
end up 결국 ~하게 되다
unchanging 불변의
aimless 목적[목표]이 없는
ultimately 결국
deal with 처리하다; 다루다

① 어느 정도의 스트레스는 삶에 필요하다.
② 과도한 스트레스는 건강을 해칠 수 있다.
③ 긍정적 사고가 스트레스 해소에 도움이 된다.
④ 새로운 것에 대한 끊임없는 도전정신이 필요하다.
⑤ 부모의 죽음은 가장 큰 스트레스 경험 중 하나다.

07 다음 글의 제목으로 가장 적절한 것은?

All matter – gases, liquids, solids – expands when heated and shrinks when cooled. This explains some of the strange sounds that your house makes at night. During the day, the sun warms the materials which form your house – like the wooden frame that supports its roof and walls – and they expand. At night, the temperature drops and the materials cool. As they cool, they move and shrink slightly, and this causes various sounds. The noises seem louder at night because your home and neighborhood are so much quieter than they are during the day. This is the same reason you don't notice the sounds your refrigerator makes in the daytime. But when you are trying to fall asleep, they're suddenly loud and clear!

① Nighttime Noises in Your Neighborhood
② The Reason Your House "Talks" at Night
③ Changes in Temperature between Day and Night
④ Keeping Your House's Temperature Comfortable
⑤ Why Materials in Your House Should Not Move

liquid 액체(의)
solid 고체(의)
expand 팽창하다
shrink 줄어들다, 오그라들다
material 재료, 물질
frame 뼈대; 골격
slightly 약간
various 다양한
refrigerator 냉장고
daytime 낮 (시간)
fall asleep 잠들다

[선택지 어휘]
nighttime 야간

08 다음 빈칸에 들어갈 말로 가장 적절한 것은?

______________ can magically open doors for you, widen your horizons, and show you a whole new range of opportunities. Successful insurance salespeople understand this. It takes them the same amount of energy to sell a million-dollar policy as it does to sell a thousand-dollar policy. In the real estate business, an agent's fee is higher for the more expensive properties. If you're a real estate agent, you might as well ask the wealthy homeowners to list their property. It's just as easy as asking the poorer homeowners the same question. What this means is simply this: the grander your vision, the greater your potential success.

① Socializing
② Creating an outline
③ Listening well
④ Thinking big
⑤ Giving extra information

magically 마법처럼
widen[expand] one's horizons 시야를 넓히다
whole 모든, 온전한
range 영역, 범위
opportunity 기회
successful 성공한, 성공적인
insurance 보험(료)
salesperson 판매원
policy 보험증서; 정책
real estate 부동산; 부동산 중개업
agent 중개인, 대리인
fee 수수료; 요금, 회비
property 부동산; 재산, 소유물
might as well ~하는 편이 낫다
wealthy 부유한
homeowner 주택 소유자

[선택지 어휘]
socialize (사람들과) 어울리다, 사귀다
outline 윤곽, 개요
extra 추가의

Chapter ②
글의 흐름 파악하기

이번 장에서는 글의 흐름을 파악하는 방법을
알아볼 거예요.
글은 다양한 형식으로 전개되곤 하는데요,
그 전개 방식을 알면 글에서 어디가 더
중요한지도 쉽게 알 수 있고,
문장들 사이의 관계도 파악할 수 있어요.

Unit 01 연결어를 통해 글의 흐름 파악하기 (1)

1. 예시와 열거

이제부터는 연결어를 통해서 글의 흐름을 파악하는 법을 알아볼 거야.

글의 흐름이요? 그걸 아는 게 문제 푸는 데 도움이 되나요?

물론이지. 글이 어떻게 전개되는지를 알면 그 글에서 중요한 부분과 상대적으로 덜 중요한 부분을 구분해서 핵심 내용을 더 빠르고 정확하게 알 수 있거든. 아래의 글에는 연결어 For example이 쓰였는데, 그 앞과 뒤 중 어느 문장이 더 중요한 것 같니?

Everyone knows that dogs are wonderful pets. But many dogs also have different jobs. **For example**, some dogs are used by the police. Often these dogs help people in trouble or find people who are lost. Other dogs work at airports. They sniff out plants, food, and other things that people are not supposed to bring in from other countries. With their help, these things are found and never enter the country. 〈모의 응용〉

sniff out 냄새로 ~을 찾아내다

해석 & 어휘

모두가 개는 좋은 반려동물이라는 것을 알고 있다. 하지만 많은 개들이 다양한 직업도 갖고 있다. 예를 들어, 어떤 개들은 경찰에서 쓰인다. 종종 이러한 개들은 곤경에 처한 사람들을 돕거나 실종된 사람들을 찾는다. 다른 개들은 공항에서 일한다. 그들은 사람들이 외국에서 가지고 들어와서는 안 되는 식물, 음식, 그 외 다른 것들을 냄새로 찾아낸다. 그들의 도움이 있어서 이런 것들이 발견되고 국내로 절대 반입되지 않는다.

job 일, 직업
lost 실종된, 분실된
not be supposed to-v v해서는 안 된다
bring in 들여오다

바로 앞에 나온 더 일반적이고 포괄적인 문장을 **For example** 다음에 나오는 내용이 구체적으로 예를 들어 설명하는 거니까 앞에 나온 문장이 더 중요하겠죠.

개념 정리하기

'예시'를 나타내는 연결어
for example, **for instance**, **as an example**(예시로서)

어때? For example만 보고도 바로 앞 문장이 주제문이라는 거, 그리고 뒤이어 나오는 내용이 예시라는 걸 알 수 있지? 다음의 글도 읽어봐. 어떤 것 같니?

해석 & 어휘

아프리카 사람들은 발과 신발에 관해 다양한 믿음을 지니고 있다. 예를 들면, 아프리카의 많은 지역에서는 집에 들어가기 전에 신발을 벗는 것이 전통이다. 게다가, 다른 사람들에게 발바닥을 보여주는 일은 용인되지 않는다.

various 다양한
belief 신념; 생각
remove 벗다; 없애다
unacceptable 용납할 수 없는

개념 정리하기

'열거'를 알려주는 단서

1. 주제문에 **several**, **some**, **many**, **different** 등 여러 사례가 있음을 나타내는 어구가 있다.
2. **first**, **secondly**, **and**, **also**, **in addition** 등의 연결어가 쓰인다.

Africans have various beliefs about feet and shoes. **For example**, it is traditional in many parts of Africa to remove one's shoes before entering a home. **In addition**, showing the soles of one's feet to other people is unacceptable. 〈모의 응용〉

sole 발바닥

주제문과 For example로 시작하는 예시로 이루어져 있어요. 이번엔 예시가 두 가지네요.

맞아. 그리고 주제문의 **various beliefs**(여러 가지의 믿음)라는 말에서 두 가지 이상의 사례가 이어질 거라는 걸 알 수 있어. 세 번째 문장이 시작될 때 나오는 연결어 **In addition**(게다가)도 사례가 열거되고 있다는 증거고.

아~! 그러고 보니 앞서 나온 개의 다양한 역할에 관한 글에서도 **many dogs also have different jobs**라는 단서가 있었네요.

2. 비교와 대조

앞에서 연결어를 보고 예시가 나온다는 걸 알 수 있었던 것처럼, 서로 다른 대상의 유사점이나 차이점을 서술할 때도 연결어를 보면 다음 내용을 쉽게 알 수 있어. 아래의 글은 유사점과 차이점 중 뭘 말하고 있는 것 같니?

해석 & 어휘

한 인디언이 멀리 떨어진 곳의 발소리를 감지하기 위해서 땅에 귀를 댄다. 그런 소리들은 땅을 통해 전달될 때 더 또렷하다. 마찬가지로, 긴 탁자의 한쪽 끝에서 가볍게 두드리는 소리는 귀를 탁자에 대고 있다면 맞은편 끝에서 또렷하게 들릴 수 있다.

in order to-v v하려고
detect 감지하다, 알아내다
distant 먼, 멀리 떨어진
footstep 발소리; 발자국
tap (가볍게) 톡톡 두드리다
clearly 또렷하게
opposite 맞은편의, 건너편의; 반대쪽
press 바짝 대다, 누르다

An Indian puts his ear to the ground in order to detect distant footsteps. Such sounds are clearer when they are carried through the earth. **Similarly**, a gentle tapping at one end of a long table can be clearly heard at the opposite end if the ear is pressed against the table. 〈모의 응용〉

정답 및 해설 p. 9

서로 **비슷한 점**을 말하고 있는 것 같아요. 땅에 귀를 대고 있을 때 소리가 더 잘 전달되는 것처럼, 탁자에 귀를 대고 있을 때도 소리가 더 잘 전달된다는 거니까요.

이렇게 **similarly, likewise, in the same way** 같은 연결어가 쓰이면 그건 앞뒤에 나오는 대상 간에 **유사점**이 있다는 걸 의미해. 다시 말해서, **비교**하고 있다는 거지. 그럼 다음 글은 어떤 것 같니?

The modern Icelander does not find it very difficult to read the Icelandic sagas from the Middle Ages. **In contrast**, the English find an English document of the year 1300 very difficult to understand unless they have special training. 〈모의 응용〉

saga (특히 노르웨이·아이슬란드의) 영웅 전설

해석 & 어휘

현대의 아이슬란드 사람들은 중세 시대의 아이슬란드 영웅 전설을 읽는 데 그리 어려움을 느끼지 않는다. 반면에, 영국 사람들은 특별한 훈련을 받지 않는다면 1300년의 영어 문서를 이해하는 것을 매우 어려워한다.

modern 현대의, 근대의
Icelander 아이슬란드 사람
cf. Icelandic 아이슬란드의
Middle Ages 중세
document 서류, 문서
unless ~하지 않는 한

차이점이요! In contrast의 앞과 뒤에 상반되는 내용이 나오고 있어요.

맞아. **in contrast**나 **on the contrary, on the other hand** 같은 연결어가 쓰인다면 **대조**되는 내용이 앞뒤로 나온다는 걸 의미해. 그럼 다음 글도 한번 읽어볼래?

개념 정리하기

'비교'를 알려주는 연결어
in comparison, similarly, likewise, in the same way 등

'대조'를 알려주는 연결어
in contrast, on the contrary, on the other hand, however, whereas, but, yet 등

QUICK CHECK! **다음 글을 읽고 빈칸에 적절한 연결어를 고르시오.**

In order to understand why an individual fails or succeeds at some task, we must know two things: how much ability he has for the task and how strong his motivation is. Failure may be due to lack of ability or motivation. ________________, success requires a high degree of motivation and ability. 〈모의 응용〉

① On the other hand　　② As a result　　③ For example

individual 개인
ability 능력
task 과제, 일
motivation 동기, 자극
due to A A 때문에
lack of ~의 부족
require 필요로 하다, 요구하다
degree 정도

3. 인과 관계

이번에는 원인 혹은 이유와 결과 혹은 결론이 제시되는 경우를 살펴보자. 아래의 글에서 어느 게 원인이고 어느 게 결과인지 알 수 있겠니?

When the Muslims invaded southern Europe in the eighth century, they passed a law forbidding the sale of pork. This was done **because** the founder of the Muslim religion had declared pork to be unclean. 〈모의〉

해석 & 어휘

이슬람교도들이 8세기에 유럽 남부를 침략했을 때, 그들은 돼지고기 판매를 금지하는 법을 통과시켰다. 이는 이슬람 종교의 창시자가 돼지고기는 불결하다고 선언했기 때문이었다.

Muslim 이슬람교도
invade 침입하다
southern 남부의
pass a law 법을 통과시키다
forbid 금지하다
founder 설립자
religion 종교
declare 선언하다, 공표하다
unclean 불결한

because 뒤에 나오는 내용이 원인에 해당하고, 그 앞 내용이 결과에 해당해요. 그러니까, 이슬람교도의 창시자가 돼지고기는 불결하다고 선언한 게 원인이고, 그 결과로 이슬람교도들이 돼지고기 판매를 금지하는 법을 통과시킨 거죠.

개념 정리하기

'이유'를 알려주는 연결어
because, **the reason for this**(이 이유는), **thanks to A**(A 덕분에)

맞아, 이렇게 **because, the reason for this, thanks to** 같은 표현들이 나오면 **바로 뒤에 원인 혹은 이유**가 나온다는 걸 알 수 있어.

음… 그럼 원인이나 이유를 나타내주는 표현 말고, 반대로 결과나 결론을 알게 해주는 표현들도 있나요?

물론이지. 다음의 글을 보고 직접 찾아볼래?

정답 및 해설 p. 9

In 1793, young Yale graduate Eli Whitney was invited to a plantation near Savannah. He saw slavery and the backbreaking demands of cotton plantation life. He wanted to relieve some of the tiring work. **Therefore**, he built a simple machine that quickly removed the seed from the cotton fiber. In one hour, his machine processed the same amount that required ten hours of slave labor. 〈모의 응용〉

아, 알겠어요! 노예들이 목화 농장에서 힘들게 일하는 걸 보고 일을 덜어주고 싶었던 게 원인이고, 그래서 씨앗 제거하는 기계를 만든 거니까 여기서는 **Therefore** 다음에 결과가 나오고 있어요.

therefore 말고도 결과나 결론을 나타내는 연결어가 더 있나요?

therefore 외에도 **as a result, hence, for this reason, thus** 같은 표현이 쓰이곤 해.

해석 & 어휘

1793년에 젊은 예일대 졸업생인 엘리 휘트니는 사바나 근처에 있는 농장으로 초대되었다. 그는 노예들과 목화 농장 생활의 매우 힘든 일을 목격했다. 그는 그 힘든 일을 조금 덜어주고 싶었다. 그래서, 그는 목화 섬유에서 씨앗을 빨리 제거해주는 간단한 기계를 만들었다. 한 시간 안에, 그의 기계는 노예 노동 10시간과 맞먹는 분량을 처리했다.

graduate 졸업생; 졸업하다
plantation (열대 지방의 대규모) 농장
slavery 노예 (제도) **cf. slave** 노예
backbreaking 매우 힘든
demand (어렵거나 힘든) 일; 요구
relieve 덜어주다; 안도하게 하다
fiber 섬유
require 필요로 하다, 요구하다
labor 노동

개념 정리하기

'결과'를 알려주는 연결어
as a result(그 결과),
hence(따라서),
for this reason(이러한 이유로),
thus, therefore

QUICK CHECK! **다음 글을 읽고 빈칸에 적절한 말을 고르시오.**

Today, infections in hospitals create serious problems for the healthcare industry. A study shows that in the US the average number of hospital-related infections each year is as high as 1.7 million. This is simply a shocking number. ____________, it is very important for medical centers to correct this issue. Using disposable medical items is the best solution in hand. 〈모의 응용〉

disposable 일회용의

infection 감염
healthcare 건강 관리
industry 사업, 산업
average 평균의
medical 의료의
in hand 쓸 수 있는

① Thus ② For example ③ Thanks to this

정답 및 해설 p. 10

기출 지문으로 Check!

[01–03] 다음 글을 읽고, 물음에 답하시오.

Dolphins love to imitate. (①) Often an untrained dolphin in an aquarium watches another dolphin go through its act and then does the act perfectly without training. (②) But dolphins don't limit themselves to imitating each other. (③) Unlike a dolphin, she lay on her side, imitating Tommy's sleeping position. (④) As Tommy did, she also lay belly-up on the surface of the water. (⑤) This put her blowhole underwater, so from time to time she had to turn over to breathe. 〈모의 응용〉

blowhole (고래의) 숨구멍

imitate 모방하다
cf. imitator 모방자
untrained 훈련되어 있지 않은
aquarium 수족관
go through ~을 거치다; 겪다
perfectly 완벽하게; 완전히
unlike ~와는 달리; ~와 다른
lie(–lay–lain) 눕다
position 자세; 위치
belly (신체 부위) 배
surface 표면
from time to time 가끔, 이따금

[문제&선택지 어휘]
fur seal 물개
tank 수조 (= **fish tank**); 통
limitation 한계; 국한
go beyond ~을 넘어서다

기출 01 글의 흐름으로 보아, 주어진 문장이 들어가기에 가장 적절한 곳은?

> For example, Anika, an Indian Ocean bottlenose dolphin, started to imitate Tommy, a fur seal in the same tank.
>
> **bottlenose dolphin** 병코돌고래

① ② ③ ④ ⑤

02 윗글의 제목으로 가장 적절한 것을 고르시오.

① Dolphins: Excellent Imitators
② Why We Train Marine Animals
③ Limitations: What We Should Go Beyond
④ How Dolphins Learn to Breathe Underwater
⑤ Seals and Dolphins: More Alike Than Different

03 윗글에 사용된 글의 전개 방식은?

① 예시 ② 열거 ③ 비교

[04-05] 다음 글을 읽고, 물음에 답하시오.

The initial stages of a relationship – marriage, honeymoon – are usually relatively conflict-free. But then, while the couple is together, there is conflict. To many, conflict within a relationship means that the relationship itself is in trouble; perfect harmony – the absence of conflict – is considered the standard we should all try for. ____(A)____, conflict is not only impossible to avoid, but actually crucial for the long-term success of the relationship. Think of conflicts as a form of vaccine. Vaccines actually work by putting a little bit of a disease into the body. The body then responds by fighting against the disease. Later, the body is prepared for the real thing. ____(B)____, minor conflicts in a relationship teach us how to handle serious problems. They strengthen the relationship and encourage flexible thinking.

initial 처음의, 초기의
relationship 관계
marriage 결혼 (생활)
relatively 비교적
conflict 갈등, 충돌
-free ~이 없는
absence 없음, 부재
consider 생각하다, 고려하다
standard (사람들이 인정하는) 수준
try for ~을 얻으려고 하다
crucial 중대한, 결정적인
long-term 장기적인
vaccine (예방) 백신
fight against ~와 싸우다
be prepared for ~에 대비하다
minor 작은, 가벼운
handle 다루다, 처리하다
strengthen 강화하다
encourage 격려하다, 고무하다
flexible 융통성 있는, 유연한

04 윗글의 빈칸 (A)와 (B)에 들어갈 말로 가장 적절한 것은?

	(A)		(B)
①	For example	……	On the contrary
②	For example	……	As a result
③	However	……	Likewise
④	However	……	In contrast
⑤	In addition	……	Similarly

기출 **05 윗글의 요지로 가장 적절한 것은?**

① 심리적인 안정이 질병에 대한 면역력을 강화시킨다.
② 분쟁 조정을 위해 제삼자의 객관적 조언이 필요하다.
③ 장기적인 관점에서 갈등은 관계 유지에 도움이 된다.
④ 성공적인 관계를 규정하는 기준은 사람마다 다르다.
⑤ 학습 시 단기적 목표와 장기적 목표를 각각 수립해야 한다.

Unit 02 연결어를 통해 글의 흐름 파악하기 (2)

1. 환언

아래의 글을 보고 연결어 앞과 뒤의 내용이 어떤 관계가 있는지 알아보자.

A decisionmaker predicts what will happen if something is done now, based on what happened when something was done in the past. **In other words**, a decisionmaker uses the past to predict the future. 〈모의 응용〉

앞에 나온 내용을 뒤에서 한 번 더 서술하고 있는 것 같아요.

맞아. 이렇게 앞에서 한 번 언급된 내용을 다시 서술하는 것을 '환언'이라고 해. 같은 내용을 말을 바꾸어서 다시 한다는 의미지.

같은 내용인데 왜 굳이 다시 서술하는 거예요?

왜일 것 같니?

음… 그 내용을 강조하려고 그러는 거 아닐까요?

맞았어! 강조를 한다는 건 글에서 그 내용이 그만큼 중요하다는 뜻이고, 따라서 **in other words, in short** 같은 연결어나 **콜론(:), 세미콜론(;)** 다음에 나오는 말은 **주제와 연관**될 가능성이 아주 높아.

해석 & 어휘

의사 결정자는 과거에 어떤 것이 행해졌을 때 무슨 일이 일어났는가를 토대로, 현재 어떤 일이 행해지면 무슨 일이 일어날지를 예측한다. 다시 말해서, 의사 결정자는 과거를 이용하여 미래를 예측한다.

decisionmaker 의사 결정자
predict 예측하다, 예상하다
based on ~을 토대로, ~에 기반하여

개념 정리하기

'환언'을 나타내는 연결어
in other words, in short, that is, :(콜론), **;**(세미콜론)

2. 절차순

이번에는 일의 절차나 과정을 따라 진행되는 글에 대해 알아볼 거야.

1. Cushions make the sofa more comfortable. Creating a cushion from your old T-shirts or sweaters is a fun project.
2. ____(A)____, pick your fabric. Sweaters are soft and comfortable. T-shirts are a fun idea as well, because you can draw pictures on them.
3. ____(B)____, on the fabric of your choice, draw a shape of the cushion you want to make. Cut out two separate pieces along the line.
4. ____(C)____, face them backwards to each other. Sew three sides together. Turn it inside out, and fill it with cotton. Finish sewing the open side. Now, you have a cushion made out of your clothes.

〈모의 응용〉

fabric 직물, 천

쿠션을 만드는 과정을 순서대로 설명하는 글이네요.

응. 위의 (A), (B), (C)에다가 각각 **Next**, **Finally**, **First**를 하나씩 넣는다면 어디에 뭘 넣어야 할 것 같니?

음, 만드는 순서를 생각해보면 2 → 3 → 4번 순이 되니까 (A)가 First, (B)가 Next, (C)가 Finally요.

응, 맞았어. 시간순 혹은 절차순으로 진행되는 글도 이렇게 **연결어를 통해서 그 순서를 짐작**할 수 있어.

해석 & 어휘

1. 쿠션은 소파를 더 편안하게 만들어 준다. 오래된 티셔츠나 스웨터를 가지고 쿠션을 만드는 것은 재미있는 작업이다.
2. 먼저, 천을 고르라. 스웨터는 부드럽고 편안하다. 티셔츠는 그 위에 그림을 그릴 수 있으므로, 티셔츠도 역시 재미있는 아이디어이다.
3. 다음으로, 선택한 천 위에 만들고자 하는 쿠션의 모양을 그려라. 선을 따라 두 개의 분리된 조각을 잘라내라.
4. 그다음에, 그 천들을 뒤집어 서로 마주 보게 하라. 세 면을 모두 꿰매라. 안쪽이 밖이 되도록 뒤집고 안을 솜으로 채워라. 마지막으로 트여 있는 면을 꿰매라. 이제, 자신의 옷으로 만든 쿠션이 생겼다.

separate 분리된
face 마주 보다, ~을 향하다
backwards 뒤로
sew 꿰매다
inside out 뒤집어
cotton 솜, 면직물
made out of ~로 만든

개념 정리하기

절차순으로 전개되는 글의 연결어

first, second, at this stage, then, next, after that, finally, in the end 등

3. 시간순

이제 역사적 사건이나 인물의 생애를 서술할 때 글이 어떻게 전개되는지 알아보자.

Samuel Johnson was born on September 18th, **1709**. He married Elizabeth Porter, a widow more than 20 years his senior **in 1735**. Johnson moved to London, where he supported himself through journalism. **In 1755**, he published *Dictionary of the English Language*, which was the most important among such dictionaries. Despite the success of the book, Johnson was continually short of money. He died **in 1784**. 〈모의 응용〉

음… 이 글에서는 그럼 어떤 부분이 중요한 거예요? 아무리 봐도 주제문은 안 보이고, 그냥 Samuel Johnson이라는 사람의 삶에 대해 서술한 것 같은데요.

그렇지. 위 글은 주제문이 있는 게 아니라 **시간 순서대로** 인물이 어떤 일을 겪었는지 서술하고 있어. 이렇게 시간 순서대로 진행되는 글은 보통 글의 내용과 선택지 내용의 일치 여부를 묻는 문제에 많이 쓰여. 그러니까 핵심 내용이 뭔지 파악하기보다는 세부적인 내용 파악이 더 중요하지. 위의 글에 나온 내용이랑 일치하는 걸 골라봐.

① 스무 살 이상 연상인 여인과 결혼했다.
② 사전을 집필하여 처음으로 이름을 알렸다.
③ 책의 성공으로 경제적 어려움에서 벗어났다.

①번이요! 처음으로 이름을 알린 건 저널리즘을 통해서였고, 책이 성공했는데도 계속 가난했다고 했으니까 ②, ③번은 일치하지 않아요.

해석 & 어휘

새뮤얼 존슨은 1709년 9월 18일에 태어났다. 1735년에 그는 스무 살 이상 연상의 미망인인 엘리자베스 포터와 결혼했다. 존슨은 런던으로 이사했고, 저널리즘으로 생계를 유지했다. 1755년에 〈**Dictionary of the English Language**〉를 출판했는데, 이는 그러한 사전들 중 가장 중요한 책이었다. 이 책의 성공에도 불구하고 존슨은 계속해서 돈이 부족했다. 그는 1784년에 죽었다.

marry ~와 결혼하다
widow 미망인, 과부
senior 연장자, 손윗사람
support oneself 생계를 유지하다
journalism 저널리즘(신문·방송·잡지를 위해 기삿거리를 모으고 기사를 쓰는 일)
publish 출판하다, 발행하다
despite ~에도 불구하고
continually 계속해서, 지속적으로
short of ~이 부족한

개념 정리하기

시간순으로 전개되는 글
역사적 사건, 인물의 생애 등을 소개하는 경우가 많으며, 특정한 연도, 날짜 등이 표시된다.

잘 맞혔어. 이제 연결어를 보면 글이 어떻게 전개되는지 알 수 있겠지?

그런데, 어떤 글에서는 연결어가 생략되기도 하던데 그럴 때는 글의 흐름이나 전후 관계를 어떻게 파악할 수 있어요?

네 말대로 연결어가 생략되는 경우도 종종 있어. 그럴 때는 글의 논리적 흐름이나 관사를 통해서 알 수 있어. 그건 다음 유닛에서 더 자세히 알아보도록 하자.

QUICK CHECK! Matthew Henson에 관한 다음 글을 읽고, (A)~(D)를 일이 일어난 순서대로 나열하시오.

Matthew Henson was born in Maryland in 1866. After his father died, he went to Washington, D.C. and became a sailor. In 1887, Matthew was hired to be a servant to Robert Peary. When Peary planned a trip to Greenland, Matthew volunteered to go along. Matthew was able to communicate with the Inuit, the native people of the North. They taught him ways to survive in the arctic, such as building snow houses and training sled dogs. On April 6, 1909, Matthew and Peary became the first men to reach the North Pole. 〈모의 응용〉

hire 고용하다
servant 하인, 종
native 원주민의; 태어난 곳의
survive 생존하다, 살아남다
arctic 북극(지방)
sled dog 썰매 개
the North Pole 북극

(A) 썰매 개 훈련 방법을 배웠다.
(B) 북극에 도달했다.
(C) 워싱턴으로 가서 선원이 되었다.
(D) Greenland에 갈 것을 자원했다.

(　　　) ➡ (　　　) ➡ (　　　) ➡ (　　　)

정답 및 해설 p. 11

기출 지문으로 Check!

[01–02] 다음 글을 읽고, 물음에 답하시오.

The old saying "Use it or lose it" is never more appropriate than when referring to flexibility. Infants are generally so flexible that they can chew on their toes or put a foot behind their head. This flexibility, ___(A)___, is usually short-lived unless the child remains active and engages in flexibility-related activities. As adults, we can lose flexibility rather rapidly unless we make a conscious effort to maintain it. ___(B)___, flexibility does not have to disappear with age, but it often does because of a simple lack of exercise. 〈모의 응용〉

flexibility 유연성 **cf. flexible** 유연한

saying 속담, 격언
appropriate 적절한
refer to A A를 언급하다
infant 유아, 젖먹이
generally 일반적으로, 대부분
chew 씹다
toe 발가락
unless ~하지 않으면
remain 유지하다, 계속 ~이다
engage in ~에 참여하다
-related ~에 관련된
rapidly 빨리, 신속히
conscious 의식하는, 자각하는
maintain 유지하다
disappear 사라지다
with age 나이 먹음에 따라
lack of ~의 부족

[선택지 어휘]
conversely 거꾸로, 반대로
origin 기원, 근원
lifestyle 생활 방식

기출  **01 윗글의 빈칸 (A), (B)에 들어갈 말로 가장 적절한 것은?**

	(A)		(B)
①	however	……	Otherwise
②	however	……	In short
③	similarly	……	Otherwise
④	for example	……	In short
⑤	for example	……	Conversely

02 윗글의 주제로 가장 적절한 것을 고르시오.

① ways to stay flexible as an adult
② the origin of a well-known saying
③ the importance of an active lifestyle
④ the amazing flexibility of young children
⑤ the relationship between flexibility and age

[03–04] 다음 글을 읽고, 물음에 답하시오.

(A) Winston Churchill, a former British prime minister, was an amateur artist. Henry Luce, an American publisher, kept one of Churchill's landscape paintings in his office in New York.
(B) A few days later, however, the painting was returned, but slightly changed: a single sheep now grazed peacefully in the picture.
(C) The next day, Churchill's secretary called and asked him to send the painting to England. Luce did so, worried that he had perhaps upset the prime minister.
(D) On a tour through the United States, Churchill visited Luce in his office and the two men looked at the painting together. Luce said, "It's a good picture, but I think it needs something more in the grass – a sheep, perhaps."

former 이전의
prime minister 수상, 국무총리
amateur 아마추어의, 취미로 하는
publisher 출판인
landscape 풍경
return 돌려보내다; 돌아오다
slightly 약간, 조금
graze (소·양이) 풀을 뜯다
peacefully 평화롭게
secretary 비서

기출 **03 윗글을 일이 일어난 순서대로 배열한다고 할 때, (A) 다음에 이어질 글의 순서로 가장 적절한 것은?**

① (B) – (D) – (C)
② (C) – (B) – (D)
③ (C) – (D) – (B)
④ (D) – (B) – (C)
⑤ (D) – (C) – (B)

04 윗글의 내용과 일치하지 않는 것은?

① Luce의 사무실에는 Churchill의 그림이 있었다.
② Luce가 그림을 되돌려 받았을 때, 그림에 달라진 점이 있었다.
③ Churchill은 Luce에게 직접 전화를 걸었다.
④ Churchill은 Luce의 사무실을 방문했다.
⑤ Luce는 Churchill의 그림에 뭔가 추가하면 좋겠다고 말했다.

Unit 03 연결어 없이 글의 흐름 파악하기

1. 관사와 대명사

개념 정리하기

관사를 보면 글의 전후 관계를 파악하는 데 도움이 된다. 명사 앞에 **a**나 **an**이 쓰인 문장이 앞에, **the**가 쓰인 문장이 뒤에 온다.

앞에서 연결어가 없어도 글의 흐름이나 전후 관계를 파악할 수 있다고 하셨는데요, 어떻게 알 수 있는 거예요?

글에 쓰인 관사가 첫 번째 힌트가 될 수 있어. 관사가 뭔지는 알지?

명사 앞에 쓰는 a, an, the 같은 거 말씀하시는 거죠?

응. 하나의 사물이나 사람이 **처음 언급될 때는 앞에 a나 an**을 붙이지만, **앞에서 이미 나온 걸 다시 말할 때는 the**를 쓴다는 것도 알고 있지?

개념 정리하기

앞에서 이미 언급된 사물이나 사람을 다시 언급할 때는 대명사를 쓰는 것이 일반적이다. 따라서 대명사가 쓰인 문장 앞에는 다른 문장이 있을 가능성이 크다.

아! 그러니까 명사 앞에 the가 있다면 그건 이미 앞에서 나온 것일 가능성이 높은 거군요?

그렇지! 두 번째 힌트는 대명사야. 사람이나 사물을 **처음 언급할 때는 그 이름**을 쓰지만, **앞에 나온 걸 다시 말할 때는 보통 대명사**를 쓰곤 하지? 그러니까 대명사가 보인다면 그 대명사가 지칭하는 대상이 앞에 이미 나왔다는 의미지. 앞에서 봤던 쿠션 만드는 과정에 관한 글을 다시 볼까?

정답 및 해설 p. 12

1. Cushions make the sofa more comfortable. Creating a cushion from your old T-shirts or sweaters is a fun project.
2. First, pick **your fabric**. Sweaters are soft and comfortable. T-shirts are a fun idea as well, because you can draw pictures on them.
3. Next, on **the fabric** of your choice, draw a shape of the cushion you want to make. Cut out **two separate pieces** along the line.
4. Finally, face **them** backwards to each other. Sew three sides together. Turn it inside out, and fill it with cotton. Finish sewing the open side. Now, you have a cushion made out of your clothes.
〈모의 응용〉

fabric 직물, 천

해석 & 어휘

p. 48 참조

처음에 your fabric이라고 했던 걸 그다음에는 the fabric이라고 했네요.

two separate pieces도 그다음 문장에서 them이라고 했고요.

그렇지! 이제 위에서 배운 내용을 토대로 아래 문제를 풀어보자.

QUICK CHECK! **다음 글을 읽고, 밑줄 친 ⓐ~ⓗ를 같은 대상끼리 묶으시오.**

When ⓐ Gandhi was fifteen, he stole a piece of gold from his brother's bracelet. Gandhi was troubled by his guilt. One day he decided to tell ⓑ his father what he had done. He wrote ⓒ a letter asking his father to punish ⓓ him. Then, Gandhi handed ⓔ the letter to his father who was lying ill in bed. His father quietly sat up and read the letter and soaked ⓕ it with ⓖ his tears. A little later, his father tore up the letter. Through his father's action of tearing up the letter, Gandhi knew ⓗ he was forgiven. From that day on, he always kept his father's tears and love in his heart and went on to be a great leader. 〈모의 응용〉

soak (흠뻑) 적시다 **tear** 눈물; 찢다

steal 훔치다
bracelet 팔찌
be troubled by ~로 괴로워하다
guilt 죄책감
punish 벌주다
hand 건네주다
lie ill in bed 병석에 누워 있다
quietly 조용히
forgive 용서하다
go on 계속 나아가다

ⓐ, ________, ________　　　ⓑ, ________

ⓒ, ________, ________

2. 연결어 생략

앞의 Unit 1(p.40~44)에서 본 것처럼, 연결어는 글의 핵심 내용을 파악하거나 글의 흐름, 전후 관계를 알려주는 좋은 단서가 되지만, 실제 수능이나 모의고사에서는 연결어가 생략된 글을 종종 볼 수 있어.

음… 연결어가 없으면 내용 이해하는 데 지장이 있지 않나요?

그렇게 생각하기 쉽지만, 모든 연결어가 다 생략될 수 있는 건 아니야. 그리고 연결어가 생략되었더라도 **앞뒤 문장 관계를 파악**해서 적당한 연결어를 넣어서 글을 이해하면 돼.

모든 연결어가 다 생략될 수 있는 건 아니라고 하셨는데, 그럼 어떤 경우에 연결어가 주로 생략되나요?

그건 아래의 글을 보면서 함께 찾아볼까? 빈칸 (A)와 (B)에 어떤 연결어가 들어가면 적절할 것 같니?

Hydroelectric power is a clean and green power source. However, there are a few things about dams that are important to know. ___(A)___, to build a hydroelectric dam, a large area must be flooded behind the dam. Whole communities sometimes have to be moved to another place. ___(B)___, it can wash away riverbanks and destroy life on the river bottoms. The worst effect of dams has been observed in salmon that have to travel upstream to lay their eggs. If blocked by a dam, the salmon life cycle cannot be completed. 〈모의 응용〉

hydroelectric 수력 전기의

해석 & 어휘

수력 발전은 깨끗하고 친환경적인 에너지원이다. 하지만 댐에 관해 알아둘 중요한 것들이 몇 가지 있다. 수력 발전 댐을 짓기 위해서는 댐 뒤에 넓은 지역이 물에 잠겨야 한다. 때때로 전체 지역사회가 다른 지역으로 이주해야 한다. 그것은 강둑을 쓸어가고 강바닥에 있는 생명체를 파괴할 수 있다. 댐의 최악의 영향은 알을 낳기 위해 상류로 이동해야 하는 연어에서 관찰되어 왔다. 댐에 의해 막히면, 연어의 생활 주기는 완료될 수 없다.

green 친환경의
power source 전력원
dam 댐
flood 침수되다, 물에 잠기다; 홍수
community (특정 지역의) 주민, 지역 사회; 공동체
wash away 물이 ~을 쓸어버리다
riverbank 강둑, 강기슭
destroy 파괴하다
river bottom 강바닥
observe 보다, 목격하다
salmon 연어
upstream 상류로
lay eggs 알을 낳다
block 막다, 차단하다
life cycle 생활 주기

정답 및 해설 p. 12

댐에 관해 알아야 하는 사실들이 있다고 한 후에 (A) 뒤에서 구체적인 사례를 얘기하고 있으니까 (A)에는 예시를 나타내는 연결어 For example이나 For instance 같은 게 적절할 것 같아요.

(B) 다음에는 앞에 나온 사례 말고 또 다른 사례를 얘기하고 있으니까 열거를 나타내는 연결어 Also나 In addition이 적절할 것 같고요.

둘 다 아주 잘 맞혔어. 이렇게 **구체적인 예를 들어 설명할 때**나, **앞에 나온 것과 대등한 성격의 문장을 나열할 때** 연결어가 종종 생략되곤 해. 그 외에도 **글의 흐름이 시간순으로 자연스럽게 이어질 때**, **인과관계가 쉽게 이해될 때**도 생략될 수 있어. 그럼 아래 문제를 통해서 연결어가 생략된 글의 순서를 맞춰볼까?

개념 정리하기

글에서 연결어가 주로 생략되는 경우:

1. 구체적인 사례를 들어 설명할 때
2. 대등한 내용의 문장을 나열할 때
3. 글이 시간순으로 자연스럽게 흐를 때
4. 인과관계가 쉽게 이해될 때

QUICK CHECK! **다음 글을 일이 일어난 순서대로 배열한다고 할 때, (A) 다음에 이어질 글의 순서로 가장 적절한 것을 고르시오.**

(A) Isn't the Internet amazing? People can use it to find information. They can even play games.
(B) Soon, more computers were added. Other groups wanted to join the Internet. Later, people at home linked up their computers, and the Internet became huge.
(C) The Internet began in the 1960s. The United States government wanted to connect computers in different places to share information.
(D) It was a new idea; the government had to figure out how to make it work. Finally, four computers in different cities were linked, and the Internet was born. 〈모의 응용〉

① (B) – (C) – (D)　② (B) – (D) – (C)　③ (C) – (B) – (D)
④ (C) – (D) – (B)　⑤ (D) – (C) – (B)

information 정보
link up ~와 연결하다
huge 거대한
connect 잇다, 연결하다
figure out ~을 이해하다, 알아내다

정답 및 해설 p. 12

기출 지문으로 Check!

[01–02] 다음 글을 읽고, 물음에 답하시오.

(A) How can you tell the difference between a hardboiled egg and a raw egg without breaking them?
(B) When you take your finger away, the raw egg will continue to spin for a few more seconds, as the fluid inside is still moving. The hardboiled egg will stop instantly.
(C) This is because the raw egg is fluid inside, whereas the hardboiled egg is solid. When you spin the raw egg, the fluid inside moves around and causes the shaking. But the hardboiled egg has no fluid like the raw egg, so it doesn't shake. Then put your finger on the eggs to stop them spinning.
(D) Spin both the eggs! You will find the hardboiled egg spins so easily while the raw one doesn't. Also, you will notice the raw egg will spin more slowly and shake! 〈모의 응용〉

tell (정확히) 알다, 판단하다
hardboiled (달걀이) 완전히 익은
raw 익히지 않은, 날것의
spin 돌다; 돌리다
fluid 유동체 (기체와 액체를 합쳐 부르는 용어로, 변형이 쉽고 흐르는 성질이 있음)
instantly 즉각, 즉시
whereas ~인 반면
solid 고체의
notice 알아차리다

[선택지 어휘]
feature 특징
unusual 흔치 않은
trick 속임수, 농담
impress 깊은 인상을 주다

01 (A) 다음에 이어질 글의 순서로 가장 적절한 것은?

① (B) – (D) – (C)
② (C) – (B) – (D)
③ (C) – (D) – (B)
④ (D) – (B) – (C)
⑤ (D) – (C) – (B)

02 윗글의 주제로 가장 적절한 것을 고르시오.

① the feature of spinning eggs
② an unusual way to cook an egg
③ how boiling an egg changes the inside
④ how to tell a raw egg from a boiled egg
⑤ a trick with eggs to impress your friends

[03–04] 다음 글을 읽고, 물음에 답하시오.

Humans rely heavily on communicating through the meaning of words and the way they are arranged. We can tell someone we love them in a sad, happy, or soft tone of voice. It gives nuance to our feelings – but the meaning of the words "I love you" remains the same. This is why "mixed signals" can be so confusing. ___(A)___, if a friend tells you that he or she likes you, you can interpret that in different ways, depending on various clues. If you hear "I like you" in a soft, cheerful tone and see your friend smiling with friendly eye contact and body and arms relaxed, you will most likely believe that sentiment. ___(B)___, if you hear "I like you" in an angry tone of voice while your friend shows no facial expression, avoids eye contact, and sits slightly turned away from you, with arms folded tightly, you would question his or her motive. 〈모의 응용〉

nuance 미묘한 차이, 뉘앙스

rely on ~에 의존하다
heavily 심하게
arrange 배열하다; 마련하다
tone 어조, 말투
remain 여전히 ~이다
mixed 뒤섞인, 혼합된
confusing 혼란스러운
interpret 설명하다, 해석하다
depending on ~에 따라
clue 단서
eye contact 눈 맞춤
relaxed 느긋한, 여유 있는
most likely 아마도
sentiment 정서, 감정
facial 얼굴의
slightly 약간, 조금
fold one's arms 팔짱을 끼다
tightly 단단히, 꽉
motive 진의(眞意), 동기

[선택지 어휘]
spot 발견하다, 찾다
body language 몸짓 언어, 보디랭귀지
disagreement 불일치
behavior 행동

기출 **03 윗글의 글의 빈칸 (A), (B)에 들어갈 말로 가장 적절한 것은?**

	(A)		(B)
①	For example	......	As a result
②	For example	......	However
③	Otherwise	......	However
④	In contrast	......	As a result
⑤	In contrast	......	Furthermore

04 윗글의 제목으로 가장 적절한 것은?

① Important Clues to Look For to Spot a Liar
② The Times When Body Language Matters Most
③ The Difference between "I like you" and "I love you"
④ How to Match Your Body Language with Your Message
⑤ Mixed Signals: A Disagreement between Speech and Behavior

Review Test

정답 및 해설 p. 13

[01–04] 다음 각 빈칸에 들어갈 말로 가장 적절한 것을 고르시오.

01 Saint-Exupéry's *The Little Prince* is widely read as a children's book, but it also provides pleasure to adult readers. ________________________, *Alice's Adventures in Wonderland* is a great story for all ages.

① For example ② Likewise ③ As a result

widely 널리, 폭넓게
provide 주다, 제공하다
adult 성인, 어른

[선택지 어휘]
likewise 마찬가지로

02 No one is born to play games for his or her whole life because games are meant to help people be relaxed and unstressed. ____________, game addicted people usually spend most of their time on playing games, and they even become more stressed by playing games.

① However ② For example ③ Similarly

be born 태어나다
be meant to-v v하기로 되어 있다
unstressed 스트레스가 풀린 (↔ **stressed** 스트레스 받는)
addicted 중독된
spend time[money] on ~에 시간[돈]을 쓰다

03 If you are on a diet, you need to be staying away from cold food and drinks. This includes cold shakes, drinks, raw food, etc. ____________, warm or hot water has a positive effect on obesity. Regular intake of hot water works to reduce fat in our body.

obesity 비만 **intake** 섭취

① In addition ② Therefore ③ In contrast

be on a diet 다이어트를 하다
stay away from ~에서 떨어져 있다
include 포함하다
etc. ~ 등등
positive 긍정적인
regular 규칙적인
fat 지방

04 Research has shown that in the wild, there is some evidence that animals are affected by the moon. ____________, a species of coral has a light-sensitive gene that becomes more active during full moons.

coral 산호

① For example ② On the contrary ③ In other words

evidence 증거, 흔적
affect 영향을 미치다
species (생물) 종(種)
-sensitive ~에 민감한
gene 유전자
full moon 보름달

05 주어진 글 다음에 이어질 글의 순서로 가장 적절한 것은?

> Global warming and limits to the world's natural resources are the dangers we face from our environment. Many people fear that our planet is becoming increasingly hard to live on. This is pushing many people to go green.

(A) Another way is to be careful with electricity and water. Always make sure to turn out the lights when you aren't using them and to turn the water off while brushing your teeth.

(B) As you can see, going green is helpful both to the environment and to your own personal finances! It's a win-win situation!

(C) There are many ways you can go green. For example, walking or bicycling to work reduces the pollution from automobiles. It also saves you money on gas.

① (A) – (B) – (C) ② (A) – (C) – (B) ③ (B) – (C) – (A)
④ (C) – (A) – (B) ⑤ (C) – (B) – (A)

global warming 지구 온난화
natural resource 천연자원
face 직면하다; 얼굴
fear 두려워하다; 두려움
planet 행성
increasingly 점점 더
go green 친환경적이 되다
electricity 전기
make sure 반드시 ~ 하다
turn out 끄다; 모습을 드러내다
personal 개인의[개인적인]
finance 재정[자금]
win-win 모두에게 유리한[모두가 득을 보는], 윈윈의
situation 상황
pollution 오염, 공해
automobile 자동차

06 글의 흐름으로 보아, 주어진 문장이 들어가기에 가장 적절한 곳은?

> However, what is amazing is that manga and anime have become popular worldwide.

"Manga" is the name of a Japanese comic book style, one with a long and complicated history dating back to the nineteenth century. "Anime" is an animation style adapted from Japanese manga. (①) That manga and anime are popular in Japan is not surprising. (②) There were a few works that made the early jump from Japan to overseas markets. (③) One such example is Osamu Tezuka's *Astro Boy*, which came out when Japan was still recovering from World War II. (④) The simple yet powerful *Astro Boy* character was immediately popular in Japan, and he was soon loved overseas as well. (⑤) He appeared in various comic and television series worldwide throughout the 1960s and 1970s.

worldwide 전 세계적인
comic book 만화책
complicated 복잡한
date back to A (시기가) A까지 거슬러 올라가다
animation 만화 영화
adapt 맞추다, 조정하다
overseas 해외의
recover (곤경 등을 벗어나 정상 상태로) 회복되다
World War II 제2차 세계 대전
immediately 곧바로
appear 나타나다
series (텔레비전 등의) 시리즈; 연속
throughout ~ 동안 죽, 내내

07 다음 글에서 전체 흐름과 관계 없는 문장은?

Musicals are easily confused with opera. However, though these two genres both use song to convey a story, there are some essential differences between them. ① In an opera, everything is sung, while in a musical there are usually parts with speaking. ② There is a famous list of the 94 most popular Broadway musicals in history, including *The Phantom of the Opera*, *Cats*, and *Chicago*. ③ Musicals use dance and tend to be less serious than operas. ④ Also, musicals tend to use popular styles of music and everyday language. ⑤ In contrast, operas stick to tradition, with language that comes from the past.

confuse 혼동하다
genre 형식, 양식, 장르
convey 전달하다
essential 본질적인
including ~을 포함하여
phantom 유령
tend to-v v하는 경향이 있다
in contrast 반면
stick to A A를 고수하다, 계속하다
come from ~에서 오다, 비롯되다

08 〈The Road〉에 관한 다음 글의 내용과 일치하지 않는 것은?

Jack London was one of the most popular authors in America when he published his memoir entitled *The Road*, in 1907. An account of London's wild journey across America by boat and train and on foot, the memoir also reflects the author's concerns with social classes and divisions. *The Road* is praised by historians and scholars for its discussion of American culture and history. It has a lot to say about America's love of cars, road travel, and stories about the road. For several generations of younger readers, it has been a major inspiration for hitting the road to see the world up close, instead of from a first-class seat.

memoir 회고록

① 인기 작가였던 Jack London의 여행기이다.
② 작품 속에 작가의 사회의식이 반영되었다.
③ 미국 문화사에 족적을 남긴 작품이다.
④ 차에 대한 미국인들의 애정을 보여준다.
⑤ 최고급 여행 코스를 안내해주고 있다.

author 저자, 작가
publish 출판[발행]하다
entitle 제목을 붙이다
account 기록, 이야기; 계좌
journey 여행
on foot 걸어서
reflect 나타내다[반영하다]; 비추다
concern 관심; 걱정[우려]
social class 사회 계급
division 분열; 분할
praise 칭송[칭찬]하다; 칭찬
historian 역사가
scholar 학자
discussion 논한 것; 논의, 상의
several (몇)몇의
generation 세대
major 주요한, 중대한
inspiration 영감
hit the road 여행길에 오르다; (먼) 길을 나서다
up close 바로 가까이에(서)
first-class seat 1등석

Part 2
유형에 대한 이해

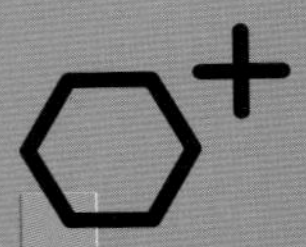

Chapter ③
큰 그림 파악하기 유형

이번 챕터에서는 PART 1에서 배운 내용을
토대로 지문의 핵심 내용을 파악해서
답을 찾는 유형들에 대해서 알아볼 거예요.
앞에서 배운 내용을 떠올리면서
유형에 하나씩 익숙해져 보도록 합시다.

유형 01 주장·요지

Chapter 1에서 공부한 **글의 주제 찾기**가 적용되는 유형이에요.
하나의 글에서 글쓴이가 주장하는 게 무엇인지, 또는 전달하고자 하는 요지가 무엇인지 찾아야 해요.
지시문은 이렇게 나와요.

➔ **주장** 다음 글에서 필자가 주장하는 바로 가장 적절한 것은?
요지 다음 글의 요지로 가장 적절한 것은?

유형 공략 이 유형은 이렇게 접근해야 해!

가장 먼저, 지문의 첫 부분을 보면서 **글의 중심 소재를 파악**해야 해. 그 다음엔 뭘 해야 할 것 같니?

주제문 찾기 아닌가요? Chapter 1(p.14~33)에서 배운 내용을 떠올려보면 그리 어렵지 않게 찾을 수 있을 것 같아요.

맞았어. 특히 '주제문을 찾는 단서'(p.25~29)에서 배운 내용을 잘 떠올려 보렴. 두 유형은 **'~해야 한다, ~이 중요하다, ~해라' 같은 표현이 쓰인 문장이 주제문**인 경우가 많아서 주제문을 어렵지 않게 찾을 수 있어.

그럼 주장 유형과 요지 유형에는 어떤 차이가 있나요?

주장 유형은 논설문인 경우가 많아서 '~해야 한다'는 표현이 직접 드러나는 반면, 요지 유형은 설명문도 종종 나오기 때문에 완곡하게 표현한 핵심 내용을 찾아야 하는 경우가 있다는 게 차이점이야. 하지만 두 유형 모두 주제문만 찾는다면 답은 쉽게 보일 거야.

QUICK CHECK! **'주제문을 찾는 단서'(p.25~29)의 내용을 참고하여 주장을 나타내는 표현을 정리해 보세요.**

1. ~해야 한다: ______________________

2. 중요하다: ______________________

3. 생각이나 권유를 드러내는 표현: ______________________

정답 및 해설 p. 16

❗ 기출 맛보기 이제 기출 문제를 함께 풀어보자!

➔ 글의 소재
problem solving

➔ 주제문: 문제를 공유함으로써 해결책을 찾을 수 있다.

➔ 주제를 뒷받침하는 구체적인 예

다음 글의 요지로 가장 적절한 것은?

Problems can appear to be impossible. We are social animals who need to discuss our problems with others. When we are alone, problems become more serious. By sharing, we can get opinions and find solutions. An experiment was conducted with a group of women who had low satisfaction in life. Some of the women were introduced to others who were in similar situations, and some of the women were left on their own. Those who were with others reduced their worries by 55 percent over time, but those who were left on their own felt no better.

appear to be ~처럼 보이다
social animal 사회적 동물
discuss 의논하다, 상의하다
by v-ing v함으로써
solution 해법, 해결책
experiment (과학적인) 실험
conduct (특정한 행동, 활동을) 하다
satisfaction 만족
similar 비슷한, 유사한
on one's own 혼자, 단독으로
over time 시간이 흐르면서

① 상대방의 의견을 존중하는 자세가 필요하다.
② 대부분의 걱정거리는 시간이 지나면 해결된다.
③ 사람들과 함께 있어도 외로움을 느낄 수 있다.
④ 해결할 수 없는 문제는 빨리 단념하는 것이 좋다.
⑤ 다른 사람들과 문제를 공유하면 해결에 도움이 된다.

1 지문의 처음 두 문장을 통해, 이 지문이 '문제 해결(problem solving)'에 관한 내용임을 알 수 있다. 또, 사람이 사회적 동물(social animal)이라는 말도 나왔으니 '사람들과 문제를 공유하는 것'에 관한 내용이 나오지 않을까?

↓

2 우리의 예상이 맞았다! 우리가 혼자 있을 때는 문제가 더 심각해 보이지만, 다른 사람들과 문제를 공유하면 해결책을 찾을 수 있다는 주제문이 나오고 있다. 이젠 이 주제를 뒷받침하는 구체적인 예가 나올 차례!

↓

3 한 가지 실험이 그 예로 제시되고 있다. 문제를 다른 사람들과 함께 해결한 집단에서는 걱정이 55% 낮아진 반면 혼자 해결한 집단은 아무런 변화가 없었다.

↓

4 주제문과 뒤이어 나온 예를 통해 우리는 이 문제의 답이 '⑤ 다른 사람들과 문제를 공유하면 해결에 도움이 된다.'임을 알 수 있다.

유형 익히기

Q 글의 주제문 찾아 밑줄을 그으시오. (2문장)

stand in line 줄을 서다 (= **line up**)
sooner or later 조만간
checkout 계산대
survey 조사, 연구
average 평균의, 보통의
lifetime 일생, 평생
make good use of ~을 잘 활용하다

01 다음 글의 요지로 가장 적절한 것은?

Do you think you could stand in line for two to four years? Sooner or later, you probably will! We line up when we ride the subway, buy tickets to a movie, wait at the supermarket checkout, and get money from the bank. According to one survey, the average person in Europe stands in line for 68 minutes every day. Over a lifetime, that's about four years, and a lot of time wasted. But if we make good use of the time, we can learn a lot of things. So it's a good idea to always carry a book or something to study.

① 줄 서는 시간을 잘 활용해야 한다.
② 중요도에 따라 일을 처리해야 한다.
③ 줄을 서면 기다리는 시간이 단축된다.
④ 공공질서 확립을 위해 줄을 서야 한다.
⑤ 한가한 시간에는 책을 많이 읽어야 한다.

Q 글의 소재로 가장 적절한 것을 고르시오.

① familiar symbols
② planning
③ stress

familiar 익숙한, 친숙한
unfinished 완료되지 않은
organize 조직하다, 준비하다
nevertheless 그럼에도 불구하고
stuff 것(들), 물건; 일; 채워 넣다
anxious 불안해하는
complicated 복잡한
include 포함하다
remove 없애다, 제거하다
task 일, 과제
one by one 하나씩
make sure (that) ~을 확실히 하다

02 다음 글에서 필자가 주장하는 바로 가장 적절한 것은?

The most familiar symbol of many unfinished things and poor planning is a collection of "to do" lists. It is true that having a "to do" plan can help you to organize your time better and see what's important. Nevertheless, having lists of unfinished things to do can cause big problems. Just looking at all the stuff you haven't yet done can cause stress, and make you feel anxious. Don't be like this! Whenever you make a list, don't make it too big or complicated, and don't include things that you know you can't do. It's a much better feeling to move through your day, removing tasks one by one from the list, so make sure that this is what you do.

① 일하기 전에 우선 작업 환경을 정돈하라.
② 같은 종류의 일을 한데 묶어서 같이 하라.
③ 일의 우선순위를 정해 체계적으로 행하라.
④ 할 수 있다는 자신감을 가지고 일을 대하라.
⑤ 할 수 있는 만큼만 계획을 세워 하나씩 실천하라.

정답 및 해설 p. 16

03 다음 글의 요지로 가장 적절한 것은?

A good way to change your body is through exercise; exercising not only changes the shape of your body, but it also makes you feel more energetic by relieving stress. Changing your body image can give you a more positive outlook on your life. But too many people get a health club membership and then stop going after a few days. They feel pain in their muscles and they do not see immediate results, which makes them give up their plan. Exercising, like eating a proper diet, takes a long time to have an effect. So, only people who continue their efforts can experience the benefits of exercising.

① 운동은 좋은 스트레스 해소법이다.
② 운동은 자신감 향상에 도움이 된다.
③ 무리한 운동은 오히려 몸에 해롭다.
④ 소식과 운동을 병행하는 것이 중요하다.
⑤ 운동은 꾸준히 해야 효과를 볼 수 있다.

Q 글의 소재로 적절한 것을 고르시오.

① exercising
② a health club
③ muscle pain

energetic 활기 있는, 활동적인
relieve 풀다, 해소시키다
positive 긍정적인
outlook 관점; 전망
membership 회원
immediate 즉각적인; 당면한
give up 포기하다, 단념하다
proper 적절한
benefit 혜택, 이득

04 다음 글에서 필자가 주장하는 바로 가장 적절한 것은?

Stories about successful individuals often contain the same message: don't give up! There's a reason for this. Success is hard work, and there's a lot of competition in any field. You're not going to get rich lying on the couch, and you're not going to lose weight if you give in to the first piece of cake. Still, there's a big difference between a difficult situation and one that has no solution. Some things are simply impossible. When you recognize an impossible situation, know that it's time to walk away. A great deal of suffering in this world could have been avoided if people had known when to give up.

① 실패에서 교훈을 얻어라.
② 장애물이 있어도 끝까지 노력하라.
③ 하고 싶은 일을 참는 법을 배워라.
④ 불가능한 일은 과감히 내려놓아라.
⑤ 어려운 일은 하나씩 단계적으로 접근하라.

Q 글의 주제문을 찾아 밑줄을 그으시오.

successful 성공한
individual 개인; 각각의
contain 함유하다; 억누르다
couch 긴 의자
give in ~에 굴복하다
still 그래도, 그럼에도 불구하고
recognize 인지하다, 알아보다
walk away (힘든 상황·관계를 외면하고) 떠나 버리다
a great deal of 많은
suffering 고통, 괴로움

유형 02 주제

유형 01과 마찬가지로 **Chapter 1** 에서 공부한 **글의 주제 찾기**가 적용되는 유형이에요.
글에서 핵심적으로 다루고 있는 내용이 무엇인지 찾는 유형이에요.
지시문은 이렇게 나와요.
➔ 다음 글의 주제로 가장 적절한 것은?

❗ 유형 공략 이 유형은 이렇게 접근해야 해!

주제 유형도 앞에 배운 주장·요지 유형이랑 크게 다르지 않아.

그럼 일단 글의 소재를 찾고, 주제문을 찾은 다음 그걸 잘 표현한 선택지를 고르면 되는 건가요?

응, 이 유형의 주제문은 바로 주장·요지 유형에서 봤던 주장을 나타내는 표현 외에도, 앞의 내용을 반박하거나, 글의 내용을 종합해서 결론을 내리거나, 질문에 대한 답변을 하는 경우 등 더 다양할 가능성이 높아.

그러면 앞에서 배운 반박하는 문장에서 볼 수 있는 접속사(p.26)와, 결론을 내릴 때 쓰는 접속사(p.28) 부분을 더 유의해서 보면 되겠네요!

그렇지! 주제문이 없을 때는 글의 내용을 종합해서 주제를 찾아내야 한다는 것도 명심해야 해.

QUICK CHECK! **'주제문을 찾는 단서'(p.25~29)의 내용을 참고하여 아래 표현을 정리해보세요.**

1. 반박하는 문장에서 볼 수 있는 접속사: ______

2. 결론을 내릴 때 쓰는 접속사: ______

정답 및 해설 p. 18

❗ 기출 맛보기 이제 기출 문제를 함께 풀어보자!

➔ 글의 소재
Hippocratic ideas

➔ 주제문: 히포크라테스는 거의 2,500년 전에 살았지만, 많은 그의 생각들이 오늘날에도 친숙하다.

➔ 주제를 뒷받침하는 구체적인 예시들

다음 글의 주제로 가장 적절한 것은?

What Hippocratic ideas are still in practice today? Even though Hippocrates lived nearly 2,500 years ago, many of his ideas sound very familiar today. He asked about the family health history to see if any relatives had suffered from similar diseases. He asked questions about the patient's home to see if his or her environment might be causing the illness. He discovered that diet played an important role in preventing disease. Hippocrates was the first to understand the physical illness caused by emotional stress. He even made suggestions on what we call bedside manner. He said physicians should pay as much attention to the comfort and happiness of the patient as to the disease itself.

bedside manner (의료진 등이) 환자를 대하는 태도

① 서양 의술의 다양한 분야
② 히포크라테스 시대의 일반적인 신념
③ 고대의 질병 진단과 치료
④ 전통 의술에서의 질병 예방책
⑤ 오늘날의 의술에 남아있는 히포크라테스의 견해

Hippocratic 히포크라테스의
cf. Hippocrates 히포크라테스 ((그리스의 의사))
in practice 실행되는
nearly 거의
familiar 익숙한, 친숙한
relative 친척
patient 환자
illness 병, 아픔
discover 발견하다
play an important role 중요한 역할을 하다
prevent 예방하다, 방지하다
physical 육체의
emotional 정서의, 감정의
suggestion 제안, 의견
what we call 이른바, 소위
physician 의사; 내과 의사
pay attention to A A에 관심을 갖다
comfort 안락, 편안

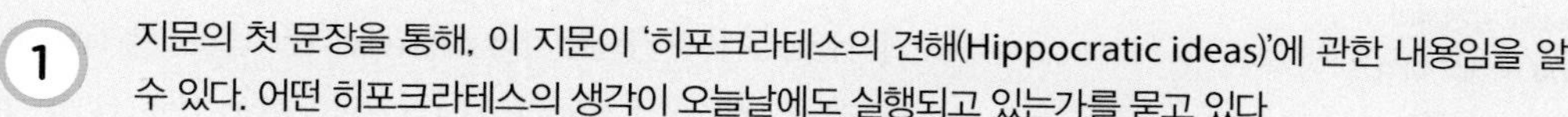

1 지문의 첫 문장을 통해, 이 지문이 '히포크라테스의 견해(Hippocratic ideas)'에 관한 내용임을 알 수 있다. 어떤 히포크라테스의 생각이 오늘날에도 실행되고 있는가를 묻고 있다.

↓

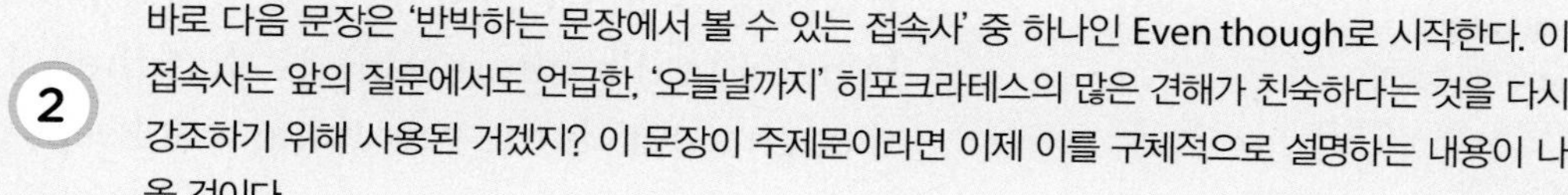

2 바로 다음 문장은 '반박하는 문장에서 볼 수 있는 접속사' 중 하나인 Even though로 시작한다. 이 접속사는 앞의 질문에서도 언급한, '오늘날까지' 히포크라테스의 많은 견해가 친숙하다는 것을 다시 강조하기 위해 사용된 거겠지? 이 문장이 주제문이라면 이제 이를 구체적으로 설명하는 내용이 나올 것이다.

↓

3 가족들의 병력, 집안 환경, 식단 등 오늘날까지 중요하게 여겨지는 히포크라테스의 의학적 견해를 구체적으로 설명하고 있다.

↓

4 주제문과 뒤이어 나온 예시를 통해 우리는 이 문제의 답이 '⑤ 오늘날의 의술에 남아 있는 히포크라테스의 견해'임을 알 수 있다.

유형 익히기

Q 글의 주제문은 두 문장이다. 각 문장의 처음 두 단어를 쓰시오.

author 저자
examine 검토하다
whether ~인지
appropriate 적절한
comfort 위로하다
inspire 영감을 주다
entertain 즐겁게 하다
fully 완전히, 충분히
benefit 이득을 보다
disappointed 실망한
unhappiness 불행
confused 혼란스러워 하는
upset 화난, 심란한
confidence 확신
successfully 성공적으로

01 다음 글의 주제로 가장 적절한 것은?

Children believe stories they hear and read are real. Therefore, authors must carefully examine whether a sad ending is truly appropriate. Good children's stories may teach, comfort, inspire, or entertain us. However, the reader would not fully benefit if he or she feels disappointed after finishing the story. To a child, unhappiness creates a problem. It is as if the story failed to reach a conclusion: The child may be confused or even upset because of a sad story. A children's story should leave children with confidence that the characters will continue successfully in their lives after the story finishes.

① the difficulties of writing children's books
② appropriate topics for children's literature
③ the lessons to be learned from children's stories
④ how children understand the characters in books
⑤ why children's stories should have happy endings

Q 글의 소재를 찾아 동그라미 치시오. (2단어)

negative 부정적인
every once in a while 간혹, 가끔
discover 발견하다
get rid of 제거하다
content 내용물
fear 공포
anger 화, 분노
frustration 불만
regret 후회; 후회하다
stuff (꼭꼭) 담다, 채우다
allow 허락하다
willingness 기꺼이 하는 마음
keep A from v-ing A가 v하지 못하게 하다

[선택지 어휘]
warn 경고하다
deal with 다루다, 처리하다
eliminate 제거하다
burden 부담, 짐
anxiety 불안
necessity 필요(성)
emotion 감정

02 다음 글의 주제로 가장 적절한 것은?

I sometimes think of my negative thoughts as being inside a backpack that I wear everywhere I go. Every once in a while, one of them comes out to visit me. What I've discovered is that there is no way to get rid of the contents of that backpack. However, I have learned to relate to the things that are inside very differently. I used to try to keep the fear, anger, frustration, and regret stuffed in the bag. Now, I allow it to come out whenever it wants to. In fact, I sometimes choose to open the pack myself. What's really interesting is that the willingness to "let the thoughts out" is the very thing that keeps them from wanting to come out.

① what fear is warning us about
② how to deal with negative feelings
③ ways to eliminate negative thoughts
④ the burden of carrying anxiety and regret
⑤ the necessity of sharing emotions with others

03 다음 글의 주제로 가장 적절한 것은?

Have you ever visited the seaside? It feels great to sink your feet into the smooth sand, doesn't it? Day and night, the ocean's waves crash against the shore, and this has a slow but wonderful result. The smooth sand beneath your feet was once a collection of sharp rocks, bones, and shells. The waves and the tide carried them back and forth, back and forth. Slowly the waves ground the large pieces of hard materials into smaller and smaller bits. The waves have worked for ages to make the long, lovely, sandy beaches. Someday, every big, rough rock will become a smooth and tiny grain of sand.

① various uses of sand
② several types of seaside areas
③ safety tips for swimming in the sea
④ the reason why waves come and go
⑤ how the sand on the beach is made

Q 글의 소재를 찾아 동그라미 치시오. (1단어)

seaside 바닷가, 해변
sink 파묻다, 박다
smooth 부드러운
crash 부딪치다
shore 해안
beneath 아래에
once 한때, 한 번
sharp 날카로운, 뾰족한
shell 조개껍데기
tide 조수, 밀물과 썰물
back and forth 왔다 갔다
grind (잘게) 갈다
materials 물질
bit 작은 조각
sandy 모래로 뒤덮인
rough 거친, (표면이) 고르지 않은
grain 알갱이

04 다음 글의 주제로 가장 적절한 것은?

Many people enjoy winter. Children, especially, love it when it snows. For children, snow is like a brand-new amusement park to play in. They can spend hours building a snowman, sledding down hills, and having snowball fights. And they enjoy coming indoors to get warm by the fire after being out in the snow. But many other people, mostly adults, hate the snow. When it snows, driving becomes dangerous and more accidents happen. Also, heating bills go up, and it's hard work to clear the snow from roads and sidewalks.

① advantages of snow
② why adults hate snow
③ snow activities for kids
④ safety rules in the snow
⑤ mixed emotions on snow

Q 글의 내용을 다음과 같이 요약할 때, 빈칸에 들어갈 적절한 말을 쓰시오.

While most children like __________, many adults hate it.

brand-new 새로운
amusement park 놀이공원
sled 썰매를 타다
snowball fight 눈싸움
indoor 실내의
mostly 특히, 주로
heating bill 난방비
sidewalks 길가, 인도

[선택지 어휘]
advantage 이점
safety 안전
mixed 엇갈리는
emotion 감정

유형 03 제목

앞서 나온 유형들과 마찬가지로 **Chapter 1** 에서 공부한 **글의 주제 찾기**가 적용되는 유형이에요.
글의 주제를 함축적으로 표현한 제목을 고르는 유형이에요.
지시문은 이렇게 나와요.
➔ 다음 글의 제목으로 가장 적절한 것은?

❗ 유형 공략 이 유형은 이렇게 접근해야 해!

이 유형도 글의 소재를 파악하고, 글의 주제문을 찾으면 되는 거죠?

맞아. 그런데 제목 유형에서는 선택지가 글의 핵심 내용을 심하게 **말바꿈**(paraphrasing)하거나 **의문문**이나 **속담**으로 나오기도 해서 앞서 나온 유형들보다 조금 더 어렵게 느껴질 수 있어.

말바꿈이 뭐예요? 같은 뜻을 가진 다른 단어로 바꿔 쓰는 거예요?

응. 문장의 의미는 그대로 유지하면서 단어나 형식을 바꾸는 걸 말해. 예를 들어서, Dr. John Ross was well-known for helping his patients.(존 로스 의사는 환자들을 돕는 것으로 유명했다.)라는 주제문이 있는데, 이걸 제목 유형의 선택지로 바꾸면 A Warm-Hearted Doctor(한 마음 따뜻한 의사)가 되는 거야.

아! 그러니까 helping his patients를 말을 바꿔서 warm-hearted라고 표현한 거군요!

QUICK CHECK! **아래의 문장을 말바꿈한 것으로 적절한 것을 고르시오.**

> Many people made significant discoveries that led to the invention of the automobile.

① More Success, More Good Ideas
② One Great Invention, Many Inventors

significant 중요한
discovery 발견
lead to A A로 이어지다
invention 발명품; 발명
cf. inventor 발명가
automobile 자동차

정답 및 해설 p. 21

❗ 기출 맛보기 이제 기출 문제를 함께 풀어보자!

➔ 글의 소재
drinking water

➔ 주제문: 물은 뇌의 원활한 기능을 위해 필수적인 요소이다.

➔ 주제를 뒷받침하는 구체적인 예시들: 뇌에 수분이 부족할 경우 나타나는 여러 가지 문제들

다음 글의 제목으로 가장 적절한 것은?

Are you a forgetful student? Do you often experience headaches? Then perhaps you just need to drink more water to refresh your brain function. It is known that 85% of our brain tissue is water. Hence, water is a vital component for the smooth function of our brain. And according to research, if a person's body is short of water, his brain releases a hormone called cortisol that shrinks the brain. This decreases memory power. If your brain is short of water, you become forgetful, restless and slow. Headaches are also more frequent when our brain lacks water. So never ever let yourself get thirsty because you are making your brain shrink and become restless and forgetful. 〈모의 응용〉

cortisol 코티솔 ((부신 피질에서 생기는 스테로이드 호르몬의 일종))

① No Water Before Meals
② Save Water, Save Yourself
③ What Makes Your Brain Bigger?
④ Does Your Brain Get Enough Water?
⑤ Headaches: the First Sign of Forgetfulness

forgetful 잘 잊어버리는, 건망증이 있는
cf. forgetfulness 건망증
perhaps 아마
refresh 생기를 되찾게 하다
function 기능; 기능하다
It is known that ~라고들 한다, ~라고 알려져 있다
brain tissue 뇌 조직
hence 그러므로
vital 필수적인
component (구성) 요소
smooth 순조로운
be short of ~이 부족하다
release 내보내다, 풀어주다; 표출하다
hormone 호르몬
shrink 줄어들다; 줄어들게 하다
decrease 줄이다; 줄다
restless 산만한
slow 둔한, 이해가 느린
frequent 잦은, 빈번한
lack 부족하다; 부족, 결핍

1 지문의 앞부분을 통해, 이 지문이 물을 마시는 것에 관한 내용임을 알 수 있다.

↓

2 조금 더 읽어보니 문장 하나에 주제문의 단서에 해당하는 Hence(결과적으로)와 vital(필수적인)이 같이 쓰인 문장이 있는 게 보인다. 아무래도 주제문일 가능성이 높아 보인다. 이 문장이 주제문이 맞다면 이제 구체적으로 설명하는 내용이 나오겠지?

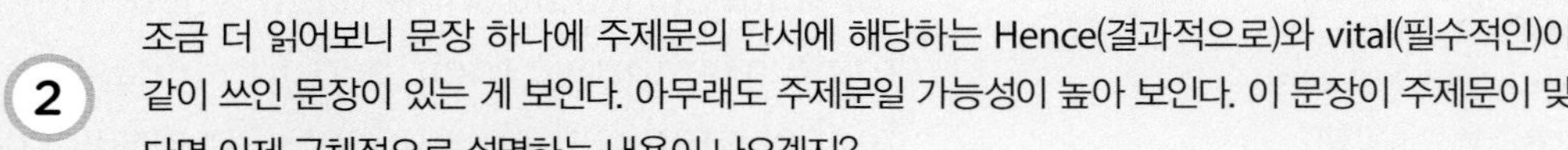

↓

3 뇌에 수분이 부족하면 뇌가 수축하고 기억력이 감소하는 것을 비롯해 불안해하게 되고 두통이 생기는 등 여러 문제점이 발생한다고 말하고 있다.

↓

4 주제문과 뒤이어 나온 예시를 통해 우리는 이 지문의 주제가 '물을 충분히 마셔야 뇌가 제대로 기능한다'는 것임을 알 수 있다. 이를 함축적으로 가장 잘 표현한 선택지는 '④ Does Your Brain Get Enough Water?'이다.

유형 익히기

Q 글의 소재로 가장 적절한 것을 고르시오.

① ideas and feelings
② animal proverbs
③ life lessons

symbolize 상징하다
proverb 속담
particular 특정한
feature 특징, 특성
feather 깃털
flock 떼, 무리
specific 구체적인, 명확한
warn 경고하다
lesson 교훈
indirect 간접적인

[선택지 어휘]
saying 속담, 격언
path 길

01 다음 글의 제목으로 가장 적절한 것은?

Animals symbolize many different ideas and feelings in the Western world in proverbs. They can be used to talk about humans as a group as well as humans with particular features. "Birds of a feather flock together" uses birds to talk about all people. It means that people who are alike will usually gather together. Proverbs also talk about specific types of people. "Even a worm will turn" uses the worm to talk about a weak person. The proverb says that even a weak person will fight if he or she is pushed hard enough. It warns us not to push people too hard. By using animals, proverbs can tell life lessons about people in an indirect way.

① Don't Make Somebody Angry!
② How Have Proverbs Been Formed?
③ Several Interesting Sayings about Animals
④ Proverbs: A Path to Understanding Cultures
⑤ Animal Proverbs: Wise Words about Humans

Q 글의 주제문을 찾아 밑줄을 그으시오.

measure 측정하다
progress 진전
from year to year 매년
critic 비판자
insist 주장하다, 고집하다
attach to A A에 붙이다, 부여하다
harmful 나쁜, 해로운
feedback 피드백(반응, 의견)
deserve ~을 받을 만하다
end up v-ing 결국 v하게 되다
self-esteem 자존감

[선택지 어휘]
guideline 지침
policy 정책, 방침
motivate 동기부여하다
debate 논쟁; 토론
current 현재의
method 방법

02 다음 글의 제목으로 가장 적절한 것은?

Since 1883, most schools have used the A through F grading system. It is useful to both students and teachers as a way to measure performance and progress from year to year. However, critics of the system insist that the letter grading system is not the best for students. They argue that attaching an "A" or a "D" to everything is harmful to learning. A better form of feedback for students would show them where they went wrong and what to do to improve their performance. Some teachers even give higher grades than students deserve because they don't want to hurt their students. They end up placing self-esteem above honest grading.

① Grading Guidelines for Homework
② The Use of a New Education Policy
③ Give Feedback to Motivate Your Students
④ The Debate over Current Grading Methods
⑤ A Tool to Track Students' Performance Progress

정답 및 해설 p. 21

03 다음 글의 제목으로 가장 적절한 것은?

We wash our hands with soap, brush our teeth with toothpaste, and clean our hair with shampoo. That's how it's always been, right? Actually, shampoo is only about 100 years old. Before that, people washed their hair with soap once or twice a month. Shampoo has been marketed successfully, but many people question whether it's good for your hair. A few key ingredients in shampoo may be the problem. Almost all shampoos contain alcohol and mineral oil. The alcohol dries out your hair, and dry hair can be attacked by bacteria. Mineral oil is generally used to make shampoos gentler, but it can cause various skin problems.

① The History of Shampoo
② Do We Really Need Shampoo?
③ Mineral Oil: Your Hair's Enemy
④ Shampoo: A Marketing Success!
⑤ How Should We Wash Our Hair?

Q 글의 소재로 적절한 것을 고르시오.

① soap
② shampoo
③ skin problems

toothpaste 치약
once 한 번
twice 두 번
market (시장에 상품을) 내놓다
successfully 성공적으로
question 질문하다
whether ~인지; ~이든
ingredient 재료; 성분
mineral 미네랄
dry out 건조하게 하다
attack 공격
generally 대개, 보통
gentle 순한; 온화한
various 여러 가지의

04 다음 글의 제목으로 가장 적절한 것은?

In 1995, gray wolves were reintroduced into Yellowstone National Park, where they had once lived free. The move was a great success for the listed endangered species; their numbers multiplied and their "endangered" status was dropped. But perhaps because their numbers increased so greatly, some wolves started to go outside the areas of the park. In some cases, they wandered onto farms next to the park and killed farmers' livestock. The Federal Animal Damage Control agency (ADC) responded by capturing wolves that were known to have killed livestock. But it wasn't enough, and farmers were soon allowed to shoot wolves found attacking animals on their land.

endangered 멸종 위기에 처한

① Gray Wolf Attacks on Humans
② Gray Wolves: Endangered Species
③ Rescuing Gray Wolves from Danger
④ Farmers' Old War Against Gray Wolves
⑤ Unfortunate Effects of Wolf Reintroduction

Q 글의 소재로 적절한 것을 고르시오.

① gray wolves
② endangered species
③ ADC

reintroduce 다시 들여오다
species 종, 종류
multiply 크게 증가하다; 곱하다
status 상태; 신분; 지위
wander 돌아다니다, 헤매다
livestock 가축
capture 붙잡다, 포획하다

[선택지 어휘]
rescue 구조하다, 구하다
unfortunate 불행한, 운 없는

제1회 미니 모의고사

14개 문제를 25분 안에 풀어보세요.

1 다음 글의 요지로 가장 적절한 것은?

They welcomed you into this world, nursed you, comforted you, and spent countless days and dollars on you. And yet you don't understand why your parents want to know what's going on in your life? Don't you think they deserve for you to talk to them politely and be open with them? This may already be true for you. Your parents may be the first people you go to when you have either good or bad news. If so, good for you! You're probably enjoying the great rewards of a loving, supportive relationship. On the other hand, if you rarely speak, it's likely that your parents feel hurt and ignored.

① 자녀에게 친구 같은 부모가 되어라.
② 화목한 가정은 행복의 필수조건이다.
③ 부모의 희생에 감사하는 마음을 가져라.
④ 자신의 변화나 문제를 부모님께 알려라.
⑤ 갈등을 풀 수 있는 가장 좋은 방법은 대화다.

2 다음 글의 주제로 가장 적절한 것은?

One factor that influences what foods we find tasty is our age. The sense of taste in children is more sensitive than it is in adults, so children often dislike foods with strong flavors. Culture influences what we like, too. For example, most Japanese children happily eat raw fish while most Chinese kids think it tastes bad. Also, we have a natural ability to know whether something tastes safe to eat or tastes poisonous. Because many poisonous things taste bitter, we are more likely to survive if we avoid bitter-tasting foods. We tend to prefer sweet-tasting foods because they are generally less likely to be poisonous.

① factors that affect the foods we like
② cultural influences in food preference
③ relationships between appetite and age
④ reasons why children dislike vegetables
⑤ distinguishing between toxic and safe plants

3 다음 글의 제목으로 가장 적절한 것은?

Morse code is a means of communication using dots and dashes to send a message. It was created by Samuel Morse, who was originally an artist. What made an artist decide to invent this system? Sadly, Morse was inspired to develop rapid, long-distance communication by a tragic event. While working on a painting in Washington, Morse received a letter saying his wife was dying. He rushed to his home in New Haven but was too late. Morse knew that slow communication was the reason he never got to see his wife one last time. So, in 1836, Morse produced the first telegraph set and developed Morse code for it. Although telegraphs are no longer used, Morse code remains an important form of communication. Without Morse's loss, this great invention may never have existed.

telegraph 전보 ((전기나 전파를 이용한 통신))

① Is Morse Code Used Today?
② The Tragic Life of Samuel Morse
③ Morse Code: The Product of Sadness
④ Let's Learn How to Read Morse Code!
⑤ What Was Wrong with the Telegraph System

4 **Game Night에 관한 다음 안내문의 내용과 일치하지 않는 것은?**

> **Game Night!**
>
> Come join the fun at Pine Middle School's "free" game night on Tuesday, May 24th at 6 p.m.
>
> Games: Settler's of Catan, Yahtzee, Monopoly, and many more!
>
> Free Snacks for Everyone!
> Hot dogs and cola will be on sale.
> • Hot dog: $2.00
> • Cola: $1.00
>
> Parents are welcome, but teachers will be present.
> Bring a game of your own to add to the fun!

① 학교에서 주최하는 게임 행사이다.
② 참가비는 무료이다.
③ 무료로 제공되는 간식이 있다.
④ 선생님은 참석하지 않는다.
⑤ 자신이 갖고 있는 게임을 가져갈 수 있다.

5 **다음 글의 밑줄 친 부분 중, 문맥상 낱말의 쓰임이 적절하지 않은 것은?**

When an airplane accident occurs, it makes major news all over the world. It seems ① reasonable to be afraid of flying. However, despite some tragedies, air travel is a quite ② safe way to get from here to there. More than three million people around the world fly without accident every day. Your chance of being in an aircraft accident is 1 in 2,000,000. There's even a 60% chance that you will ③ survive that crash. Better technologies and pilots have ④ decreased the number of crashes. Part of the fear of flying, it seems, is the fear of the unknown. People don't understand how an airplane flies, and this can make people feel ⑤ comfortable. Because you now understand how safe flying is, you can relax the next time you fly.

6 **밑줄 친 She[her]가 가리키는 대상이 나머지 넷과 다른 것은?**

In high school, I made a friend named Kim. ① She was great at first, but it became harder to be close later on. ② She seemed to be angry or sad all the time. That's why I stayed away from her and ignored her. After summer vacation, a good friend told me all the news from our classmates. Then ③ she said, "Oh! Did you hear about Kim? ④ Her parents fought all the time and they don't live together anymore. Kim is having a very hard time because of it." When I heard that, I felt terrible. I had left Kim alone when ⑤ she needed me the most. I felt so bad about what I had done and hoped I could be her friend again.

7 **다음 빈칸에 들어갈 말로 가장 적절한 것은?**

New York City has always been a city of immigrants. Many of them can still remember the day they stepped off a boat and saw its famous Statue of Liberty for the first time. This amazing mixture of people from around the world has had a huge influence on the city's development. In New York, it's ________________________. Within its many cultural neighborhoods, any type of food you want can be found. Traditional cultures like Chinatown, Little Italy, Little India are popular neighborhoods for visitors in New York. And the crowded sidewalks of the city are often full of different languages. In fact, there are more languages spoken in New York than anywhere else on Earth.

Statue of Liberty 자유의 여신상

① easy to lose your own cultural identity
② hard to choose one restaurant to eat at
③ as if everyone is friends with each other
④ necessary to speak more than one language
⑤ like the whole world has been fit into a city

8 **다음 글의 빈칸 (A), (B)에 들어갈 말로 가장 적절한 것은?**

You probably don't want to think about this, but our bodies are full of tiny animals. They're called parasites. A parasite is a creature that depends on another creature, called the host, to live. It may sound scary. ___(A)___, there's a friendly parasite called a tooth amoeba that lives in our mouths. They live in holes in our teeth and eat tiny bits of food left behind. Tapeworms, ___(B)___, are very dangerous. They can kill their host by stealing all the host's food. We humans think we rule the world, but perhaps we should pay more attention to the tiny creatures that affect us every day.

host (기생 동식물의) 숙주
amoeba 아메바 ((아메바목의 단세포 원생동물을 통틀어 이르는 말))
tapeworm 촌충 ((모두 척추동물의 기생충))

	(A)		(B)
①	However	……	on the other hand
②	For example	……	similarly
③	However	……	in other words
④	For example	……	in short
⑤	In fact	……	similarly

9 **다음 글에서 전체 흐름과 관계 없는 문장은?**

All cultures have taboos — things that are not allowed. What may be perfectly normal in one culture can upset people in another. ① For example, many people in India would never eat beef, but in most of the rest of the world, people raise cows for meat. ② The way people eat is also ruled by taboos. ③ In China you can eat with your mouth open, whereas in Europe this is rude. ④ Keep your mouth closed and try to avoid making noises of any kind while eating. ⑤ Learning about taboos and their origins helps us to gain a greater respect for other cultures as well as our own.

taboo 금기

10 주어진 글 다음에 이어질 글의 순서로 가장 적절한 것은?

> The light bulb is one of the most important inventions of the last 200 years. Many people believe that it was invented by Thomas Edison.

(A) For example, he did not invent the electric light bulb, which had been invented seven decades earlier. He just developed a long-lasting electric light bulb and started the first company that made and sold them.
(B) However, Edison was not the inventor of many original things. Instead, he improved things so that they could be sold to the public.
(C) The only major invention that Edison did invent was the record player. It was the first device ever that could reproduce recorded sounds.

① (A) - (C) - (B)
② (B) - (A) - (C)
③ (B) - (C) - (A)
④ (C) - (A) - (B)
⑤ (C) - (B) - (A)

11 글의 흐름으로 보아, 주어진 문장이 들어가기에 가장 적절한 곳은?

> You can say kind words to your plants!

There are lots of ways to make your plants grow big and strong. You can give them fertilizer. (①) You can make sure they get the right amount of water and sun. (②) If you've satisfied these basic needs, there's one more thing you could try. (③) This idea that talking to plants helps them to grow is not modern. (④) In 1848, a German named Gustav Fechner claimed that plants have souls and enjoy the sound of conversation. (⑤) This myth has been tested many times, and surprising results have been found: talking to plants with a kind voice can make them grow faster!

fertilizer 비료

12 다음 글의 내용을 한 문장으로 요약하고자 한다. 빈칸 (A)와 (B)에 들어갈 말로 가장 적절한 것은?

Did you know that breaking a mirror will give you seven years of bad luck? This is a kind of superstition. It might seem silly, but you may have some beliefs of your own that are quite similar. We human beings often make links between completely separate things. Suppose that you wore pink socks to school and happened to do well in a test. What if it occurs several times? Surely you may think that was more than just luck. However, what about those times that you wore those pink socks and nothing happened? Well, you would just forget those times. Whether superstitions are helpful or not remains to be seen, but it is true that they will stay with us and affect our lives.

superstition 미신

↓

> Superstitions arise because we tend to remember things that ____(A)____ what we want to be true, but ____(B)____ the things that don't.

	(A)		(B)
①	deny	……	believe
②	avoid	……	forget
③	support	……	observe
④	avoid	……	imagine
⑤	support	……	ignore

[13-14] 다음 글을 읽고, 물음에 답하시오.

(A)

Henry was pushing the speed limit. He was headed to a business meeting and he had no time to spare. His eyes moved from car to car, and he quickly worked his way through the traffic like a snake in the rocks.

(B)

But just as suddenly as it had all begun, it came to an end. Henry stopped and got out of his car, and was surprised to see Sam's car stop right beside his. The two men marched right into the same building, and then into the same elevator. Both were confused as they walked out of the elevator and through the same door. The truth became apparent as they began to speak calmly: Henry the supplier and Sam the customer were running late to meet each other.

(C)

Henry's mood now turned to anger at this driver who had cut him off twice. Within seconds, Henry cut him off, leaving only inches between the two cars. The heat escalated as the two drove like maniacs. Just as Henry thought he had left the other car behind, he looked in the rearview mirror and there it was again. Then Sam sped up. This only made things worse in Henry's eyes, and the chase became even more dangerous.

maniac 미치광이

(D)

Just as Henry was about to enter the Brooklyn Queens Expressway, he was cut off by a vehicle. The driver was named Sam, and he was also in a rush. Henry opened his window and yelled at Sam, but Sam didn't want to appear weak. So, he put his anger into action and cut Henry off again at the next turn.

13 주어진 글 (A)에 이어질 내용을 순서에 맞게 배열한 것으로 가장 적절한 것은?

① (B) - (C) - (D)
② (B) - (D) - (C)
③ (C) - (D) - (B)
④ (D) - (B) - (C)
⑤ (D) - (C) - (B)

14 위 글의 제목으로 가장 적절한 것은?

① Do Good toward Your Enemies
② A Surprising Way to Make a Friend
③ Better Late than Never: Place Safety First
④ Angry Chase Ends in Embarrassing Surprise
⑤ Aggressive Driving: A Problem We Must Solve

Chapter ④ 흐름 파악하기 유형

이번 챕터에서는 글의 흐름을 파악해서
답을 찾는 유형들에 대해서 알아볼 거예요.
Part 1에서 배운 내용을 떠올리면서
유형에 하나씩 익숙해져 보도록 합시다.

유형 04 흐름 무관 문장

하나의 글에서 주제를 뒷받침하지 않고 흐름에서 벗어난 문장을 찾는 유형이에요.

지시문은 이렇게 나와요.

➔ 다음 글에서 전체 흐름과 관계 없는 문장은?

유형 공략 이 유형은 이렇게 접근해야 해!

가장 먼저, 지문에서 선택지 번호가 등장하기 전 **처음 한두 문장**을 잘 읽어봐야 해. 글이 어떤 소재와 주제에 대해 말하고 있는지 빨리 파악하는 게 중요하거든.

그럼 일단 주제를 파악한 다음에 그 주제에서 벗어나는 문장을 찾으면 되는 건가요?

응. 이때 주의할 점이 있는데, 주제와 관련 있는 단어를 포함한 문장이라도 초점은 다를 수 있다는 거야. 그러니까 각 문장이 글 전체의 내용과 통일성이 있는지 반드시 확인하고, 주제에서 벗어나지 않았는지 유심히 살펴봐야 해.

QUICK CHECK! **다음 주제문을 읽고, 흐름과 무관한 문장을 고르시오.**

Music study enriches all the learning – in reading, math, and other subjects – that children do at school. It also helps to develop language and communication skills. 〈모의 응용〉

① As children grow, musical training continues to help them develop self-control and self-confidence.

② Studying while listening to music causes students to have a difficult time learning the material.

③ The day-to-day practice in music, along with setting goals and reaching them, develops self-control, patience, and responsibility.

enrich 질을 높이다, 풍요롭게 하다

[선택지 어휘]
continue 계속하다
self-control 자제력
self-confidence 자신감
have a difficult time v-ing v하는 데 어려움을 겪다
material 자료; 재료; 직물
day-to-day 매일 하는
along with ~와 함께
patience 인내심
responsibility 책임(감)

정답 및 해설 p. 31

기출 맛보기 이제 기출 문제를 함께 풀어보자!

다음 글에서 전체 흐름과 관계 없는 문장은?

➔ 글의 주제: 장벽 뒤에 숨는 것은 정상적인 반응

➔ 주제를 뒷받침하는 구체적인 예

➔ 주제에서 벗어난 문장

Hiding behind a barrier is a normal response we learn at an early age to protect ourselves. ① As children, we hid behind solid objects such as furniture or our mother's skirt whenever we found ourselves in a threatening situation. ② As we grew older, this hiding behavior became more advanced. ③ Adults were found to use a wide variety of strategies to protect their children. ④ As adults, we fold one or both arms across the chest in an attempt to block out what we see as a threat. ⑤ Women's use of arm barriers is less noticeable than men's because women can grasp on to things like handbags or purses.

hide 숨다; 감추다
barrier 장벽
normal 보통의, 정상적인
response 반응; 답장
solid 단단한; 고체의
object 물건, 물체
threatening 위협적인
cf. threat 위협, 협박
situation 상황, 처지
advanced 발달한, 선지의
a variety of 여러 가지의
strategy 계획, 전략
in an attempt to-v v하려는 시도로
block out 차단하다, 가리다
noticeable 분명한, 뚜렷한
grasp 꽉 잡다, 움켜쥐다
purse (여성용의 작은) 지갑

1. 지문의 첫 문장을 통해 주제를 먼저 파악한다. '장벽 뒤에 숨는 것은 우리가 어릴 때 배운 정상적인 반응이다'가 주제이다.

↓

2. 주제문에 뒤이어 구체적인 사례가 제시되고 있다. 각 문장이 글의 주제에 맞는 내용인지 확인하면서 읽는다.

↓

3. ③의 내용이 주제와 맞지 않아 보인다. Adults, protect, children 등 주제와 관련되어 보이는 단어가 쓰이긴 했지만, 이 문장은 자신을 지키는 것과 관련 없는 내용이다.

↓

4. 무관해 보이는 문장을 빼고 글을 읽었을 때 글의 흐름이 자연스러운지 확인해본다. ③을 빼고 읽었을 때 글이 훨씬 더 자연스럽고 매끄럽게 읽힌다. 따라서 정답이 ③임을 알 수 있다.

유형 익히기

Q 글의 주제문을 찾아 밑줄을 그으시오.

advantage 이점
A rather than B B보다는 A
to begin with 우선
cost (비용이) ~이다; 비용
admission 입장료
transportation 교통
stadium 경기장
have difficulty v-ing v하는 데 어려움을 겪다
handle 다루다, 처리하다
traffic jam 교통 체증
crowd 군중; 집단
aggressive 공격적인

01 다음 글에서 전체 흐름과 관계 없는 문장은?

There are many advantages to watching a sports event on television rather than going to the game itself. ① To begin with, it's much cheaper to stay at home. ② The last time I went to a baseball game it cost me almost $80 including the cost of admission, transportation, and the expensive stadium snacks and drinks. ③ Stadiums have a lot of difficulty handling the amount of garbage produced by so many people. ④ Furthermore, at home there are no traffic jams or aggressive crowds of people. ⑤ I can always get a comfortable seat, and it doesn't matter if it rains or snows.

Q 글의 소재로 가장 적절한 것을 고르시오.

① a new app
② heart disease
③ doctors and patients

app (컴퓨터) 응용 프로그램 (= **application**)
invent 개발하다, 발명하다
keep track of ~에 대해 추적하다, 기록하다
patient 환자
heart rate 심장박동 수
SMS (휴대폰의) 문자 메시지 (= **Short Message Service**)
treatment 치료
pile 무더기
clearly 확실히, 명백히
device 장치
condition 상태
pay attention to A A에 유의하다
healthcare 건강관리
monitor 감시하다
advantage 이점, 장점

02 다음 글에서 전체 흐름과 관계 없는 문장은?

A new app has been invented which can keep track of a patient's heart rate and send the information to his or her phone. ① If there is anything strange, the phone will send an SMS to the patient's doctor. ② Experts say that this could help save time in treatment, as doctors would not have to read through piles of information to understand the problem. ③ Clearly, this kind of device has been designed for patients with heart conditions. ④ Those of us without serious health issues also need to pay attention to healthcare. ⑤ The ability to monitor their hearts as they go about their daily lives is a major advantage in fighting heart disease.

정답 및 해설 p. 31

03 다음 글에서 전체 흐름과 관계 없는 문장은?

To say someone is "as wise as an owl" is a great way to praise their intelligence, but owls are not particularly smart compared to other birds. Why then are owls so often considered wise? ① First of all, their large and sharp eyes make them look educated. ② Also, excellent night vision and sharp hunting skills may be part of the reason. ③ It's also an old idea; Athena, the ancient Greek goddess of wisdom, was often shown holding an owl. ④ In some cultures, because of their nighttime activity, owls are considered bad luck. ⑤ Whether they are truly wise or not, it seems they will be forever associated with intelligence in our culture.

Q 글의 주제문을 찾아 밑줄을 그으시오.

owl 올빼미
intelligence 지능
particularly 특별히, 특히
compared to A A와 비교하여
consider 여기다; 고려하다
educated 학식[교양] 있는
excellent 뛰어난
vision 시력
hunting 사냥
ancient 고대의
goddess 여신
nighttime 야간
truly 정말로
associate 연관 짓다

04 다음 글에서 전체 흐름과 관계 없는 문장은?

In most of the world, power has almost always been held by men for centuries. However, there are a few female-controlled societies around the world. ① One such example is the Nagovisi of Papua New Guinea, where women organize the society and mothers pass on valuable items and land to their daughters, not sons. ② When a man and woman marry, the man usually goes to live in his wife's home. ③ However, the most significant sign of female power in Nagovisi society is their control of the gardens. ④ Nagovisi people do gardening every day because gardening is good for their health. ⑤ Producing food is the basis of wealth for the Nagovisi, so gardens symbolize all the wealth of the society.

Q 글의 주제문을 찾아 밑줄을 그으시오.

female 여성; 여성의
organize 조직하다
pass on ~을 넘겨 주다, 전달하다
valuable 소중한, 귀중한
significant 중요한
basis 토대; 근거, 이유
symbolize 상징하다
wealth 부(富)

유형 05 문장 삽입

주어진 문장을 적절한 곳에 넣어 글을 완성하는 유형이에요.

지시문은 이렇게 나와요.

→ 글의 흐름으로 보아, 주어진 문장이 들어가기에 가장 적절한 곳은?

유형 공략 이 유형은 이렇게 접근해야 해!

일단 주어진 문장을 먼저 읽고, 앞과 뒤의 내용을 알려주는 단서를 찾아야 해. 특히 주어진 문장에 **연결어**가 있다면 그 앞의 내용을 쉽게 추론할 수 있지.

연결어가 없을 때는 어떻게 해요? 다른 단서가 있나요?

Chapter 2에서 배운 것 기억나요! 연결어가 없을 때는 **관사**나 **대명사**를 보고 글의 흐름과 전후 관계를 알 수 있어요! (p.53~56)

그래, 맞아. 주어진 문장의 연결어, 관사, 대명사를 통해 적절한 위치를 찾아봤는데도 답이 잘 보이지 않는다면, 그땐 **지문의 흐름이 끊기는 곳**이 없는지 확인해봐. 문장 하나가 빠져 있기 때문에 흐름이 어색하거나 논리적으로 부자연스러운 곳이 있을 거야. 바로 그곳이 주어진 문장 자리가 되겠지?

QUICK CHECK! **다음 주어진 문장 앞에 올 내용으로 적절한 것을 고르시오.**

However, the actual chance of being attacked by a shark is very small.

〈모의 응용〉

actual 실제의
attack 공격하다

① 상어에게 공격당할 수도 있다는 불안감 때문에 바다 수영을 꺼리는 사람들이 많다.
② 상어들은 사람을 먹이로 삼지 않는다는 보고가 있다.
③ 실제로 2007년에 상어 공격으로 사망한 사람 수는 벌에 쏘여 사망한 사람 수보다 훨씬 적다.

정답 및 해설 p. 33

❗ 기출 맛보기 이제 기출 문제를 함께 풀어보자!

➔ 주어진 문장에서 단서 파악
1. it = a turtle
2. Instead에 주목하여 앞의 내용 추론

글의 흐름으로 보아, 주어진 문장이 들어가기에 가장 적절한 곳은?

Instead it takes in air through its skin and an opening under its tail.

A turtle doesn't have automatic body temperature control like birds and mammals. (①) Its temperature changes according to its environment. (②) When it gets too cold, it digs a hole deep into the mud at the bottom of a pond or into the dirt of the forest. (③) How can it breathe when it's buried? (④) The turtle stops breathing air through its nose and mouth. (⑤) And when spring comes and the ground warms up, the turtle digs itself out and starts breathing normally again.

mammal 포유류

➔ 글에서 흐름이 끊기는 부분 파악

take in (몸속으로) ~을 흡수[섭취]하다
opening 구멍
automatic 자동의
temperature 온도
according to A A에 따라서
dig (구멍 등을) 파다
bottom 맨 아래 (부분)
dirt 흙; 먼지, 때
breathe 호흡하다, 숨을 쉬다
cf. breath 호흡, 숨
bury (땅에) 묻다
warm up 따뜻해지다; 데우다
normally 정상적으로; 보통은

1. 주어진 문장을 읽고 단서를 찾아본다. it은 지문에 여러 번 등장하고 있는 a turtle을 가리키는 것 같다. '피부와 꼬리 밑에 있는 구멍을 통해 공기를 들이마신다(it takes in air ~ its tail)'는 내용이 Instead(그 대신에)와 함께 쓰인 걸 보니 앞에 올 내용은 호흡과 관련이 있지 않을까?

2. 호흡과 관련된 표현을 찾아보니 ④ 앞에 breathe라는 단어가 보인다. 하지만, ④ 자리에 주어진 문장을 넣었을 때 자연스럽게 이어지지 않는다.

3. ⑤ 앞에도 stops breathing이라는 표현이 나온다. 또한, 주어진 문장이 How can ~ buried?에 대한 답임을 확인할 수 있다.

4. ⑤ 자리에 주어진 문장을 넣어 읽어보니 글이 자연스럽게 이어진다. 따라서 정답은 ⑤임을 알 수 있다.

유형 익히기

Q 글의 주제문을 찾아 밑줄을 그으시오.

bat 박쥐
sting 쏘다
cave 동굴
hang out with ~와 시간을 보내다
crop 농작물
supply 공급량
face 마주하다
mosquito 모기
harmful 해로운
connect 연결하다
deserve 받을 만하다, 가치가 있다
respect 존중

01 글의 흐름으로 보아, 주어진 문장이 들어가기에 가장 적절한 곳은?

Bats, on the other hand, eat insects.

One can sting. One lives in dark caves and hangs out with Dracula. So why should we care if bats and bees are dying? (①) Actually, bees pollinate crops, so without them, crops won't produce as much and the food supply will be smaller. (②) They kill what we don't want, and without them, we may face a world full of mosquitos and other harmful bugs. (③) We are connected to every other living thing on Earth: bees help our crops grow; bats protect us and our food from bugs. (④) Cute animals are not the only ones that are important. (⑤) All animals deserve respect, and we create problems for ourselves when we forget that.

pollinate 수분(受粉)하다((수술의 화분(花粉)이 암술머리에 옮겨 붙다))

Q 글의 소재로 가장 적절한 것을 고르시오.

① World War II
② the popularity of swing music
③ recording bans

popularity 인기
cf. popular 인기 있는
World War II 제2차 세계 대전
last 계속하다; 오래가다
across the country 전국의
gather 모이다
several 몇몇의
period 시기, 기간
ban 금지(법)
establish 수립하다; 설립하다
law 법
wartime 전시(戰時)
eventually 결국
spotlight (세상 사람들의) 주목, 관심; 스포트라이트

02 글의 흐름으로 보아, 주어진 문장이 들어가기에 가장 적절한 곳은?

However, swing music began to lose popularity during World War II.

The time of swing music lasted from 1935 to 1946. It was a time when young people across the country would gather to listen to large jazz bands. (①) Many people would dance to the music, and several dance steps were popular during this period. (②) For one, it was hard to keep a large jazz band going when many of its members were fighting a war. (③) There were also several recording bans established after 1942. (④) It was very difficult for bands to travel around the country because of laws against travel during wartime. (⑤) Eventually, the spotlight turned to bebop, another type of jazz that became popular through the 1950s and 1960s.

03 글의 흐름으로 보아, 주어진 문장이 들어가기에 가장 적절한 곳은?

However, being in a place filled with many people, such as a concert hall or a sports stadium, does have health risks.

There are thousands of people attending the concert. Do you feel safe inside the closed concert hall with all those people? (①) What if the person next to you had an infectious disease? (②) You probably don't even think about that while you are out enjoying yourself. (③) Ignoring those risks could cause you to become ill, so you should be aware of the danger. (④) We are not recommending that you stay away from crowds. (⑤) Just be sure to protect your health and safety while enjoying the excitement of life.

infectious 전염성의

Q 글의 주제문을 찾아 밑줄을 그으시오.

fill with ~으로 가득 차다
stadium 경기장
risk 위험
attend 참석하다
probably 아마
ignore 무시하다
be aware of ~을 알다
recommend 권유하다, 추천하다
stay away from ~에서 떨어져 있다
crowd 군중
safety 안전(성)
excitement 신나는[흥분시키는] 일; 흥분

04 글의 흐름으로 보아, 주어진 문장이 들어가기에 가장 적절한 곳은?

However, if discovered early, AIDS can be treated nowadays.

AIDS refers to a disease that people may get when their immune system is badly damaged. Back in the 1980s and 1990s, AIDS meant certain death, likely within 15 years of catching the disease. (①) A 20-year-old with AIDS can expect to live up to 51 years. (②) Moreover, by 2012, infection rates had dropped 50% across 25 low-income and middle-income countries according to the United Nations. (③) These victories have come thanks to new drugs that slow the advance of AIDS. (④) National education campaigns have also helped to end popular myths about AIDS. (⑤) Additionally, there's a lot more information about how people can protect themselves from infection.

immune system 면역 체계

Q 글의 주제문을 찾아 밑줄을 그으시오.

nowadays 요즘에는
refer to A A를 나타내다
badly 심하게
damage 손상을 입히다
certain 확실한
likely ~할 것 같은
within ~ 이내에
catch (병에) 걸리다
up to A A까지
infection 감염
rate 비율; 속도
low-income 저소득의
cf. **middle-income** 중간소득의
thanks to A A 덕분에
advance 진전
myth 신화
additionally 게다가

유형 06 글의 순서 배열

주어진 글 뒤에 이어질 문장들을 순서에 맞게 배열하는 유형이에요.

지시문은 이렇게 나와요.

→ 주어진 글 다음에 이어질 글의 순서로 가장 적절한 것은?

유형 공략 이 유형은 이렇게 접근해야 해!

가장 먼저, 주어진 글을 읽으면서 글의 소재를 파악하고, 뒤에 어떤 내용이 이어질지 예상해봐. 그다음에는 나머지 글을 읽으면서 연결어가 있다면 앞뒤 논리 관계를 파악해야 해.

Chapter 2에서 배운 거 말씀하시는 거죠? 예시, 비교, 대조 등등요. (p.000~000) 그리고 문장 삽입 유형과 마찬가지로 정관사 the와 대명사도 중요한 단서가 될 테고요.

그래, 맞아. 그리고 연결어와 관사, 대명사 등 다른 단서를 다 봤는데도 정확한 순서를 잘 모르겠다면, 그때는 글의 논리 관계를 보고 어느 게 먼저 와야 하는지 판단하면 돼.

QUICK CHECK! 다음 글에서 밑줄 친 This가 가리키는 것을 가장 잘 나타낸 것을 고르시오.

Nature follows the cycle of day and night caused by the Earth's motion. Birds sing, and blossoms open and close in tune with this twenty-four-hour cycle. Daylight also sets the pace for the activity of our mind. Without regular intervals of dark and light, the mind can lose its way. <u>This</u> is especially true with elderly people. 〈모의 응용〉

interval (둘 사이의) 간격

motion 운동, 움직임
blossom (나무의) 꽃
in tune with ~와 조화되어, 장단이 맞아서
daylight 햇빛
pace (움직임의) 속도

① 낮과 밤의 변화가 불규칙해지는 것
② 정신의 방향을 잃는 것

❗ 기출 맛보기 이제 기출 문제를 함께 풀어보자!

주어진 글 다음에 이어질 글의 순서로 가장 적절한 것은?

➔ 주어진 문장에서 글의 소재를 파악하고 이어질 내용 예상

> There are many situations where other people try to influence our mood by changing the atmosphere of the environment.

➔ 정관사 the, 대명사 등을 단서로 글의 전후 관계 파악

(A) The low-level light of the candle puts her in a relaxed spirit. And finally, romantic music does the rest to make the wife willing to accept the husband's apology for the mistake.

➔ 연결어 확인: (B) For example

(B) **For example**, let us imagine that a man forgot his wedding anniversary. The man tries to rescue the situation by preparing a self-cooked, candlelit dinner for his wife with romantic background music.

(C) Whether or not he is aware of it, a candlelit dinner is a fantastic way to influence a person's mood. When the man's wife enters the room, she is surprised by the delicious smell of the outstanding dinner he has prepared.

① (A) - (C) - (B)
② (B) - (A) - (C)
③ (B) - (C) - (A)
④ (C) - (A) - (B)
⑤ (C) - (B) - (A)

try to-v v하려고 노력하다
influence 영향을 미치다; 영향(력)
mood 기분
atmosphere 분위기; (지구의) 대기
relaxed 느긋한, 여유 있는
romantic 로맨틱한
willing to-v 기꺼이 v하는
apology 사과
anniversary 기념일
rescue 구조하다
candlelit 촛불을 밝힌
background music 배경 음악
be aware of ~을 알아차리다
outstanding 뛰어난

1. 주어진 글을 읽고 글의 소재를 파악한다. 분위기를 전환하여 사람들의 기분에 영향을 주는 것에 관한 글이며, 주어진 글 다음에는 구체적인 사례가 나올 것으로 예상된다.

↓

2. (B)가 For example로 시작하는 것이 보인다. 주어진 글에 대한 사례인지 확인해보니 맞는 것 같다. 결혼기념일을 잊어버린 한 남자가 이를 만회하기 위해 아내를 위해 저녁을 준비하는 내용이다.

↓

3. 이제 (A)와 (C) 중 어느 글이 먼저인지 판단해야 할 차례. (C)에서는 아내가 방에 들어온다는 내용이 나오고, (A)에서는 아내가 남자의 사과를 받아들이는 내용이 나온다. 따라서 (C)가 먼저임을 알 수 있다.

↓

4. 글을 순서대로 나열해보면 (B) – (C) – (A)가 된다. 나열한 순서대로 글을 읽어보니 흐름이 자연스럽다. 따라서 정답은 ③.

유형 익히기

Q 이 글의 내용을 다음과 같이 요약할 때, 빈칸에 적절한 단어를 본문에서 찾아 쓰시오.

By using the ____________, a high school student created a better way to find cancer.

invent 발명하다
cancer 암
sensor 감지기, 센서
testing method 검사법
come up with 고안하다
device 장치[기구]
cf. devise 고안[창안]하다
perhaps 아마, 어쩌면
vast 방대한
medical 의학[의료]의
journal 학술지, 저널
cost 비용이 들다; 비용
cent 센트 (화폐 단위)
accurate 정확한

01 **주어진 글 다음에 이어질 글의 순서로 가장 적절한 것은?**

> Jack Andraka invented a super-fast and super-cheap way to find cancer. His amazing sensor is 168 times faster and 26,000 times less expensive than other testing methods.

(A) So how did a high-school student come up with a device that has changed the way we will test for diseases in the future? The answer is something that most of us use every day: the Internet.
(B) But perhaps even more amazing is the fact that Andraka is not a doctor or a professor at a top university. Jack Andraka is only 16 years old.
(C) By studying the Internet's vast collection of medical websites and online science journals, Andraka was able to devise a method that would cost only three cents a test, take just five minutes to complete, and be over 90% accurate.

① (A) - (C) - (B) ② (B) - (A) - (C) ③ (B) - (C) - (A)
④ (C) - (A) - (B) ⑤ (C) - (B) - (A)

Q 이 글에 쓰인 전개방식이 아닌 것을 고르시오.

① 예시 ② 대조 ③ 요약

have difficulty (in) v-ing v하는 데 어려움을 겪다, 고생하다
fall asleep 잠들다
amount 양
high-protein 고단백의
peanut butter 땅콩버터
hormone 호르몬
digest 소화시키다[소화하다]
cf. digestion 소화
completely 완전히
certain 어떤; 확실한
negatively 부정적으로
affect 영향을 미치다
keep A awake A가 잠을 못 자게 하다
allergy 알레르기
upset one's stomach 배탈이 나게 하다
pause 정지, 멈춤; 멈추다

02 **주어진 글 다음에 이어질 글의 순서로 가장 적절한 것은?**

> If you have difficulty falling asleep at night, one thing to remember is what to avoid eating.

(A) What is good, however, is to eat a small amount of high-protein food several hours before bedtime, such as a small plate of crackers and peanut butter. This helps to produce melatonin, a hormone that controls sleep.
(B) If you have caffeine in the afternoon, it may also cause insomnia (difficulty falling asleep) because it takes a long time to be digested completely.
(C) Certain things can negatively affect your digestion and keep you awake. Allergies to foods can upset your stomach, and being too full can cause pauses in breathing during sleep.

melatonin 멜라토닌 **caffeine** 카페인 **insomnia** 불면증

① (A) - (C) - (B) ② (B) - (A) - (C) ③ (B) - (C) - (A)
④ (C) - (A) - (B) ⑤ (C) - (B) - (A)

정답 및 해설 p. 35

03 주어진 글 다음에 이어질 글의 순서로 가장 적절한 것은?

It is said that the emperor Nero viewed the gladiatorial games through an emerald. If so, then Nero was the first to use a lens to correct vision.

(A) However, when Gutenberg invented the printing press in the middle of the 15th century, many more people started to use eye-glasses.
(B) Later, sometime between the years 1000 and 1250, people began to use glass in order to see better. For some time afterward glasses were used only by the rich and were symbols of wealth.
(C) The use of reading glasses grew as reading material became more widespread. People everywhere began buying them, and they soon became a part of normal, everyday life.

gladiatorial game 검투 경기

① (A) - (C) - (B) ② (B) - (A) - (C) ③ (B) - (C) - (A)
④ (C) - (A) - (B) ⑤ (C) - (B) - (A)

Q 글의 소재로 적절한 것을 고르시오.

① symbols of wealth
② the history of eye-glasses
③ the value of emerald

emerald 에메랄드
if so 만일 그렇다면
correct 교정하다; 맞는
vision 시력; 시야
printing press 인쇄기
in order to-v v하기 위해서
afterward 그 후에
the rich 부자들
wealth 부; 재산
reading glasses 독서용 안경
reading material 읽을거리
widespread 널리 퍼진, 광범위한
normal 평범한, 보통의

04 주어진 글 다음에 이어질 글의 순서로 가장 적절한 것은?

A Frenchman walks into a restaurant in Egypt. He doesn't know what he wants to eat. "Can I see a menu?" he asks. The Egyptian waiter says, "Yes, menu," but he just stands there.

(A) False friends aren't really your friends. Be very careful of words that sound just like words in your language. They may not mean what you think they do!
(B) What happened was a "false friend." They are words that sound the same, but mean different things in different languages. In French, a menu is a list of food offered at a restaurant. In Arabic, "menu" means "food." So the poor waiter was only trying to help!
(C) The Frenchman asks again, "A menu, please?" The waiter says, "Yes, yes, we have menu." Finally, the Frenchman stands up and leaves while the waiter tries to understand what happened.

false friend 비슷해 보이지만 뜻이 다른 단어

① (A) - (C) - (B) ② (B) - (A) - (C) ③ (B) - (C) - (A)
④ (C) - (A) - (B) ⑤ (C) - (B) - (A)

Q 글의 소재로 적절한 것을 고르시오.

① the meaning of "false friends"
② an Egyptian waiter
③ the Arabic language

Egypt 이집트
cf. Egyptian 이집트의; 이집트 사람
sound ~처럼 들리다; 소리
offer 제공하다; 제안하다
Arabic 아랍어; 아랍어의

유형 07 연결어

문장 사이의 관계를 파악하여 빈칸에 들어갈 연결어를 고르는 유형이에요.

지시문은 이렇게 나와요.

→ 다음 글의 빈칸 (A), (B)에 들어갈 말로 가장 적절한 것은?

유형 공략 이 유형은 이렇게 접근해야 해!

이 유형을 풀 때는 주제문을 찾아서 글이 어떻게 전개될지 예측하는 게 도움이 돼. 그 다음에 빈칸 앞뒤 문장을 읽어보고 문장 사이의 관계를 파악하는 게 가장 중요하고. Chapter 2에서 살펴본 연결어 기억나지?

네, 기억나요. 예시는 for example, 대조는 in contrast, 결론은 as a result 등 다양했어요.

그래, 빈칸 앞뒤 문장 사이의 관계를 파악하고 논리적으로 자연스럽게 이어지도록 해주는 연결어를 찾으면 돼. 그러려면 연결어들을 잘 기억해두고 있어야겠지?

QUICK CHECK! 다음의 연결어를 각 의미에 맞게 쓰시오.

ⓐ in comparison　ⓑ for example　ⓒ in contrast
ⓓ likewise　ⓔ for instance　ⓕ on the contrary
ⓖ as a result　ⓗ hence　ⓘ however
ⓙ in other words　ⓚ in short　ⓛ that is
ⓜ therefore　ⓝ similarly

1. 예시: ____________
2. 비교: ____________
3. 대조: ____________
4. 결과: ____________
5. 환언: ____________

기출 맛보기 이제 기출 문제를 함께 풀어보자!

다음 글의 (A), (B)에 들어갈 말로 가장 적절한 것은?

➔ 주제문을 보고 요지 파악과 이어질 내용 예측

➔ (A) 다음에 구체적인 사례가 제시됨

➔ (B) 앞과 뒤에는 서로 반대되는 사례가 서술되고 있음

Every culture has a number of social values. There are tensions between each value and an opposing one. ____(A)____, one of the primary tensions in American culture is the one between freedom and prohibition. Americans consider freedom an essential right. They have fought many wars to protect it, and are willing to die to maintain it. ____(B)____, American culture has emphasized prohibition as well. They believe they shouldn't drink too much, play too much, or show off too much wealth. In fact, many of them often face the conflict between these two necessary values.

prohibition 금지

a number of 많은
value 가치
tension 긴장 (상태)
opposing 대립되는, 반대되는
primary 주된, 주요한
consider A B A를 B로 여기다
essential 필수적인, 매우 중요한
be willing to-v 기꺼이 v하다
maintain 유지하다
emphasize 강조하다
show off 과시하다, 자랑하다
wealth 부(富), (많은) 재산
face 직면하다
conflict 갈등

	(A)		(B)
①	For example	……	However
②	For example	……	Therefore
③	In addition	……	Otherwise
④	In addition	……	Moreover
⑤	In other words	……	Likewise

1 주제문을 보니 '모든 문화에는 사회적 가치가 있으며, 상반되는 가치들 사이에 긴장이 존재한다'는 내용이다. 이 문장 뒤에는 구체적인 사례가 등장하지 않을까? 상반되는 가치들에 대해 언급했으니 서로 반대되는 예시가 나올 것 같다.

2 예상대로 빈칸 (A) 다음에 미국의 예가 나오고 있다. 그렇다면 (A)에는 예시를 나타내는 연결어가 들어가면 되겠다.

3 빈칸 (B) 앞에는 미국인들이 자유를 중시한다는 내용이 나오고, (B) 뒤에는 금지를 강조한다는 내용이 나온다. 서로 반대되는 가치에 대해 서술하고 있으니 (B)에는 대조를 나타내는 연결어가 들어가면 되겠다.

4 (A)에 For example, (B)에 However를 넣어 글을 읽어보니 자연스럽게 잘 이어진다. 따라서 정답은 ①.

유형 익히기

Q 이 글의 내용을 다음과 같이 요약할 때, 빈칸에 적절한 단어를 본문에서 찾아 쓰시오.

Mercury is a metal with a long history of human use. It is __________ to the human body but useful in many ways.

metal 금속
date to A A로 거슬러 올라가다
organism 유기체
toxic 독성의, 유독한
dental 치과의
filling (치과의) 충전재
vaccine 백신
cosmetic 화장품
medication 약
mine 채굴하다
dirt 흙
industrial 산업의

Q 글의 소재로 가장 적절한 것을 고르시오.

① 생체 발광
② 반딧불이
③ 진화

light up 밝게 하다
clever 똑똑한, 영리한
evolution 진화 **cf. evolve** 진화하다
reality 현실
several 몇몇의, 여러 가지의
glow 빛나다, 타다
including 포함하여
species 종(種: 생물 분류의 기초 단위)
develop 발달하다
insect 곤충
rely on 의지하다
attract 유인하다, 끌어들이다
eat up 다 먹어치우다
certainly 확실히, 틀림없이
effective 효과적인
self-defense 자기방어

01 다음 글의 빈칸 (A), (B)에 들어갈 말로 가장 적절한 것은?

Mercury was one of the first metals to be discovered by humans. The earliest known use dates to the pyramids of Egypt, around 1500 B.C. Mercury is not needed by or useful to the human body or any other living organism in any way. ___(A)___, it is very toxic and causes a number of serious problems. Despite this, it is used in a lot of ways that bring it into close contact with humans, such as dental fillings, vaccines, cosmetics, and several kinds of medications. ___(B)___, mercury is used when removing gold and silver from mined dirt and in several other industrial processes.

mercury 수은

	(A)		(B)
①	In fact	……	For example
②	In fact	……	In addition
③	Thus	……	In contrast
④	However	……	Therefore
⑤	However	……	Similarly

02 다음 글의 빈칸 (A), (B)에 들어갈 말로 가장 적절한 것은?

Whether it's fireflies lighting up the night sky or an anglerfish lighting up the darkest areas of the ocean, bioluminescence shows us how clever the process of evolution can be. Most people might think bioluminescence only occurs in fireflies. ___(A)___, in reality, several forms of life can also glow in the dark, including fish, whales, and even mushrooms. Each species has developed bioluminescence in order to survive. There is a type of glowing mushroom in Brazil, ___(B)___, which has a serious problem with insects. So, these mushrooms rely on bioluminescence to attract animals that like to eat up insects. This shows that these glowing mushrooms have certainly evolved an effective self-defense.

firefly 반딧불이 **anglerfish** (어류) 아귀 **bioluminescence** 생물[생체] 발광

	(A)		(B)
①	In addition	……	in contrast
②	In addition	……	for instance
③	Therefore	……	similarly
④	However	……	for example
⑤	However	……	conversely

정답 및 해설 p. 38

03 다음 글의 빈칸 (A), (B)에 들어갈 말로 가장 적절한 것은?

Human beings aren't the only animals to form social groups. Around the world, other animals live according to complex social orders. ___(A)___, meerkats share almost everything. They take turns searching for food and guarding the home. When a meerkat sees danger, he will bark to warn others. Meerkats have learned to survive against predators by working together. ___(B)___, killer whales are predators that work together. They live in families, travel in groups, and communicate with clicks, calls, and other sounds. Each group has its own language. The adults teach this language to the young shortly after they are born. Adults also teach how to hunt in groups and many other skills.

meerkat 미어캣 **killer whale** 범고래 **predator** 포식자, 포식 동물

	(A)		(B)
①	For example	……	As a result
②	Then	……	As a result
③	In contrast	……	Similarly
④	In contrast	……	On the other hand
⑤	For example	……	Similarly

Q 글의 주제문을 찾아 밑줄을 그으시오. (2문장)

form (단체·위원회 등을) 구성하다
take turns 교대로 (~을) 하다
complex 복잡한
guard 지키다
bark 짖다
warn 경고하다
survive 살아남다
click 혀 차는 소리
shortly 곧
skill 기술, 기능

04 다음 글의 빈칸 (A), (B)에 들어갈 말로 가장 적절한 것은?

Dr. Bronner's Soaps is a company that makes a variety of soaps. It may seem like any other company. ___(A)___, the business is actually very unusual. Dr. Bronner's believes in fair business practices and giving back. It donates a large amount of its profits to various charities. The company also limits managers' salaries so the difference between the highest earners and the lowest is quite small. ___(B)___, the founder of the company believed that all living things on Earth should work together. His "we are all one" vision is still on every soap bottle label. While this is not a typical business belief, Dr. Bronner's proves that a company can be both successful and generous.

	(A)		(B)
①	For example	……	As a result
②	However	……	As a result
③	Therefore	……	In addition
④	For example	……	In other words
⑤	However	……	In addition

Q 글의 소재로 가장 적절한 것을 고르시오.

① kinds of soaps
② an unusual soap company
③ donation

a variety of 다양한, 여러 가지의
unusual 특이한, 드문
practice 관행
give back 돌려주다
donate 기부하다
cf. donation 기부
a large amount of ~의 상당한 양
profit 수익
charity 자선 단체
salary 급여
earner 돈을 버는 사람, 봉급자
founder 설립자, 창립자
label 라벨, 상표
typical 전형적인
prove 입증하다
successful 성공적인
generous 후한, 너그러운

제2회 미니 모의고사

15개 문제를 27분 안에 풀어보세요.

1 다음 글에서 필자가 주장하는 바로 가장 적절한 것은?

To burn calories throughout the day, take the stairs, not the elevator, and walk to meet people rather than calling them. Great advice, but when you're in an uncomfortable pair of pants, or high heels, taking even one extra step can feel like climbing Mt. Everest. Dress less formally and you're more likely to move. This has been proved by a study. Fifty-three students from four major universities were given devices to track their activity. When the students dressed casually and comfortably, they took about 500 more steps and burned more calories than when dressed formally. Most of us add up to a kilogram a year thanks to the clothes we wear; casual clothes could prevent this weight gain.

① 일상생활에서 틈틈이 운동하라.
② 성공하기 위해서 잘 차려 입어라.
③ 몸매 유지를 위해 편하게 입어라.
④ 상황에 어울리는 적절한 옷을 입어라.
⑤ 규칙적으로 운동해 살찌는 것을 피하라.

2 다음 글의 주제로 가장 적절한 것은?

Mother's Day existed even in ancient Greece, which held an annual festival for Rhea, Mother of the Gods. More recently, the idea was often suggested in the U.S. but nothing came of it until Anna Jarvis of Philadelphia campaigned for a national Mother's Day holiday. Thanks to her, West Virginia and Oklahoma announced the first Mother's Day in 1910, and in 1914, President Woodrow Wilson made Mother's Day a national holiday. Anna Jarvis's mother's favorite flower was the white carnation, and it became a popular Mother's Day gift, representing the purity and sweetness of motherly love. Later, red carnations came to be seen as the symbol of living mothers, and white ones as a sign that one's mother has died.

① 어머니날 기념의 중요성
② 각국마다 다른 어머니날의 전통
③ 붉은 카네이션과 흰 카네이션의 의미
④ 어머니날이 공식 휴일이 된 역사적 사건
⑤ 어머니날의 기원과 카네이션 선물의 유래

3 다음 글의 제목으로 가장 적절한 것은?

When did animal rights begin? Though the idea of animal rights may seem new, it is actually very old. Wise men in Ancient Greece debated with their students about eating animals. The modern animal rights movement in the West began at the end of the 18th century. People began to use the government and the court system to pass laws protecting animals. In 1966, the US Congress passed a law to help protect animals used in labs. More recently, many cosmetics companies have stopped testing products on animals. They believe it is wrong to make an animal feel unnecessary pain. The fight for animal rights continues in many forms.

① The Future of Animal Rights
② We Should Stop Teasing Animals!
③ Animals Are Our Best Friends Ever
④ Animal Rights, Yesterday and Today
⑤ The Effect of Eating Animals on Our Planet

4 다음 글의 목적으로 가장 적절한 것은?

I have been your regular customer for quite a while now. Your large selection of e-books has saved me the trouble of driving to the bookstore and getting a new print book, and of carrying around thick books. But, there are some things that I think need improvement. The highlighting is poor, and the notes I made while reading are not visible until clicked. Also, moving back and forth through the book is slow and causes errors sometimes. As your loyal customer, I hope you will consider these matters in the future development of your products.

① 전자책의 효과적 활용법을 홍보하려고
② 전자책의 발전 가능성을 강조하려고
③ 전자책 사용 중 불편함을 지적하려고
④ 전자책 구독료 환불을 요청하려고
⑤ 새로운 전자책 시스템을 소개하려고

5 다음 글의 밑줄 친 부분 중, 어법상 <u>틀린</u> 것은?

A study of 7,400 civil-service workers in London yielded some ① <u>surprising</u> statistics. Workers who felt they had little control over their work had a 50 percent higher risk of heart disease than ② <u>those</u> with more job flexibility. In short, feeling little control over the work we have to do ③ <u>hold</u> serious risks. That's why relationships with bosses are so important. When volunteers at a British colds-research unit ④ <u>were exposed</u> to a cold virus and followed for five days to see who would get sick, it turned out that those experiencing social stress were most likely to be influenced by the virus. A single tough day at the office was not a problem. However, ⑤ <u>having</u> continual trouble with a boss was stressful enough to lower immune system strength.

civil-service worker 공무원 **flexibility** 융통성
immune system 면역 체계

6 Stephen King에 관한 다음 글의 내용과 일치하지 <u>않는</u> 것은?

Stephen King is an American author of horror and suspense novels. As a child, he enjoyed reading horror comics and published articles in his brother's newsletter, *Dave's Rag*. In 1974, when King was a 26-year-old teacher and married, he published his first novel, *Carrie*. King's wife Tabitha had found an early draft of it in the trash and encouraged him to finish it. Over the next 35 years, he wrote 77 novels and collections of short stories, averaging more than two a year. At least 92 movies, films, and television shows have been made from King's works, starting in 1976 with *Carrie*.

① 어릴 때 형이 발행하는 소식지에 기사를 썼다.
② 교사로 일했던 26세의 나이에 첫 소설을 발행했다.
③ 부인의 장려로 첫 소설을 끝마칠 수 있었다.
④ 35년간 1년에 평균 세 작품 이상을 썼다.
⑤ 첫 소설을 포함한 많은 작품이 각색됐다.

7 다음 빈칸에 들어갈 말로 가장 적절한 것은?

Having to worry about our IQ is bad enough, and now there's something called an "EQ"! Do we have to stress about that, too? The answer is yes and no. Your EQ is just a measure of ___________________. People with high EQs make good leaders who understand how to manage stressed workers. They understand how to use people's feelings to create trust and passion within a team. Outside of work, a high EQ is connected to romantic success. Understanding your partner's emotions can help you create a strong relationship. To many, emotions may not seem to be important for serious life issues. However, we are discovering that, in fact, having a good understanding of emotions is important in any group situation!

① your wisdom
② your people skills
③ problem solving skills
④ the ability to express emotions
⑤ your chance to succeed in love

8 다음 글의 빈칸 (A), (B)에 들어갈 말로 가장 적절한 것은?

In the past, many people believed in the power of the zodiac, which is a system of twelve star signs. A person is given one of the twelve zodiac signs based on the day he or she was born. Even today, some people believe the zodiac can predict the future. Some also believe that it determines his or her personality. ___(A)___, someone who is a Virgo (born between August 23 and September 22) is supposed to be logical and careful. Of course, plenty of people born between those dates are neither logical nor careful. Human beings are so different that we cannot be categorized into just twelve types. ___(B)___, it can be a lot of fun to learn about the zodiac, but don't let what it says control you.

zodiac 별자리 **Virgo** 처녀자리

	(A)		(B)
①	However	……	Besides
②	For example	……	Therefore
③	Similarly	……	As a result
④	Moreover	……	Nevertheless
⑤	On the other hand	……	In fact

9 주어진 글 다음에 이어질 글의 순서로 가장 적절한 것은?

> You have probably seen blind people read by moving their fingers over dots. This system, called *Braille*, has an interesting history.

(A) Its story begins around 1800. Charles Barbier, a French soldier, created a system of raised dots for reading in the dark. However, it was so complicated that it was rejected by the military.

(B) He set to work on making it easier to use, and eventually the *Braille* system was born. Isn't it amazing that military technology has grown into something that has improved the lives of blind people around the world?

(C) Years later, Charles Barbier met Louis Braille. Blind from age 5, Louis Braille immediately recognized both the potential of Barbier's system and its major weaknesses.

Braille 브라유 점자(법)

① (A) - (C) - (B)　　② (B) - (A) - (C)
③ (B) - (C) - (A)　　④ (C) - (A) - (B)
⑤ (C) - (B) - (A)

10 다음 글에서 전체 흐름과 관계 없는 문장은?

Alzheimer's disease turns loved ones into strangers, homes into cages, and daily life into a series of unpleasant surprises. The symptoms of Alzheimer's are often confused with the normal aging process. ① Difficulty forming new memories is usually the first symptom of Alzheimer's. ② People with Alzheimer's may remember the past clearly, but can't remember where they parked the car, or why they drove to the mall. ③ According to a new study, drinking soft drinks can speed up the aging process. ④ Scientists are discovering that most memory problems are related to this disease, not aging. ⑤ Recognizing the relation between memory loss and this serious medical issue could help with Alzheimer's treatment.

Alzheimer's disease 노인성 치매

11 글의 흐름으로 보아, 주어진 문장이 들어가기에 가장 적절한 곳은?

At the same time, we humans are another of the most dangerous creatures on Earth.

What would you say is the most dangerous animal on Earth? Many people will say it is the lion, the tiger, or the crocodile. (①) But if you're judging by how many people are killed by an animal every year, then the answer isn't any of the above. (②) It's mosquitoes because they carry serious diseases like malaria, which kills more than 600,000 people every year. (③) There are more than 2,500 species of mosquito, and nearly every single one carries disease. (④) It is believed that during the 20th century alone, about 188 million people were killed in various wars. (⑤) Our history is filled with countless killings of humans by other humans.

12 다음 글의 내용을 한 문장으로 요약하고자 한다. 빈칸 (A)와 (B)에 들어갈 말로 가장 적절한 것은?

Historians have been arguing for centuries over whether a real-life King Arthur actually existed. Many think that stories about Arthur may be based on the life of a sixth century king. The problem is that most stories of Arthur were written much later, between the ninth and fifteenth centuries, in poems, songs, histories, and romances. As a result, many different versions of the story emerged with each writer. They introduced new characters and plot twists. Many of them even ignored Arthur completely, focusing instead on the adventures of his knight Lancelot. Now, hundreds of years later, we may never know the truth, since the history of Arthur has become a complicated collection of various stories.

↓

As the tale of King Arthur ____(A)____ in various versions, we can hardly tell the difference between ____(B)____ and fiction.

	(A)		(B)
①	appears	……	plot
②	creates	……	book
③	exists	……	fact
④	focuses	……	truth
⑤	happens	……	adventure

[13-15] 다음 글을 읽고, 물음에 답하시오.

(A)

Once a farmer and his wife lived in a village with their small son. They loved him very much. "We must have a pet," the farmer said to his wife one day. "When our son grows up, (a) he will need a companion. This pet will be our son's companion." His wife liked the idea.

(B)

One day, the farmer's wife wanted to go to the market. Picking up a basket, she said to her husband, "I will go to the market. The baby is sleeping. Keep an eye on him." "You don't need to be afraid," said the farmer. "The mongoose will protect (b) him." The wife went away, and the farmer decided to go out. The farmer's wife finished her shopping and came back home with lots of groceries. She took one look at the mongoose and screamed. "Blood!" she cried. The face and paws of the mongoose were covered with blood.

mongoose 몽구스 ((사향고양잇과의 포유동물)) **paw** (동물의 발톱이 달린) 발

(C)

"You are a wicked animal! You have killed my baby," she screamed hysterically. She threw the basket, and screamed at him with rage. Then she ran to her baby. (c) He was fast asleep. But on the floor was a dead black snake. In a flash she realized what had happened. She ran out looking for the mongoose. "Oh! You saved my child! You killed the snake! What have I done?" she cried, feeling sorry for the mongoose.

(D)

One evening, the farmer brought with him a tiny mongoose. "It's a baby mongoose," said his wife, "but it will soon be fully grown. (d) He will be a friend to our son." Both the baby and the mongoose grew. In five or six months the mongoose had grown to its full size—a lovely animal with two shining black eyes and a bushy tail. (e) The farmer's son was still a baby in the cradle, sleeping and crying alternately.

13 주어진 글 (A)에 이어질 내용을 순서에 맞게 배열한 것으로 가장 적절한 것은?

① (B) - (D) - (C)
② (C) - (B) - (D)
③ (C) - (D) - (B)
④ (D) - (B) - (C)
⑤ (D) - (C) - (B)

14 밑줄 친 (a)~(e) 중에서 가리키는 대상이 나머지 넷과 다른 것은?

① (a) ② (b) ③ (c) ④ (d) ⑤ (e)

15 윗글의 내용과 일치하지 않는 것은?

① 농부는 몽구스가 아기를 지켜줄 것이라 했다.
② 농부의 아내는 피가 묻어있는 몽구스를 보았다.
③ 농부의 아내는 몽구스가 아기를 해쳤다고 생각했다.
④ 몽구스는 뱀을 물리쳐 아기를 지켰다.
⑤ 몽구스와 아기는 비슷한 속도로 성장했다.

Chapter ⑤
추론하기 유형

이번 챕터에서는 빈칸에 들어갈 말,
요약문에 들어갈 말,
글에 등장하는 인물의 심경,
글쓴이의 목적 등을
추론하는 방법을 알아볼 거예요.
지문 안에 힌트가 있어서 방법만 익힌다면
어렵지 않게 풀 수 있답니다.

유형 08 빈칸 추론

주어진 빈칸에 들어갈 적절한 단어나 어구를 추론하는 유형이에요.

지시문은 이렇게 나와요.

➔ 다음 글의 빈칸에 들어갈 말로 가장 적절한 것은?

유형 공략 이 유형은 이렇게 접근해야 해!

이 유형을 풀 때는 빈칸이 포함된 문장을 가장 먼저 읽고, 무엇을 파악해야 하는지 판단해서 단서를 찾아야 해.

그 단서는 어떻게 찾아요?

단서는 글 안에 있어. 빈칸에 들어갈 내용이 지문 내에 보통 말바꿈(paraphrazing) 되어 들어가 있거든. 빈칸 문장이 주제문인 경우가 많은데, 그럴 땐 세부 사항의 내용을 종합적으로 표현한 게 정답이 되겠지. 그럼 빈칸 문장이 주제문이 아닐 땐 어떻게 하면 될까?

음, 반대로 주제문을 찾은 후에 그 주제문에 나온 어구를 단서로 빈칸 내용을 추론하면 되지 않을까요?

맞았어! 정말 훌륭한걸?

QUICK CHECK! 다음 문장을 읽고, 빈칸을 추론하려면 어떤 내용을 찾아야 하는지 고르시오.

An experiment explains that when people are farther apart, they focus on the main issues rather than caring about less important points. So next time you have to work out a complex deal, the researchers say, it may be wise to __________. 〈모의 응용〉

① 복잡한 일을 해결하는 현명한 방법

② 더 중요한 일을 가려내는 방법

experiment 실험
farther 더 멀리 (**far**의 비교급)
cf. far apart 멀리 떨어져서
issue 사안, 이슈
rather than ~보다는
care about 마음을 쓰다
work out 해결하다
complex 복잡한
deal 거래

정답 및 해설 p. 47

❗ 기출 맛보기 이제 기출 문제를 함께 풀어보자!

➔ 빈칸 문장을 읽고 필요한 것 파악: '무엇'이 중요한지 찾아야 한다.

➔ 빈칸 문장이 주제문이므로 앞뒤 내용에서 단서를 찾는다.

➔ Taking time off, Refresh, renew 등의 단서를 통해 빈칸에 들어갈 말 추론.

다음 글의 빈칸에 들어갈 말로 가장 적절한 것은?

Imagine you want to write a book. You can usually type 1,000 words in an hour working on your book. This goes well for the first 2 hours, and you type 1,000 words per hour. However, at the third hour, you feel tired and you only type 500 words. That's 500 words less than your usual output! Output decreases over time when there are no breaks. __________ is important. Taking time off recharges your batteries so you can do more when you return to work. Refresh and renew yourself: your body, mind and spirit. Then get back to work. 〈모의 응용〉

① Rest ② Concentration ③ Practice
④ Patience ⑤ Cooperation

imagine 상상하다
go well (일이) 잘되다
per ~마다, ~당
usual 평상시의, 보통의
output 생산(량)
decrease 줄다, 감소하다
over time 시간이 흐르면
break 휴식, 휴가
take time off 휴식을 취하다, 쉬다
recharge 충전하다
refresh 생기를 되찾게 하다
renew (힘 등을) 되찾게 하다
get back ~에 돌아가다

[선택지 어휘]
concentration 집중(력)
patience 인내심
cooperation 협동

1. 빈칸 문장을 읽고, 무엇을 찾아야 하는지 파악한다. '__________이 중요하다'고 했으므로 지문 내에서 중요하다고 서술하는 게 무엇인지 찾는다.

2. 빈칸 문장이 주제문으로 보이므로, 앞뒤 문맥을 통해서 빈칸에 들어갈 내용에 대한 단서를 찾아본다.

3. 빈칸 문장 바로 앞 문장에서 '휴식이 없으면 생산량이 줄어든다'고 했고, 바로 뒤의 문장에서는 '쉬는 시간을 갖는 것이 에너지를 충전시켜준다'고 했으므로 '휴식'의 중요성을 서술하는 글인 것 같다.

4. 빈칸에 Rest를 넣어 글을 다시 읽어보니 자연스럽게 이어진다. 따라서 정답은 ①이다.

유형 익히기

Q 글의 주제문을 찾아 밑줄을 그으시오.

regard A as B A를 B로 여기다
artistic 예술의; 예술적인
genius 천재
raise (문제를) 제기하다
for sure 확실히
except ~을 제외하고는
perhaps 어쩌면
deeply 깊이

[선택지 어휘]
loyal 충성스러운
commercial 상업적인

01 다음 빈칸에 들어갈 말로 가장 적절한 것은?

Banksy is a mysterious graffiti artist. He became active in Bristol, UK, in the 1990s. We can find his works on the streets of Bristol, New York, London, and New Orleans. Many people regard him as an artistic genius, and his art raises an important question: Does it really matter who the artist is? Nobody knows for sure who Banksy really is except his close circle of friends. Banksy has kept this secret very carefully. Perhaps Banksy wants us to think deeply about the question. If the artist is __________, we can look at the art and think about its meaning without the information we have about the artist.

graffiti (공공장소에 하는) 낙서

① famous ② loyal ③ commercial
④ talented ⑤ unknown

Q 글의 소재로 가장 적절한 것을 고르시오.

① writing a good novel
② getting involved with storylines
③ reading more books

get lost 길을 잃다.
get involved with ~에 깊은 관여를 하다
storyline 줄거리
publish 출판하다
path 길[방향]
plot (소설·영화 등의) 구성
eventually 결국
ending 결말

[선택지 어휘]
genre 장르
come up with (아이디어 등을) 내놓다
personal 개인적인
connect 잇다, 연결하다
enjoyable 즐거운
imaginative 상상력이 풍부한

02 다음 빈칸에 들어갈 말로 가장 적절한 것은?

Getting lost in a good novel is a feeling that everyone loves. Imagine you could add to the story and become part of the story. Although this sounds new, readers have been getting involved with storylines for 50 years. *Choose Your Own Adventure* books began to be published in the 1970s. The reader was given a choice at the end of every few pages, and each choice would take the reader down a different path of the plot. This would eventually lead the reader to one of 40 different endings. Whatever the future of the book, readers will keep finding new ways to ____________________________.

① enjoy different book genres
② come up with original ideas
③ publish their personal stories
④ feel more connected to an enjoyable plot
⑤ create imaginative characters of their own

정답 및 해설 p. 47

03 다음 글의 빈칸에 들어갈 말로 가장 적절한 것은?

Two psychologists wanted to see if they could motivate college students to exercise regularly. They divided the students into two groups, A and B, giving all the students written instructions for a regular exercise routine. Group A, however, received the instructions printed in a plain font designed for easy reading; group B got them in a "Brush" font, which is unfamiliar and much harder to read. After a few minutes, researchers asked the students if they were likely to start exercising regularly. Those in group A were much more willing to make exercise a part of their day. Apparently, ________________________ encourages people to take action.

① showing people excellent examples
② explaining a process in a simple way
③ giving written rather than oral instructions
④ understanding the principles of working out
⑤ motivating people by praising whatever they do

Q 글의 주제문을 찾아 밑줄을 그으시오.

psychologist 심리학자
motivate 동기를 부여하다
regularly 정기적으로
cf. regular 정기적인
divide A into B A를 B로 나누다
instruction 설명(서)
routine 일과
plain 평범한; 있는 그대로의
font 글꼴
unfamiliar 익숙지 않은
researcher 연구원
be likely to-v v할 것 같다
apparently 보아 하니
encourage 격려하다
take action 행동에 옮기다

[선택지 어휘]
oral 구두의, 입의
principle 원칙

04 다음 빈칸에 들어갈 말로 가장 적절한 것은?

Have you ever wondered what it would be like to live forever? Most people consider this impossible, but for one species of jellyfish, immortality is just another part of life. The "immortal jellyfish" is only about 5 millimeters long, smaller than your fingernail. What's special about this kind of jellyfish is that it can reverse its life cycle by forcing its cells to become younger. One of the benefits of changing its life cycle is that the jellyfish can survive periods when food is hard to find or conditions are dangerous. By ________________________, this jellyfish can wait out these harsh conditions and return to life again when conditions are better.

jellyfish 해파리 **immortality** 불멸

① hiding in safer places
② saving food and energy
③ returning to its early stage
④ depending on other species
⑤ moving as carefully as possible

Q 글의 소재로 가장 적절한 것을 고르시오.

① 죽지 않는 해파리
② 장수하는 방법
③ 수명과 음식의 관계

consider ~로 여기다; 고려하다
species 종(種)
immortal 죽지 않는
fingernail 손톱
reverse (순서 등을) 뒤바꾸다
life cycle 생활 주기
force 강제로 ~하다; 힘
cell 세포
benefit 이점
survive 생존하다
condition 환경; 상태
wait out (끝날 때까지) 기다리다
harsh 가혹한

[선택지 어휘]
hide 숨다; 숨기다
depend on ~에 의지하다

유형 09 요약문

글의 요지가 한 문장으로 요약되어 주어지는데, 이 요약문의 빈칸에 들어갈 말을 추론하는 유형이에요.
지시문은 이렇게 나와요.
➔ 다음 글의 내용을 한 문장으로 요약하고자 한다. 빈칸 (A)와 (B)에 들어갈 말로 가장 적절한 것은?

유형 공략 이 유형은 이렇게 접근해야 해!

요약문은 글의 핵심 내용을 축약해서 담고 있기 때문에 요약문을 먼저 읽으면 글의 내용을 예측하는 데 도움이 돼.

그럼 요약문을 가장 먼저 읽고, 지문의 내용을 예측하면서 빈칸에 들어갈 말을 추론하면 되겠네요?

그렇지. 특히, 요약문에서 빈칸에 들어가는 말은 글 전체에서 가장 중요한 말이라서 지문에 반복해서 나오는 경우가 많아. 그러니까 반복적으로 등장하는 말은 표시해두었다가 그와 관련된 말을 요약문의 빈칸에 넣어보는 것도 좋은 방법이 될 수 있어.

QUICK CHECK! **다음 글에서 반복되는 표현을 찾아 밑줄 긋고, 아래 요약문에 들어갈 말로 그와 비슷한 표현을 고르시오.**

River boundaries can change as rivers change course. After flooding, a river's course may shift and change the boundary between states or countries.
→ A river's course is ____________________. 〈모의 응용〉

① fixed
② changeable

boundary 경계(선)
flooding 홍수, 범람
shift 이동하다
fix 고정시키다

정답 및 해설 p. 49

❗ 기출 맛보기 이제 기출 문제를 함께 풀어보자!

➔ 요약문의 내용 파악.

➔ 요약문의 내용을 토대로 지문의 내용 파악.

➔ 반복해서 나오는 단어를 표시하고, 요약문의 빈칸에 넣어본다.

다음 글의 내용을 한 문장으로 요약하고자 한다. 빈칸 (A)와 (B)에 들어갈 말로 가장 적절한 것은?

In one study, Sarah Pressman and Sheldon Cohen studied autobiographies written by psychologists, poets, and novelists. They counted the number of relational words that people used in their autobiographies, words like *father*, *brother*, or *sister*, as well as pronouns like *we*. Pressman and Cohen then proved the connection between how often people used relational words and **how long they lived**. They found that the authors who heavily mentioned social roles in their life stories lived, on average, five years longer than those who did not.

autobiography 자서전 **pronoun** 대명사

↓

One study showed that the frequency of using words about ____(A)____ influenced the ____(B)____ of people's lives. 〈모의 응용〉

	(A)		(B)
①	relationships	……	length
②	relationships	……	quality
③	manners	……	length
④	personalities	……	quality
⑤	personalities	……	standard

psychologist 심리학자
novelist 소설가
relational 관계를 나타내는
prove 입증하다
connection 연관성
author 작가, 저자
heavily 많이; 무겁게
role 역할
on average 평균적으로
frequency 빈도
influence 영향을 주다

[선택지 어휘]
relationship 관계
length 길이
cf. length of life 수명
quality 질; 자질; 특징
personality 성격, 인격
standard 수준, 기준

1 요약문을 먼저 읽는다. '(A)에 관한 단어 사용 빈도가 사람들의 삶의 (B)에 영향을 준다'는 내용이다.

2 지문을 읽으며 반복되는 어구를 찾아 표시해본다. 반복해서 나오는 relational words라는 표현을 요약문의 빈칸에 넣어본다. words about relationships로 말바꿈해 넣을 수 있을 것 같다.

3 지문에 connection ~ they lived(6행~8행)라고 했으므로 how long they lived에 해당하는 말이 (B)와 관련이 있어 보인다. 이를 말바꿈하면 the length of people's lives가 된다.

4 (A)에 relationships를, (B)에 length를 넣어 요약문을 완성했다. '사회적 역할에 관한 단어를 더 많이 쓴 사람이 더 오래 살았다'는 지문의 내용과도 일치한다. 따라서 정답은 ①.

유형 익히기

Q 이 글에서 굵게 표시한 man's best friend가 가리키는 것은?

① chocolate

② dogs

when it comes to A A에 관해서
death sentence 사형 선고
caffeine 카페인
harmful 해로운
completely 완전히
break down (물질을) 분해하다
symptom 증상
poisoning 중독
suffer 시달리다

[선택지 어휘]
positive 긍정적인
beneficial 이로운

01 다음 글의 내용을 한 문장으로 요약하고자 한다. 빈칸 (A)와 (B)에 들어갈 말로 가장 적절한 것은?

When it comes to chocolate, dogs are a lot like humans. They love the sweet and delicious taste. But did you know that chocolate can be a death sentence for **man's best friend**? Chocolate has caffeine and theobromine in it. Although they can make our hearts beat very fast, they are not harmful to us. Dogs, on the other hand, are a completely different story. Their bodies cannot break down theobromine as quickly as ours can. The symptoms of chocolate poisoning are serious, and dogs can get really sick. Dogs love eating chocolate as much as we do. That's why it's important to make sure that your dog never eats even the smallest amount of chocolate.

theobromine 테오브로민(이뇨제, 혈관 확장제)

↓

While chocolate is not ___(A)___ to humans, dogs can suffer ___(B)___ effects of eating chocolate.

(A)		(B)	(A)		(B)
① helpful	……	major	② helpful	……	positive
③ dangerous	……	negative	④ dangerous	……	minor
⑤ beneficial	……	harmful			

Q 글의 주제문을 찾아 밑줄을 그으시오.

crowd 군중; 집단
behave 행동하다 **cf. behavior** 행동
explore 분석하다; 탐험하다
set up ~을 마련하다; 설치하다
fake 가짜의
audience 청중, 시청자
allow 허락하다
unpleasant 불쾌한
progress 진행하다
increasingly 점점 더
option 선택(권)
result in ~을 야기하다
victim 피해자
property 재산; 부동산
destroy 파괴하다
unnamed 익명의
identity 정체성

02 다음 글의 내용을 한 문장으로 요약하고자 한다. 빈칸 (A)와 (B)에 들어갈 말로 가장 적절한 것은?

Being a part of a huge crowd can cause people to behave in ways that they wouldn't behave if they were by themselves. An experiment by a British illusionist recently explored the dark side of this behavior. He began by setting up a fake TV show with a real audience. Audience members were then allowed to vote on what should happen to a stranger. They were given choices between something nice and something unpleasant. As the show progressed, the audience increasingly voted for the unpleasant option. This resulted in the victim having his property destroyed, losing his job, and in the end being kidnapped. This experiment was done to show how strangely people can behave when they are an unnamed part of a crowd.

illusionist 마술사 **kidnap** 납치하다

정답 및 해설 p. 50

↓

An experiment suggests that people tend to behave ___(A)___ when their identity is ___(B)___.

	(A)		(B)		(A)		(B)
①	individually	……	exposed	②	individually	……	formed
③	poorly	……	hidden	④	poorly	……	discovered
⑤	politely	……	created				

[선택지 어휘]
individually 개인적으로
expose 드러내다
discover 발견하다
politely 공손히

03 다음 글의 내용을 한 문장으로 요약하고자 한다. 빈칸 (A)와 (B)에 들어갈 말로 가장 적절한 것은?

When Plato wrote in 360 BC about an amazing island society named Atlantis, he probably had no idea that it would become such a historical mystery. Even today, 2,000 years after his *Dialogues* were written, we are still trying to find out whether Atlantis is fact or fiction. There are people who believe that Plato's story of Atlantis is the truth. They think the remains of this advanced island city are somewhere at the bottom of the sea waiting to be discovered. Finding them won't be easy. While most people think it's somewhere in the Mediterranean Sea, others say that it's in the Atlantic Ocean or the North Sea off the coast of Sweden.

the Mediterranean Sea 지중해 **the Atlantic Ocean** 대서양

↓

There are differing opinions on whether Atlantis really ___(A)___ and, if it did, the exact ___(B)___ of it.

	(A)		(B)		(A)		(B)
①	existed	……	name	②	existed	……	location
③	collapsed	……	distance	④	disappeared	……	history
⑤	disappeared	……	period				

Q 글의 소재로 가장 적절한 것을 고르시오.

① the life of Plato
② the Mediterranean Sea
③ Atlantis

probably 아마
historical 역사적인
Dialogue ((플라톤의 책)) 대화편
fiction 허구; 소설
truth 사실, 진실
remains 유적
advanced 선진의
somewhere 어딘가에서
discover 발견하다
coast 해안 (지방)

[선택지 어휘]
collapse 붕괴하다

유형 10 목적

글쓴이가 글을 쓴 의도를 파악하는 유형이에요.
지시문은 이렇게 나와요.
➔ 다음 글의 목적으로 가장 적절한 것은?

❗ 유형 공략 이 유형은 이렇게 접근해야 해!

이 유형은 특히 편지글이나 광고문이 많이 나오는데, 편지나 광고문을 쓰는 목적이 뭘까?

광고문은 무언가를 알리거나 사람들을 모집하려고 쓰는 경우가 많겠죠. 편지는 단순히 소식을 알릴 때도 쓰고, 요청하거나 감사하거나 항의하는 등 정말 다양한 이유로 쓰는 것 같아요.

그래. 우린 정말 다양한 목적으로 글을 쓰지. 그런 편지나 광고글을 읽으면서 글쓴이의 의도가 가장 분명하게 드러나는 문장을 찾아야 해.

그러니까 주제문을 찾으라는 말씀이시군요?

맞아. 주제문에 글을 쓴 목적이 그대로 드러나는 경우가 많거든. 하지만 그렇지 않은 경우도 있어. 한걸음 더 나아가서 의도를 추론해야 할 때도 있는데, 예를 들어 '네가 대학에 합격했다는 소식을 듣고 무척 자랑스러웠다.'라는 내용의 글이라면 '대학 합격을 축하하려고'라고 목적을 추론할 수 있어야 해.

QUICK CHECK! 다음 글에서 글쓴이의 의도가 가장 분명하게 드러나는 문장을 고르시오.

① Do you have trouble sleeping? ② In fact, billions of people around the world struggle with sleep disorders. ③ For many of them, getting a good night's rest is almost impossible, and it is mainly caused by stress. ④ If you suffer from a sleep disorder, register for this free seminar on sleep health. 〈모의 응용〉

have trouble (in) v-ing v하는 데 어려움을 겪다
billions of 수십억의
struggle 어려움을 겪다; 싸우다
sleep disorder 수면 장애
suffer from ~로 고통받다
register 등록하다
seminar 세미나

정답 및 해설 p. 51

❗ 기출 맛보기 이제 기출 문제를 함께 풀어보자!

➔ 글쓴이의 의도가 가장 분명하게 드러난 문장, 즉 주제문을 찾는다.

➔ 주제문만으로 답이 나오지 않는다면 그 문장에 숨겨진 글쓴이의 의도를 추론해 본다.

다음 글의 목적으로 가장 적절한 것은?

Good news for book lovers! Here's a good web site for all of you. It's called Easy Books. Its service is very easy to use. You just look through the online catalog, select your books, and wait for them to arrive. The door-to-door delivery service is very convenient for people who don't have time to go to the library. You can enjoy reading new books without stepping out of your home. Also the price is quite good. With only 10 dollars a month, you can borrow up to five books at a time. What's better, you can keep the books as long as you want with no late fee. Join it, and you'll love it. 〈모의 응용〉

look through 살펴보다
catalog (도서 등의) 목록
select 고르다, 선정하다
door-to-door 택배의
delivery 배달
convenient 편리한
step out 나가다
up to A A까지
at a time 한 번에
late fee 연체료

① 신간 도서를 소개하려고
② 전자책의 장점을 홍보하려고
③ 도서 박람회 참가를 권유하려고
④ 도서 대여 웹 사이트를 추천하려고
⑤ 온라인 서점의 할인 행사를 알리려고

1 글쓴이의 의도가 가장 잘 드러나는 문장을 찾는다. 두 번째 문장(Here's a good web site for all of you.)에서 가장 분명하게 드러난다.

↓

2 하지만 이 문장만으로는 의도가 명확하게 드러나지 않는다. 글의 나머지 부분도 읽어보면서 숨겨진 의도를 추론해보자.

↓

3 책을 좋아하는 사람들에게 좋은 웹사이트가 있다고 했고, 이 웹 사이트는 책을 집까지 배달해주는 대여 서비스를 한다는 내용이므로 도서 대여 웹 사이트를 추천하기 위해 이 글을 썼음을 알 수 있다. 따라서 정답은 ④.

유형 익히기

01　다음 글의 목적으로 가장 적절한 것은?

Each fall I find myself bothered by a matter we discussed briefly last year. Perhaps you've forgotten, so I thought I'd put it in writing this time. It's about the leaves your sons clean up and put in piles beside the street. As you know, our town often waits weeks before picking up leaves that have been piled beside the street. During that time, if the piles in front of your house seem to be getting smaller, it's not an illusion. Many of those leaves blow right next door and end up on my front yard. This, of course, means extra work for me. May I suggest that you use lawn bags? The cost of lawn bags is low, and you'll notice an improvement very quickly. And I'd be most appreciative.

① 이웃의 낙엽 더미 관리 개선을 제안하려고
② 마을의 낙엽 관리 방법 변경을 안내하려고
③ 새로 개발한 잔디 깎는 기계를 홍보하려고
④ 이웃의 쓰레기 관리 소홀에 대해 불평하려고
⑤ 마을의 낙엽을 쓸어주는 이웃에게 감사하려고

Q 글에서 필자의 의도가 가장 강하게 드러나는 문장 찾아 밑줄을 그으시오.

bother 불편하게 하다, 신경 쓰이게 하다
briefly 잠깐, 잠시
pile 더미; 쌓다
illusion 착시, 착각
end up 결국 ~하게 되다
extra 추가의
suggest 제안하다
lawn 잔디
cost 값, 비용
notice 알다; 주목하다
improvement 개선
appreciative 감사하는, 고마워하는

02　다음 글의 목적으로 가장 적절한 것은?

Citizen Support Service is one of the small departments in this city that organize volunteer programs designed to help citizens living alone. Most of our clients are senior citizens or people with disabilities. But, we also provide support to general health and nursing programs, including the Child Health Clinic Program and our Cuddle Program (support for families with new babies). Our clients greatly appreciate the efforts of all the wonderful workers in making their lives better. We currently welcome new unpaid workers who are seeking great opportunities to do volunteer work. Feel free to call us if you are interested.

① 자원봉사자를 모집하기 위하여
② 교육 프로그램을 소개하기 위하여
③ 시의회의 의정 활동을 홍보하기 위하여
④ 자원봉사자들의 수고를 격려하기 위하여
⑤ 자원봉사자들의 도움을 원하는 신청자를 받기 위하여

Q 글에서 필자의 의도가 가장 강하게 드러나는 문장 찾아 밑줄을 그으시오.

department (정부·기업체 등과 같은 조직의 한) 부서
organize 조직하다
volunteer 자원봉사자
citizen 시민
cf. senior citizen 노인
client 고객
disability 장애
provide 제공하다
support 지원; 지원하다
general 일반적인, 보통의
nursing 간호직
including ~을 포함하여
cuddle 껴안기, 포옹
appreciate 고마워하다
currently 현재, 지금
unpaid 무보수의
seek 찾다
opportunity 기회

정답 및 해설 p. 52

03 다음 글의 목적으로 가장 적절한 것은?

With criminals getting smarter every day, it seems that no security system will ever be enough to protect your car. Is there no hope? Fortunately, a British company has come up with a new device that will scare off any thief! The device is equipped with a tiny in-car security camera, and when it sees a thief, a thick cloud of smoke fills the car. In addition to the smoke, the car will refuse to start and also set off a loud alarm with flashing lights. Moreover, the tiny in-car security camera can see in the dark and take dozens of pictures of any thief, which can help the police to find them and make an arrest.

① 차 도둑에 대해 경고하려고
② 범죄를 당했을 때 지침을 설명하려고
③ 차에 카메라를 장착하도록 권유하려고
④ 새로운 자동차에 대한 정보를 제공하려고
⑤ 차 도둑을 잡는 새로운 발명품을 홍보하려고

Q 글의 소재로 적절한 것을 고르시오.

① a new car
② a new security device
③ a new camera

criminal 범죄자
security 보안, 안보
come up with 내놓다
device 장치, 기구
scare off ~에게 겁을 주다
be equipped with ~을 갖추고 있다
in-car 차량 내에
thick (연기 등이) 짙은; 두꺼운
refuse 거절하다
set off an alarm 경보를 발하다
dozens of 수십의, 많은
make an arrest 체포하다

04 다음 글의 목적으로 가장 적절한 것은?

To: Jim
From: Jill

I know I'll see you soon, but I needed to tell someone about the coolest job in the world! Uncle Mark's sister Betty works as a park ranger at Yellowstone National Park. I had never heard of a park ranger before, but they're kind of like a mix between an outdoor police officer and a scientist. Betty told me that last month she stopped some people from killing a rare species. She actually jumped out of a car and yelled, "Hands up!" How cool is that? Betty said that all you need to become a park ranger is a love for the natural world. I'm already looking up science programs at the local universities. I'm sure I will become a park ranger!

park ranger 공원 경비원

① 직업 추천서 작성을 부탁하려고
② 고향에 돌아가는 것을 알리려고
③ 희귀 동물의 보호를 부탁하려고
④ 자신이 희망하는 직업에 대해 알리려고
⑤ 졸업 후의 진로에 대해 조언을 얻으려고

Q 글에서 필자의 의도가 가장 강하게 드러나는 문장 찾아 밑줄을 그으시오.

kind of 약간, 어느 정도
police officer 경찰관
rare 희귀한
species 종(種)
jump out of ~에서 뛰어나오다
yell 소리치다
look up 알아보다, 찾아보다
local 지역의, 현지의

유형 11 심경

글을 읽고 주인공의 심경을 파악하는 유형이에요.

지시문은 이렇게 나와요.

➔ 다음 글에 드러난 'I'의 심경으로[심경 변화로] 가장 적절한 것은?

유형 공략 이 유형은 이렇게 접근해야 해!

이 유형은 문학 작품이나 일화로 이루어진 지문이 나와. 글 속 주인공이 처한 상황에서 어떤 감정을 느낄지 추론하는 유형인데, 심경의 변화를 묻는 경우도 있으니까 한 부분만 읽고 섣불리 답을 고르는 건 위험해.

그럼 먼저 전체적인 상황과 흐름을 파악해야겠네요. 그런데 주인공의 심경은 어떻게 추론해요? 직접적으로 나오기도 하나요?

지문 속 형용사나 부사에 직접적으로 드러날 때도 있어. 하지만 심경이 직접적으로 나오지 않더라도 상황을 통해 충분히 추론할 수 있으니까 어렵게 생각할 필요는 없어. 예를 들어서, '집에 돌아오니 늘 반겨주던 강아지가 보이지 않는다.'라고 서술되고 있다면 이때 주인공의 심경은?

걱정스럽겠죠. 무서울 수도 있고요.

그렇지. 그래서 걱정하면서 집에서 기다리고 있었는데, 강아지가 힘차게 집으로 뛰어들어온다면?

강아지가 무사해서 다행스럽고, 반가운 마음도 들 거예요.

자, 어때? 상황을 통해 심경을 추론하는 것, 어렵지 않지? 심경과 관련된 형용사와 부사 표현을 알아두면 문제 푸는 데 도움이 될 거야.

기출 맛보기 이제 기출 문제를 함께 풀어보자!

→ 글을 읽으면서 주인공이 처한 상황을 파악한다.

→ 주인공이 처한 상황에서 느낄 심경을 추론한다.

→ 상황이 변함에 따라 주인공의 심경이 어떻게 변하는지도 추론한다.

다음 글에 드러난 'I'의 심경 변화로 가장 적절한 것은?

One day after grocery shopping, I was sitting at the bus stop. When the bus arrived, I just jumped on. When I got home, I realized that I had left my purse on the bench at the bus stop. My heart started to beat faster because all my cash for the month was in my purse. "How can I live without the money?" I said to myself. I rushed to catch a taxi and headed back to the bus stop. On arriving at the bus stop, I started searching for my purse. Right at that moment, something caught my eye from under the bench – something familiar. It was my purse, and fortunately all my money was still in there. 〈모의 응용〉

① anxious → relieved
② jealous → ashamed
③ excited → disappointed
④ lonely → delighted
⑤ indifferent → curious

grocery 식료품 잡화점
purse 지갑
beat (심장이) 고동치다
cash 현금
rush 급히 서두르다
head back to A A로 다시 향하다
on v-ing v하자마자
search for 수색하다, 찾다
catch one's eye(s) 눈길을 주다
familiar 익숙한
fortunately 다행스럽게

[선택지 어휘]
anxious 불안한
relieved 안도하는, 다행으로 여기는
jealous 질투하는
ashamed 창피한
disappointed 실망한
delighted 기쁜
indifferent 무관심한
curious 궁금한

1 심경의 변화를 묻고 있으므로 상황이 변하면서 주인공의 심경도 변할 것임을 알 수 있다. 글을 읽으면서 상황을 이해한다.

↓

2 버스정류장에서 버스를 기다리던 주인공이 버스를 타고 집에 도착해서야 지갑을 정류장에 두고 온 것을 알게 된 상황이다. '심장이 빠르게 뛰기 시작했다(My heart started to beat faster)'라고 했으므로 불안해하고 있음을 알 수 있다.

↓

3 택시를 타고 다시 버스정류장에 도착해보니 벤치 밑에 지갑이 있었고, 돈도 모두 그대로 있는 상황이다. 부사 fortunately(다행스럽게)를 통해 주인공의 심경을 짐작할 수 있다.

↓

4 지갑을 잃어버리고 불안해하던(anxious) 주인공이 지갑을 찾은 후에 안도하고(relieved) 있으므로 정답은 ①.

유형 익히기

Q 글의 마지막 부분에서 필자의 심경이 가장 잘 드러나는 행동을 찾아 밑줄을 그으시오.

cabin 오두막집
lock 잠그다
incredible 엄청난; 믿을 수 없는
sense 느낌; 감각
freedom 자유
adult 어른, 성인
grab 붙잡다[움켜잡다]
as soon as ~ 하자마자
chill 냉기
spine 척추, 등뼈
for a fact 확실히
stuff 물건, 소지품

[선택지 어휘]
relieved 편안한
frightened 겁먹은
curious 궁금한, 호기심 있는
ashamed 창피한
delighted 기쁜
calm 침착한, 차분한

01 다음 글에 드러난 'I'의 심경 변화로 가장 적절한 것은?

When I was 17, I asked my parents if I could stay in our family's lake cabin alone for a few days. The cabin was always locked and it was in a safe area, so my parents agreed. They even let me borrow the car for the trip. Driving up there alone for the first time gave me an incredible sense of freedom. I was finally a real adult. After parking the car, I grabbed my bag and walked around to the back door. As soon as I stepped inside, I heard something that sent a chill through my spine. Someone was in the shower upstairs! I knew for a fact that it wasn't anyone in my family, so I dropped my stuff and ran.

① worried → relieved
② excited → frightened
③ curious → ashamed
④ bored → delighted
⑤ angry → calm

Q 필자의 심경이 가장 잘 드러나는 문장을 찾아 밑줄을 그으시오.

throw off 벗어 던지다
blanket 담요
dart 쏜살같이 움직이다
full moon 보름달
look forward to A A를 고대하다
Hindu 힌두교의; 힌두교 사람
downstairs 아래층으로
arm with ~으로 무장시키다
spray 뿌리다; 분무기
whenever ~할 때마다
come across 마주치다
shower 세례를 퍼붓다; 샤워

[선택지 어휘]
touched 감동받은
grateful 감사하는
satisfied 만족하는

02 다음 글에 드러난 Padma의 심경으로 가장 적절한 것은?

Padma opened her eyes, threw off her blanket, and darted out of bed. It was the last full moon of the winter season. She had been looking forward to today for a long time, and it had finally arrived. It was time to celebrate Holi, the Hindu Festival of Colors. She ran downstairs and out the door. Armed with water guns and red, blue, and yellow color powder, Padma left the house. She rode her bike through the streets searching for people to spray. Whenever she came across someone, she would shout "Holi hai!" and shower them with water and color powder. Later that night, back in her bed, Padma was still smiling when she finally closed her eyes.

Holi 홀리 ((힌두교도의 봄의 축제))

① frightened and shocked
② bored and lonely
③ excited and delighted
④ touched and grateful
⑤ relieved and satisfied

정답 및 해설 p. 54

03 다음 글에 드러난 'I'의 심경으로 가장 적절한 것은?

Mrs. Shaver was still talking, but I couldn't look at her. My head felt hot, and I was sweating. If only I could go back and do things differently. Last night, copying my older brother's history essay had seemed like a great idea. Who would ever know, right? Well, Mrs. Shaver had also been my brother's teacher, and I guess I copied the same essay he had turned in to her two years ago. My stomach turned as I thought about the consequences. I'd definitely fail the essay, and maybe the class too. Then there were my parents. I heard Mrs. Shaver mention their names. I hated letting them down, especially my father. The look of disappointment on his face would certainly kill me.

① threatened ② bored
③ regretful ④ thankful
⑤ relaxed

Q 필자의 심경이 가장 잘 드러나는 문장을 찾아 밑줄을 그으시오.

sweat 땀을 흘리다
copy 베끼다, 복사하다
essay 에세이, 짧은 글
guess 추측하다
turn in 제출하다
stomach 속, 배
consequence 결과
definitely 분명히
let A down A를 실망시키다
look 표정; 보다
disappointment 실망
certainly 틀림없이

[선택지 어휘]
threatened 위협을 느끼는
regretful 후회하는
thankful 감사하는

04 다음 글의 마지막 부분에 드러난 'I'의 심경으로 가장 적절한 것은?

Last month, my sister set up a booth at a flea market. When she returned home, she had a pile of money with her. Seeing my obvious envy, she suggested that I join her the next time. I liked the idea, but first I had to make something. So, I spent the next few weekends creating various pieces of jewelry from stones and beads. Then, yesterday, I set up my booth at the flea market and waited. I was a little nervous, but soon my first customer arrived, and then another, and another. My jewelry was selling well, and people were giving all kinds of compliments. It made me feel warm to receive appreciation for my work. I smiled and greeted another customer.

① regretful ② jealous
③ satisfied ④ disappointed
⑤ lonely

Q 마지막 부분에서 필자의 심경이 가장 잘 드러나는 단어(형용사)를 찾아 밑줄을 그으시오.

set up 마련하다
booth 부스
flea market 벼룩시장
return 돌아오다
a pile of 많은 ~, ~ 무더기[더미]
obvious 분명한[명백한]
envy 부러움, 선망
suggest 제안하다
various 다양한
jewelry 장신구, 보석류
bead 구슬
nervous 불안한
customer 손님, 고객
compliment 칭찬
appreciation 감탄, 감상
greet 맞이하다

[선택지 어휘]
jealous 질투하는
disappointed 실망한

제3회 미니 모의고사

14개 문제를 25분 안에 풀어보세요.

1 다음 글의 요지로 가장 적절한 것은?

The words and ideas you express are important, of course. However, the way you sound when you express yourself is also important. Indeed, there are still people in the world who will judge your accent before they even consider your words. You may even have your own biases. In many countries, people with city accents may be seen as smarter, wealthier, and more successful than people who sound like they are from the countryside. Your accent, of course, shows nothing but where you grew up—not your intelligence, and not your value. It can be helpful to learn different accents for different situations to impress people. Still, it would be better if we all learned to accept each other for who we are.

bias 편견

① 말투는 사람을 파악하는 중요한 수단이다.
② 어떤 단어를 사용하느냐가 인상을 좌우한다.
③ 말투로 판단하지 말고 사람 자체를 인정하라.
④ 다른 지역 사람들의 말투를 배우는 것은 도움이 된다.
⑤ 도시 사람과 지방 사람은 서로 다른 말투를 사용한다.

2 다음 글의 주제로 가장 적절한 것은?

Imagine being able to read street signs in any country, buying medicine while traveling, and reading subtitles in any language for any movie! It sounds like a superhero skill, but it could be yours for just a few dollars. *Word Lens* is a new application you can download to a smartphone. It translates text instantly. Just point the smartphone's camera at any text, and the application does the rest. Right now, *Word Lens* only works for English-Spanish and English-French translations. However, its creators are hard at work on making the application work for other languages. It's the best thing for travelers since guidebooks, and it has the potential to change our world!

subtitle 자막 **application** 응용 프로그램

① how to travel abroad alone
② a guide to using *Word Lens*
③ skills to translate foreign languages
④ the amazing possibilities of *Word Lens*
⑤ the development of creative applications

3 다음 글의 제목으로 가장 적절한 것은?

We've certainly made great progress in health, but something strange is happening. Our new discoveries often look just like traditional wisdom. Chicken soup is a treatment for colds that's nearly 1,000 years old. It's made from chicken, garlic, noodles, carrots, salt, pepper, and water. We know that salt water can help dry out bacteria, so that would help. Garlic has been proven to kill bacteria and viruses. Steam from the soup helps loosen up the chest. Chicken contains zinc, and recent studies show zinc can slow viruses down. Maybe chicken soup is the best thing for a cold after all.

zinc 아연

① How to Treat a Cold
② Instead of Pills, Try Folk Wisdom!
③ Chicken Soup's Surprising History
④ The Illusion of Progress in Medicine
⑤ Research Reveals the Secrets of Chicken!

4 마지막 부분에 드러난 Ashley의 심경으로 가장 적절한 것은?

"What's that in the distance?" Ashley asked her mother. It was a small, white burst of water some distance away from the ship. "I think it's just a wave," her mother responded. There hadn't been much to see on the cruise, and Ashley was eager for some entertainment. Then, suddenly, there was another burst, and it was much closer this time. Ashley screamed, "Get the camera, Mom!" It was not just one but a whole family of whales passing right by the ship! The largest rolled on its side and lifted an enormous fin, as if to say, "hi." Ashley giggled with delight and her mother snapped pictures.

① bored ② amused
③ scared ④ annoyed
⑤ sorry

5 (A), (B), (C)의 각 네모 안에서 어법에 맞는 표현으로 가장 적절한 것은?

Imagine a breast-feeding mother has to be separated from her child while working. She might want to sleep with her baby to enable constant breast-feeding (A) [during / while] the night. Many women ask if they should go so far just to breast-feed their babies. However, a comparison between children who were breast-fed and (B) [that / those] who were raised on cow's milk showed enormous differences in health and intellectual development. Breast-feeding is in fact a (C) [cheaper / cheapest] way to help your child to do better at school than investing in private tutors and after-school study sessions.

breast-feeding 모유 수유

	(A)		(B)		(C)
①	during	……	those	……	cheaper
②	while	……	those	……	cheapest
③	during	……	that	……	cheapest
④	while	……	those	……	cheaper
⑤	during	……	that	……	cheaper

6 밑줄 친 he(his)가 가리키는 대상이 나머지 넷과 다른 것은?

Who was King Tut, or Tutankhamun? Tutankhamun is believed to be the son of Akhenaten, a powerful and influential ruler. Akhenaten is famous for changing religion in Egypt by forcing the country to follow only one high god. ① He handed over the throne to his son when ② he was only nine. Thus, Tutankhamun began ruling over a country that was having trouble with his father's changes at a very young age. ③ He originally supported his father's beliefs, but over time he chose to return to the old ways. ④ He brought back old gods and returned to Egypt's ancient capital. In this way, he solved some of the problems that his father had caused. The impact of ⑤ his leadership was small, but years later, the discovery of King Tut's tomb would bring ancient Egypt back to life for all the world.

hand over ~을 넘겨주다

7 다음 빈칸에 들어갈 말로 가장 적절한 것은?

Every society has its popular myths. One myth of our time is the space-travel myth. In films and television series, the people of Earth are continually encountering civilizations full of interesting characters from elsewhere in the universe. Kids also hear and read many stories about people from outer space. Unfortunately though, there's no life elsewhere in our solar system, except possibly for very primitive creatures, or even within 1,000,000,000,000,000,000 miles of our solar system. The reality is that we won't travel to other civilizations, and they won't visit us, at least not in the 21st century. In reality, this beautiful planet with all its life is completely ____________.

civilization 문명 (사회) **primitive** 원시적인 단계의

① valuable ② alone
③ dependent ④ popular
⑤ small

8 다음 글의 빈칸 (A), (B)에 들어갈 말로 가장 적절한 것은?

Many people think of sharks as evil monsters that attack innocent swimmers. This image is not the truth and has largely been constructed by Hollywood movies. ___(A)___, many shark species are not predators at all, but instead feed on already dead animals. Out of over 470 shark species, only four have been involved in serious attacks on humans. These four species are capable of harming people. ___(B)___, they usually avoid contact with humans as we are not a part of their natural diet. They are nothing like the killing machines pictured in the movies. It's time we gave up this image of sharks as sea monsters. They are beautiful animals that deserve our respect.

	(A)		(B)
①	Nevertheless	……	That is
②	As a result	……	Thus
③	In fact	……	Likewise
④	In fact	……	However
⑤	Nevertheless	……	In short

9 주어진 글 다음에 이어질 글의 순서로 가장 적절한 것은?

> The official distance for a marathon is 42.195 km. But why is it so? According to legend, a Greek soldier named Pheidippides once ran from the town of Marathon to Athens (nearly 40 km).

(A) The modern marathon started with a distance of 40 km, which is similar to the historical distance. But during the early Olympic games, the distance varied a lot.

(B) The final distance was determined in 1921 by the International Amateur Athletic Federation (IAAF). The distance chosen was the one ran in the 1908 London Olympics: 42.195 km.

(C) Pheidippides ran without stopping because he had to tell everyone about a victory against the Persians. When he arrived in Athens, Pheidippides cried out, "We have won," and then he died from exhaustion.

the International Amateur Athletic Federation (IAAF) 국제 육상 경기 연맹
exhaustion 탈진

① (A) - (C) - (B)　　② (B) - (A) - (C)
③ (B) - (C) - (A)　　④ (C) - (A) - (B)
⑤ (C) - (B) - (A)

10 다음 글에서 전체 흐름과 관계 없는 문장은?

Sled dogs have been an important means of transportation in arctic environments for a very long time. They were there when early explorers were mapping the Arctic. ① They helped Canadian and American police in remote gold mining areas in the late 1800s. ② In 1925, a team of sled dogs even helped stop the spread of a disease by delivering an important shipment of treatment packets to Alaska. ③ Nowadays, snowmobiles have become the main means of arctic transportation. ④ The Arctic is a huge region, so it is not surprising that there are many different types of sled dog. ⑤ Despite this, on the very same trail that a sled dog team once transported medicine to Alaska, sled dog races are held every year.

mining 채굴, 채광　**snowmobile** 눈 자동차

고난도

11 글의 흐름으로 보아, 주어진 문장이 들어가기에 가장 적절한 곳은?

> More importantly, however, we need to make it clear that not having a job is not a problem.

NEET (Not in Education, Employment, or Training) usually refers to people who have been out of work, school, and training for some time. Many young people become NEET because they don't have work experience. (①) Because they know they don't have experience, they may lack confidence. (②) Without confidence, they may forget how to even set goals. (③) According to a survey, many NEET youth feel more negative about the world than working youth. (④) The obvious solution for NEETs is a better economy and more jobs. (⑤) Life is about more than work, so we should remember that our lives are valuable for a variety of reasons.

12 다음 글의 내용을 한 문장으로 요약하고자 한다. 빈칸 (A)와 (B)에 들어갈 말로 가장 적절한 것은?

When you think about flowers, what words come to mind? Fragrant, colorful, ... delicious? "Don't be stupid," I hear you say. "Delicious? Flowers? I'm not a cow!" In fact, we eat flowers all the time. We flavor our tea with jasmine and chamomile, and fry up our dinner with sunflower oil. Your garden is really a supermarket. A flower market is an all-you-can-eat buffet! Tulips, roselles, and carnations: all can be eaten, and each is delicious in its own way. However, just let me give you one word of warning. Though some flowers may delight our sense of smell, they might also kill us if eaten. So, be careful. Just remember to do your research before trying anything!

roselle 로젤 (열대성 아욱과 부용속의 일년초)

↓

> Many flowers can in fact be ___(A)___ , but don't start trying them without any ___(B)___ .

	(A)		(B)
①	useful	……	medicine
②	delicious	……	recipes
③	eaten	……	information
④	fried	……	skills
⑤	poisonous	……	examination

[13-14] 다음 글을 읽고, 물음에 답하시오.

The origin of language is a puzzle that has confused us for hundreds of years. How did early humans go from producing animal-like sounds to expressing ideas? There are two main ways to deal with the problem. The first assumes that language developed over a long time from the systems our primate ancestors used, such as mating calls or warning signals. Some scientists suggest that a basic form of language existed with early humans 1.8 million years ago. This basic language was somewhere between a primate form of communication and modern language. It was probably made up of commands and suggestions and depended heavily on gestures. The second view is that language suddenly came out of nowhere. Supporters of this idea think that language was caused by a random change which reorganized the brain. As a result, it appeared almost perfectly formed in a very short period of time. An example from a deaf school in Nicaragua supports the theory that language may have appeared suddenly. The school focused on lip-reading, but the children, when allowed to play together, began ________________________________. The next generation of children built on this, and it became more and more complex.

primate 영장류
lip-reading 독순술 ((입술의 움직임을 보고 말을 이해하는 방법))

13 위 글의 제목으로 가장 적절한 것은?

① Nobody Knows How Language Began
② How Language Developed Over Time
③ Unique Features of Human Language
④ The Sudden Appearance of Language
⑤ Various Kinds of Communication Skills

14 위 글의 빈칸에 들어갈 말로 가장 적절한 것은?

① reading each other's lips right away
② practicing lip-reading with a partner
③ giving orders and making suggestions
④ creating their own basic sign language
⑤ making more progress on their learning

Chapter ⑥

세부 내용 이해 및 기타 유형

이번 챕터에서는 글의 세부 내용을 제대로 파악했는지 묻는 유형과 장문, 어법, 어휘 유형을 살펴볼 거예요. 글을 꼼꼼히 읽고 필요한 정보만 찾아낼 수 있다면 어려움 없이 해결할 수 있으니 천천히 익혀보도록 해요.

유형 12 지칭 대상 파악

지문에서 밑줄 친 다섯 개의 대상 중 나머지와 다른 하나를 고르는 유형이에요.

지시문은 이렇게 나와요.

➔ 밑줄 친 부분이 가리키는 대상이 나머지 넷과 다른 것은?

유형 공략 이 유형은 이렇게 접근해야 해!

이 유형은 글을 읽으면서 밑줄 그어진 대명사가 각각 무엇을 가리키는지 파악해야 해.

대명사는 보통 바로 앞에 나온 명사를 가리키지 않나요?

꼭 그렇진 않아. 대명사가 가리키는 대상이 두세 문장 앞에 있는 경우도 있고, 간혹 뒤에 나오는 명사를 가리킬 때도 있어. 그러니까 글의 전체적인 내용과 흐름을 정확히 이해해야 해.

밑줄 그어진 대명사가 she라면 가리키는 대상은 여성이고, he라면 가리키는 대상은 남성이니까 대명사 자체도 어느 정도는 힌트가 될 수 있겠네요.

맞아. 또 she나 he 같은 3인칭 단수라면 가리키는 대상이 하나(단수)일 테고, they라면 여럿(복수)이겠지. 대명사가 가리키는 대상을 파악했다면, 대입해서 읽어보고 글이 자연스럽게 이어지는지 확인해보면 돼.

QUICK CHECK! 다음 글을 읽고 ①, ②가 밑줄 친 Dad와 her father 중 각각 누구를 지칭하는지 쓰시오.

When Mom decided to marry Dad, her father didn't like him. Dad was a painter from a poor family and he had no background to speak of. The important thing is that she knew she and ① he were soul mates. So they got married and settled in Millerton, and my grandfather decided ② he could put up with Dad. 〈모의 응용〉

marry 결혼하다
have no A to speak of 내세울 만한 A가 없는
background 배경
soul mate 영혼이 통하는 사람[친구]
settle 정착하다
put up with (싫은 것을) 받아들이다, 참다

① he: __________
② he: __________

정답 및 해설 p. 63

기출 맛보기 이제 기출 문제를 함께 풀어보자!

➔ 글을 읽으면서 각각의 밑줄 친 대명사가 가리키는 대상이 무엇인지 파악한다.

➔ 대명사에 파악한 대상을 대입해서 읽어본다.

밑줄 친 She[she]가 가리키는 대상이 나머지 넷과 다른 것은?

Stephanie would be late again! Now she was sorry that she'd read for such a long time, but the book was so interesting she could not put it down. ① She grabbed the last bite of the sandwich that her mother had made for breakfast. She dashed out of the house. In the driveway, ② she jumped on her bike and started to pedal as fast as she could. ③ She remembered that when she got the bike for Christmas last year, it was such a surprise. She knew that her mother could not afford it, but ④ she bought it for her anyway. It was a beautiful blue and shiny bike. ⑤ She was so grateful to her mother. 〈모의 응용〉

put A down A를 내려놓다
grab 움켜쥐다, 붙잡다
bite 한 입; 베어 물다
dash 급히 가다
driveway 진입로
pedal 페달을 밟다; 페달
afford (금전적·시간적) 형편이 되다, 여유가 있다
shiny 빛나는, 반짝거리는
grateful 감사하는

1. 글을 읽으면서 밑줄 친 She[she]가 각각 누구를 가리키는지 파악해본다.

2. ①은 글의 주인공인 Stephanie를 가리킨다. ②는 Stephanie일 수도 있고 그녀의 엄마(her mother)일 수도 있지만, 문맥상 Stephanie가 자연스럽다.

3. ③ 역시 주인공인 Stephanie이고, ④는 자전거를 사준 사람이므로 앞에 나온 her mother를 가리킨다. ⑤는 그녀의 엄마에게 감사한다고 했으므로 주인공인 Stephanie임을 알 수 있다.

4. ①, ②, ③, ⑤에는 Stephanie를, ④에는 her(Stephanie's) mother를 대입해서 읽어보니 글이 자연스럽게 이어진다. 따라서 가리키는 대상이 다른 하나는 ④.

유형 익히기

01 밑줄 친 부분이 가리키는 대상이 나머지 넷과 다른 것은?

Matt was walking home from school when the boy ahead of him fell down. ① He dropped books, sweaters, a baseball bat, and lots of other things. The boy's name was Bart, and Matt helped him. Bart said ② he loved to play online games and baseball. He also said he was having a hard time at school. Matt went home after dropping ③ him at his house. They became friends after that but couldn't talk often. Three weeks before graduation, Bart asked Matt if ④ he had time to talk. He asked Matt if he ever wondered why ⑤ he was carrying so many things on the day they met. Then he said, "That was everything from my locker. I was taking it home because I was giving up on school. Matt, you didn't just pick up my things that day. You also picked me up!"

Q 글의 내용과 일치하는 것을 고르시오.

① Matt는 넘어진 Bart를 도와 주었다.

② Bart는 학교생활을 즐겼다.

③ Matt와 Bart는 자주 만났다.

ahead of ~의 앞에
fall down 넘어지다
drop 데려다 주다; 떨어뜨리다
bat 방망이
have a hard time 힘든 시간을 보내다
graduation 졸업
locker 사물함
give up on school 학교를 그만두다
pick up ~을 줍다

02 밑줄 친 부분이 가리키는 대상이 나머지 넷과 다른 것은?

Last night, my brother, Max, didn't come down from his tree house for a long time. I was worried about ① him and climbed the tree. Max was sitting with tears in his eyes. "What happened, Max?" Max said, "Some boys at school said real families aren't all different colors like us." I laughed and asked, "Who made a beautiful painting of me for my birthday?" "② I did," Max whispered. "Why, Max?" "Because I'm your little brother." ③ He gave me a little smile. "And who built this tree house for you?" "Daddy did. Even though, ④ he fell and hurt his leg. Poor Dad," laughed Max. "Our family is just as real as other families, and we all care about ⑤ you," I said.

Q 글의 내용과 일치하지 않는 것을 고르시오.

① Max는 'I'에게 그림을 그려 주었다.

② Max의 아버지는 나무 위의 집을 지어주셨다.

③ Max는 다리를 다쳤다.

tree house 나무 위의 집 ((아이들의 놀이 공간으로 지은 것))
whisper 속삭이다
care about ~을 아끼다, 마음 쓰다

03 밑줄 친 부분이 가리키는 대상이 나머지 넷과 다른 것은?

When Ben was born, he didn't look like other babies. Doctors said ① he would need help even for simple things such as walking, talking, eating and mixing with people. I felt really bad then. Years later at school, a friend was talking about how stupid ② his brother was. I couldn't believe it. How could brothers not like each other? Then he asked, "How about your brother?" I said proudly and seriously, "I love ③ him," because it is true. Ben and I are both older now, but to me, ④ he is just like a beautiful nine-year-old boy. ⑤ He is perfect just the way he is. I will always love Ben, and he will always love me.

stupid 어리석은
proudly 자랑스럽게
seriously 진지하게

04 밑줄 친 He[he]가 가리키는 대상이 나머지 넷과 다른 것은?

One day, a restaurant owner named Barry was cleaning his shop when a dog ran inside. The dog quickly jumped up on the counter and took a big steak. ① He was angry, but ② he knew the dog's owner. The owner was a lawyer and a regular customer. So, ③ he called the lawyer. "Hi, Ted. I have a legal question. If a dog steals meat from my place, does the dog's owner have to pay for it?" ④ He answered, "Yes, that is the law." "That's good because your dog just stole a twenty-dollar steak from my shop," said Barry. The next morning, ⑤ he received an envelope with $20 in cash and a note that read, "This is a bill for $125, for legal advice given to you by phone."

Q 글의 내용과 일치하지 않는 것을 고르시오.

① Barry는 식당 주인이다.
② 개의 주인은 변호사이다.
③ Barry는 변호사에게 125달러를 받았다.

counter 계산대
lawyer 변호사
regular customer 단골손님
legal 법률과 관련된
steal 훔치다
law 법
envelope 봉투
cash 현금
bill 청구서, 고지서

유형 13 내용 일치

글의 내용이 선택지의 내용과 일치하는지 아닌지를 판단하는 유형이에요.
지시문은 이렇게 나와요.
→ OO에 관한 다음 글의 내용과 일치하는[일치하지 않는] 것은?

유형 공략 이 유형은 이렇게 접근해야 해!

이 유형은 가장 먼저 지시문을 잘 읽고, '일치하는' 것을 찾아야 하는지 '일치하지 않는' 것을 찾아야 하는지 정확히 파악해야 해. 그다음에는 선택지를 순서대로 읽으면서 본문에 해당 내용이 나오는 곳을 찾아 일치하는지 확인하면 돼.

본문의 순서가 선택지의 순서랑 같은가요? 순서가 다르면 선택지의 내용이 본문 어디쯤에 나오는지 찾기 어려울 것 같은데요.

보통 본문에서 서술된 순서대로 선택지도 나오니까 내용 찾는 게 복잡하지 않아. 선택지와 본문의 내용이 일치하면 O, 일치하지 않으면 X를 선택지 옆에 표시하면서 읽으면 답을 쉽게 찾을 수 있어.

QUICK CHECK! addax에 관한 다음 글의 내용이 우리말 설명과 일치하면 ○, 아니면 ×를 고르시오.

1. The addax is a kind of antelope found in some areas in the Sahara Desert. It has twisted horns and short, thick legs.
   다리가 짧고 굵다. (○/×)
2. It is an endangered animal, and there are only about 500 left in the wild.
   멸종 위기에 처해 있다. (○/×)
3. The addax prefers sandy desert areas and stony deserts. The addax is mostly active at night due to the heat of the desert.
   주로 낮에 활동적이다. (○/×)

〈모의 응용〉

antelope (동물) 영양

a kind of 일종의
desert 사막
twisted 구부러진, 뒤틀린
horn 뿔
endangered 멸종 위기에 처한
prefer 더 좋아하다, 선호하다
sandy 모래로 뒤덮인
stony 돌이 많은
mostly 주로
due to A A 때문에

정답 및 해설 p. 66

기출 맛보기 이제 기출 문제를 함께 풀어보자!

→ 지시문: 일치하지 않는 것 고르기

→ 선택지를 읽고, 순서대로 본문에서 해당 내용을 찾는다.

→ 선택지와 본문의 내용이 일치하면 ○, 아니면 ×를 표시하면서 답을 고른다.

Cesaria Evora에 관한 다음 글의 내용과 일치하지 않는 것은?

Cesaria Evora was born in 1941, grew up in a poor family, and was raised in an orphanage after her father died. She began performing as a teenager at sailors' restaurants and on the ships at the harbor in Mindelo. She gave up music in the 1970s because she was unable to make a living. But in 1985, she came back on the stage, and won the Grammy Award in 2003. She was known as the "Barefoot Diva" because she always performed without shoes. Cesaria Evora, who brought the music of the tiny Cape Verde islands to a worldwide audience, died in her native country at the age of 70. 〈모의 응용〉

be born 태어나다
orphanage 고아원
perform 공연하다
harbor 항구
be unable to-v v할 수 없다
make a living 생계를 꾸리다
barefoot 맨발의
audience 청중, 관중
native 태어난 곳의

① 아버지가 돌아가신 후 고아원에서 자랐다.
② 십대 때 선원들의 식당과 배에서 공연을 했다.
③ 생계를 위해서 1985년에 음악을 그만두었다.
④ 공연 때 신발을 신지 않아 '맨발의 디바'로 알려졌다.
⑤ 70세의 나이로 고국에서 생을 마감했다.

1 지시문을 보니 일치하지 않는 것을 고르는 문제이다. 선택지를 ①부터 순서대로 읽으며 본문의 내용과 대조해본다.

↓

2 ①번 선택지의 내용은 첫 번째 문장에, ②번 선택지의 내용은 두 번째 문장에 나오며, 둘 다 일치한다. 각 선택지 옆에 O 표시를 해둔다.

↓

3 ③번 선택지의 내용은 세 번째 문장에 나오는데, 1985년이 아니라 1970년대에 음악을 그만두었다고 했으므로 일치하지 않는다. 바로 다음 문장에 1985년이 나오긴 하지만, 그건 공연을 다시 시작한 해이다. 일치하지 않으므로 선택지 옆에 X 표시를 해둔다.

↓

4 ④번 선택지의 내용은 다섯 번째 문장에, ⑤번 선택지 내용은 마지막 문장에 나오며, 둘 다 선택지와 본문이 일치한다. 각각의 선택지 옆에 O 표시를 해둔다. 따라서 선택지와 본문의 내용이 일치하지 않는 것은 ③.

유형 익히기

consider 여기다[생각하다]; 고려하다
honor 명예
movie industry 영화 산업
moviemaking 영화제작
fake 가짜의
award ceremony 시상식
failure 실패작; 실패
fourth 네 번째의, 제4의
gym 강당; 체육관
bring in ~을 참여하게 하다
actress 여배우
show up 나타나다
title role 주인공역

01 The Golden Raspberry Awards에 관한 다음 글의 내용과 일치하지 않는 것은?

Winning an Oscar is considered the highest honor in the movie industry. The Golden Raspberry Awards or "the Razzies" celebrate, instead, the worst in moviemaking. It began in 1981 at the house of John Wilson, a Hollywood-based writer. Every year he would hold a dinner party on the night of the Oscars. One year, he decided it would be fun to hold a fake award ceremony and celebrate the year's movie failures. In the fourth year, it moved from Wilson's house into a school gym and even brought in reporters. The best moment of the Razzies happened in 2005, when actress Halle Berry actually showed up. She accepted her award for Worst Actress for her title role in the terrible movie *Catwoman*.

Oscar 오스카상 (아카데미상 수상자에게 주는 상)

① 최악의 영화를 만든 사람들에게 주는 상이다.
② 1981년에 Wilson의 집에서 처음 열렸다.
③ Oscar 시상식이 열리는 밤에 시작되었다.
④ 5년째에 학교 강당으로 시상식 장소를 옮겼다.
⑤ 2005년 Halle Berry가 최악의 여배우로 선정됐다.

A rather than B B가 아니라[보다는] A
tragic 비극적인
accident 사고, 재해
self-portrait 자화상
subject 주제, 대상
politically 정치적으로
image 이미지, 인상
marry 결혼하다 cf. remarry 재혼하다
divorce 이혼하다; 이혼
die from ~으로 죽다
cause 원인
death 사망, 죽음
for certain 확실히

02 Frida Kahlo에 관한 다음 글의 내용과 일치하지 않는 것은?

Frida Kahlo is one of the most famous painters of Mexico. She actually considered becoming a doctor rather than a painter. However, after she had a tragic accident at age 18, she started painting. Most of her paintings are self-portraits. Kahlo once said, "I paint myself because I am the subject I know best." She was very proud of being Mexican and was politically active. She used Mexican images in her paintings, such as monkeys and parrots. She married Mexican artist Diego Rivera in 1929. Kahlo and Rivera divorced, but they remarried the following year. On July 13, 1954, she died at the age of 47. Newspapers reported that she died from a disease, but the true cause of her death isn't known for certain.

① 사고를 당하기 전까지 의사가 되는 것이 꿈이었다.
② 자기 자신을 그리는 것을 즐겼다.
③ 멕시코를 상징하는 원숭이, 앵무새 이미지를 그림에 사용했다.
④ 멕시코 화가와 결혼했으나 이혼한 후 독신으로 살았다.
⑤ 정확한 죽음의 원인에 대해서는 알 수 없다.

정답 및 해설 p. 66

03 Cal Ripken Jr.에 관한 다음 글의 내용과 일치하지 않는 것은?

Cal Ripken Jr. began his 21-year career with the Baltimore Orioles in 1981. Two years later, he won the American League's Most Valuable Player Award, and he won it again eight years later in 1991. In 1990, he had a record for shortstops of 0.996, committing only three errors. In 1995, he passed Lou Gehrig's record of 2,130 games played in a row. This unbroken run of games played one after the other didn't end until 1998, when he played in his 2,632nd game in a row. In 1999, he hit his 400th home run, and had the highest batting average of his career, but his 1999 season ended early due to injury. On October 6, 2001, Ripken ended his career as a player, but is still admired for his love of his family, his humble attitude, and his respect for his fans.

shortstop (야구) 유격수 **commit** 저지르다, 범하다

① Baltimore Orioles에서 선수 생활을 시작했다.
② 아메리칸 리그의 MVP로 두 번 선정되었다.
③ 1990년에는 실책을 세 번밖에 하지 않았다.
④ 1998년에 2,632 경기 연속 출장 기록을 세웠다.
⑤ 1999년에 부상 때문에 은퇴했다.

career 직장 생활, 직업
most valuable player (MVP) 최우수 선수
error 실수, 오류
in a row 잇달아, 계속해서
unbroken 깨어진 적이 없는; 끊어지지 않는
run (성공·실패 등의) 연속
batting average 타율
due to A A 때문에
injury 부상
admire 존경하다
humble 겸손한
attitude 태도, 자세
respect 존경, 존중

04 Catatumbo Lightning에 관한 다음 글의 내용과 일치하는 것은?

In Catatumbo of northern Venezuela, there is thunder and lightning on up to 300 nights each year. It's an endless thunderstorm that lights up the sky with over 20,000 flashes of lightning per night. Local people call it "the river of fire in the sky." Though the lightning itself is no different from that in common thunderstorms, a number of factors make the storms unique. Large amounts of natural gas allow more lightning than usual. And this results in more flashes over shorter periods of time. Also, dust gives the flashes an unusual red or orange color. Storms sometimes can last for up to 10 hours.

① 일 년 내내 볼 수 있다.
② 한 시간에 2만 번 이상을 번쩍인다.
③ 다른 지역의 번개보다 섬광이 느린 편이다.
④ 먼지로 인해 붉은색으로 변한다.
⑤ 12시간 이상 지속되기도 한다.

thunder 천둥
lightning 번개
up to A A까지
endless 무한한, 끝없는
thunderstorm 뇌우, 천둥을 수반한 폭풍우
flash 번쩍임, 섬광
local 지역의, 현지의
common 흔한; 공통의
a number of 많은
factor 요인
large amounts of 많은 양의
allow 가능하게 하다; 허락하다
usual 평상시의, 보통의 (↔ **unusual** 보통이 아닌, 진기한)
result in ~을 야기하다, 초래하다
dust 먼지
last 계속되다; 마지막의

유형 14 실용문·도표

실용문과 도표를 보고 선택지의 내용과 일치하는지 아닌지 파악하는 유형이에요.

지시문은 이렇게 나와요.

➔ **실용문**: OO에 관한 다음 안내문의 내용과 일치하는[일치하지 않는] 것은?

➔ **도표**: 다음 도표의 내용과 일치하지 않는 것은?

유형 공략 이 유형은 이렇게 접근해야 해!

실용문 유형은 앞서 봤던 내용 일치 유형과 아주 비슷해. 안내문에 나온 내용이 선택지의 내용과 일치하는지를 판단하면 되거든.

그럼 이것도 선택지를 먼저 보고 순서대로 본문의 내용을 확인하면 되는 거예요?

응, 맞아. 또, 실용문은 보통 소제목으로 내용 구분이 되어 있으니까 선택지 내용에 해당하는 소제목을 찾으면 더 쉽게 내용을 확인할 수 있을 거야.

도표 유형은요? 그건 본문 내용이 선택지던데요?

먼저 도표 제목과 첫 문장을 보고 무엇에 관한 내용인지 파악한 후에 선택지, 즉 본문을 순서대로 읽으면서 도표와 일치하는지 확인하면 돼.

정답 및 해설 p. 68

❗ 기출 맛보기 이제 기출 문제를 함께 풀어보자!

➔ 도표 제목과 첫 문장을 보고 무엇에 관한 글인지 파악한다.

➔ 선택지를 순서대로 읽으면서 도표와 내용이 일치하는지 확인한다.

다음 도표의 내용과 일치하지 않는 것은?

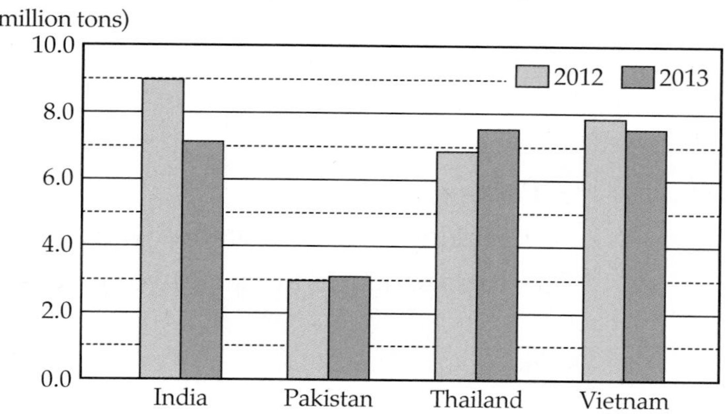

The graph above shows rice exports by four major exporters in 2012 and 2013. ① No other country exported more rice than India in 2012. ② In both years, Pakistan exported the smallest amount of rice of the four countries. ③ In 2012, the amount of rice exported by India was about three times larger than that exported by Pakistan. ④ The amount of rice exported by Thailand in 2013 decreased, compared with the previous year. ⑤ In 2013, Thailand exported almost the same amount of rice as Vietnam. 〈모의 응용〉

export 수출; 수출하다
cf. exporter 수출 국가[업자]
major 주요한
amount 양
decrease 감소하다
(↔ **increase** 증가하다)
compared with ~와 비교하여
previous 이전의

1. 도표의 제목이 Rice Exports by Major Exporters(주요 수출 국가의 쌀 수출)이므로 쌀 수출에 관한 내용임을 예측할 수 있다. 첫 문장을 읽어보니 네 개의 수출국의 2012년과 2013년 쌀 수출량을 보여주는 도표라고 한다.

2. ①번부터 ⑤번까지 순서대로 읽으면서 도표와 일치하는지 확인한다. ①은 2012년에 인도보다 더 많이 쌀을 수출한 나라는 없다(= 인도의 수출량이 가장 많았다)고 했으므로 도표와 일치한다.

3. ②는 2년 동안 파키스탄의 수출량이 가장 적었다고 했으므로 도표와 일치하며, ③은 2012년에 인도의 쌀 수출량이 파키스탄 수출량의 약 3배였다고 했으므로 도표와 일치한다.

4. ④는 2013년 태국의 쌀 수출량이 전년도에 비해 적어졌다고 했지만, 도표를 보면 2013년에 증가했으므로 일치하지 않는다. ⑤는 2013년에 태국의 쌀 수출량이 베트남과 거의 같다고 했으므로 도표와 일치한다. 따라서 일치하지 않는 것은 ④.

유형 익히기

wonder 경이로움; 궁금하다
parking 주차
cost 비용
entry 입장
extra 추가의
available 이용할 수 있는
current 현재의
senior 노인; 고위의

01 Portland Museum of Science에 관한 다음 안내문의 내용과 일치하는 것은?

Portland Museum of Science

Come experience the wonders of science!

Open:
- Tuesday-Thursday, 10 a.m.-6 p.m.
- Friday, 10 a.m.-10 p.m.
- Saturday-Sunday, 10 a.m.-8 p.m.
- Closed on Mondays

Parking:
- Parking costs $2/hour (free with entry ticket).
- Extra parking is available two blocks south at Lincoln Park.

Tickets:
- $12 adults
- $7 students with current ID
- Free for children under 8 and seniors over 65

① 화요일부터 목요일은 오후에만 운영된다.
② 휴관일은 월요일과 금요일이다.
③ 입장권이 있으면 주차 요금은 시간당 2달러이다.
④ 근처 공원에 주차할 경우 무료이다.
⑤ 65세 이상 노인의 입장료는 무료이다.

정답 및 해설 p. 69

02 Week Movie Camp for Teens에 관한 다음 안내문의 내용과 일치하지 않는 것은?

Week Movie Camp for Teens

With experienced teachers from the nation's top film schools, students will eat, drink, and breathe movie making! Each student will complete their own short film during the workshop.

Time & Place
Classes will be held Monday through Saturday, 9 a.m. - 10 p.m, beginning June 12th in the Kessler Auditorium.

Equipment and Facilities
Students enrolled in the camp will use HD digital video cameras and digital editing software.

Format
Each student will write, produce, direct, and edit his or her own film and help classmates with their projects.

Accommodation
Housing is not provided, but you can get discounts when staying at nearby hotels or guest houses. Visit our website, www.teensandmovies.com, for more information.

① 참가자별 단편 영화 제작이 목표이다.
② 수업은 월요일부터 토요일까지 진행된다.
③ 촬영 장비와 편집 프로그램은 선택 가능하다.
④ 다른 참가자의 촬영 시 도와야 한다.
⑤ 근처 숙박시설에 할인가로 묵을 수 있다.

experienced 경력이 있는
nation 국가
film school 영화 학교
workshop 워크숍, 연수회
auditorium 강당
equipment 장비
facilities 설비, 시설
enroll 등록하다
editing 편집 **cf. edit** 편집하다
format 구성 방식
direct 감독하다; 직접적인
accommodation 숙소
housing 숙박
provide 제공하다
discount 할인
nearby 인근의, 가까운 곳의
guest house 게스트하우스 (소규모 호텔)

per ~당[마다]
v ~대 (= versus)
rate 비율; 속도
population 인구
chart 도표
average 평균의
selected 선택된
OECD 경제 협력 개발 기구
nation 국가
relate 관련시키다
information 정보
percentage 백분율; 퍼센트
by far 단연코; 훨씬
except 제외하고는, 외에는
beat 이기다
overall 전반적인, 전체의

03 다음 도표의 내용과 일치하지 않는 것은?

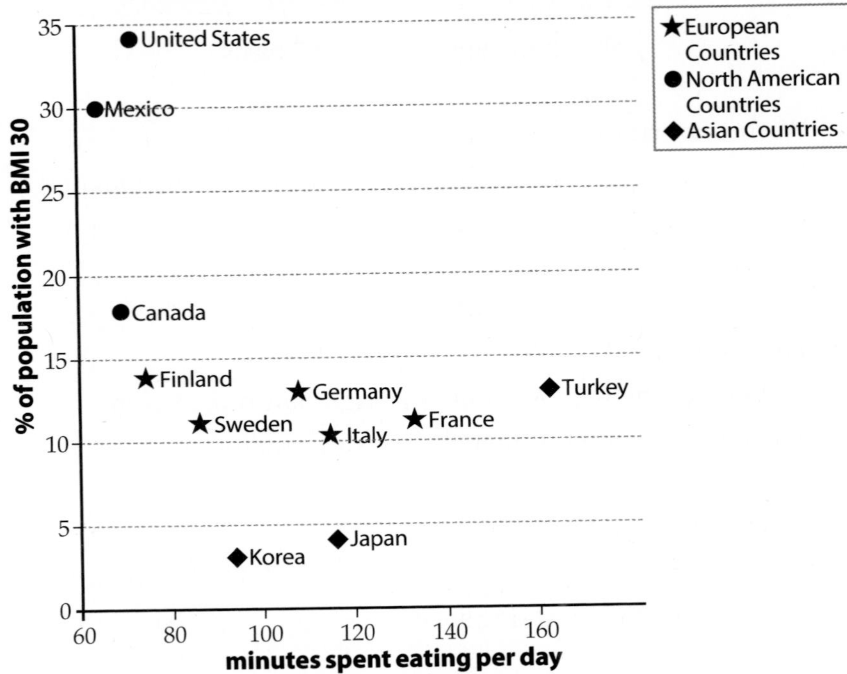

The chart above shows the average time spent eating per day by people in selected OECD nations and relates the information to the obesity rate of each nation. The obesity rate is the percentage of the national population with a BMI (body mass index) higher than 30. ① The United States has the highest obesity rate by far among the selected nations. ② However, Americans spend less time eating per day than do people from all the other nations except Mexico and Canada. ③ Among European countries, the French spend the greatest amount of time eating, but have the lowest rate of obesity. ④ Korea enjoys the lowest rate of obesity, just beating Japan. ⑤ People in Turkey spend the most time eating overall, more than 160 minutes.

obesity 비만　　BMI 체질량지수

04 다음 도표의 내용과 일치하지 않는 것은?

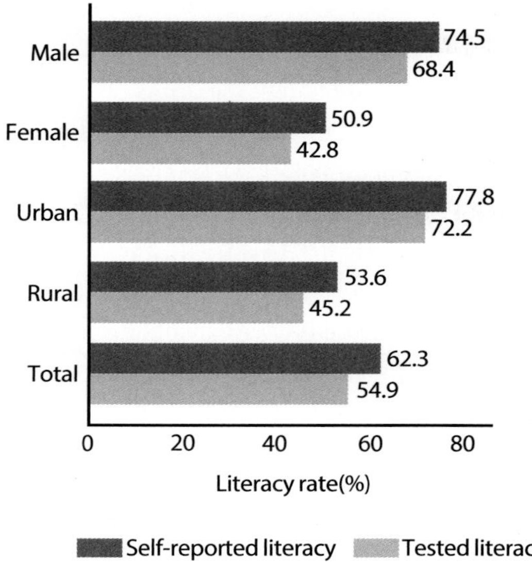

The graph above compares the *Self-reported literacy rate* in Nigeria (the percentage of Nigerians who said they could read and write) with the *tested literacy rate* (the percentage of Nigerians who passed a simple reading test). ① A comparison of the self-reported and tested literacy rates shows that self-reporting was higher in all groups than tested literacy. ② Based on the graph, 62.3 percent of total survey participants claimed to be able to read and write. ③ However, testing showed that only about 55 percent could actually read. ④ The gap between self-reported and tested literacy rate was seen across all groups: men, women, urban residents, and rural residents. ⑤ The biggest gap was seen in rural areas, where the difference was more than twice that in urban areas.

literacy 글을 읽고 쓸 줄 아는 능력

self-report 자기보고
Nigeria 나이지리아
cf. Nigerian 나이지리아 사람(의)
population 인구
male 남성
female 여성
urban 도시의
rural 시골의, 지방의
total 합계; 전체의
rate 비율; 속도
compare 비교하다
cf. comparison 비교
percentage 백분율
based on ~을 기반으로 한
survey (설문) 조사
participant 참가자
claim 주장하다
gap 격차; 틈
resident 거주자[주민]
twice 두 배로; 두 번
area 지역

유형 15 장문

200~300단어 정도 되는 긴 지문을 읽고 2~3 문항의 답을 찾는 유형이에요

지시문은 이렇게 나와요.

➔ 윗글의 제목으로 가장 적절한 것은?

➔ 윗글의 빈칸에 들어갈 말로 가장 적절한 것은?

➔ 주어진 글 (A)에 이어질 내용을 순서에 맞게 배열한 것으로 가장 적절한 것은?

➔ 밑줄 친 (a)~(e) 중에서 가리키는 대상이 나머지 넷과 다른 것은?

➔ 윗글의 내용과 일치하지 않는 것은?

유형 공략 이 유형은 이렇게 접근해야 해!

위의 지시문을 보면 알겠지만, 장문 유형에 출제되는 문제는 우리가 이미 앞에서 다 살펴본 유형이야. 지문 하나에 2~3 문제가 한꺼번에 출제된다는 게 다를 뿐이지. 각 문제를 어떻게 풀어야 할지 앞에서 배운 걸 떠올리면서 한번 말해봐.

제목 묻는 문제는 글의 주제를 파악해서 그걸 함축적으로 표현한 걸 고르면 되고, 빈칸 추론 문제는 빈칸 문장을 먼저 읽고 무엇을 찾아야 할지 파악한 다음에 지문을 읽으면서 단서를 찾으면 돼요.

순서 배열 문제는 각 문단에 쓰인 연결어, 대명사, 관사 등을 단서로, 앞뒤 관계를 파악하면서 자연스럽게 이어지도록 배열하면 되고, 지칭 파악 문제는 밑줄 친 대명사가 가리키는 게 뭔지 앞뒤에서 찾아보고 다른 하나를 고르면 되는 거죠?

와, 그걸 다 기억하고 있다니 뿌듯한걸? 마지막으로 내용 일치 문제는 선택지를 먼저 보고 글의 내용과 일치하는지 O, X로 표시하면서 읽으면 되고. 어때? 길이가 길다는 걸 빼면 전혀 생소하지 않지?

정답 및 해설 p. 71

기출 맛보기 이제 기출 문제를 함께 풀어보자!

➔ 각 문제의 지시문을 먼저 읽는다.

➔ 빈칸 문장: 음식을 효과적으로 사용할 때 중요한 것은 그것이 '어떠한' 행사가 되지 않도록 하는 것이다.

➔ 주제: 음식이 관계에서 중요한 도구로 사용될 수 있다.

➔ 주제를 통해 적절한 제목을 찾고, 빈칸에 들어갈 내용도 찾는다.

[01-02] 다음 글을 읽고, 물음에 답하시오.

Food is one of the most important tools you can use as a manager. Having a full stomach makes people feel happier. Eating together gives employees time to make connections with each other. Providing a snack or paying for a lunch now and then can make the office feel more welcoming. These do not need to be elaborate setups. If you have a small budget, you're not going to want to buy lunch at a restaurant for your entire group. Bringing in some cookies once in a while is enough.

The key to using food effectively is for it not to become a __________ event. If everyone knows you bring donuts to the Friday morning meeting, it becomes an expectation and not a surprise. To create goodwill, the food must appear to be unexpected. It is also a good idea to praise employees who bring food in without being asked; this creates an atmosphere of sharing. 〈모의 응용〉

elaborate 공들인

tool 도구
manager 관리자, 경영자
have a full stomach 속이 든든하다
employee 직원, 고용인
cf. employer 고용주, 경영자
connection 관계; 연결
now and then 때때로, 가끔
welcoming 따뜻한
setup 마련; 설치
budget 예산; 비용
entire 전체의
once in a while 가끔, 이따금
key 비결
effectively 효과적으로
expectation 예상, 기대
goodwill 호의, 친선
appear to-v v처럼 보이다
unexpected 예기치 않은, 뜻밖의
praise 칭찬
atmosphere 분위기; (지구의) 대기

[선택지 어휘]
eat out 외식하다
consider 고려하다
take a break 휴식을 취하다, 쉬다
random 무작위의

01 윗글의 제목으로 가장 적절한 것은?

① Offer Food for Better Relationships
② Eat Out but Consider Your Budget
③ Eat More Lunch but Less Dinner
④ Take a Break Not to Be Tired
⑤ Don't Eat During Work Hours

02 윗글의 빈칸에 들어갈 말로 가장 적절한 것은?

① surprising　② humorous
③ comfortable　④ random
⑤ planned

1. 각 문제를 먼저 읽는다. 글의 제목 찾기와 빈칸에 들어갈 말 추론하기 문제이다. 먼저 빈칸 문장을 읽고, 찾아야 하는 게 무엇인지 파악한다. 그다음, 글을 읽으면서 주제를 찾는다.

2. '음식이 관계에서 중요한 도구가 될 수 있다'는 게 주제이며, 이를 가장 잘 나타낸 제목은 ①이다.

3. 빈칸에 알맞은 말을 찾기 위해서는 음식을 효과적으로 이용할 때 그것이 '어떠한' 행사가 되지 않도록 해야 하는지 찾아야 한다. 글의 끝에서 두 번째 문장에서 To create goodwill, the food must appear to be unexpected.라고 했으므로 빈칸에 들어갈 가장 적절한 말은 ⑤이다.

유형 익히기

Q 글의 소재를 찾아 동그라미 치시오. (2단어)

hide 숨다; 감추다
completely 완전히
imaginary 상상에만 존재하는
normal 정상적인
used to-v v하곤 했다
exist 존재하다
rare 드문
recent 최근의
research 연구, 조사 (= **study**)
in fact 사실은, 실은
develop 발달시키다; 발달하다
social 사회적인, 사교적인
skill 기술
missing 없어진, 빠진
in need of ~을 필요로 하는
decade 10년
opposite 반대; 다른 편의
suggest 말하다; 제안하다
tend to-v v하는 경향이 있다
routine 일상; 틀
loss 상실, 분실
positive 긍정적인
influence 영향
perhaps 아마, 어쩌면
thin air 허공

[선택지 어휘]
pretend 상상[가짜]의; ~인 척하다
suffering 고통
natural 자연스러운; 자연[천연]의
common 흔한
harmful 해로운, 유해한

[01-02] 다음 글을 읽고, 물음에 답하시오.

When you were little, did you have a strange friend? One that had a funny color and shape or could hide in your pocket? Did you have a friend who was completely imaginary? If you did, you're normal. People used to believe that imaginary friends (friends that exist only in the mind) were rare, but recent research shows that about 46% of children have imaginary friends.

While parents might worry when children talk to themselves, imaginary friends don't seem to be _________ at all. In fact, some studies show that having imaginary friends helps children develop social skills and make more real friends. People used to believe that imaginary friends were a sign that something was missing from a child's life. The child must be lonely or in need of something. However, research from the past decade says the opposite. It suggests that children with more free time tend to create imaginary friends. While this free time may come as a result of a change in routine, this doesn't mean that imaginary friends come from pain or loss. Instead, imaginary friends seem to be positive influences. Perhaps parents will start hoping their children spend a few years talking to thin air.

01 윗글의 제목으로 가장 적절한 것은?

① What Causes Imaginary Friendships?
② How Can Children Make New Friends?
③ The Pretend Friend: A Sign of Suffering
④ Understanding Your Child's Special Friendships
⑤ Imaginary Friends: A Natural Part of Growing Up

02 윗글의 빈칸에 들어갈 말로 가장 적절한 것은?

① common
② creative
③ useful
④ harmful
⑤ necessary

정답 및 해설 p. 71

[03–04] 다음 글을 읽고, 물음에 답하시오.

Researchers at the University of Atlanta have discovered a side of chimpanzees that no one had seen before. These distant relatives of human beings may not be as selfish and cruel as we thought. Since chimpanzees are our closest living relatives, we tend to think of them as the source of all of humanity's weaknesses. So, it's true that we can be greedy and selfish, but we think chimpanzees are worse. However, a new study of chimpanzee behavior is challenging these common views. Researchers performed an experiment where two chimps were placed in two rooms separated by a wire net. A bucket full of different colored tokens was placed in front of each chimp. When a chimp gave a green token to the researchers, it would be rewarded with a treat. If it chose a blue token, on the other hand, both chimps would get a treat. Under these conditions, the chimps consistently chose blue tokens. They would rather help out their friend than enjoy a snack alone. According to the researchers, this proves that chimpanzees can put ___________ ahead of their own needs.

chimpanzee 침팬지(=chimp)

03 윗글의 제목으로 가장 적절한 것은?

① A Tale of Two Clever Chimps
② How Chimps Behave in a Group
③ Chimps: Not So Social After All
④ Rewards: The Best Tool for Training Chimps
⑤ What We Didn't Know about Chimps' Nature

04 윗글의 빈칸에 들어갈 말로 가장 적절한 것은?

① good challenges
② group benefit
③ others' choice
④ self-confidence
⑤ special treats

discover 발견하다
side 일면; 쪽[측]
distant 먼
relative 친척; 비교상의
human being 인간, 사람
selfish 이기적인
cruel 잔인한, 잔혹한
tend to-v v하는 경향이 있다
source 근원, 원천
humanity 인류, 인간
weakness 약점; 나약함
true 사실인
greedy 탐욕스러운
behavior 행동
challenge 도전하다; 도전
common 흔한
perform 행하다
experiment 실험
place 두다; 장소
separate 분리하다; 분리된
wire net 철망
bucket 양동이
colored 색이 있는
token 표, 토큰
reward 보상하다; 보상
treat 과자, 특별한 선물; 대하다
condition 상황, 상태
consistently 끊임없이
would rather ... than ~하기보다 … 하겠다
according to A A에 따르면
prove 입증[증명]하다
put A ahead of B B보다 A를 우선시하다
need 욕구; 필요하다

[선택지 어휘]
tale 이야기
clever 영리한
behave 행동하다
tool 도구
benefit 이익, 이득
self-confidence 자신감

[05-07] 다음 글을 읽고, 물음에 답하시오.

(A)

Twenty years ago, Anita Yu was sitting in a park with her fiancé when she began to feel thirsty. Her fiancé, Li Man-kwong, left her for a few minutes to get her a drink. As soon as (a) <u>he</u> had gone, an old man came up to her and asked, "Do you love the man who just left?" When she replied that she did, the old man shook his head. He said that he was able to foretell the future and that Anita shouldn't marry him. (b) <u>He</u> said, "If you marry him, he'll die young."

(B)

Today, Li Man-kwong still lives in Australia and is very successful. (c) <u>He</u> is married and has a family, and he is very happy there. Miss Yu is now a successful businesswoman, but she has never married. "I knew I could love only Man-kwong," she says. Then she explains, "I had to leave him. Was I foolish to believe the fortune-teller? I don't know, but when you love someone, you cannot take chances with his life."

(C)

She then decided to invent a new man in her life. She believed this invented boyfriend was the best way to end things with Li. Though it was heartbreaking, she told (d) <u>him</u>, "I'm in love with someone else and can never marry you." Li was unable to argue with this. Their relationship immediately ended and Li Man-kwong emigrated to Australia.

(D)

Miss Yu pretended to laugh and treat the whole incident as a joke. But later she began to feel very anxious as she thought seriously about it. So she decided to see another Chinese fortune-teller. This fortune-teller made exactly the same prediction, so she paid a visit to two other fortune-tellers. All of them advised her to leave her fiancé if she wanted (e) <u>him</u> to live a long and happy life.

Q 글의 소재로 가장 적절한 것을 고르시오.

① invention

② a successful businesswoman

③ fortune-telling

fiancé 약혼자
as soon as ~하자마자
come up to A A에게 다가가다
reply 대답하다
foretell 예언하다
marry 결혼하다
successful 성공한, 성공적인
businesswoman 여자사업가
foolish 어리석은
fortune-teller 점쟁이
take chances 도박을 하다
invent 지어내다; 발명하다
though ~이긴 하지만
heartbreaking 가슴 아픈
unable to-v v할 수 없는
argue 언쟁을 하다, 다투다
relationship 관계
immediately 즉시, 즉각
emigrate 이민을 가다
pretend to-v v인 체하다
whole 전부의
incident 일[사건]
anxious 불안해하는
seriously 심각하게; 진지하게
exactly 정확히
prediction 예견, 예측
pay a visit 방문하다
advise 조언하다, 충고하다

05 **주어진 글 (A)에 이어질 내용을 순서에 맞게 배열한 것으로 가장 적절한 것은?**

① (B) - (C) - (D)　② (B) - (D) - (C)　③ (C) - (B) - (D)
④ (D) - (B) - (C)　⑤ (D) - (C) - (B)

06 **밑줄 친 (a)~(e) 중에서 가리키는 대상이 나머지 넷과 다른 것은?**

① (a)　② (b)　③ (c)　④ (d)　⑤ (e)

07 **윗글의 내용과 일치하지 않는 것은?**

① Anita Yu는 공원에서 우연히 점쟁이를 만났다.
② Li Man-kwong은 현재 호주에 살고 있다.
③ Anita Yu는 현재 성공적인 사업가이다.
④ Anita Yu는 약혼자에게 거짓말했다.
⑤ Anita Yu는 끝까지 점쟁이의 말을 믿지 않았다.

유형 16 어법

기본적인 문법 사상을 이해하고 있는지 묻는 유형이에요.

지시문은 이렇게 나와요.

➔ (A), (B), (C)의 각 네모 안에서 어법에 맞는 표현으로 가장 적절한 것은?

➔ 다음 글의 밑줄 친 부분 중, 어법상 틀린 것은?

❗ 유형 공략 이 유형은 이렇게 접근해야 해!

어법 유형은 기본적인 문법 사항을 이해하고 있는지 묻는 유형인데, 네모 어법과 밑줄 어법 두 가지 유형으로 출제가 돼.

네모 어법? 밑줄 어법? 그게 뭐예요?

먼저, 네모 어법은 지문에 세 개의 네모가 주어지는데 각 네모 안에는 두 가지 표현이 있어. 각 네모 안에서 어법상 알맞은 것을 고르는 유형이야.

밑줄 어법은 밑줄 그어진 부분 중 어법상 알맞지 않은 것을 고르는 거죠?

응, 맞아. 밑줄 어법은 총 5개의 선택지가 주어지는데, 그 중 어법상 알맞지 않은 하나를 고르는 유형이야.

벌써부터 머리가 지끈거려요. 너무 어려울 것 같아요.

물론 여러 가지 문법 사항을 알고 있어야 하지만, 시험에는 같은 사항이 반복해서 출제되고 있으니까 어떤 사항이 많이 나오는지 숙지하면 그리 어렵지 않게 풀 수 있어. 조급해하지 말고 꾸준히 많은 문제를 풀어본다면 어법 문제도 자신 있게 풀 수 있게 될 거야.

정답 및 해설 p. 74

❗ 기출 맛보기 이제 기출 문제를 함께 풀어보자!

➔ (A): 동사의 단수 vs. 복수

➔ (B): 대명사의 단수 vs. 복수

➔ (C) 접속사 혹은 관계부사로 쓰이는 when vs. 관계대명사 what

(A), (B), (C)의 각 네모 안에서 어법에 맞는 표현으로 가장 적절한 것은?

The biggest complaint of kids who don't read is that they can't find anything to read that (A) [interest / interests] them. This is where we parents need to help our kids identify the genres that excite (B) [it / them]. The children's librarian at your local public library, your school librarian, or the manager of the kids' section at a good bookstore can help you choose new material that isn't familiar to you. Also, think back on the books you liked (C) [when / what] you were a child. My husband and I both enjoyed books by Beverly Cleary, and it turns out our kids love them, too. 〈모의 응용〉

librarian (도서관의) 사서

complaint 불평
cf. complain 불평하다
identify 발견하다; 확인하다
genre 장르
manager 관리자
section 부문, 구획
material 자료; 재료
familiar 익숙한, 친숙한
think back on ~을 회상하다
turn out ~인 것으로 드러나다, 밝혀지다

	(A)		(B)		(C)
①	interest	……	them	……	what
②	interest	……	it	……	when
③	interests	……	them	……	when
④	interests	……	it	……	when
⑤	interests	……	them	……	what

1. (A), (B), (C) 각각의 네모에서 어떤 문법 사항을 묻고 있는지 파악한다. (A)에서는 동사의 단수형과 복수형 중 알맞은 것을 골라야 한다. interest(s)의 주어는 관계대명사 that이며, 이것이 가리키는 선행사는 anything이므로 단수 취급한다. 따라서 단수형 동사인 interests가 알맞다.

↓

2. (B)에서는 대명사의 단수와 복수 중 알맞은 것을 골라야 한다. 즉, 대명사가 지칭하는 대상이 무엇인지 파악해야 한다. 문맥상 our kids를 지칭하므로 복수형인 them이 적절하다.

↓

3. (C)에서는 접속사 혹은 관계부사로 쓰이는 when과 관계대명사 what 중 알맞은 것을 골라야 한다. 문맥상 '네가 어렸을 때'로 해석하는 게 자연스럽고, you were a child가 주어, 동사, 보어를 모두 갖춘 완전한 구조이기 때문에 when이 적절하다. what이 쓰이려면 뒤에 이어지는 절이 주어나 목적어 혹은 보어가 빠진 불완전한 구조여야 한다.

↓

4. (A)에 interests, (B)에 them, (C)에 when을 쓰는 게 알맞으므로 정답은 ③.

유형 익히기

astronomer 천문학자
information 정보
position 위치
planet 행성
occur 발생하다
space 우주
ancient 고대의
rely on ~에 의존하다
mathematics 수학
physics 물리학
gather 모으다
an amount of 상당한 양의
knowledge 지식
invention 발명품
telescope 망원경

01 (A), (B), (C)의 각 네모 안에서 어법에 맞는 표현으로 가장 적절한 것은?

Scientists who study the stars (A) [called / are called] astronomers. They collect information about the position, size, and structure of stars, planets, and moons, and anything else which occurs in space. Ancient astronomers had to rely on their eyes, mathematics, and physics to study the skies. They managed (B) [gathering / to gather] a surprising amount of knowledge this way. However, Galileo's invention of the telescope in 1609 made (C) [it / them] easier to study the skies.

	(A)		(B)		(C)
①	called	……	gathering	……	it
②	are called	……	to gather	……	it
③	are called	……	gathering	……	it
④	are called	……	to gather	……	them
⑤	called	……	gathering	……	them

Q 어법상 틀린 부분을 바르게 고치시오.

crocodile 악어
wildlife 야생 동물
tourist 관광객
snap at ~을 덥석 물다
snatch 잡아채다
crowd 군중
grab 붙잡다
nearby 가까운 곳에
yell 소리치다, 외치다
escape 달아나다

02 다음 글의 밑줄 친 부분 중, 어법상 틀린 것은?

Daisy, the oldest crocodile at a wildlife park in Australia, doesn't seem ① to like women tourists. Just last week a woman tourist was looking at Daisy, who suddenly snapped at the woman's handbag and snatched it away from her. The crowd that had gathered to watch could not believe ② that happened next. The woman grabbed a long stick that was lying nearby, ③ jumped into the crocodile pen and began walking towards Daisy, yelling "Give me my handbag!" Daisy tried to escape into the water, but the woman wouldn't let her ④ until she dropped the handbag. The woman then picked up her bag and climbed back out of the pen. Since then, nobody ⑤ has been able to go near Daisy.

pen (가축의) 우리

정답 및 해설 p. 74

03 (A), (B), (C)의 각 네모 안에서 어법에 맞는 표현으로 가장 적절한 것은?

Poverty is a world of darkness, where every day is a struggle to survive. The poor experience lives of hunger and illness and (A) [is denied / are denied] access to education, health care, and clean water. In many cases, they even lack the right to (B) [protect / be protected] from harm. The number of people (C) [living / lived] in poverty continues to grow as globalization proceeds along its due course. This includes expanding markets across national boundaries and concentrating wealth into the hands of the few while further squeezing the lives of those who lack the resources to become investors.

	(A)		(B)		(C)
①	is denied	……	protect	……	living
②	is denied	……	protect	……	lived
③	is denied	……	be protected	……	living
④	are denied	……	be protected	……	lived
⑤	are denied	……	be protected	……	living

poverty 가난
darkness 암흑
struggle 투쟁하다
survive 살아남다
the poor 가난한 사람들
illness 병, 아픔
deny 거부하다, 허용하지 않다
access to A A에의 접근
education 교육
lack 부족하다
harm 손해, 피해
continue 계속하다
globalization 세계화
proceed 나아가다, 진행되다
due 예정된; ~로 인한
include 포함하다
expand 확대시키다
boundary 경계선
concentrate 집중하다, 전념하다
wealth 부, (많은) 재산
further 더욱
squeeze 착취하다; 짜내다
resource 자원
investor 투자자

04 다음 글의 밑줄 친 부분 중, 어법상 틀린 것은?

Day by day, little by little, Thailand's capital of over 12 million people ① is sinking into the sea. On average, it sinks between 1.5 and 5 centimeters per year. That's a lot for a city ② where was built only 1.5 meters above sea level. Some believe that parts of Bangkok will be underwater by 2030. ③ Saving Bangkok will take time, money, and effort. The government of Thailand must act fast if it wants ④ to avoid this disaster. If the government of Thailand waits for too long, it might find that it only has one option left: leave the capital of the country and ⑤ build a new city somewhere else.

Q 어법상 틀린 부분을 바르게 고치시오.

Thailand 태국
capital 수도
sink into ~으로 가라앉다
average 평균의
sea level 해수면
disaster 재난
option 선택권
somewhere 어딘가에

유형 17 어휘

글에서 어휘가 문맥에 맞게 적절히 쓰였는지를 묻는 유형이에요.
지시문은 이렇게 나와요.

➔ (A), (B), (C)의 각 네모 안에서 문맥에 맞는 낱말로 가장 적절한 것은?
➔ 다음 글의 밑줄 친 부분 중, 문맥상 낱말의 쓰임이 적절하지 않은 것은?

유형 공략 이 유형은 이렇게 접근해야 해!

이 유형도 어법 유형처럼 네모 어휘와 밑줄 어휘 두 가지 유형으로 출제가 돼. 먼저, 네모 어휘는 글에 총 세 개의 네모가 주어지는데, 각 네모 안에 제시된 두 낱말 중 문맥상 적절한 하나를 고르는 유형이야.

밑줄 어휘는 밑줄 그어진 다섯 개 단어 중에 쓰임이 적절하지 않은 하나를 고르는 거겠네요? 어법 유형처럼요.

맞아. 네모 어휘 문제에는 반대 뜻을 가진 단어들이 하나의 네모에 같이 나오는 경우가 많아. 간혹 철자나 발음이 비슷한 단어끼리 같이 나오기도 하고. 그러니까 평소에 반의어와 유사 어휘를 잘 알아두는 게 중요해.

그럼 밑줄 어휘는 어떻게 나와요? 어떤 선지가 주로 정답이 되나요?

밑줄 어휘 문제도 원래 쓰여야 하는 단어와 반대되는 뜻을 가진 단어가 정답인 경우가 많아. 예를 들어, increase(증가하다)가 쓰여야 하는데 decrease(감소하다)가 쓰이는 경우처럼.

그럼 밑줄 어휘도 반의어를 많이 알아두는 게 도움이 되겠네요.

그렇지. 또, 글의 전체 내용을 잘 파악해서 제시된 어휘가 문맥에 적절한지 판단할 수 있어야 해.

정답 및 해설 p. 76

! 기출 맛보기 이제 기출 문제를 함께 풀어보자!

➔ 글을 읽으면서 내용을 파악한다.

➔ (A), (B), (C) 각각 서로 반대 의미를 갖는 단어가 짝지어져 있다.

➔ 문맥에 맞는 단어를 고른다.

(A), (B), (C)의 각 네모 안에서 문맥에 맞는 낱말로 가장 적절한 것은?

I had just finished writing a TV script and was rushing to print it. Then, suddenly my computer (A) [froze / sped] up. No cursor. No script. No nothing. In a panic, I called my friend Neil, a computer consultant. It turned out that I had bad spyware, and that's what was (B) [healing / causing] my computer's breakdown. He asked if my machine was slow, and if a new toolbar had suddenly appeared. I'm not exactly sure how I got it, but Neil removed it. We take our cars to the mechanic for regular checkups. Why do we expect our computers to run (C) [normally / abnormally] without the same care? 〈모의 응용〉

spyware 스파이웨어 (컴퓨터 내부에 잠입하여 개인정보를 빼내는 소프트웨어)
toolbar (컴퓨터의) 툴바

script 대본, 원고
rush 급히 서두르다
freeze up (컴퓨터가 고장으로 화면이) 동결되다
speed up 속도를 올리다
cursor (컴퓨터의) 커서
in a panic 허둥지둥, 공황상태에서
consultant 상담가, 전문가
turn out ~이 드러나다
heal 치유하다, 낫다
breakdown 고장
appear 나타나다
exactly 정확히
remove 제거하다
mechanic 정비공
regular 규칙적인
checkup 검사
expect 기대하다, 예상하다
normally 정상적으로 (↔ **abnormally** 비정상적으로)

	(A)		(B)		(C)
①	froze	……	healing	……	normally
②	froze	……	causing	……	abnormally
③	froze	……	causing	……	normally
④	sped	……	healing	……	normally
⑤	sped	……	healing	……	abnormally

1 글을 읽으면서 내용을 파악한다. (A)에서는 TV 대본을 인쇄하려고 했을 때 컴퓨터가 동작을 멈추었는지 속도가 빨라졌는지 골라야 한다. 바로 뒤에서 커서, 대본도 아무것도 없다(No cursor. No script. No nothing.)고 했으므로 동작을 멈추었다(froze up)는 게 적절하다.

2 (B)에서는 스파이웨어가 컴퓨터 고장을 치료했는지 야기했는지 골라야 한다. 스파이웨어이므로 고장을 야기했다(causing)는 말이 와야 자연스럽다.

3 (C)에서는 '규칙적으로 신경 쓰지도 않으면서 왜 컴퓨터가 '어떠하게' 작동하길 바라는가?'라고 했으므로 여기에는 '정상적으로(normally)'라는 말이 적절하다.

4 (A)에 froze, (B)에 causing, (C)에 normally를 쓰는 게 자연스러우므로 정답은 ③.

유형 익히기

traditional 전통적인
root 뿌리 내리게 하다; 뿌리
culture 문화
the West 서양 cf. Western 서양의
used to-v v하곤 했다
uncomfortable 불편한
developed country 선진국
increase 증가하다 (↔ decrease 줄다)
due to A A 때문에
belief 신념, 확신
cure 치료
side effect 부작용
drug 약, 의약품
mostly 일반적으로
imaginary 상상에만 존재하는
treatment 치료
fashionable 유행하는
unfamiliar 익숙지 않은, 낯선

01 (A), (B), (C)의 각 네모 안에서 문맥에 맞는 표현으로 가장 적절한 것은?

Traditional medicine has been used in China for 3,000 years and is deeply rooted in many parts of Chinese culture. In the West, Chinese medicine used to be used only for Chinese people (A) [comfortable / uncomfortable] with Western medicine, but now it's an ever more popular form of medicine. More than 70% of people in developed countries have tried it, and the numbers are (B) [increasing / decreasing] due to the belief that traditional cures have fewer side effects than modern drugs. Even though most Western doctors say the effects of acupuncture and cupping are mostly imaginary, many Hollywood actors talk about these treatments, and this makes them more (C) [fashionable / unfamiliar].

acupuncture 침술 (요법) **cupping** 부항

	(A)		(B)		(C)
①	uncomfortable	……	decreasing	……	unfamiliar
②	uncomfortable	……	increasing	……	unfamiliar
③	uncomfortable	……	increasing	……	fashionable
④	comfortable	……	increasing	……	fashionable
⑤	comfortable	……	decreasing	……	unfamiliar

Q 문맥상 적절하지 않은 말을 바르게 고치시오.

smoke 담배를 피우다
cf. smoker 흡연가
addiction to A A에 대한 중독
cf. addicted 중독된
screen 화면
factor 요인
attract A to B A를 B로 유인하다
teens 십대들
imitate 모방하다
include 포함하다
be likely to-v v할 가능성이 있다.
sickness 질병
nevertheless 그럼에도 불구하고
unfortunately 유감스럽게도
hopeless 절망적인
quit 그만두다
worth ~할 가치가 있는

02 다음 글의 밑줄 친 부분 중, 문맥상 낱말의 쓰임이 적절하지 않은 것은?

Smoking in movies and on TV has led many people into addiction to tobacco. That it can look "cool" on screen is one of the main factors that ① attracts young people to smoking. Teens want to ② imitate their favorite stars, and that includes smoking if the star is a smoker. Also, kids who see their parents smoking are ③ more likely to become smokers themselves. Children need to be taught that smoking may look cool but is actually a kind of sickness. Nevertheless, those who have ④ unfortunately become addicted need not feel hopeless. Though not easy, quitting smoking is very much ⑤ impossible and worth the effort.

정답 및 해설 p. 76

03 다음 글의 밑줄 친 부분 중, 문맥상 낱말의 쓰임이 적절하지 않은 것은?

Even though dressing down is popular, many people don't like this trend. Some workers who are strongly ① opposed argue that they "can dress down when they retire." Others say that dressing casually - even for one day - ② damages an employer's professional image. "We had some important clients come in on a Friday," says another worker. "These people dressed in navy suits. Our people dressed way down. I thought it sent the ③ wrong message about our company." If your company wants to present a positive professional image, suits, ties, and dresses are ④ worse than casual clothes. According to these critics, dressing down at work is one of the signs that society's standards are getting ⑤ lower.

dress down 간편한 옷을 입다

Q 문맥상 적절하지 않은 말을 바르게 고치시오.

trend 동향, 유행
strongly 강경히
oppose 반대하다
argue 주장하다; 언쟁을 하다
retire 퇴직[은퇴]하다
dress casually 평상복 차림을 하다
cf. casual 평상시의
damage 훼손하다
employer 고용주
professional 전문적인; 전문가의
image 이미지, 인상
client 고객
navy 남색의
suit 정장
positive 긍정적인
worse 더 나쁜
according to A A에 따르면
critic 비평가
standard 수준, 기준

04 (A), (B), (C)의 각 네모 안에서 문맥에 맞는 낱말로 가장 적절한 것은?

Before the printing press was invented, books were copied by hand. But copying a book was so expensive that (A) [few / many] copies of each book were made. As a result, only rich people had access to books and learned to read. While the printing press was invented in 1450 by Johannes Gutenberg from Germany, printing had already (B) [disappeared / existed]. In China, wooden blocks carved with text were used to print. Instead of using wood, however, Gutenberg used small, metal blocks. Compared to wooden blocks, metal blocks were much (C) [stronger / weaker], so books could be produced cheaply and efficiently. The impact of his machine is sometimes compared to the impact of the Internet. Society's remarkable progress owes much to Gutenberg's printing press.

printing press 인쇄기

	(A)		(B)		(C)
①	few	……	disappeared	……	weaker
②	many	……	existed	……	stronger
③	few	……	existed	……	stronger
④	many	……	disappeared	……	weaker
⑤	few	……	existed	……	weaker

invent 발명하다
copy 베끼다
by hand 손으로
expensive 비싼
have access to A A에 접근할 수 있다
disappear 사라지다
exist 존재하다
carve (글씨를) 새기다; 조각하다
text 글; 본문
metal 금속의
compared to A A와 비교하여
cf. compare 비교하다; ~에 필적하다
cheaply 저렴하게
efficiently 능률적으로
impact 영향, 충격
remarkable 놀랄 만한, 놀라운
progress 진전
owe to A A 덕분이다

제4회 미니 모의고사

14개 문제를 25분 안에 풀어보세요.

1 다음 글에서 필자가 주장하는 바로 가장 적절한 것은?

It's important to give some things in life your full commitment. Unfortunately, too many people think and say, "Always do your best!" These people reject lots of fun activities because of their fear of not being the best. Change your attitude. It's okay to be an artist of less-than-average ability if you enjoy painting. And it's okay to be an ordinary pianist if playing piano gives you pleasure. If there's something you enjoy, just do it, and forget about the "Try your hardest!" people. If you can laugh at yourself if you make mistakes, then you can also laugh at any critics of your "performance."

① 모든 일에 최선을 다하라.
② 타인과 자신을 비교하지 마라.
③ 결과와 상관없이 즐거운 일을 하라.
④ 다른 사람의 비판에 신경 쓰지 마라.
⑤ 새로운 일을 시작할 때 자신감을 가져라.

2 다음 글의 주제로 가장 적절한 것은?

Imagine that you just found out you have a serious illness. It's easy to imagine falling into despair. However, a serious illness does not always bring unhappiness. Researchers studied a group of survivors of cancer. All had completed their cancer therapy successfully and were in recovery. They were asked to talk about how their lives had changed as a result. About half said that they'd had healthy lifestyle changes, such as exercising more, relaxing more, and quitting smoking. More than a quarter reported deeper feelings of love and friendship. Other changes included a better understanding of love and life itself.

① people who are suffering serious sickness
② how to protect yourself from major illness
③ the struggles of people with serious illness
④ keys to understanding the suffering of others
⑤ positive changes caused by personal difficulties

3 다음 글의 제목으로 가장 적절한 것은?

We're starting to put more thought into the rights of animals. Still, we rarely discuss how our actions affect their mental states. Whales, for instance, are very social and need company to thrive. So, French naturalist Yves Paccalet believes that hunting might be making them lonely. Paccalet warns that lonely, depressed whales could lose their will to live. They might give up on everything. They may stop eating or do other unhealthy things. They may even stop trying to breed. It's not only hunting that lowers whale populations. Nets and other dangerous fishing gear, along with environmental pollution, are all creating a scary world for whales. If things don't change, they may simply give up and die off.

breed 새끼를 낳다

① Why Animal Rights?
② Sadness Under the Waves
③ Amazing Facts about Whales
④ The Rise of Whale Hunting Worldwide
⑤ Whales: Man's Best Friend or Enemy?

4 다음 도표의 내용과 일치하지 않는 것은?

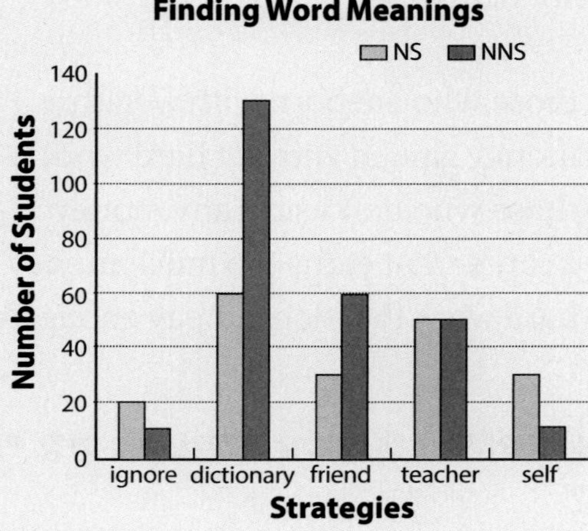

The graph above compares the strategies used by native English speakers (NS) and non-native speakers (NNS) to find the meaning of words. The most common way to find a word's meaning for both groups of students is to use a dictionary. ① However, the number of NNS who use a dictionary is more than two times that of NS. ② NNS are more likely to ask a friend for help than NS are. ③ When it comes to asking a teacher for help, NS and NNS are the same. ④ NNS are much more likely than NS to figure out the meaning of a word for themselves. ⑤ Also, the number of NNS who find the meaning of words by themselves and that of NNS who ignore them are similar.

5 (A), (B), (C)의 각 네모 안에서 문맥에 맞는 낱말로 가장 적절한 것은?

According to the World Society for the Protection of Animals, about 80 percent of all the cats and dogs in the world are strays or feral. Strays are those that have been abandoned or have gotten lost. They are (A) [willing / forced] to live on the streets, and they suffer from painful illnesses. Feral cats and dogs are animals born on the streets. The control of these stray and feral animals is rapidly becoming a controversial topic in many countries. However, many of them (B) [lack / possess] the knowledge and resources to control wisely the serious problem of stray and feral dogs and cats. They usually (C) [rely on / give up] cruel means, such as poisoning, drowning, and shooting. This might not work in the long term, as it does not get to the origin of the problem.

stray 길을 잃은 동물; 길을 잃은 **feral** 야생의; 돌아다니며 사는 **abandoned** 버려진

	(A)		(B)		(C)
①	forced	……	possess	……	rely on
②	forced	……	lack	……	rely on
③	forced	……	lack	……	give up
④	willing	……	lack	……	give up
⑤	willing	……	possess	……	rely on

6 **Tapir에 관한 다음 글의 내용과 일치하지 <u>않는</u> 것은?**

The tapir is a strange creature. It has a nose like an elephant, a body like a pig, and toes that might remind you of a rhino. They like to play in water like hippos, but they can run like a horse. The strangest thing about a tapir is probably its nose. Tapirs' noses are shorter than elephants' noses, but they are still prehensile. It means that they can reach out and grab things or break them apart to eat. They are shy, but they can protect themselves with their powerful jaws. Tapirs might look scary, but they are generally gentle and not aggressive. Their thick skin helps protect them from the larger animals like jaguars and crocodiles.

tapir 맥 ((코가 뾰족한 돼지 비슷하게 생긴 동물))
rhino 코뿔소 **aggressive** 공격적인

① 발가락이 코뿔소와 비슷하다.
② 말처럼 달릴 수 있다.
③ 코로 물건을 잡을 수 있다.
④ 자신을 보호할 수 있는 강력한 턱이 있다.
⑤ 위협적으로 생겼으며 공격적인 성격을 가지고 있다.

7 **다음 빈칸에 들어갈 말로 가장 적절한 것은?**

Americans draw a very strong connection between work and money. The sense of *who you are* is connected with the money one earns from work, not luck. They are uncomfortable with __________. For instance, they have little respect for those who gain sudden wealth through the lottery. Americans don't think of this as "real" money because it isn't earned with hard work. A lottery winner proves nothing by winning the lottery, except that he or she was very fortunate. Their instant wealth makes them outsiders. They don't belong with the rich because they came from poverty. They don't belong anymore with their peers either. Americans tend to forget the names of lottery winners within a day or so and never hear from them again.

① those who are born with wealth
② money gained without hard work
③ those who don't save any money
④ a career that earns too much money
⑤ hard work that doesn't pay enough wages

8 **다음 글의 빈칸 (A), (B)에 들어갈 말로 가장 적절한 것은?**

Android-robots look and act like humans. They have been part of science fiction stories for years. Leonardo da Vinci even drew plans about them for people around the 15th century! Today, technology appears to be close to these dreams. ___(A)___, EveR-1, from the Korean Institute, has a human face and 35 small motors. The motors move her upper body and face. Her successor is EveR-2. She can sing. ___(B)___, EveR-3 can even make 16 realistic facial expressions and move around on wheels. We couldn't imagine them just a few years ago, but now they are all around us!

successor 후임자

(A)		(B)
① However	……	Then
② However	……	Therefore
③ Similarly	……	Moreover
④ For example	……	In addition
⑤ For example	……	Therefore

9 **주어진 글 다음에 이어질 글의 순서로 가장 적절한 것은?**

> The Euro is the official form of money of the Eurozone. In the beginning, it was only used in 12 countries.

(A) They say that the big states do things that don't benefit everyone equally. The smaller states want more freedom to help themselves. Also, after changing to the Euro, prices rose in some countries while wages didn't.
(B) However, there are critics of the Euro and the Eurozone. Smaller states say they are being controlled by bigger states with bigger economies.
(C) Now, it's used in 17 countries. The Euro gave countries a common form of money to trade with. The introduction of the Euro has allowed easy trade across nations.

Eurozone 유로존 ((유로화를 통화로 사용하는 유럽 연합 국가들))

① (A) - (B) - (C)　② (A) - (C) - (B)
③ (B) - (C) - (A)　④ (C) - (A) - (B)
⑤ (C) - (B) - (A)

10 글의 흐름으로 보아, 주어진 문장이 들어가기에 가장 적절한 곳은?

> In contrast, primary insomnia is more complex because it isn't caused by drugs or pain.

It seems like sleeping should be easy — it's just doing nothing, after all. However, for people suffering from insomnia, getting precious sleep can feel impossible. There are two kinds: primary insomnia and secondary insomnia. (①) Secondary insomnia is caused by outside factors such as pain, breathing problems, drugs, or travel to a different time zone. (②) It isn't hard to treat once the cause is identified. (③) It is harder to cure as there's no cause to remove. (④) Insomnia is a very serious problem. (⑤) When you wake up in the morning after a good sleep, remember to be grateful for it.

insomnia 불면증

11 다음 글의 내용을 한 문장으로 요약하고자 한다. 빈칸 (A)와 (B)에 들어갈 말로 가장 적절한 것은?

When people think of cats, the word "social" doesn't usually come to mind. Isn't that strange since cats have been kept as pets for over 9,000 years? It's believed that cats were domesticated when they became useful for killing mice. When humans began farming, their stores were a big target for mice. Wild cats weren't going to let their prey escape, so they followed the mice right into human villages. Therefore, it seems cats domesticated themselves. The cats invited themselves in, and over time, they got used to living near humans. This explanation shows why house cats are still so independent. Unlike dogs, cats seem like they could return to the wild at any time. Regardless, cats are one of the most popular house pets today.

domesticate (동물을) 길들이다

↓

> Cats are known for being ___(A)___, and this is probably because they joined human society ___(B)___.

	(A)		(B)
①	independent	……	willingly
②	social	……	recently
③	calm	……	early
④	wild	……	willingly
⑤	shy	……	recently

[12–14] 다음 글을 읽고, 물음에 답하시오.

(A)

When I was young, my uncle took me to a fair. Bhaiya, who worked for my family at home, came as well. At the fair, my uncle met some friends. So, Bhaiya and I went looking around together. Soon, we came to what was called the Lucky Shop. The shopkeeper had cards on a table with numbers from one to ten facing down. (a) He said that all you had to do was to pay 2 dollars, pick up any six cards, add up the numbers on the cards, and find the total. The prize marked with that number was yours.

(B)

Afterward, Bhaiya told my uncle the story. (b) He listened and said the Lucky Shop man had made a fool of me. "No, Uncle," I said, "it was just my bad luck." "No, my boy," said my uncle, "that man was a friend of the shopkeeper. They played a trick on you to get your money. Don't be so foolish next time."

(C)

An old man paid 2 dollars and selected six cards. He added up the numbers on them and found the total was 15. He was given the prize marked 15, which was a beautiful clock. But the old man did not want a clock. (c) The shopkeeper happily bought it back for 25 dollars. The old man went away very pleased. It seemed so easy, and I wanted to try my luck too.

(D)

I looked at Bhaiya. He encouraged me. I paid 2 dollars and took six cards. My luck was not too good. I got two pencils. (d) He bought them from me for a dollar. I tried again. This time I got a bottle of ink, also of little value. (e) He bought that too for a dollar. I took a chance for the third time. Still luck was not with me. I played a final time, and my last dollar disappeared.

12 주어진 글 (A)에 이어질 내용을 순서에 맞게 배열한 것으로 가장 적절한 것은?

① (B) - (D) - (C)
② (C) - (B) - (D)
③ (C) - (D) - (B)
④ (D) - (B) - (C)
⑤ (D) - (C) - (B)

13 밑줄 친 (a)~(e) 중에서 가리키는 대상이 나머지 넷과 다른 것은?

① (a) ② (b) ③ (c) ④ (d) ⑤ (e)

14 위 글의 필자에 관한 내용과 일치하지 않는 것은?

① Bhaiya와 함께 Lucky 상점에 들어갔다.
② 상점 주인이 속임수를 썼다는 것을 알았다.
③ 자신의 운을 시험해 보고 싶었다.
④ 첫 번째 게임에서 1달러를 얻었다.
⑤ 다섯 번째 게임에서 모든 돈을 잃었다.

쎄듀런

1 구문 판매 1위 '천일문' 콘텐츠를 활용하여 정확하고 다양한 구문 학습

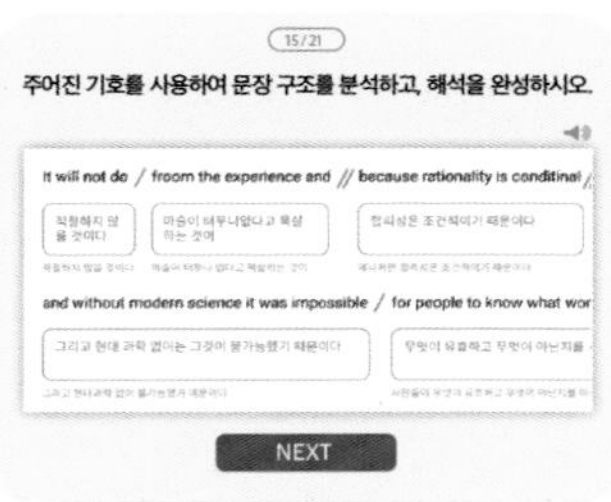

끊어읽기 | 해석하기 | 문장 구조 분석 | 해설·해석 제공 | 단어 스크램블링 | 영작하기

2 문법·서술형 쎄듀의 모든 문법 문항을 활용하여 내신까지 해결하는 정교한 문법 유형 제공

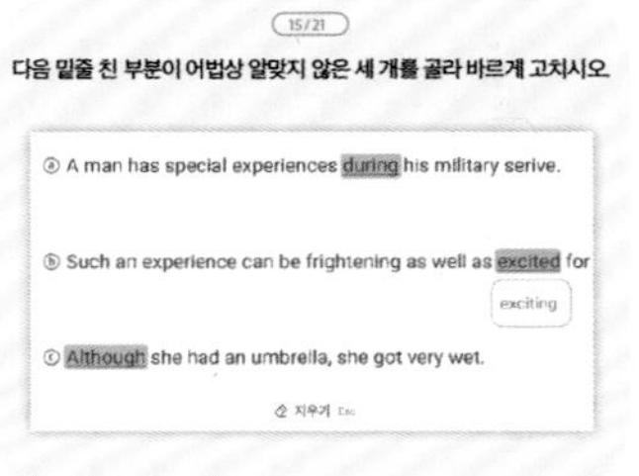
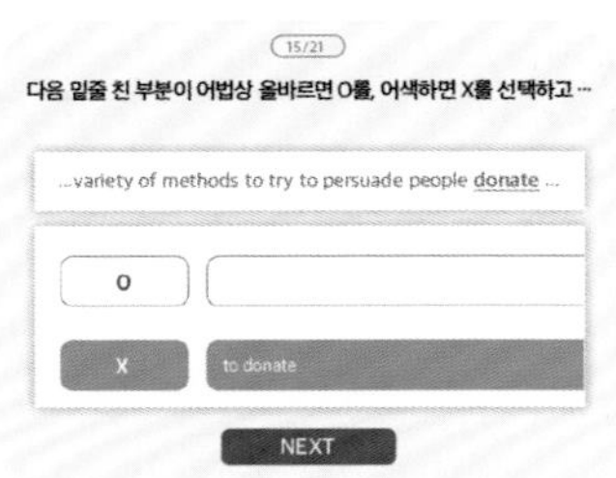

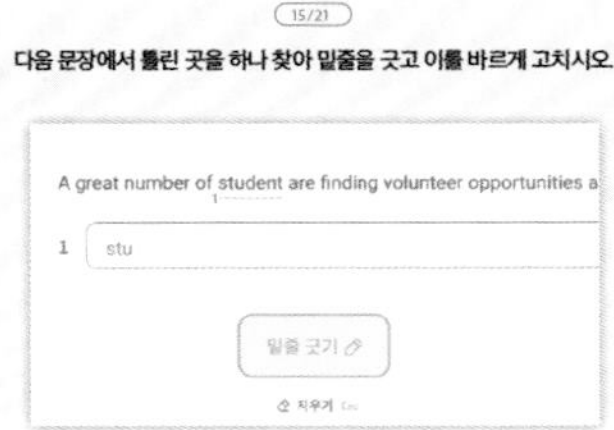

객관식과 주관식의 결합 | 문법 포인트별 학습 | 보기를 활용한 집합 문항 | 내신대비 서술형 | 어법+서술형 문제

3 어휘 초·중·고·공무원까지 방대한 어휘량을 제공하며 오프라인 TEST 인쇄도 가능

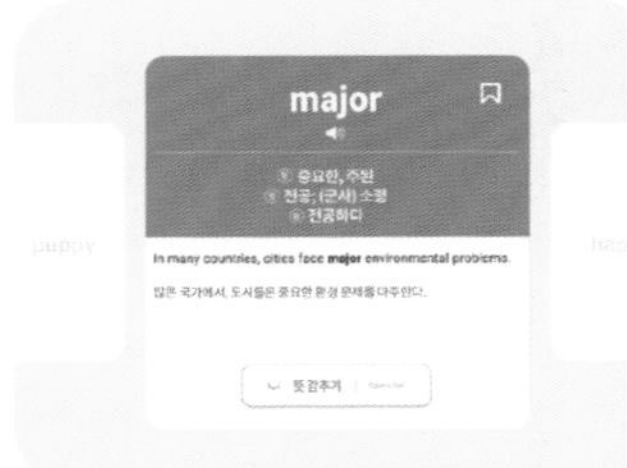

영단어 카드 학습 | 단어 ↔ 뜻 유형 | 예문 활용 유형 | 단어 매칭 게임

4 선생님 보유 문항 이용

Online Test | OMR Test

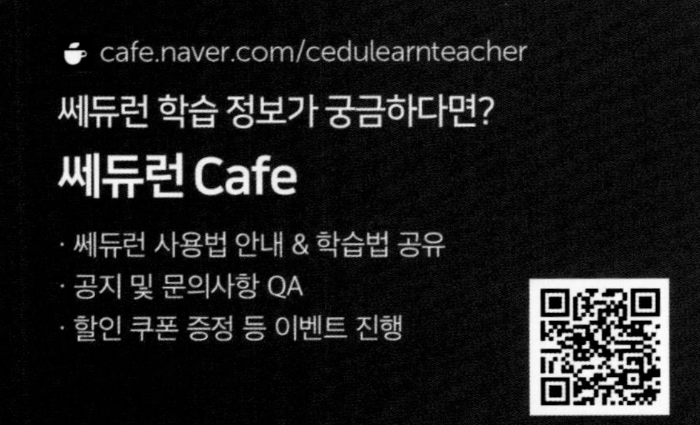
cafe.naver.com/cedulearnteacher
쎄듀런 학습 정보가 궁금하다면?
쎄듀런 Cafe
· 쎄듀런 사용법 안내 & 학습법 공유
· 공지 및 문의사항 QA
· 할인 쿠폰 증정 등 이벤트 진행

미리 시작해서 꽉 잡는 수능 영어 독해!

첫단추 BASIC

독해편 1

정답 및 해설

첫단추 BASIC

독해편 1

정답 및 해설

Part 1 글에 대한 이해

Chapter ① 글의 주제 찾기

Unit 01 주제문과 보충설명문

1. 글의 소재 **QUICK CHECK!** 본문 p.14

breakfast

해석
전문가들은 영양가 있는 아침 식사가 뇌의 연료라고 말한다. 학교 공부를 잘하기 원하는 학생들에게 아침 식사는 하루 식사 중 가장 중요한 식사이다. 뇌가 잘 기능하는 데 필요한 연료를 뇌에 공급하라. 더 명확하고 빠르게 생각하기 위해서, 좋은 아침을 먹어라.

2. 주제 **QUICK CHECK!** 본문 p.15

③

해석
웃음과 통증 사이의 확실한 관련성을 보여준 연구는 없었지만, 많은 환자들이 기분 좋게 웃고 난 후에 통증이 감소했다고 보고했다. 몇몇 의사들은 이것이 혈액에서 생산되는 화학물질과 관련이 있을 수 있다고 주장한다. 혹은 환자들이 근육이 더 이완돼서 통증을 덜 느끼는 것인지도 모른다. 진실이 무엇이든, 웃음이 통증을 줄여주는 데 도움이 되는 것으로 보인다.

3. 주제문·보충설명문 **QUICK CHECK!** 본문 p.17

주제문: ①
보충설명문: ②, ③, ④

해석
① 많은 동물 종들은 상처 입은 다른 동물들이 살아남도록 도와준다. ② 만약 돌고래 한 마리가 심하게 상처를 입어서 헤엄칠 수 없으면, 다른 돌고래들이 그 고래 밑으로 모인다. ③ 그런 다음 돌고래들은 그 (다친) 돌고래가 신선한 공기를 마실 수 있도록 수면으로 밀어 올린다. ④ 많은 코끼리 전문가들이 기록하기를, 코끼리 한 마리가 넘어지면 무리의 다른 코끼리들이 그 코끼리가 설 수 있도록 일으켜 세워준다고 한다.

기출 지문으로 Check!

본문 p.18~19

01 ② **02** ① **03** ⑤

해석
① 전문가 대부분이 8시간의 수면이 이상적이라고 말하지만, 그것은 당신이 어떻게 느끼는가에 달려있다. ② 어떤 사람들은 7시간 이하(의 수면)도 괜찮지만, 반면에 다른 사람들은 최상의 상태를 유지하기 위해 9시간 이상(의 수면)이 필요하다. ③ 만약 당신이 아프거나 스트레스가 심하다면, 아마 평소보다 더 많은 잠을 필요로 할 것이다. ④ 만약 잠을 충분히 자고 있다면, 아침에 상쾌한 기분을 느끼고, 일어나는 데 어려움이 없어야 한다.

정답 풀이
1. 잠을 몇 시간 자는 것이 이상적인지에 대해 서술하는 글이다. 따라서 정답은 ②.
선택지 해석 ① 수면과 스트레스 ② 이상적인 수면 시간 ③ 수면에 어려움을 겪는 것
2. 글의 내용을 포괄하는 문장을 찾아야 한다. 누군가는 7시간 이하의 수면도 충분하지만, 다른 이들에게는 9시간 이상이 충분할 수도 있다고 했으므로 '이상적인 수면 시간은 사람마다 다르다'는 것이 주제이고, 이를 가장 잘 드러내는 문장은 ①.
3. 주제문의 내용을 함축하여 표현한 것을 고르면 된다. 따라서 정답은 ⑤.

오답 풀이
1. ①, ③ 지문에 등장하는 단어와 어구이긴 하지만 글이 중점적으로 다루는 소재는 아니다.
3. ①, ③, ④ 언급되지 않은 내용이다.

구문 풀이 6~8행 ~, you should **feel** refreshed [and] **not have** trouble in getting out of bed in the morning.
feel refreshed와 not have trouble in getting out of bed가 and로 병렬 연결되어 있다.

04 ① **05** ① **06** ④

해석

① 초기 아메리카 원주민들은 그들이 필요로 하는 모든 것을 만들어야 했다. ② 각 부족이 도구와 다른 물건을 만들기 위해 사용했던 것은 그들이 주변에서 찾은 것에 달려 있었다. ③ 또한, 그들이 만든 것은 그들의 생활 방식에 잘 맞았다. ④ 대부분의 부족은 그들 자신의 언어로 말했지만, 다른 부족과 의사소통할 수 있었다. ⑤ 예를 들어, 평지에서 사는 사람들은 이동을 많이 했는데, 점토 그릇을 만들지 않았다. ⑥ (점토) 그릇은 너무 무겁고 너무 쉽게 깨져서, 그들은 동물의 가죽으로 용기를 만들었다.

정답 풀이

4. 아메리카 원주민들이 직접 만들어 사용한 물건에 관한 글이다. 따라서 글의 소재로 가장 적절한 것은 ①.

선택지 해석 ① 아메리카 원주민들의 물건 ② 의사소통 ③ 점토 그릇

5. 글 전체의 내용을 포괄하는 문장은 ①.

6. 아메리카 원주민들이 필요로 하는 물건을 직접 만들어야 했고, 자신들의 생활 방식에 맞게 만들었다는 내용의 글이다. ④는 의사소통에 관한 내용으로, 글의 흐름에 맞지 않는다.

오답 풀이

4. ② 글의 내용과 관련이 없다. ③ 글의 후반부에 예로 나온 물건 중 하나일 뿐, 글의 소재는 아니다.

구문 풀이

1~2행 Early native Americans had to make *everything* [(***that***) they needed].
they needed는 앞의 everything을 수식하는 관계사절로, they 앞에 관계대명사 that이 생략되었다.

2~3행 **What** each tribe used **to** make tools and other things (S) depended upon (V) **what** they found around them (O).
what이 이끄는 두 개의 명사절이 각각 주어와 목적어로 쓰였다. '~하는 것'으로 해석한다.
여기서 to는 목적을 나타내는 부정사로 '~하기 위해'라는 뜻.

6~7행 , ~ the people of the plains (S), **who** traveled a lot, didn't make (V) clay pots (O).
문장의 주어는 the people of the plains, 동사는 didn't make이다. who가 이끄는 관계사절이 콤마 사이에 삽입되어 주어를 보충 설명하고 있다.

Unit 02 주제문의 특징

2. 주제문의 개수

QUICK CHECK! 본문 p.22

①

해석

당신은 많은 시간, 노력, 돈을 광고에 쏟는다. 당연히, 당신은 그 광고가 얼마나 효과적인지 알기를 원한다. 한 가지 방법은 광고 선전을 하기 전과 후의 소득을 추적하는 것이다. 만약 소득이 증가한다면, 그것은 당신의 광고가 성공하고 있다는 뜻이다. 당신은 또한 신문 광고에 할인쿠폰을 넣을 수 있다. 회수되는 쿠폰의 수를 셈으로써, 결실을 상세하게 추적할 수 있다.

기출 지문으로 Check!

본문 p.23~24

01 ② **02** ①, ⑤ **03** ⑤

해석

① 당신의 꿈에 대한 지지를 얻는 방법 중 하나는 다른 누군가의 꿈을 먼저 지지하는 것이다. ② 친구들이나 가족들이 당신의 꿈을 좋아하지 않을 때, "어떻게 그들이 내 꿈의 팬이 되도록 만들지?"라고 묻는 걸 멈추라. ③ 그 대신, "어떻게 내가 그들의 꿈의 팬이 될 수 있을까?"라고 물어라. ④ 친구들에게 "내 꿈은 여러 번 설명했는데 너에게는 한 번도 묻지 않았네. 네 꿈은 뭐니?"라고 말하라. ⑤ 만약 당신의 희망에 대한 지지를 얻고 싶다면, 다른 누군가의 희망을 지지함으로써 시작하라.

정답 풀이

1. 이 글은 꿈에 대한 지지를 받는 것에 관해 서술하고 있다. 따라서 정답은 ②.

선택지 해석 ① 꿈을 설명하는 방법 ② 꿈에 대한 지지를 얻는 방법 ③ 희망과 꿈의 차이점

2. 이 글은 '내 꿈이 지지받길 원한다면 다른 사람의 꿈을 먼저 지지하라.'는 내용으로, 첫 문장과 끝 문장이 주제문에 해당한다. 따라서 정답은 ①, ⑤.

3. 주제문의 내용을 그대로 담고 있는 선택지를 고른다. 따라서 정답은 ⑤.

오답 풀이

1. ① 꿈을 설명하는 것에 관한 글은 아니다.

3. ① 타인의 기대에 관한 내용은 언급되지 않았다.

④ 다른 사람의 꿈을 지지하라고 했을 뿐, 다른 사람을 도우라는 말은 없다.

구문 풀이 1~2행 *One of the ways* [**to** get support for your dream] is **to** support somebody else's first.
여기서 첫 번째 to는 형용사적으로 쓰인 to부정사로, to ~ dream이 앞의 One of the ways를 수식하여 '~하는'으로 해석된다. 두 번째 to는 명사적으로 쓰인 to부정사로, '~하는 것'으로 해석된다.

04 ② 05 ③ 06 ⑤

해석

① 강한 부정적 감정은 인간의 일부이다. ② 이러한 감정을 제어하거나 피하려고 너무 열심히 노력할 때 문제가 발생한다. ③ 강한 부정적 감정을 다스리는 데 도움이 되는 방법은 그것들을 있는 그대로 받아들이는 것이다. ④ 예를 들어, 업무 발표가 두렵다면, 불안을 피하려고 노력하는 것이 자신감을 떨어뜨리고 두려움을 키울 것이다. ⑤ 대신, 사람들 앞에서 말하는 것을 아마도 두려워하고 있다는 신호로서 그 불안을 받아들이려고 노력하라. ⑥ 이는 불안과 스트레스의 정도를 낮추는 데 도움이 되어, 자신감을 높여주고 발표하는 것을 훨씬 더 용이하게 해줄 것이다.

정답 풀이

4. 이 글은 부정적인 감정을 어떻게 다스리는가에 관해 서술하고 있다. 따라서 글의 소재로 가장 적절한 것은 ②.

선택지 해석 ① 사람들 앞에서 발표하기 ② 부정적인 감정들 ③ 자신감을 높이는 방법들

5. 지문 전체의 내용을 포괄하는 문장을 찾는다. 부정적인 감정이 있을 때 그것을 피하려고 하지 말고 있는 그대로 받아들이라는 내용의 글이다. 이를 가장 잘 나타낸 문장은 ③.

6. 주제문의 내용이 곧 필자가 주장하는 내용이다. 정답은 ⑤.

오답 풀이

4. ① 사람들 앞에서 발표하는 것은 예시에 등장한 것일 뿐, 글에서 주로 다루고 있는 소재는 아니다.
③ 자신감을 키우는 것에 관해 언급되긴 했으나 이 역시 글이 중점적으로 다루는 소재는 아니다.

6. ④ 부정적 감정을 있는 그대로 받아들이면 자신감도 상승한다고 했지, 정서적 안정을 위해 자신감을 키우라는 말은 없다.

구문 풀이 3~4행 *A helpful way* [of managing strong negative feelings] is to **take** them **for** what they are.
(them = strong negative feelings)
of ~ feelings는 A helpful way를 수식한다. 〈take A for B〉는 'A를 B로 받아들이다'라는 뜻으로, 여기서 them은 앞에 나온 strong negative feelings를 가리키며, what they are는 '그것들의 본연으로, 있는 그대로' 정도로 해석한다.

Unit 03 주제문을 찾는 단서

1. 주장을 나타내는 표현 QUICK CHECK!

본문 p.26

1. Focus on
2. vital
3. Why don't you

해석

1. 한 번에 하나의 과제에 집중하라. 그러면 각각의 과제를 더 잘 완수할 것이다.
2. 물은 우리 뇌의 순조로운 기능을 위해 필수적이다.
3. 낡은 신발과 재킷을 노숙자들에게 주는 게 어떤가요?

2. 앞의 내용을 반박하는 내용 QUICK CHECK!

본문 p.27

1. However
2. Although

해석

1. 상어에 대한 두려움은 수영장에서 수영하는 사람들 다수가 바닷물을 테스트해보는 것을 막아왔다. (바다에서 수영해보지 못하게 했다.) 하지만, 상어에게 공격당할 실제 가능성은 아주 적다.
2. 텔레비전, 인터넷, 컴퓨터가 세계 도처에 있는데도 불구하고, 나라들마다 그것들에 각기 다른 이름을 쓴다.

3. 요약과 결론 QUICK CHECK!

본문 p.28

⑤

해석

① 어떤 사람들은 우리가 필요로 하는 것보다 더 많은 돈을 필요로 한다. ② 예를 들어, 어떤 이들은 자연재해나 전쟁 때문에 집을 잃었다. ③ 자, 난 몇몇 아이들이 자신의 생일 선물을 포기하길 원하지 않을 수도 있다는 것을 알고, 이해한다. ④ 하지만, 우리는 새로운 장난감이나 게임 없이도 살 수 있지만 모두가 먹어야 한다는 것을 기억하라. ⑤ 따라서, 우리는 친구들과 가족들에게 우리의 선물을 사주는 대신 돈을 자선단체에 기부하라고 말해야 한다.

01 ② 02 ④ 03 ②

해석

① 많은 사람들이 꽉 찬 일정표를 갖고 싶어 한다. ② 당신은 어떤가? ③ 일정표에 공백이 있는 걸 발견했을 때, 당신은 그것에 대해 불안해하는가? ④ 중요한 활동들은 종종 예상했던 것보다 더 많은 시간이 걸리므로 미리 계획되지 않은 시간을 갖는 것에 대해 편하게 생각하라. ⑤ 미리 계획되지 않은 시간은 중요한 일이나 다른 놀라운 일들을 위한 여지를 남겨둔다. ⑥ 계획되지 않은 시간은 프로젝트가 예상했던 것보다 더 오래 걸릴 때 당신을 보호해준다.

정답 풀이

1. 이 글은 미리 계획되지 않은 시간을 갖는 것에 관해 서술하고 있다. 따라서 글의 소재로 가장 적절한 것은 ②.

선택지 해석 ① 꽉 찬 일정표 ② 미리 계획되지 않은 시간 ③ 중요한 활동들

2. 명령문은 보통 글쓴이의 주장이 매우 강하게 드러난다. 명령문이면서 글 전체의 내용을 포괄하고 있는 ④가 정답.

3. 글쓴이의 주장이 가장 강하게 드러난 문장, 즉 주제문의 내용을 함축적으로 표현한 것을 고른다. 정답은 ②.

선택지 해석 ① 빽빽한 일정의 효율성 ② 미리 계획되지 않은 시간을 갖는 것의 필요성 ③ 업무를 시간 내에 마치는 것의 중요성 ④ 시간 관리의 어려움 ⑤ 미리 계획되지 않은 시간을 줄이기 위한 노력

오답 풀이

3. ① 빽빽한 일정의 효율성에 관한 내용은 없다.

⑤ 미리 계획되지 않은 시간이 필요하다는 내용이지, 그 시간을 줄이기 위한 노력에 관한 내용이 아니다.

04 ② 05 ③ 06 ③

해석

① 낯선 사람과 우연히 마주칠 때 당신은 어떻게 반응하는가? ② 아마도 눈길을 돌리거나 다른 무언가를 보고 있는 척할 것이다. ③ 자, 그 대신 그들에게 크게 미소를 보내는 것은 어떤가? ④ 그것은 비용이 전혀 들지 않고, 당신이 거기 없는 척하는 것보다 훨씬 더 재미있다. ⑤ 예상하지 못하고 있는 사람에게 미소를 지을 때, 어떤 이들은 얼굴이 붉어지고 다른 이들은 놀라며 미소를 되돌려준다. ⑥ 그리고 그것은 당신의 마음속을 온통 따뜻하게 느끼게 해준다.

정답 풀이

4. 이 글은 낯선 사람과 마주쳤을 때 미소를 지으라고 서술하고 있다. 따라서 소재로 가장 적절한 것은 ②.

선택지 해석 ① 우연히 마주치는 것 ② 낯선 사람들에게 미소 짓는 것 ③ 마음속에 따뜻함을 느끼는 것

5. 무언가를 권유하는 표현이 쓰인 문장에 글쓴이의 주장이 강하게 드러나곤 한다. 이 글에서는 Why don't you로 시작하는 ③에 글쓴이의 주장이 강하게 드러나고 있다.

6. 글쓴이의 주장이 가장 강한 문장, 즉 주제문의 내용을 나타낸 선택지를 고르면 된다. 정답은 ③.

오답 풀이

4. ① 낯선 사람과 우연히 마주친 상황을 언급하긴 했지만, 중점적으로 다루고 있는 내용은 그런 상황이 닥쳤을 때 미소를 지어보라는 것이었으므로 글의 소재로 가장 적절하지는 않다.

③ 낯선 사람들에게 미소를 지었을 때 결과적으로 마음속에 따뜻함을 느끼게 될 거라고는 했지만 역시나 가장 중점적으로 다루는 내용은 아니다.

구문 풀이

2~3행 You probably **look away** or **pretend** you are looking at something else.
look away와 pretend ~ else가 or로 병렬 연결되어 있다.

5~6행 When you smile at *people* [who are not expecting it], ~
who가 이끄는 관계대명사절이 people을 수식하고 있다.

Unit 04 주제문이 없는 경우

2. 이야기 글의 시사점 도출 QUICK CHECK!

본문 p.33

②

해석

식당에서 무엇을 주문할지 결정하는 데 어려움을 겪어본 적 있는가? 한 캘리포니아 가정에서 두 사람이 이 문제를 자주 겪었다. 그들은 로스앤젤레스에 '한입 크기' 식당을 개업함으로써 그 문제를 해결했다. 이 식당에서는 32개의 양이 적은 품목이 메뉴에 나온다. 고객들은 양 적은 샐러드와 아주 적은 양의 감자튀김, 나초 칩, 그리고 타코를 주문할 수 있다. 사람들은 자신이 가장 좋아하는 음식들 중 하나를 선택해야 할 필요가 없기 때문에 이 레스토랑을 좋아한다.

➡ 고객들이 양 적은 다양한 음식들을 즐길 수 있다는 생각이 인기를 끌었다.

01 ③ **02** ①

해석

어떤 신체 기관은 쓸모없어 보인다. 오랫동안 과학자들은 그것들에 대해 의문을 가져왔다. 충수는 잘 알려진 예이다. 실제로 우리는 그것 없이도 살 수 있다. 그러나 최근 연구는 충수가 유익한 박테리아의 안전한 장소로서의 기능을 한다는 사실을 발견했다. 그 유익한 박테리아는 사람들이 음식을 소화시키고 해로운 박테리아를 없애는 데 도움이 된다. 사랑니는 또 다른 예이다. 오늘날 대부분의 사람들은 사랑니에 염증이 생기기 전에 뽑아버린다. 그러나 수백만 년 전에 인간의 얼굴은 오늘날과 같이 평평한 형태가 아니어서 입안은 사랑니가 위치할 공간이 더 있었다. 우리의 조상은 날음식을 씹을 때 그것들로부터 혜택을 누렸을지도 모른다.

2. 어떤 신체 기관은 (A) 불필요해 보이지만, 사실 그것들은 어떤 (B) 용도가 있거나 예전에 있었다.

정답 풀이

1. 이 글은 쓸모없어 보이는 신체 기관들에 대해 서술하며 그 예로 충수와 사랑니를 들고 있다. 따라서 글의 소재로 가장 적절한 것은 ③.

선택지 해석 ① 충수의 기능들 ② 우리가 사랑니를 빼는 이유 ③ 쓸모없어 보이는 신체 기관들

2. 쓸모없어 보였던 충수도 사실은 소화와 유익한 박테리아 유지에 도움이 되고, 지금은 사람들 대부분이 제거하는 사랑니도 옛날에는 음식을 먹는 데 쓰였을 것이라고 했으므로, 이 글의 내용을 요약해보면 '불필요해 보이는 신체 기관도 용도가 있거나 예전엔 있었다'는 내용이 된다. 따라서 (A)에는 unnecessary(불필요한)가, (B)에는 purpose(용도)가 적절하다. 정답은 ①.

선택지 해석

	(A)		(B)
①	불필요한	…	용도
②	분리된	…	관련
③	손상된	…	장점
④	건강한	…	문제
⑤	비슷한	…	차이점

오답 풀이

1. ①, ② 충수와 사랑니는 쓸모없어 보이는 신체 기관의 예일 뿐, 글이 핵심적으로 다루는 소재는 아니다.

구문 풀이

5~6행 They **help people digest** food and fight off "bad" bacteria.
(help: V, people: O, digest food and fight off "bad" bacteria: C)
〈help+O+동사원형〉은 'O가 ~하는 것을 돕다'라는 뜻.

9~10행 ~, human faces weren't **as *flat* as** they are today ~.
〈as+형용사+as…〉는 '…만큼 ~한'이라는 뜻.

11~12행 Our ancestors **might have benefited** from them when chewing raw food.
〈might have p.p.〉는 과거에 대한 불확실한 추측을 나타내며 '~였을지도 모른다'로 해석한다.

03 ② **04** ② **05** ①

해석

찰리는 강아지로, 동물 보호소에서 태어났다. 하지만 그의 어미는 너무 아파서 그를 돌봐줄 수 없었다. 운 좋게도, 고양이 새틴이 구해주러 왔다. 이 고양이는 자신의 새끼고양이들을 돌보고 있었고, 동물 보호소 직원들은 이 고양이의 가족에 한 마리를 더 추가하기를 바랐다. 놀랍게도, 새틴은 찰리가 새끼고양이들과 함께 놓였을 때 찰리를 아주 좋아했다. 고양이는 강아지에게 3주 반 동안 젖을 먹였다. 강아지가 다 자랐을 때도 그 고양이는 여전히 보살폈다. 지금 찰리는 몸집이 새틴의 두 배이고, 새틴은 찰리를 여전히 돌보고 있다.

4. (A) 강아지가 아픈 어미의 보살핌을 받지 못했을 때, 고양이가 사랑으로 그 강아지를 (B) 길렀다.

정답 풀이

3. 동물 보호소에서 만난 강아지와 고양이에 관한 글이다. 소재로 가장 적절한 것은 ②.

선택지 해석 ① 동물 보호소 ② 개와 고양이 ③ 고양이와 새끼고양이들

4. 아픈 어미의 보살핌을 받지 못하던 강아지를 고양이가 돌봐주었다는 이야기이다. 따라서 (A)에는 puppy(강아지)가, (B)에는 raised(길렀다)가 적절하다. 정답은 ②.

5. 4번의 요약문 내용을 가장 잘 함축하고 있는 선택지를 골라야 한다. 정답은 ①.

선택지 해석 ① 고양이가 개를 입양하다 ② 애완동물 학대를 중지하라! ③ 인간의 평생 친구 ④ 개들에게서 고양이를 구출하라! ⑤ 고양이와 개, 영원한 라이벌

오답 풀이

3. ① 동물 보호소는 개와 고양이가 만난 장소일 뿐이다.

5. ④ 지문에 나온 단어 rescue를 이용한 오답.

⑤ 글의 내용과는 반대되는 내용의 오답.

구문 풀이 1~2행 But his mom was **too** *sick* **to** nurse him.
〈too ~ to-v〉는 '너무 ~해서 v할 수 없다, v하기엔 너무 ~하다'라는 뜻.

3~5행 ~, and the shelter workers hoped (***that***) she might ~ her family.
(hoped: V, (that) she might ~ her family: O)
she ~ family는 명사절로 hoped의 목적어. hoped 다음에는 접속사 that이 생략되었다.

Review Test

본문 p.36~38

01 ② **02** ③ **03** ② **04** ① **05** ③ **06** ① **07** ② **08** ④

01 ②

해석
① 카카오 함량이 높은 다크 초콜릿은 스트레스를 낮추는 수단으로 쓰일 수 있다.
② 최근의 연구는 다크 초콜릿이 많은 이점을 가지고 있다는 것을 보여준다.
③ 다크 초콜릿을 먹으면 뇌졸중에 걸릴 위험을 낮출 수 있다.

정답 풀이
세 문장 중 ②에서 다크 초콜릿이 이점이 많다고 했고, ①과 ③에서 그 예를 들었으므로 주제문은 ②.

02 ③

해석
① 스마트폰 화면의 불빛은 잠이 들 때 방해가 될 수 있다.
② 스마트폰은 밤새도록 지속적으로 오는 메시지로 잠을 방해한다.
③ 스마트폰은 수면 부족의 가장 두드러지는 요인이다.

정답 풀이
세 문장 중 ③에서 스마트폰이 수면 부족의 요인이라고 했고, ①과 ②에서 구체적인 사례를 제시했으므로 주제문은 ③.

03 ②

해석
① 브라질에서는 자녀들이 결혼할 때까지 부모와 함께 사는 것을 종종 선택한다.
② 브라질에서는, 가족 간의 유대관계가 매우 중요하다.
③ 브라질의 아이들이 자라서 집을 떠나 결혼할 때, 그들은 흔히 (부모님 집) 근처에 새집을 고른다.

정답 풀이
세 문장 중 ②에서 브라질에서 가족 유대가 중요하다고 했고, ①과 ③에서 이에 대한 사례를 들고 있으므로 주제문은 ②.

04 ①

해석
① 운동은 단순히 지방을 태우는 것 그 이상이다.
② 만약 당신이 팀 스포츠를 한다면 그것은 새로운 친구를 찾는 아주 좋은 방법이 될 수 있다.
③ 많은 사람들이 운동을 하면 낮 동안 더 많은 에너지를 쓸 수 있다고 주장한다.

정답 풀이
세 문장 중 ①에서 운동이 지방을 태우는 것 이상이라고 했고, ②와 ③에서 구체적인 사례와 이유를 밝히고 있으므로 주제문은 ①.

05 ③

해석
어느 사회에나 노인과 젊은이들 사이의 가치관 차이는 항상 존재할 것이다. 점점 빨라지는 오늘날의 변화 속도와 함께, 나이 든 세대와 젊은 세대의 갈등도 점점 심해지고 있는지 모른다. 요즘 젊은 사람들은 인터넷과 휴대폰에서 (기성세대와는) 다른 언어를 사용하는 것처럼 보인다. 이는 나이 든 사람들에게 뒤처진 느낌이 들게 하며, 변화에 대해 두려워하게 만든다. 그러나 조화를 이루기 위해서는 세대 간에 열린 대화를 갖는 일이 필수적이다. 그리고 젊은이들이 부모들의 신념에 의문을 던지는 일도 필요하다. 이것이 젊은이들이 연륜에서 오는 지혜를 얻을 수 있는 방법이다.

정답 풀이
글의 앞부분에서 세대 간의 차이가 점차 심해지고 있다고 한 뒤, But 이하에는 세대 간의 대화가 필요하다고 주장하고 있다. 이러한 주장을 가장 잘 반영한 것은 ③.

오답 풀이
④ 부모님의 신념에 의문을 던져야 한다고 언급하고 있으나, 이는 글의 세부 사항에 해당하는 내용이다.
⑤ 인터넷과 휴대폰을 언급한 부분에서 연상할 수 있는 오답이다.

구문 풀이

5~6행 This makes older people feel left behind [and] fearful of change.
V (makes) O (older people) C (feel left behind and fearful of change)
사역동사 make가 목적격보어로 원형부정사(feel)를 취하고 있다.

6~8행 But **in order to** create harmony, / *an open conversation* [between different generations] is vital.
to부정사 앞에 in order를 붙여 '목적'의 의미를 명확히 나타냈다.

9~10행 This is **how** they can gain *the wisdom* [that comes with age].
의문사 how가 이끄는 〈의문사+S+V〉 형태의 간접의문문은 is의 보어로 쓰인 명사절이다. 또한 that절은 앞의 wisdom을 수식하는 관계 대명사절이다.

---

06 ①

해석

최근까지만 해도, 건강하기 위해서는 우리의 삶에서 일어나는 모든 스트레스를 없애야 한다고 일반적으로 믿었다. 그러나 모든 스트레스를 피한다는 것은 우리가 새로운 것을 시도하고, 새로운 사람을 만나며, 새로운 직장에 도전하지 못하도록 방해한다. 어떤 경우든, 완벽하게 스트레스 없는 삶을 사는 것은 불가능하다. 예컨대 우리들 각자는 아마도 부모님의 죽음을 맞이해야만 할 것이다. 만약 우리가 일정량의 스트레스를 우리 삶에 불러들이지 않는다면, 우리는 결국 변화도 없고 목적도 없는 삶을 살게 될 것인데, 이것은 우리에게 좋지 않은 일이다. 결국, 당신은 스트레스를 받아들이고, 그것이 다가왔을 때 처리하는 법을 배워야 한다. 스트레스는 아픔을 줄 수도 있지만 또한 좋을 수도 있다. 그리고 스트레스를 받는 것은 모두 우리가 인간으로 살아가는 것의 일부이다.

정답 풀이

최근까지만 해도 스트레스를 제거해야 할 무언가로 여겨왔지만 어느 정도의 스트레스는 자연스러운 삶의 일부이며 좋을 수도 있다는 내용이다. 스트레스를 피하는 것이 오히려 좋은 것을 방해할 수도 있다고 했으므로 글의 요지로 적절한 것은 ①.

오답 풀이

② 상식적으로 그럴듯해 보이지만 본문 내용과는 거리가 멀다.

④, ⑤ 지문 일부에 나온 단어를 그럴듯하게 활용한 오답이다.

구문 풀이

2~4행 But avoiding all stress prevents us from **trying** new things, **meeting** new people, [and] **applying** for new jobs.
3개의 동명사구(trying ~, meeting~, applying~)가 and로 대등하게 연결되어 있다. and로 연결되는 어구는 문법적 성격이 같아야 한다.

7~8행 If we don't invite a certain amount of stress into our lives, *we will end up unchanging and aimless*, **which** is bad for us.
which 이하는 앞의 we ~ aimless를 선행사로 하여 부연 설명하는 계속적 용법의 관계대명사절이다.

---

07 ②

해석

기체, 액체, 고체 등 모든 물질은 열을 가하면 팽창하고 식으면 수축한다. 이것은 밤에 당신의 집에서 나는 이상한 소리들 중 일부를 설명해준다. 낮 동안에 태양은 당신의 집을 형성하는 재료들, 즉 지붕과 벽을 지탱하는 나무 기둥 같은 재료들을 덥히며 따라서 재료는 팽창한다. 그러다가 밤에 기온이 떨어지면 재료는 식는다. 식으면서 재료들은 조금씩 움직이며 수축하게 되는데 이것이 여러 가지 소리를 만들어낸다. 이 소리는 밤에 더 크게 들리는데, 왜냐하면 당신의 집과 이웃은 낮 동안보다 밤에 훨씬 더 조용하기 때문이다. 이것은 낮에 냉장고에서 나는 소리를 당신이 알아채지 못하는 이유와 같다. 그러나 당신이 잠들려고 노력할 때 그 소리는 갑자기 크고 분명하게 들린다!

정답 풀이

글 전체의 내용을 종합해 주제를 추론해야 한다. 물질이 온도에 따라 수축과 팽창을 반복하는 것, 낮에 팽창했던 물질이 밤이 되면 수축하는 것, 밤은 더 조용하기 때문에 소리가 더 잘 들린다는 것은 모두 '밤에 집에서 소리가 나는 이유'를 설명하는 것이다. 따라서 제목으로 가장 적절한 것은 ②.

선택지 해석

① 이웃에서 나는 야간 소음
② 밤에 당신의 집이 "말을 하는" 이유
③ 낮과 밤의 기온 변화
④ 집의 온도를 편안하게 유지하기
⑤ 집의 재료를 이동시켜서는 안 되는 이유

구문 풀이

1~2행 All matter — gases, liquids, solids — expands when (*it is*) heated and shrinks when cooled.
gases, liquids, solids는 All matter를 부연설명하고 있다. 이 문장의 동사 expands와 shrinks는 자동사로 쓰였다.

2~3행 This explains *some of the strange sounds* [**that** your house makes at night.]
that이 이끄는 관계대명사절이 목적어 some of the strange sounds를 수식하고 있다.

8~10행 The noises seem louder at night // **because** your home and neighborhood are **so much quieter than** they are during the day.
접속사 because가 두 절을 연결하고 있으며, 〈so much(비교급 강조) + 비교급 + than구문〉으로 '~보다 훨씬 …한'의 의미이다.

---

08 ④

크게 생각하는 것은 마법처럼 당신에게 (기회의) 문을 열어주고, 당신의 시야를 확장해주며, 완전히 새로운 범주의 기회들을 당신에게 보여줄 수 있다. 성공한 보험 판매인들은 이 점을 알고 있다. 그들이 백만 달러짜리 보험증서를 파는 데는 천 달러짜리 보험증서를 파는 데 드는 것과 동일한 에너지가 든다. 부동산 사업에서도, 더 비싼 부동산에 대해 중개인 수수료가 더 높다. 당신이 부동산 중개인이라면, 부유한 주택 소유주에게 그들의 재산을 매물로 요청하는 편이 낫다. 그것은(즉, 부유한 주택 소유주에게 요청하는 것은) 돈 없는 주택 소유주에게 동일한 질문을 하는 것과 마찬가지로 수월하다. 이것이 의미하는 바는 바로 이것이다. 즉, 당신의 비전이 원대할수록 당신의 잠재적 성공 가능성도 더 커진다는 것이다.

정답 풀이

마지막 문장(the grander ~ potential success)에 요지가 드러나 있다. 비전을 원대하게 가질수록 성공 가능성이 커진다고 했으므로 정답은 ④. 중간에 나오는 보험 판매원과 부동산 중개인의 예가 이를 뒷받침해주고 있다.

선택지 해석

① 사람들과 사귀는 것
② 전체적 윤곽을 만드는 것
③ 경청하는 것
④ 크게 생각하는 것
⑤ 추가 정보를 주는 것

구문 풀이

3~5행 **It takes** them *the same* amount of energy **to** sell a million-dollar policy *as* it does to sell a thousand-dollar policy.
〈it takes A to-v〉는 'v하는 데 A(시간, 노력 등)가 들다, 필요하다'란 의미. 〈the same ~ as ...〉는 '…와 같은 ~'이란 뜻.

10~11행 **the grander** your vision, **the greater** your potential success.
〈the+비교급 ~, the+비교급 ...〉은 '~할수록 더욱더 …하다'란 뜻.

Chapter ② 글의 흐름 파악

Unit 01 연결어를 통해 글의 흐름 파악하기 (1)

2. 비교와 대조

QUICK CHECK! 본문 p.42

①

개인이 왜 어떤 일에서 실패하거나 성공하는지를 이해하기 위해서, 우리는 두 가지를 알아야 한다. 그 일을 하기 위한 능력을 얼마나 갖추고 있는가와 동기가 얼마나 강한가이다. 실패는 능력이나 동기의 부족 때문일 수 있다. 반면에, 성공은 높은 수준의 동기와 능력을 요구한다.

3. 인과 관계

QUICK CHECK! 본문 p.44

①

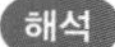

오늘날, 병원에서의 감염은 건강 관리 산업에서 심각한 문제를 야기한다. 한 연구에 의하면, 미국에서 매년 병원 관련 감염 평균 건수가 170만 건이라고 한다. 이는 그야말로 놀라운 수치이다. 따라서, 의료 기관이 이 문제를 바로잡는 것이 매우 중요하다. 일회용 의료용품을 사용하는 것이 쓸 수 있는 가장 좋은 해결책이다.

01 ③ 02 ① 03 ①

해석

돌고래는 흉내 내기를 좋아한다. 종종 수족관에서 훈련을 안 받은 돌고래가 다른 돌고래가 연기하는 것을 지켜본 다음 훈련 없이 그 연기를 완벽하게 해낸다. 하지만 돌고래들은 서로를 흉내 내는 것에 자신들을 국한하지 않는다. 예를 들어, 인도양 병코돌고래인 애니카는 같은 수조에 있는 물개인 토미를 흉내 내기 시작했다. 돌고래답지 않게, 애니카는 토미의 잠자는 자세를 흉내 내 옆으로 누웠다. 토미가 그랬듯이, 애니카는 또한 수면 위에서 배를 위로 향한 채 누웠다. 이로 인해 숨구멍이 물속에 있게 되었고, 그래서 애니카는 가끔 숨을 쉬기 위해 몸을 뒤집어야 했다.

정답 풀이

1. ③ 앞에서는 돌고래들의 일반적인 특성을 이야기하다가 ③ 이후에 갑자기 she와 Tommy가 등장하여 흐름이 매끄럽지 않음을 알 수 있다. 따라서 Anika와 Tommy가 소개되는 주어진 문장이 그 자리에 들어가야 자연스럽다. 정답은 ③.

2. 돌고래들이 다른 동물을 잘 흉내 낸다는 내용의 글이다. 따라서 제목으로 가장 적절한 것은 ①.

선택지 해석 ① 돌고래들: 뛰어난 모방자들

② 왜 우리는 해양 동물들을 훈련시키는가

③ 한계: 우리가 뛰어넘어야 하는 것

④ 돌고래는 어떻게 물속에서 숨 쉬는 것을 배우는가

⑤ 물개와 돌고래: 차이점보다는 유사점이 더 많다

3. 돌고래가 다른 동물을 흉내 내는 것의 예로 Anika를 들면서 설명하고 있다. 따라서 정답은 ①.

구문 풀이 **1~4행** Often *an untrained dolphin* [in an aquarium] **watches** another dolphin go through its act **and** then **does** the act perfectly without training.
(an untrained dolphin [in an aquarium]: S / watches: V1 / another dolphin: O / go through its act: C / does: V2)

두 개의 동사 watches와 does가 and로 병렬 연결되어 있다. 「watch+O+C」는 'O가 C하는 것을 보다'라는 의미.

주어진 문장 For example, Anika, an Indian Ocean bottlenose dolphin, started to imitate Tommy, a fur seal in the same tank.
(Anika = an Indian Ocean bottlenose dolphin / Tommy = a fur seal in the same tank)

Anika와 an Indian ~ dolphin, Tommy와 a fur seal ~ tank가 각각 동격이다.

04 ③ 05 ③

해석

결혼, 신혼여행과 같은 관계의 초기 단계들은 대개 상대적으로 갈등이 없다. 그러나 그 후에, 커플이 함께하는 동안 갈등은 존재한다. 많은 사람들에게 관계 내에서의 갈등은 관계 자체가 곤경에 빠졌다는 것을 의미한다. 갈등이 없는 완벽한 조화가 우리 모두가 추구해야 하는 기준으로 여겨진다. (A) 하지만, 갈등은 피할 수 없을 뿐만 아니라, 실제로 관계가 장기적으로 성공하는 데 중요하다. 갈등을 백신의 한 형태로 생각하라. 백신은 몸에 약간의 질병을 주입함으로써 실제로 작용한다. 그러면 몸은 그 병에 맞서 싸움으로써 반응한다. 그 후에, 몸은 실제 질병에 대비하게 된다. (B) 마찬가지로, 관계에서 사소한 갈등은 심각한 문제를 다루는 방법을 가르쳐준다. 이것들은 관계를 강화하고 융통성 있는 생각을 하도록 고무한다.

정답 풀이

4. (A) 앞에서는 갈등 없는 완벽한 조화가 우리가 추구해야 하는 기준으로 여겨진다고 했으나, (A) 뒤에서는 갈등이 피할 수 없으며 중요한 것이라는 상반되는 내용이 나오고 있으므로 역접을 나타내는 However가 적절하다. (B) 앞에서는 백신이 우리 몸에 들어가 진짜 질병에 대비할 수 있게 작용한다는 내용이 나오고 있고, (B) 뒤에서는 사소한 갈등이 심각한 문제를 다룰 수 있게 해준다고 하며 백신과 갈등을 비교하고 있으므로 Likewise가 적절하다. 따라서 정답은 ③.

5. 주제문을 통해 요지를 쉽게 파악할 수 있다. 갈등은 피할 수 없으며, 관계의 장기적인 성공에 중요한 것이라고 했으므로 요지로 가장 적절한 것은 ③.

구문 풀이 **6~8행** However, conflict is **not only** impossible to avoid, **but** actually crucial for the long-term success of the relationship.

〈not only A but (also) B〉는 'A뿐만 아니라 B 역시'라는 뜻.

10~11행 The body then responds **by fighting** against the disease.

〈by+v-ing〉는 'v함으로써'라는 의미이다.

3. 시간순

QUICK CHECK!

본문 p.50

C → D → A → B

해석

매슈 헨슨은 1866년에 메릴랜드에서 태어났다. 그의 아버지가 돌아가신 후, 그는 워싱턴 D.C.로 가서 항해사가 되었다. 1887년, 매슈는 로버트 피어리의 하인으로 고용되었다. 피어리가 그린란드로 여행 갈 계획을 세웠을 때, 매슈는 자원하여 따라가기로 했다. 매슈는 북쪽 지방의 원주민인 이뉴잇족과 의사소통할 수 있었다. 그들은 그에게 눈으로 집을 만드는 것, 썰매 개를 훈련하는 법과 같이 북극에서 생존할 수 있는 방법들을 가르쳐주었다. 1909년 4월 6일에 매슈와 피어리는 북극에 도달한 최초의 사람들이 되었다.

기출 지문으로 Check!

본문 p.51~52

01 ② **02** ⑤

해석

"사용하지 않으면 잃는다."라는 옛 격언은 유연성을 언급할 때 가장 적합하다. 유아는 발가락을 입에 물거나 발을 머리 뒤로 놓을 수 있을 정도로 일반적으로 매우 유연하다. (A) 그러나, 이러한 유연성은 이 아이가 계속 활동적이며 유연성과 관련된 활동에 참여하지 않으면 대개 금방 사라진다. 어른인 우리가 유연성을 유지하기 위한 의식적인 노력을 하지 않으면, 우리는 상당히 빠르게 유연성을 잃을 수 있다. (B) 요컨대, 유연성은 나이가 든다고 반드시 사라지는 것이 아니라, 종종 단순한 운동 부족 때문에 사라진다.

정답 풀이

1. (A) 앞에서는 유아가 얼마나 유연한지를 설명하고 있고, (A) 뒤에서는 이러한 유연성이 사라지기 쉽다고 말하고 있다. 따라서 (A)에는 역접을 나타내는 however가 적절. (B) 뒤에서는 유연성은 나이 때문이 아니라 운동 부족 때문에 사라진다며 앞의 내용을 요약하고 있다. 따라서 (B)에는 In short가 적절하다. 정답은 ②.

2. 어린아이들은 매우 유연한 반면 어른들은 그렇지 않다고 하면서, 이는 사실 나이 때문이라기보다는 운동 부족 때문이라고 서술하고 있다. 따라서 주제로 가장 적절한 것은 ⑤.

선택지 해석 ① 어른으로서 유연하게 지내는 방법 ② 유명한 격언의 기원 ③ 활동적인 생활 방식의 중요성 ④ 어린아이들의 놀라운 유연성 ⑤ 유연성과 나이의 관계

오답 풀이

2. ①, ④ 주요 어휘인 flexible을 이용한 오답.

구문 풀이

2~4행 Infants are generally **so** *flexible* **that** they can chew on their toes or put a foot behind their head.
〈so ~ that ...〉은 '…할 정도로 ~하다'의 의미이다.

5~6행 ~ **unless** the child remains active and engages in flexibility-related activities.
unless는 if ~ not으로 바꾸어 쓸 수 있다. (= **if** the child does**n't** remain active ~.)

03 ⑤ **04** ③

해석

(A) 윈스턴 처칠은 전 영국 총리로, 아마추어 화가였다. 헨리 루스는 미국 출판업자로, 처칠의 풍경화 중 하나를 자신의 뉴욕 사무실에 가지고 있었다.

(D) 미국 여행을 하던 중 처칠은 루스의 사무실을 방문했고, 두 사람은 그 그림을 함께 보았다. 루스가 말했다. "좋은 그림이에요. 하지만 풀밭에 뭔가가 좀 더 필요하다고 생각합니다. 양 같은 거요."

(C) 다음 날, 처칠의 비서가 전화해서 그 그림을 영국으로 보내달라고 요청했다. 루스는 그가 혹시 수상을 화나게 한 건 아닐까 걱정하면서 그렇게 했다(그림을 보냈다).

(B) 하지만, 며칠 후 그 그림은 돌아왔는데, 약간 변화되어 있었다. 지금은 양 한 마리가 그림 속에서 평화롭게 풀을 뜯고 있었다.

정답 풀이

3. (D)에서 the painting은 (A)의 one of Churchill's landscape paintings를 가리킨다. 따라서 (A) 다음에는 (D)가 오는 것이 자연스럽고, 그림을 영국으로 보냈다가, 며칠 후 다시 돌려받는 게 흐름상 자연스러우므로 그 뒤에는 (C)와 (B)가 순서대로 오는 것이 적절하다. 따라서 정답은 ⑤.

4. Churchill의 비서가 전화를 했다(Churchill's secretary called)고 했으므로 ③이 일치하지 않는다.

구문 풀이 **9~10행** Luce **did** so, *worried* that he had perhaps upset the prime minister.
did는 앞 문장의 send를 받아 과거형인 sent를 의미하는 대동사이다. worried는 as he was worried~를 분사구문으로 고친 being worried~에서 being이 생략된 형태다.

Unit 03 연결어 없이 글의 흐름 파악하기

1. 관사와 대명사 QUICK CHECK!

본문 p.54

ⓐ, ⓓ, ⓗ
ⓑ, ⓖ
ⓒ, ⓔ, ⓕ

해석
ⓐ 간디는 열다섯 살 때, 형의 팔찌에서 금 한 조각을 훔쳤다. 간디는 죄책감으로 괴로웠다. 어느 날 그는 ⓑ 아버지께 자신이 한 일을 말씀드리기로 했다. 그는 아버지께 ⓓ 자신(간디)을 벌해 달라고 요청하는 ⓒ 편지 한 통을 썼다. 그런 다음 간디는 병석에 누워 계신 아버지께 ⓔ 그 편지를 건네 드렸다. 아버지는 조용히 일어나 앉아 편지를 읽고는 ⓕ 그것(그 편지)을 ⓖ 자신(간디의 아버지)의 눈물로 흠뻑 적셨다. 잠시 후 아버지는 그 편지를 찢었다. 편지를 찢는 아버지의 행동을 통해서, 간디는 ⓗ 자신(간디)이 용서받았음을 알았다. 그 날 이후 그는 항상 아버지의 눈물과 사랑을 마음속에 간직했으며 계속 나아가 위대한 지도자가 되었다.

2. 연결어 생략 QUICK CHECK!

본문 p.56

④

해석
(A) 인터넷은 놀랍지 않은가? 사람들은 정보를 찾기 위해 인터넷을 쓸 수 있다. 그들은 게임도 할 수 있다.
(C) 인터넷은 1960년대에 시작되었다. 미국 정부는 서로 다른 장소에 있는 컴퓨터들을 연결하여 정보를 공유하기를 원했다.
(D) 그것은 새로운 아이디어였다. 정부는 그것이 작동하는 방법을 알아내야 했다. 마침내, 다른 도시에 있는 네 대의 컴퓨터가 연결되었고, 인터넷이 탄생했다.
(B) 곧, 더 많은 컴퓨터가 추가되었다. 다른 단체들이 인터넷에 연결되길 원했다. 그 후 가정에 있는 사람들이 자신들의 컴퓨터를 연결했고, 인터넷은 거대해졌다.

기출 지문으로 Check!

본문 p.57~58

01 ⑤ **02** ④

해석
(A) 어떻게 하면 달걀을 깨지 않고 완숙으로 삶은 달걀과 날달걀의 차이를 알 수 있을까?
(D) 두 달걀을 돌려라! 날달걀은 쉽게 돌지 않는 반면에 완숙으로 삶은 달걀은 쉽게 도는 것을 발견할 것이다. 또한, 날달걀이 더 천천히 돌고 흔들리는 것을 알아차릴 것이다.
(C) 이는 날달걀 내부가 유동체인 반면, 완숙으로 삶은 달걀은 고체이기 때문이다. 날달걀을 돌릴 때, 내부의 유동체는 이리저리 움직여서 흔들림을 야기한다. 그러나 완숙으로 삶은 달걀은 날달걀과 같은 유동체가 없어서 흔들리지 않는다. 그리고, 달걀이 도는 것을 멈추기 위해 달걀 위에 손가락을 얹어라.
(B) 손가락을 떼었을 때, 내부에 있는 그 유동체가 여전히 움직이고 있기 때문에 날달걀은 몇 초간 더 계속해서 돌 것이다. 완숙으로 삶은 달걀은 즉시 멈출 것이다.

정답 풀이
1. (D)의 both eggs는 (A)의 a hardboiled egg와 a raw egg를 가리킨다. 또한 (A)의 질문에 대한 답변을 (D)에서 하고 있으므로 (A) 다음에는 (D)가 오는 것이 자연스럽다. 두 달걀이 돌 때의 차이점을 (D)에서 설명하고, 그 이유를 (C)에서 설명하고 있으므로 (D) 다음에는 (C)가 오는 것이 적절하며, (C)에서 손가락을 올려보라고 했던 것에 대한 설명이 (B)에서 계속 이어지고 있으므로 마지막에 (B)가 오는 것이 자연스럽다. 따라서 정답은 ⑤.
2. 완숙으로 삶은 달걀과 날달걀을 회전시킴으로써 구분할 수 있다는 내용의 글이다. 따라서 주제로 가장 적절한 것은 ④.
선택지 해석 ① 회전하는 달걀의 특성 ② 특이한 달걀 요리법 ③ 달걀을 삶는 것이 어떻게 그 내부를 변화시키는가 ④ 날달걀과 삶은 달걀을 구별하는 법 ⑤ 친구들에게 깊은 인상을 줄 달걀을 이용한 속임수

오답 풀이
2. ①, ③은 지문에 사용된 어휘를 이용한 오답.

구문 풀이 4~5행 ~ **as** the fluid inside is still moving.
여기서 as는 '~ 때문에'라는 뜻으로 쓰인 접속사.

03 ② 04 ⑤

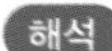

사람들은 단어의 의미와 단어가 배열되는 방식을 통해 의사소통하는 것에 크게 의존한다. 우리는 누군가에게 우리가 그들을 사랑한다고 슬픈, 행복한, 또는 부드러운 목소리 톤으로 말할 수 있다. 그것은 우리의 감정에 뉘앙스(미묘한 차이)를 주지만 "내가 당신을 사랑한다"는 말의 의미는 똑같다. 이것이 '혼합된 신호들'이 매우 혼란스러울 수 있는 이유이다. (A) 예를 들어, 한 친구가 당신을 좋아한다고 말하면, 당신은 다양한 단서에 따라 그것을 다른 방법으로 해석할 수 있다. 당신이 부드럽고, 경쾌한 톤의 "나는 너를 좋아해"라는 말을 듣고 친근한 눈 맞춤과 편안한 자세로 그 친구가 미소를 짓고 있는 것을 본다면, 당신은 아마도 그 감정을 믿을 것이다. (B) 그러나, 친구가 무표정한 얼굴을 보여주고, 눈 맞춤을 피하며, 팔짱을 꽉 낀 채 당신으로부터 살짝 돌아앉아 화난 목소리 톤으로 "나는 너를 좋아해"라고 말하는 것을 듣는다면, 당신은 그 또는 그녀의 진의에 의문을 가질 것이다.

정답 풀이

3. (A) 앞에서 같은 말을 하면서도 목소리 톤을 달리할 때 '혼합된 신호'를 주어 혼란을 준다고 말하고 있고, (A) 뒤에 이에 대한 구체적인 사례가 제시되고 있다. 따라서 (A)에는 For example이 적절하다. (B)의 앞에서는 "나는 너를 좋아해"라는 말을 경쾌한 톤의 목소리로 하는 경우를, (B) 뒤에서는 같은 말을 무표정한 얼굴로 하는 경우를 서술하고 있다. 따라서 (B)에는 However가 적절하다. 정답은 ②.

4. 말과 그 외에 표정, 행동 등이 일치하지 않는 경우 듣는 사람에게 혼란을 줄 수 있다는 내용의 글이다. 따라서 제목으로 가장 적절한 것은 ⑤.

선택지 해석 ① 거짓말쟁이를 가려내기 위해 찾아야 할 중요한 단서들
② 몸짓 언어가 가장 중요한 때 ③ "난 널 좋아해"와 "난 널 사랑해"의 차이점
④ 몸짓 언어와 메시지를 일치시키는 방법 ⑤ 혼합된 신호: 말과 행동의 불일치

구문 풀이 9~10행 ~ see your friend smiling with friendly eye contact and (***with***) body and arms relaxed, ~.
〈with+O+p.p.〉는 'O가 v된 채로'로 해석한다.

Review Test

본문 p.59~61

01 ② 02 ① 03 ③ 04 ① 05 ④ 06 ② 07 ② 08 ⑤

01 ②

해석

생텍쥐페리의 〈어린 왕자〉는 어린이 책으로 널리 읽히지만, 성인 독자들에게도 즐거움을 준다. 마찬가지로, 〈이상한 나라의 앨리스〉는 모든 연령대에게 훌륭한 이야기이다.

정답 풀이

빈칸의 앞뒤로 〈어린 왕자〉와 〈이상한 나라의 앨리스〉의 공통점을 서술하고 있으므로 Likewise가 적절하다. 정답은 ②.

02 ①

해석

누구도 평생 게임을 하기 위해 태어나지 않는데, 왜냐하면 게임은 사람들이 긴장을 풀고 스트레스를 해소하기 위해 있는 것이기 때문이다. 하지만, 게임에 중독된 사람들은 보통 게임을 하는 데 자신들의 시간 대부분을 쓰고, 게임을 함으로써 더 스트레스를 받기도 한다.

정답 풀이

빈칸 앞에는 게임이 긴장과 스트레스를 풀기 위한 것이라고 말했지만, 빈칸 뒤에서는 게임에 중독된 사람들이 게임에 너무 많은 시간을 쓰며 스트레스를 더 받기도 한다는 내용이 나오고 있다. 따라서 역접 관계를 나타내는 However가 적절하다. 정답은 ①.

03 ③

해석

당신이 만약 다이어트 중이라면, 차가운 음식과 음료를 멀리하고 있어야 한다. 이는 차가운 셰이크, 음료, 익히지 않은 음식 등을 포함한다. 반대로, 따뜻하거나 뜨거운 물은 비만에 긍정적인 영향을 준다. 뜨거운 물을 규칙적으로 섭취하는 것은 우리 몸의 지방을 감소시키는 역할을 한다.

정답 풀이

빈칸 앞에서는 차가운 음식을 멀리해야 한다는 내용이, 빈칸 뒤에서는 따뜻하거나 뜨거운 음식이 몸의 지방 감소에 작용한다는 내용이 나오고 있으므로 대조를 나타내는 In contrast가 적절하다. 정답은 ③.

04 ①

해석

연구에 의하면, 야생에서 동물들은 달에 의해 영향을 받는다는 몇 가지 증거가 있다고 한다. 예를 들어, 산호의 한 종은 보름달이 뜬 동안에 더 활발해지는 빛에 민감한 유전자를 가지고 있다.

정답 풀이

빈칸 앞에서는 야생 동물들이 달의 영향을 받는다는 내용이 나오고 있고, 빈칸 뒤에서 구체적인 사례를 제시하고 있으므로 For example이 적절하다. 정답은 ①.

05 ④

해석

지구 온난화와 전 세계 천연자원의 한계는 우리가 우리의 환경으로부터 직면하고 있는 위험이다. 많은 사람이 우리 행성이(지구가) 점점 더 살기 힘든 곳이 되어가고 있음을 두려워한다. 이것은 많은 사람이 친환경적이 되도록 만들고 있다.

(C) 당신이 친환경적이 될 수 있는 많은 방법이 있다. 예를 들어, 직장까지 걸어가거나 자전거를 타고 가는 것은 자동차의 공해를 줄인다. 그것은 또한 당신이 가스에 쓸 돈을 아끼게 해 준다.

(A) 또 다른 방법은 전기와 물을 유의하는 것이다. 항상 전등을 사용하지 않을 때 반드시 (불을) 끄고 이를 닦는 동안 반드시 물을 잠가라.

(B) (당신이) 보다시피 친환경적으로 되는 것은 환경과 당신의 개인적인 재정 상황에 모두 도움이 된다! 그것은 모두에게 유리한 상황이다!

정답 풀이

주어진 문장은 지구가 살기 어려운 환경이 되고 있으며, 이로 인해 사람들이 친환경적이 되는 것에 관심을 두게 된다는 내용이다. 이어서 친환경적이 될 수 있는 몇 가지 방법을 제시하는 (C)가 바로 오고, 또 다른 방법에 관해서 이야기하는 (A)가 그 다음에 오고, 친환경적으로 되는 것은 환경과 개인적인 재정 상황에 모두 도움이 된다는 내용의 (B)가 오는 것이 자연스러우므로 글의 순서는 ④ (C) – (A) – (B)가 적절하다.

구문 풀이

주어진 문장 Global warming and limits to the world's natural resources (S) are (V) *the dangers* [(*that*) we face from our environment] (C).

1~3행 Always make sure **to turn out** the lights when you aren't using them **and** **to turn** the water **off** while brushing your teeth.
to turn out과 to turn off가 이끄는 두 개의 to부정사구가 and에 의해 병렬 연결된 구조이다.

4~5행 As you can see, going green is helpful **both** to the environment **and** to your own personal finances!
〈both A and B〉는 'A와 B 둘 다'라고 해석하며 A, B 자리에 전명구가 위치했다.

06 ②

해석

"망가(만화)"는 (그 기원이) 19세기까지 거슬러 올라가는 길고 복잡한 역사를 가진 일본 만화책 스타일의 이름이다. 또 "아니메"는 일본 망가로부터 변형된 애니메이션 스타일이다. 망가와 아니메가 일본에서 인기가 있다는 사실은 놀라울 것이 없다. 그러나 놀라운 것은 망가와 아니메가 전 세계적으로 인기를 끌었다는 점이다. 초기에 일본에서 해외 시장으로 진출한 몇몇 작품이 있었다. 그 한 가지 사례가 오사무 테츠카의 〈아스트로 보이(우주소년 아톰)〉다. 〈아스트로 보이〉는 일본이 아직 제2차 세계 대전에서 복구 중일 때 세상에 나왔다. 단순하면서도 강력한 〈아스트로 보이〉의 캐릭터는 일본에서 즉각적으로 인기를 누렸으며, 곧 해외에서도 사랑을 받았다. 아스트로 보이는 1960년대와 1970년대에 걸쳐 전 세계에서 다양한 만화 시리즈와 텔레비전 시리즈에 등장했다.

정답 풀이

주어진 문장이 'However, what is amazing ~'이라 시작하므로, 앞에는 어떤 놀랍지 않은 사실이 나올 수 있음을 추측할 수 있다. ②의 앞에 망가와 아니메가 일본에서 인기가 있는 것은 놀랍지 않다는 내용이 나오며, 그 뒤에는 주어진 문장에서 언급했던 해외에서 인기를 얻은 작품에 대한 이야기가 이어지므로 주어진 문장은 ②에 오는 것이 가장 적절하다.

오답 풀이

④, ⑤ 뒤 문장은 ③ 뒤에 나오는 아스트로 보이의 구체적 설명이다.

구문 풀이 **주어진 문장** ~, **what** is amazing is **that** manga and anime have become popular worldwide.
S / V / C

선행사를 포함하는 관계대명사 what이 이끄는 절이 주어를, 접속사 that이 이끄는 절이 보어를 이루고 있다.

3~4행 "Anime" is *an animation style* [**adapted** from Japanese manga].
과거분사구 adapted ~ manga가 an animation style을 후치 수식한다.

6~8행 One such example is *Osamu Tezuka's Astro Boy*, **which** came out when Japan was still recovering from World War II.
관계대명사 which가 이끄는 절이 Osamu Tezuka's *Astro Boy*를 부연 설명해준다.

---

07 ②

해석

뮤지컬은 오페라와 쉽게 혼동된다. 그러나 이 두 장르 모두 이야기 전달을 위해 노래를 사용하지만, 이들 사이에는 몇 가지 본질적인 차이가 있다. ① 오페라에서는 모든 것을 노래로 부르는 반면, 뮤지컬에서는 대개 말을 하는 부분이 존재한다. (② 〈오페라의 유령〉, 〈캣츠〉, 〈시카고〉를 포함하는 역사상 가장 인기 있는 브로드웨이 뮤지컬 94편의 유명한 목록이 존재한다.) ③ 뮤지컬은 춤을 이용하며 오페라보다 덜 진지한 경향이 있다. ④ 또한 뮤지컬은 대중음악과 일상적인 언어를 사용하는 경향이 있다. ⑤ 반면, 오페라는 전통을 고수하며, 과거에서 온 언어를 사용한다.

정답 풀이

뮤지컬과 오페라의 차이점을 설명하는 글이다. ②는 역사상 가장 인기 있는 뮤지컬 목록이 존재한다는 내용이므로 이 글의 전반적인 흐름과 무관한 문장이다.

오답 풀이

①, ③, ④, ⑤ 모두 뮤지컬과 오페라의 차이점에 대해 설명하는 문장.

구문 풀이 **7행** Musicals use dance and tend to be **less** serious **than** operas.
S / V1 / V2

비교급 〈less ~ than ...〉 구문으로 '…보다 덜 ~ 한'의 의미이다.

---

08 ⑤

해석

잭 런던은 1907년에 〈길〉이라는 제목의 회고록을 출간했을 때 미국에서 가장 인기 있는 작가 중 한 명이었다. 미국 전체를 배와 열차, 도보로 무모하게 여행한 기록인 그 회고록은 또한 사회 계층과 분열에 대한 작가의 관심도 반영하고 있다. 〈길〉은 미국 문화와 역사에 관해 논한 것으로 역사가와 학자들의 칭송을 받고 있다. 그 회고록은 미국인들의 자동차 사랑, 도로 여행, 그리고 길에 관한 이야기에 대해 많은 것을 말해주고 있다. 이 작품은 몇 세대에 걸쳐 젊은 독자들에게, 세계를 일등석이 아니라 바로 가까이에서 보기 위해 여행길에 오르는 데 커다란 영감이 되어왔다.

정답 풀이

젊은 독자들에게 일등석이 아니라 바로 가까이에서 세계를 보기 위해 여행길에 오르는 데 큰 영감이 되어왔다고 했으므로 일치하지 않는 것은 ⑤.

오답 풀이

①, ②, ③, ④ 모두 일치하는 내용.

구문 풀이 **1~2행** Jack London was one of the most popular authors in America when he published *his memoir* [entitled *The Road*, in 1907].
S / V / C / S' / V' / O'

entitled ~ in 1907은 his memoir를 수식하는 과거분사구이다.

2~5행 An account of London's wild journey across America by boat and train and on foot, the memoir also reflects the author's concerns with social classes and divisions.
An account of ~ on foot은 주어인 the memoir와 동격이다.

9~10행 ~ **to see** the world up close, instead of from a first-class seat.
to see는 to 부정사의 부사적 용법 중 목적의 의미로 사용되어서 '~하기 위해서'라는 뜻을 가진다.

Part 2 유형에 대한 이해

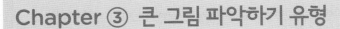

Chapter ③ 큰 그림 파악하기 유형

유형 01 주장 · 요지

본문 p.64~65

QUICK CHECK!

1. have to, must, should, need to
2. important, critical, necessary, vital, essential
3. I feel that ~, I agree[disagree], Why don't you ~

기출 맛보기

⑤

해석

문제들은 (해결이) 불가능한 것처럼 보일 수 있다. 우리는 우리의 문제들을 다른 사람들과 토론해야 하는 사회적 동물들이다. 우리가 혼자일 때, 문제들은 더 심각해진다. 함께 나눔으로써, 우리는 의견을 얻을 수 있고 해결책들을 찾을 수 있다. 삶에 대한 만족도가 낮은 한 그룹의 여성들과 함께 한 실험이 행해졌다. 그 여자들 중의 몇 명은 비슷한 상황에 있는 다른 사람들에게 소개되었다. 그리고 그 여자들 중 몇 명은 혼자서 걱정들을 처리하도록 남겨졌다. 다른 사람들과 함께 있었던 사람들은 시간이 지나면서 걱정들을 55%만큼 줄였지만, 혼자 남겨진 사람들은 더 나아진 것을 느끼지 못했다.

정답 풀이

주제문(When we are alone, ~ find solutions)에 글쓴이의 요지가 잘 드러난다. 뒤이어 나오는 예시에서도 다른 사람과 문제를 공유할 때 해결에 도움이 된다는 것을 알 수 있다. 따라서 정답은 ⑤.

오답 풀이

① 상식적으로 바람직해 보이는 내용이지만 오답이다. 지문의 핵심 내용을 잘 담고 있는지 확인해야 한다.

② 지문에 나온 Those who were with others reduced their worries by 55 percent over time을 잘못 이해했을 경우 선택할 수 있는 오답 선지.

구문 풀이 **4~6행** An experiment was conducted with *a group of women* [**who** had low satisfaction in life].
who가 이끄는 관계대명사절이 a group of women을 수식하고 있다.

유형 익히기

본문 p.66~67

01 ① **02** ⑤ **03** ⑤ **04** ④

01 ①

Q

But if we make good use of the time, we can learn a lot of things. So it's a good idea to always carry a book or something to study.

해석

2년에서 4년간 줄을 서는 게 가능하다고 생각하나요? 조만간 당신은 아마 그렇게 될 것입니다! 우리는 지하철을 타고, 영화표를 사고, 가게 계산대에서 기다리고, 은행에서 돈을 뽑을 때 줄을 섭니다. 한 조사에 따르면 유럽에서는 한 사람이 매일 평균 68분 동안 줄을 선다고 합니다. 평생으로 치면, 그것은 약 4년이고 정말 많은 시간이 낭비되는 것입니다. 그러나 우리가 만약 그 시간을 잘 활용한다면, 많은 것을 배울 수 있을 것입니다. 그러니 책이라든가 뭔가 공부할 것을 항상 가지고 다니는 것이 좋습니다.

정답 풀이

글의 대부분은 줄을 서는 시간이 많다는 내용이지만, 마지막 두 문장에서 글쓴이의 주장이 드러난다. 책이나 공부할 것을 가지고 다니며 줄 서는 시간을 활용하라는 내용이므로 이 글의 요지는 '① 줄 서는 시간을 잘 활용해야 한다'이다.

오답 풀이

④ 글의 소재 'standing in line'에서 상식적으로 연상할 수 있는 내용.

⑤ 책을 가지고 다니라는 마지막 문장에서 연상할 수 있는 오답.

02 ⑤

Q ②

Q 선택지 해석

① 익숙한 상징

② 계획하기

③ 스트레스

해석

끝나지 않은 많은 일들과 적절치 못한 계획의 가장 흔한 상징은 '할 일' 목록 더미이다. '할 일'을 계획하는 것이 당신의 시간을 더 잘 관리하고 무엇이 중요한지 알 수 있게 도와준다는 것은 사실이다. 그럼에도, 끝내지 못한 일의 목록들은 큰 문제를 초래할 수 있다. 아직 끝내지 못한 모든 일을 보는 것만으로도 스트레스를 일으키고 불안하게 할 수 있다. 이렇게 되지 마라! 목록을 만들 때마다 너무 규모가 크거나 복잡하게 만들지 말고, 당신이 할 수 없다고 알고 있는 일은 넣지 마라. 목록에서 과제를 하나씩 지우며 하루를 보내는 것이 훨씬 더 기분이 좋을 것이므로, 이것이 당신이 해야 할 일임을 명심하라.

정답 풀이

마지막 두 문장(Whenever you make ~ what you do)에 글의 주장이 잘 드러나 있다. 할 일 목록을 복잡하게 만들지 말고 할 수 있는 일만 적어 하나씩 지워 나가라고 했으므로, 글쓴이의 주장으로 가장 적절한 것은 ⑤.

오답 풀이

③ '할 일 목록'과 관련하여 연상할 수 있는 상식적인 내용이나, 지문에서는 과제의 경중을 따져 우선순위를 정하라고 주장하고 있지는 않다.

구문 풀이

2~4행 **It** is true / **that** having a "to do" plan can help you **to organize** your time better [and] (*to*) **see** what's important.

진주어인 that절을 대신하는 가주어 it을 사용한 문장이다. help의 목적격보어 to organize ~ better와 (to) see 이하가 and로 연결되고 있다.

5~6행 Just looking at *all the stuff* [(*that*) you haven't yet done] (S) can cause (V1) stress (O1), [and] (*can*) make (V2) you (O2) **feel** anxious (C).

and로 연결된 두 절의 공통된 주어는 Just looking ~ yet done으로, 목적격 관계대명사 that이 생략되었다. 두 번째 동사구는 SVOC 구조를 이루어 원형부정사(feel)가 목적격보어로 쓰였다.

03 ⑤

Q ①

Q 선택지 해석

① 운동하기

② 헬스클럽

③ 근육통

해석

당신의 몸을 변화시키기 위한 한 가지 좋은 방법은 운동을 통해서이다. 운동은 체형을 바꾸어 줄 뿐만 아니라, 스트레스를 해소해 더 활기차게 느끼게 해준다. 몸의 이미지 변화는 당신에게 더 긍정적인 인생관을 줄 수 있다. 그러나 너무 많은 사람이 헬스클럽 회원으로 등록하고는 겨우 며칠 뒤에 그만둬 버린다. 그들은 근육이 뻐근함을 느끼고 즉각적인 결과가 보이지 않기 때문에 자신이 세운 계획을 포기하고 만다. 운동은, 적절한 식사를 하는 것과 마찬가지로 효과를 얻는 데 오랜 시간이 걸린다. 그래서 꾸준한 노력을 계속하는 사람들만이 운동의 이점을 경험할 수 있다.

정답 풀이

즉각적인 변화가 없다고 해서 포기하지 말고, 긴 시간을 들여야 운동의 효과를 볼 수 있다는 게 글의 요지로, 마지막 문장(So, only people ~ the benefits of exercising)이 주제문에 해당한다. 따라서 글의 요지로 '⑤ 운동은 꾸준히 해야 효과를 볼 수 있다'가 가장 적절하다.

오답 풀이

① 세부 내용에 불과하므로 글의 요지로는 부적절하다.

③, ④ 글에 언급된 바가 없다.

구문 풀이

1~3행 ~ exercising **not only** changes the shape of your body, **but** it **also** makes you feel more energetic by relieving stress.

⟨not only A but also B⟩는 'A뿐만 아니라 B도'의 의미이다. A, B에 동사구(changes ~, makes ~)가 위치했다.

6~7행 *They feel pain in their muscles and they do not see immediate results*, **which** makes them give up their plan.

which는 앞 내용 전체를 가리키며, 그것을 부연 설명하고 있다.

9~10행 So, only *people* [**who continue their efforts**] can experience the benefits of exercising.

who ~ efforts의 주격 관계대명사절이 주어 people을 수식하고 있다.

04 ④

Q

When you recognize an impossible situation, know that it's time to walk away.

해석

성공한 개인들에 관한 이야기들은 종종 동일한 메시지를 담고 있다. 그것은 바로 '포기하지 말라!'는 것이다. 여기에는 이유가 있다. 성공은 힘든 일이며, 어느 분야에나 치열한 경쟁이 존재한다. 소파에 누워 있어서는 부자가 될 수 없고, 케이크 첫 조각에 굴복한다면 살을 뺄 수 없을 것이다. 그럼에도, 어려운 상황과 아예 해결책이 없는 상황 사이에는 큰 차이가 있다. 어떤 일은 그야말로 불가능하다. 불가능한 상황을 인지했을 때는 떠나버릴 때임을 알아라. 만약 사람들이 포기해야 할 때를 알았더라면 이 세상의 많은 고통을 피할 수 있었을 것이다.

정답 풀이

무조건 포기하지 않는 것보다는, 해결책이 없을 때는 과감히 떠날 줄 알아야 한다는 것이 글의 핵심이다. 따라서 정답은 ④.

오답 풀이

② 이는 '포기하지 말라'는 의미이므로 글이 말하고자 하는 바가 아니다.

③ 소파에 앉아 있는 것, 케이크에 굴복하는 것 등의 내용에서 연상할 수 있는 오답.

구문 풀이 5~7행 Still, there's *a big difference* [between a difficult situation and ***one*** [**that** has no solution]].

that 이하는 one을 수식하는 관계대명사절이며, one은 a situation을 대신해서 쓰였다.

9~10행 *A great deal of suffering* [in this world] **could have been avoided** // **if** people **had known** when to give up.

〈S+조동사 과거형+have p.p. ~, if+S'+had p.p. ...〉의 가정법 과거 문장으로 '만약 (그때) …했다면 ~했을 텐데'의 의미이다. know는 when to give up을 목적어로 취하고 있다.

유형 02 주제

본문 p.68~69

QUICK CHECK!

1. but, however, on the other hand, nevertheless, although, even though, while

2. therefore, so, consequently, as a result, thus, hence, ultimately

기출 맛보기

⑤

해석

어떤 히포크라테스의 생각(견해)이 오늘날에도 실행되고 있을까? 비록 히포크라테스는 거의 2500년 전에 살았지만, 그의 생각 중 많은 것들이 오늘날에도 아주 친숙하게 들린다. 그는 친척 중의 누구라도 비슷한 질병을 앓았는지 알아내기 위해 가족들의 병력에 대해서 물었다. 환자의 환경이 병을 유발하고 있는지 알아내기 위해 환자의 집에 대해서 질문을 했다. 그는 식단이 질병 예방에 중요한 역할을 한다는 것을 알아냈다. 히포크라테스는 정서적 스트레스에 의해 생기는 신체적 질병을 이해한 첫 번째 사람이다. 그는 이른바 환자를 대하는 태도에 대해서도 제안을 했다. 그는 의사가 질병 그 자체만큼 환자의 편안함과 행복에도 신경을 써야 한다고 말했다.

정답 풀이

히포크라테스의 의학적 견해가 현재까지도 남아있다는 것이 글의 핵심이다. 두 번째 문장이 주제문이며 뒤이어 나오는 예시가 이 주제문을 뒷받침하고 있다. 따라서 정답은 ⑤.

오답 풀이

①, ③, ④ 지문에 자주 등장하는 medicine을 이용한 오답.

② 글의 핵심 어구로 보이는 Hippocrates를 이용한 오답.

구문 풀이 3~5행 He asked about the family health history to see **if** any relatives ***had suffered*** from similar diseases.

여기서 if는 '~인지 아닌지'의 뜻으로 쓰였으며, 친척들이 비슷한 질병을 앓았던 시점이 그가 질문하는 시점보다 더 먼저이기 때문에 〈had+p.p.〉가 쓰였다.

11~13행 ~ should pay **as much** attention *to the comfort and happiness of the patient* **as** *to the disease itself.*

〈as much ~ as...〉는 '…만큼 ~한'이라는 뜻으로, 여기서는 to the ~ patient와 to the disease itself를 비교하고 있다.

01 ⑤ 02 ② 03 ⑤ 04 ⑤

01 ⑤

Q

Therefore, authors / A children's

해석

어린이들은 자기가 듣고 읽는 이야기가 실제라고 믿는다. 그러므로 작가들은 슬픈 결말이 정말로 적절한지 신중하게 검토해야 한다. 훌륭한 동화는 우리에게 가르침과 위안, 영감과 즐거움을 준다. 그런데, 만약 독자가 이 야기를 다 읽은 뒤 낙담한다면 그들에게 온전히 유익한 것은 아니다. 어린이에게 있어, 불행은 문제를 일으킨다. 그것은 그 이야기가 결론에 이르지 못한 것과 마찬가지다. 아이는 슬픈 이야기 때문에 혼란스러워 하거나 심지어 마음이 상할 수도 있다. 동화는 등장인물들이 그 이야기가 끝난 뒤에도 계속해서 행복하게 살 것이라는 확신을 아이들에게 남겨야 한다.

정답 풀이

두 번째와 마지막 문장이 주제문으로, 아이들은 자신들이 듣고 읽는 이야기가 실제라고 생각하기 때문에 작가들이 슬픈 결말을 내릴 때 신중해야 한다고 주장하고 있다. 슬픈 결말은 아이들을 낙담시키고 문제를 일으킬 수 있다고 뒷받침하고 있다. 따라서 이 글의 주제로 가장 적절한 것은 ⑤.

선택지 해석 ① 동화책 집필의 어려움
② 아동 문학의 적절한 주제
③ 동화에서 배우는 교훈
④ 어린이들이 책 속 등장인물을 이해하는 방식
⑤ 동화가 해피엔딩(행복한 결말)이어야 하는 이유

오답 풀이

① 동화책을 만들 때의 결말에 관한 글이지, 어려움을 말하고 있지는 않으므로 오답.

구문 풀이

1행 Children believe (***that***) *stories* [(***which***) they hear and read] are real.
believe 뒤에는 접속사 that이 생략되었고, stories 뒤에는 목적격 관계대명사 which가 생략되었다.

4~5행 However, the reader would not fully benefit **if** he or she feels disappointed ~.
If 이하는 조건절로 '~한다면'의 의미이다.

6~7행 It is **as if** the story failed to reach a conclusion: ~.
⟨as if+S′+동사의 과거형⟩형태의 as if 가정법 구문('마치 ~인 듯한')으로, 동사의 과거형이 쓰여 주절과 같은 시점인 현재를 나타낸다.

02 ②

Q

negative thoughts

해석

나는 내가 가진 부정적 생각들이 내가 어디든 메고 다니는 백팩 속에 들어 있다는 생각을 때로 한다. 간혹 그것들 중 하나가 백팩에서 나와 나를 찾는다. 내가 알게 된 것은, 그 백팩의 내용물을 제거할 방법이 전혀 없다는 점이다. 그러나 나는 백팩 속에 있는 것들과 매우 다르게 이해하는 법을 배웠다. 예전에 나는 두려움, 분노, 절망, 후회를 가방 속에 꼭꼭 담아 두려고 노력하곤 했다. 그런데 이제는 그것이 나오고 싶을 때 나오도록 허용한다. 사실, 나 스스로 백팩을 열어보기로 선택하는 때도 있다. 정말로 흥미로운 점은, 기꺼이 "생각이 밖으로 나오게 허용"하겠다는 마음이야말로, 생각이 밖으로 나오고 싶은 마음을 억제하는 바로 그것이란 사실이다.

정답 풀이

이전에는 부정적인 감정들을 감추려고 했지만 방법을 바꿔 편히 드러내려고 하자, 오히려 부정적인 감정들을 드러내지 않을 수 있게 되었다는 내용. 따라서 정답은 ②.

선택지 해석 ① 두려움이 우리에게 경고하는 것
② 부정적 감정을 다루는 방법
③ 부정적 생각을 없애는 방법
④ 불안과 후회를 안고 사는 부담
⑤ 타인과 감정을 공유해야 하는 필요성

오답 풀이

③ 글에서 빈번히 등장하는 단어를 활용하여 만든 오답.

구문 풀이

3~4행 **What** I've discovered (S) **is** (V) **that** there is no way to get rid of the contents of that backpack. (C)
선행사를 포함한 관계대명사 what이 이끄는 절이 주어를 이루고 있고, 접속사 that이 이끄는 명사절이 보어 역할을 하고 있다.

7~8행 Now, I allow it to come out **whenever** it wants to (***come out***).
whenever는 at any time when으로 바꿔 쓸 수 있으며, '~할 때는 언제나'의 의미이다. wants to 다음에 come out이 중복되어 생략되었다.

03 ⑤

Q

sand

해석

당신은 바닷가를 찾아가 본 적이 있는가? 부드러운 모래에 발을 묻으면 정말 좋은 느낌이 든다, 그렇지 않은가? 대양의 파도는 밤낮으로 해안에 부딪치는데, 이것은 느리지만 멋진 결과를 만들어낸다. 당신의 발아래 있는 부드러운 모래도 한때 날카로운 바위와 뼈, 조개의 더미였다. 파도와 조수가 그것들을 앞뒤로 왔다 갔다 몰고 다녔다. 파도는 서서히 단단한 물질의 커다란 조각을 더 작은 조각으로 부수었다. 파도는 오랜 세월 작용하여, 길고 멋진 모래 해변을 만들어냈다. 언젠가는 모든 커다랗고 거친 바위가 부드럽고 조그만 모래 가루가 될 것이다.

정답 풀이

글 전체의 내용을 종합해 주제를 찾아내야 한다. 이 글은 해변의 바위나 뼈, 조개껍데기들이 파도에 의해 침식되어 해변의 모래가 되는 과정을 설명하고 있다. 따라서 글의 주제로 가장 적절한 것은 ⑤.

선택지 해석 ① 모래의 다양한 용도

② 해변 지역의 몇 가지 유형

③ 바다에서 수영할 때의 안전 수칙

④ 파도가 밀려오고 밀려가는 이유

⑤ 해변의 모래는 어떻게 만들어지는가

오답 풀이

① 글의 핵심 어구를 활용한 오답.

②, ③, ④ 모두 글에서 언급하지 않은 오답.

04 ⑤

Q

snow

해석

많은 사람이 겨울을 좋아한다. 아이들은 특히 눈이 올 때 겨울을 좋아한다. 아이들에게 눈은 그 안에서 놀 수 있는 새로 지어진 놀이공원이나 마찬가지다. 아이들은 눈사람을 만들고 눈썰매를 타고 눈싸움을 하면서 몇 시간이고 보낼 수 있다. 그리고 아이들은 눈 속에서 놀다가 실내에 들어와 불 곁에서 몸을 녹이는 것도 좋아한다. 그러나 다른 많은 사람들, 특히 어른들은 눈을 싫어한다. 눈이 오면 운전이 위험해지고 더 많은 사고가 일어난다. 또한, 난방비가 올라가며, 도로와 길가의 눈을 치우는 것도 고된 일이다.

정답 풀이

주제문이 따로 없는 글로, 전체 내용을 종합해 주제를 추론해야 한다. 앞부분에는 아이들이 눈에 대해 좋은 감정을 가지는 이유가 나오지만, But 이하에서는 어른들이 눈을 좋아하지 않는 이유에 대해 말하고 있다. 따라서 글의 주제로 가장 적절한 것은 ⑤.

선택지 해석 ① 눈이 주는 이점

② 어른들이 눈을 싫어하는 이유

③ 아이들을 위한 눈 놀이

④ 눈에서 놀 때 안전 수칙

⑤ 눈에 관한 각기 다른 감정

오답 풀이

② 어른의 입장만 나타내고 있으므로 오답.

④ 글에 언급되지 않은 사항이므로 오답.

구문 풀이

3~4행 They can **spend hours** **building** a snowman, **sledding** down hills, and **having** snowball fights.
(A: building a snowman / B: sledding down hills / C: having snowball fights)

〈spend+시간+v-ing〉가 쓰여 '~하는 데 시간을 보내다'의 의미이다. 동명사구 A, B, C가 and로 연결되어 병렬구조를 이루고 있다.

8~9행 ~, and **it**'s hard work **to** clear the snow from roads and sidewalks.
(it: 가주어 / to clear the snow from roads and sidewalks: 진주어)

to가 이끄는 주어부분이 길어져 가주어 it이 사용되었다.

유형 03 제목

본문 p.72~73

QUICK CHECK!

②

해석

많은 사람들이 자동차의 발명을 이끈 중요한 발견을 해냈다.

선택지 해석

① 더 많은 성공, 더 많은 좋은 아이디어

② 하나의 위대한 발명, 많은 발명가들

기출 맛보기

④

해석

당신은 잘 잊어버리는 학생인가? 당신은 종종 두통을 경험하는가? 그러면 아마도 당신은 뇌가 생기를 되찾게 하기 위해 물을 더 많이 마실 필요가 있다. 뇌조직의 85%가 물이라는 사실이 알려져 있다. 그러므로 물은 우리 뇌의 원활한 기능을 위한 중요한 구성성분이다. 연구에 따르면, 사람의 신체에 물이 부족하게 되면, 뇌는 뇌를 수축시키는 코티솔이라 불리는 호르몬을 분비한다. 이것이 기억력을 감퇴시킨다. 뇌에 물이 부족하면, 잘 잊어버리고, 산만하고, 둔해진다. 우리의 뇌에 물이 부족할 때 두통 또한 빈번하다. 그러므로, 결코 갈증이 나게 하지 마라. 왜냐하면 뇌를 수축시키고, 산만하게 하고, 잘 잊어버리게 하기 때문이다.

정답 풀이

다섯 번째 문장(Hence, water is a vital component for the smooth function of our brain.)이 주제문이다. 뇌에 물이 부족할 때 발생하는 문제점들이 뒤이어 예시로 제시되면서 주제문을 뒷받침해주고 있다. 이 주제를 가장 잘 표현한 제목은 ④.

선택지 해석 ① 식사 전에는 물을 마시지 말 것
② 물을 아끼고, 너 자신을 살려라
③ 뇌를 더 크게 만드는 것은 무엇인가?
④ 당신의 뇌는 충분한 물을 얻고 있는가?
⑤ 두통: 건망증의 첫 번째 징후

오답 풀이

①, ② 지문의 핵심 소재로 보이는 water를 이용한 오답.
⑤ 지문에 반복해서 나오는 headaches와 forget을 이용한 오답.

구문 풀이 **6~8행** ~, if a person's body is short of water, his brain releases *a hormone* [**called** *cortisol* [**that** shrinks the brain]].

called ~ brain은 앞의 a hormone을 수식하며, that이 이끄는 관계대명사절이 cortisol을 수식하고 있다. called는 '~라고 불리는'으로 해석한다.

11~13행 ~ because you are making(V′) your brain(O′) *shrink*(C'_1) **and** *become restless and forgetful.*(C'_2)

are making의 목적어로 your brain이 쓰였고, 목적격보어로 쓰인 shrink와 become ~ forgetful이 and로 병렬 연결되어 있다.

유형 익히기

본문 p.74~75

01 ⑤ **02** ④ **03** ② **04** ⑤

01 ⑤

Q ②

Q 선택지 해석
① 생각과 느낌
② 동물 속담
③ 인생의 교훈

해석

동물은 속담에서 서구 세계의 서로 다른 여러 가지 생각과 느낌을 상징한다. 동물은 특정한 성질을 지닌 사람은 물론이고, 집단으로서의 인간에 관하여 말하는 데도 사용될 수 있다. "유유상종(날개가 같은 새들이 함께 모인다)"이란 속담은 모든 사람에 대해 말하기 위해 새를 사용한 것이다. 그것은 비슷한 사람들끼리 대개 함께 모인다는 의미이다. 그리고 속담은 특정 유형의 사람에 대해 말하기도 한다. "지렁이도 밟으면 꿈틀한다"는 속담은 약한 사람에 대해 말하기 위해 벌레를 사용한다. 이 속담은 약한 사람이라도 너무 몰아붙이면 반항할 수 있음을 말하고 있다. 그것은 사람을 너무 심하게 몰아붙이지 말라고 우리에게 경고한다. 속담은 동물을 사용하여, 간접적으로 사람에 관한 삶의 교훈을 말해줄 수 있다.

정답 풀이

속담에서 동물은 여러 가지 인간의 생각과 모습을 상징하는 데 사용된다는 내용이다. 첫 번째 문장과 마지막 문장에서 이와 같은 요지가 잘 드러나 있다. 따라서 제목으로 가장 적절한 것은 ⑤.

선택지 해석 ① 누군가를 화나게 하지 말라!
② 속담은 어떤 과정을 거쳐 형성되었나?
③ 동물에 관한 몇 가지 흥미로운 속담
④ 속담: 문화를 이해하기 위한 길
⑤ 동물 속담: 인간에 관한 지혜로운 말

오답 풀이

③ 동물에 관한 흥미로운 속담들을 나열해주는 글이 아니라 속담에 동물이 사용되는 이유에 대해 말해주는 글이다.

구문 풀이 **2~3행** They can be used to talk about humans as a group(A) **as well as** humans with particular features(B).

〈A as well as B〉구문으로 'B뿐만 아니라 A도'의 의미이다.

02 ④

Q

However, critics of the system insist that the letter grading system is not the best for students.

해석

1883년 이래, 대부분의 학교가 A에서 F까지로 성적을 평가하는 시스템을 사용해왔다. 그것은 성적과 성적 향상을 매년마다 측정하는 방법으로, 학생과 교사 모두에게 유용하다. 그러나 이 시스템의 비판자들은 글자로 점수를 주는 평가 시스템이 학생을 위한 최선의 방법이 아니라고 단언한다. 그들은 모든 것에 "A" 혹은 "D"라고 붙이는 것은 학습에 해가 된다고 주장한다. 학생을 위한 더 나은 피드백 형식이라면 어디서 그들이 틀렸고, 성적을 향상하려면 무엇을 해야 하는지 보여줄 것이다. 일부 교사들은 학생들이 마땅히 받을 성적보다 더 높은 성적을 주기도 하는데, 그것은 학생들의 마음을 상하게 하고 싶지 않기 때문이다. 그들은 결국 솔직한 성적 평가보다 자부심을 더 중요시하게 된다.

정답 풀이

도입문이 나오고, 주제문인 'However, ~ for students.'가 나오는 글이다. 대부분의 학교가 등급을 매기는 형식으로 성적을 평가해왔지만, 이것은 학생을 위한 최선의 방법이 아니라고 주장하고 있다. 따라서 정답은 ④.

선택지 해석 ① 숙제에 대한 평가 지침
② 새 교육 정책의 사용
③ 학생들을 동기 부여하기 위해 피드백을 줘라
④ 현재의 성적 평가 방법에 대한 논란
⑤ 학생의 성적 향상을 추적하는 도구

오답 풀이

①, ②, ③ 지문에 나오지 않은 내용이므로 오답.
⑤ 지문의 핵심 어구인 performance와 progress를 이용한 오답.

구문 풀이 7~8행 ~ students would show(V) them(IO) **where** they went wrong(DO1) [and] **what** to do to improve their performance(DO2).
where가 이끄는 명사절과 what이 이끄는 구가 등위접속사 and로 연결되어 show의 목적어 역할을 하고 있다.

03 ②

Q ②

Q 선택지 해석
① 비누
② 샴푸
③ 피부 문제

해석

우리는 비누로 손을 씻고, 치약으로 이를 닦으며, 샴푸로 머리를 감는다. 그런데 이것이 언제나 그래왔던 것일까? 실제로 샴푸는 (그 역사가) 100년 정도밖에 되지 않았다. 그 전에는 사람들이 한 달에 한두 번 비누로 머리를 감았다. 샴푸는 성공적으로 시장에 출시되었으나, 많은 사람이 샴푸가 머리카락에 좋은지 의문을 갖고 있다. 샴푸의 몇몇 핵심 성분이 문제가 될 수 있다. 거의 모든 샴푸가 알코올과 미네랄 오일을 함유하고 있다. 알코올은 머리카락을 건조하게 만드는데, 머리카락이 건조하면 박테리아의 공격을 받을 수 있다. 미네랄 오일은 일반적으로 샴푸를 더 부드럽게 만드는 데 사용되지만, 여러 가지 피부 문제를 일으킬 수 있다.

정답 풀이

우리는 매일 샴푸로 머리를 감지만, 과연 샴푸가 꼭 필요한지 의문을 제기하고 있는 글이다. 마지막 부분에서 샴푸의 성분인 알코올, 미네랄 오일이 여러 가지 문제를 일으킬 수 있다고 했다. 따라서 이것을 함축적으로 나타낸 가장 적절한 제목은 ②.

선택지 해석 ① 샴푸의 역사
② 우리는 정말로 샴푸가 필요한가?
③ 미네랄 오일: 당신 머리카락의 적
④ 샴푸: 마케팅 성공!
⑤ 머리를 어떻게 감아야 하는가?

오답 풀이

③, ④ 지문에 나온 어구를 활용한 오답.

구문 풀이 1~2행 We **wash**(V1) our hands with soap, **brush**(V2) our teeth with toothpaste, [and] **clean**(V3) our hair with shampoo.
동사 wash, brush, clean은 등위접속사 and로 이어진 병렬구조이다.

5~6행 ~, but many people question **whether** it's good for your hair.
whether가 이끄는 명사절이 question의 목적어 역할을 하고 있으며, '~인지 아닌지'의 의미이다.

9~10행 Mineral oil **is** generally **used to** make(V') shampoos(O') gentler(C'), but it can cause various skin problems.
〈be used to-v〉는 'v로 사용된다'의 의미이며, 5형식인 〈make+O+C〉구문으로 '~을 …하게 하다'의 의미가 사용되었다.

04 ⑤

Q ①

Q 선택지 해석

① 회색늑대

② 멸종 위기종

③ ADC(연방 동물피해관리국)

해석

1995년, 옐로스톤 국립공원에 회색늑대들을 다시 들여왔는데, 이곳은 회색늑대들이 한때 자유롭게 돌아다녔던 곳이었다. 그 이동은 등록된 멸종 위기종인 회색늑대에게 있어 커다란 성공을 거두었다. 늑대의 개체수가 증가하여 '멸종 위기' 상태가 낮아졌다. 그러나 개체수가 크게 증가했기 때문에, 일부 늑대는 공원 구역 바깥으로 나가기 시작했다. 어떤 경우에는 공원 부근 농장에까지 들어와 농부들의 가축을 죽이기도 했다. 연방 동물피해관리국(ADC)은 가축을 죽인 것으로 알려진 늑대들을 포획함으로써 이에 대응했다. 그러나 그것으로 충분하지 않아, 곧 자기 땅에서 동물을 공격하는 늑대들에게 농부들이 총을 쏠 수 있도록 허용했다.

정답 풀이

늑대를 국립공원에 다시 들여왔다가 오히려 개체수가 너무 많이 증가해 농부들이 피해를 입는 부작용이 발생했다는 내용이다. 따라서 늑대를 다시 들여온 것이 나쁜 영향을 불러일으켰다는 ⑤가 제목으로 적절.

선택지 해석 ① 인간에 대한 회색늑대들의 공격

② 회색늑대: 멸종 위기종

③ 회색늑대를 위험에서 구하기

④ 회색늑대에 대한 농부들의 오랜 전쟁

⑤ 늑대 재도입의 악영향

오답 풀이

② 정답이 되기에는 너무 포괄적이다.

③ 늑대를 멸종 위기에서 구하기 위한 노력이 성공했다는 글의 초반부 내용으로 유추할 수 있는 오답.

구문 풀이

1~2행 In 1995, gray wolves were reintroduced into *Yellowstone National Park*, **where** they **had** once **lived** free.

where 이하는 앞의 Yellowstone National Park를 부연 설명하는 관계부사절이다. 늑대가 공원에서 살았던 것은 공원에 다시 늑대를 들여온 것(were reintroduced)보다 이전에 일어난 일이므로 과거완료시제(had lived)가 쓰였다.

8~10행 The Federal Animal Damage Control agency (ADC) responded by capturing *wolves* [that were known **to have killed** livestock].

ADC가 늑대들에 대응한 것(responded)보다 늑대들이 가축을 죽인 것이 더 이전에 일어난 일이므로 to부정사의 완료형(to have killed)이 쓰였다.

10~11행 But it wasn't enough, and farmers were soon allowed to shoot *wolves* [**found attacking animals on their land**].

found ~ their land는 wolves를 후치 수식하는 과거분사구이다. 〈find+O+v-ing〉는 'O가 v하고 있는 것을 알게 되다'의 뜻인데, 여기서 O는 wolves이다.

제1회 미니 모의고사

본문 p.76~80

1 ④ **2** ① **3** ③ **4** ④ **5** ⑤ **6** ③ **7** ⑤ **8** ① **9** ④ **10** ② **11** ③ **12** ⑤ **13** ⑤ **14** ④

1 ④

해석

그들은 이 세상에 온 당신을 맞이했고, 보살펴 주고, 당신에게 위안을 주었으며, 당신에게 셀 수 없이 많은 시간과 돈을 들였다. 그럼에도 불구하고 당신은 왜 부모님이 당신의 삶에서 일어나는 일을 알고 싶어 하시는지 이해를 못 하는가? 당신이 부모님에게 공손하게 말하고 모든 일을 터놓고 말해야 할 자격이 그분들에게 있다고 생각되지 않는가? 이것은 당신에게 이미 사실일 수도 있다(당신은 이미 그렇게 하고 있을 수도 있다). 부모님은 당신이 좋은 소식이나 나쁜 소식이 있을 때 가장 먼저 달려가는 사람일지 모른다. 만약 그렇다면 잘하고 있다! 당신은 아마도 애정이 깊고, 힘이 되는 관계라는 커다란 보상을 즐기고 있을 것이다. 반면 당신이 (부모님께) 거의 말을 하지 않는다면 부모님은 상처받고 무시당한다고 느끼실지 모른다.

정답 풀이

부모님은 우리에게 많은 것을 헌신하였으므로, 우리는 부모님에게 공손해야 하며 모든 것을 말해야 한다는 내용이다. 따라서 글의 요지로는 '④ 자신의 변화나 문제를 부모님께 알려라.'가 가장 적절하다.

오답 풀이

①, ②, ⑤ 글에서 언급된 바가 없다.

③ 상식적으로 그럴듯해 보이는 오답 선지.

어휘

comfort 위로하다; 위로 / **countless** 셀 수 없이 많은 / **deserve** ~을 받을 만하다, 누릴 자격이 있다 / **politely** 공손히 / **probably** 아마 / **reward** 보상, 사례 / **supportive** 지지하는, 지원하는, 힘을 주는 / **rarely** 좀처럼 ~하지 않는, 드물게 / **likely** ~할 것 같은 / **ignore** 무시하다

구문 풀이 1~3행 They **welcomed** you into this world, **nursed** you, **comforted** you, and **spent** countless days and dollars on you.

welcomed, nursed, comforted, spent 네 개의 동사가 and로 병렬로 연결되었다.

3~5행 And yet you don't understand **why** your parents want to know **what**'s going on in your life?

의문사 why가 이끄는 절이 동사 understand의 목적어로 나왔으며, 선행사를 포함한 관계대명사 what이 이끄는 명사절이 know의 목적어 역할을 하고 있다.

8~10행 Your parents may be *the first people* [(***whom***[***that***]) you go to] when you have **either** good **or** bad news.

the first people을 수식하는 목적격 관계대명사 whom[that]이 생략되었다. ⟨either A or B⟩는 'A또는 B'의 의미이다.

---

2 ①

해석

우리가 어떤 음식을 맛있다고 인식하는지에 영향을 주는 한 가지 요인은 우리의 나이이다. 아이들의 미각은 어른들보다 예민해, 아이들은 강한 맛의 음식을 종종 싫어한다. 문화도 우리가 좋아하는 것에 영향을 미친다. 예를 들어, 대부분의 일본 어린이들은 생선회를 즐겨 먹지만, 대부분의 중국 어린이들은 생선회가 맛이 없다고 생각한다. 또한, 우리는 무엇인가가 먹어도 안전한 맛인지 아니면 독성이 있는 맛인지 아는 타고난 능력을 가지고 있다. 많은 독성 물질이 쓴맛이 나기 때문에 우리가 쓴맛이 나는 음식을 피한다면 살아남을 가능성이 커진다. 우리는 단맛이 나는 음식을 선호하는 경향이 있는데, 왜냐하면 단맛이 나는 음식은 독이 들어 있을 가능성이 일반적으로 적기 때문이다.

정답 풀이

우리가 좋아하는 음식에 영향을 미치는 요인을 설명하고 있다. '나이, 문화, 타고난 능력' 등을 그 요인으로 꼽는다. 따라서 글의 주제로는 ①이 적절.

선택지 해석

① 우리가 좋아하는 음식에 영향을 미치는 요인들
② 음식 선호에 나타나는 문화적 영향력
③ 식욕과 나이의 관계
④ 아이들이 채소를 싫어하는 이유
⑤ 독이 있는 식물과 안전한 식물의 구별

오답 풀이

② 글의 세부사항을 활용하여 만든 오답
③, ④, ⑤ 모두 본문에 나온 어구들을 활용하여 만든 오답

어휘

factor 요인 / **influence** 영향을 미치다; 영향 / **sensitive** 예민한, 세심한 / **dislike** 싫어하다 / **flavor** 맛 / **raw** 날것의 / **ability** 능력 / **whether** ~인지 / **poisonous** 유독한 / **be likely to-v** v할 가능성이 있다 / **survive** 살아남다 / **tend to-v** v하는 경향이 있다 / **prefer** 선호하다 cf. preference 선호 / **generally** 일반적으로 [선택지어휘] **appetite** 식욕 / **distinguish** 구별하다 / **toxic** 유독성의

구문 풀이 1~2행 *One factor* [that influences **what** foods we find tasty] is our age.

what foods ~ tasty의 ⟨what+명사 ~⟩는 '어떤 ~'으로 해석할 수 있다.

8~10행 Also, we have *a natural ability* [to know **whether** something tastes safe to eat **or** tastes poisonous].

to know 이하는 a natural ability를 수식하는 형용사적 용법의 to부정사이다. ⟨whether A or B⟩는 'A인지 B인지'로 해석할 수 있다.

---

3 ③

해석

모스 부호는 점과 선을 이용하여 메시지를 보내는 통신 수단이다. 그것은 새뮤얼 모스에 의해 개발되었는데, 그는 원래 화가였다. 무엇이 화가로 하여금 이 시스템을 발명하게 했을까? 슬프게도, 모스는 비극적 사건 때문에 신속한 장거리 통신 수단을 개발해야겠다는 영감을 받았다. 워싱턴에서 그림 작업을 하던 중, 모스는 아내가 죽어가고 있다는 편지를 받았다. 그는 뉴헤이븐에 있는 자신의 집으로 달려갔으나, 이미 너무 늦고 말았다. 모스는 속도가 느린 통신이 그가 아내를 마지막으로 한 번 보지 못했던 이유라는 사실을 알았다. 그래서 1836년 모스는 최초의 전신기를 제작했으며, 이를 위한 모스 부호를 개발했다. 전보는 이제 더 이상 사용되지 않지만, 모스 부호는 중요한 통신 형식으로 남아 있다. 모스의 상실이 없었다면, 이 위대한 발명품은 결코 세상에 존재하지 못했을지 모른다.

정답 풀이

본래 화가였던 모스가 아내를 잃은 슬픔을 겪은 후 모스 부호를 발명하게 되었다는 이야기이다. 따라서 제목으로 가장 적절한 것은 ③이다.

선택지 해석

① 오늘날에도 모스 부호가 사용되고 있는가?
② 새뮤얼 모스의 비극적 인생
③ 모스 부호: 슬픔의 산물
④ 모스 부호 읽는 법을 배우자!
⑤ 전보 시스템은 무엇이 잘못되었나?

오답 풀이

② 글에 등장한 tragic을 이용하여 그럴듯하게 만든 것으로서 전반적인 내용을 포괄할 수 없다.

어휘

means 수단, 방법 / **dot** 점 / **dash** 대시 기호 / **originally** 원래 / **inspire** 영감을 주다 / **rapid** 빠른 / **long-distance** 장거리의 / **tragic** 비극적인 / **rush** 급히 움직이다; 서두르다 / **remain** 여전히 ~이다; 남아 있다 / **loss** 상실 / **exist** 존재하다

구문 풀이

3~4행 It was created by *Samuel Morse*, **who** was originally an artist.

관계대명사 who 이하는 Samuel Morse에 대한 부연 설명으로, who는 and he로 바꿔 쓸 수 있다.

7~10행 **While** (*he was*) working on a painting in Washington, Morse received *a letter* [saying his wife was dying].

While ~ Washington은 분사구문으로, 의미를 명확히 하기 위해 접속사 While을 생략하지 않았다. While과 working 사이에 주어와 동사가 생략되었다.

18~19행 **Without** Morse's loss, this great invention **may** never **have existed**.

〈Without ~, S+조동사+have+p.p.〉 가정법 과거 구문으로 '~이 없었다면'의 의미이다.

---

4 ④

해석

게임의 밤!

5월 24일 화요일 오후 6시, 파인중학교의 "무료" 게임의 밤에 와서 즐기세요.

게임: 카탄의 개척자, 야찌, 모노폴리 등 다수!

모든 참가자에게 무료 간식 제공!

핫도그와 콜라 판매 예정.

• 핫도그: 2달러

• 콜라: 1달러

부모님도 환영하며, 선생님도 참석할 것입니다.

당신이 가지고 있는 게임을 가지고 와서 재미를 더하세요!

정답 풀이

부모님도 환영하며 선생님도 참석할 것이라 하였으므로 일치하지 않는 것은 ④.

어휘

Settler's of Catan 카탄의 개척자 ((보드게임)) / **Yahtzee** 야찌 ((주사위 게임)) / **Monopoly** 모노폴리 ((보드게임)) / **on sale** 판매되는[구입할 수 있는] / **present** 참석한; 현재의

---

5 ⑤

해석

비행기 사고가 발생하면 그것은 전 세계에서 주요 뉴스가 된다. 비행기 타기를 두려워하는 것이 ① 합당해 보인다. 그러나 몇몇 참사에도 불구하고, 비행기 여행은 이곳저곳으로 이동하는 매우 ② 안전한 방법이다. 전 세계에서 매일 3백만 명 이상이 사고 없이 비행기를 타고 있다. 당신이 비행기 사고를 당할 확률은 2백만 분의 1이다. 당신이 그 추락 사고에서 ③ 살아남을 가능성도 60%나 된다. 더 좋은 첨단기술과 비행기 조종사는 추락사고의 수를 ④ 감소시켰다. 비행기를 탈 때 느끼는 두려움의 일부는 알지 못하는 것에 대한 두려움인 듯하다. 사람들은 비행기가 어떻게 하늘을 나는지 알지 못하며, 이것이 사람들에게 ⑤ 편안함을(→ 불편함을) 느끼게 만들 수 있다. 이제 당신은 비행기 타는 것이 얼마나 안전하지 알고 있으므로, 다음번에 비행기를 탈 때 당신은 긴장을 풀어도 좋다.

정답 풀이

비행기는 꽤 안전한데도 우리가 비행기를 두려워하는 이유는 비행기에 대해 잘 알지 못하기 때문이라고 말하고 있다. 따라서 ⑤ 사람들은 비행기가 어떻게 나는지 알지 못하기에 '편안함을 느낀다'는 문맥은 어색하며, comfortable을 uncomfortable로 바꿔야 한다.

어휘

accident 사고, 재해 / **occur** 발생하다 / **make news** 기사감이 되다 / **major** 주요한 / **reasonable** 타당한, 합리적인 / **despite** ~에도 불구하고 / **tragedy** 비극 / **air travel** 비행기 여행 / **aircraft** 항공기 / **survive** 살아남다 / **crash** 사고 / **technology** (과학) 기술 / **decrease** 줄이다; 줄다 / **fear** 공포, 두려움 / **relax** 긴장을 풀다; 진정하다

구문 풀이 2~3행 **It** seems reasonable **to be afraid of flying.**

It은 가주어, to ~ flying은 진주어이다.

16~17행 Because you now understand how safe flying is, you can relax **the next time** (***when***) **you fly.**

〈the next time+S+V〉는 '다음에 ~이 …을 할 때'의 의미로, 관계부사 when이 생략되어 있다.

---

6 ③

해석

고등학생 때, 나는 킴이라는 이름의 친구를 사귀었다. 처음에 ① 그녀(킴)는 매우 괜찮았지만, 나중에는 (그녀와) 가까워지는 게 더욱 어려워졌다. ② 그녀(킴)는 항상 화나 있거나 슬퍼 보였다. 그게 바로 내가 그녀로부터 멀어지고 그녀를 무시한 이유였다. 여름 방학 이후에 한 좋은 친구는 나에게 다른 친구들에 대한 모든 소식을 말해줬다. 그러고 나서, ③ 그녀(좋은 친구)는 말했다. "아! 킴에 대해서 소식 들었니? ④ 그녀(킴)의 부모님이 항상 싸우시더니 이제 더 이상 같이 안 사신대. 킴이 그 일 때문에 매우 힘들어하더라." 그 말을 듣고 나서, 나는 매우 속상했다. ⑤ 그녀(킴)가 나를 가장 필요로 할 때, 나는 킴을 홀로 내버려 두었다. 나는 내가 해온 행동에 후회했고, 다시 그녀와 친구가 될 수 있기를 원했다.

정답 풀이

③은 방학 후에 친구들에 대한 다양한 소식을 들려준 친구를 가리키며, 나머지는 모두 킴을 가리키므로 정답은 ③.

어휘

all the time 항상 / **stay away from** ~을 멀리하다 / **have a hard time** 힘든 시기를 보내다

구문 풀이 2~3행 ~, but **it** became harder **to be close later on.**

가주어 / 진주어

it은 가주어, to 이하(to ~ later on)가 진주어로, 진주어를 문장의 주어로 해석한다.

12~13행 I **had left** Kim alone when she needed me the most.

내가 킴을 떠난 것은 그녀가 나를 필요했던(needed) 것 보다 이전의 일이므로 과거완료형태(had left)로 쓰였다.

13~14행 I felt so bad about **what** I had done [and] hoped I could be her friend again.

여기서 what은 선행사를 포함한 관계대명사로 '~한 것'이라고 해석한다.

---

7 ⑤

해석

뉴욕 시는 언제나 이민자들의 도시였다. 이민자 중 많은 사람이 그들이 배에서 내려 유명한 자유의 여신상을 처음으로 보았던 그 날을 여전히 기억할 수 있다. 세계 각지에서 온 사람들로 이루어진 이 놀라운 혼합체는 이 도시의 발달에 커다란 영향을 미쳤다. 뉴욕에서는, 마치 전 세계가 하나의 도시에 녹아든 것 같다. 다양한 문화 구역 안에서, 당신이 원하는 어떤 유형의 음식이라도 찾을 수 있다. 차이나타운, 리틀 이탈리아, 리틀 인디아 같은 전통문화 지역은 뉴욕 방문객들에게 인기 있는 곳이다. 그리고 이 도시의 붐비는 인도(人道)는 종종 서로 다른 언어들로 가득하다. 실제로 뉴욕에서는 지구상 다른 어느 곳보다 더 많은 언어가 들리고 있다.

정답 풀이

빈칸 뒤 문장에서 이민자들의 도시인 뉴욕이 어떠한지 설명하고 있다. 뉴욕에서는 다양한 문화의 음식과 이민족 마을을 찾을 수 있으며, 다른 나라의 언어들도 쉽게 들을 수 있다고 했다. 이러한 내용을 종합했을 때 빈칸에 가장 적절한 것은 ⑤.

선택지 해석

① 당신 자신의 문화적 정체성을 상실하기 쉽다

② 먹을 만한 음식점을 선택하기가 어렵다

③ 모든 사람이 서로에게 친구 같다

④ 하나 이상의 언어를 말할 필요가 있다

오답 풀이

① 다양한 문화 때문에 문화적 정체성을 상실하기 쉽다는 것은 지나친 비약이다.

④ 마지막 두 문장에서 연상할 수 있는 오답.

어휘

immigrant 이민자 / **step off** (탈 것에서) 내리다 / **mixture** 혼합물 / **huge** 커다란 / **influence** 영향 / **development** 발전 / **within** ~ 안에, 이내에 / **cultural** 문화의 / **neighborhood** 이웃; 근처 / **crowded** 붐비는, 복잡한 / **sidewalk** 보도 / **anywhere else** 다른 어느 곳에서도 **[선택지 어휘] identity** 정체성 / **whole** 전체의, 모든 / **fit into** ~에 꼭 들어맞다; 어울리다

구문 풀이 2~4행 Many of them can still remember *the day* [(***when***) they stepped off a boat and saw its famous Statue of Liberty (for the first time)].

the day 뒤에는 시간을 나타내는 관계부사 when이 생략되어 있다.

---

8 ①

해석

아마도 당신은 이것에 관해 생각하고 싶지 않겠지만, 우리의 신체는 작은 동물들로 가득하다. 그들을 기생충이라고 부른다. 기생충은 숙주라고 하는 다른 생물체에 기생해 사는 생물이다. 이것은 무서운 이야기처럼 들릴지 모른다. (A) 하지만 치아 아메바라고 하는, 우리 입 속에 살고 있는 좋은 기생충도 존재한다. 그들은 우리의 이에 난 구멍에 살면서 남은 음식의 자그마한 찌꺼기들을 먹어치운다. (B) 반면에 촌충은 매우 위험하다. 이들은 숙주가 먹을 음식을 모두 빼앗아 먹음으로써 자신들의 숙주를 죽일 수도 있다. 우리 인간은 우리가 세계를 지배한다고 생각하지만, 아마도 우리는 매일같이 우리에게 영향을 미치는 이 작은 생물들에 더 많은 주의를 기울여야 할 것이다.

정답 풀이

빈칸 (A) 앞 문장에서 기생충들이 우리의 신체에 기생하고 있다는 것이 무섭게 들릴 수 있다고 설명했지만, 그 뒤 문장에서는 좋은 기생충도 있다고 설명하고 있으므로 대조를 나타내는 However 또는 In fact가 적절하다. 빈칸 (B) 앞에서는 좋은 기생충의 예시를, 그 뒤에는 위험한 기생충의 예시를 들고 있으므로 (B)에는 on the other hand가 적절하다. 따라서 정답은 ①.

어휘

parasite 기생충 / **depend on** ~에 의지하다 / **steal** 훔치다 / **pay attention to A** A에 유의하다, 주의를 기울이다 / **affect** 영향을 미치다

구문 풀이 3~5행 A parasite is *a creature* [**that** depends on *another creature*, (**called the host**), to live].

관계대명사절 that ~ to live는 선행사 a creature를 수식하며, another creature를 보충 설명하는 과거분사구 called the host가 삽입됐다.

---

9 ④

해석

모든 문화에는 금기, 즉 허용되지 않는 것들이 있다. 한 문화에서 지극히 정상적인 것이라도 다른 문화에서는 사람들을 화나게 만들 수 있다. ① 예를 들어, 인도에서는 많은 사람이 소고기를 절대 먹지 않지만 세계의 다른 대부분 지역에서 사람들은 소를 고기용으로 사육한다. ② 사람들이 음식을 먹는 방식 역시 금기의 지배를 받는다. ③ 중국에서는 입을 벌린 채 음식을 먹어도 되지만, 유럽에서 이것은 무례한 행위다. (④ 식사할 때는 입을 닫은 채 어떤 소리도 내지 않도록 하라.) ⑤ 금기와 그것의 유례에 대해 알면, 우리가 자신의 문화는 물론이고 다른 문화에 대해서도 더 존경하는 마음을 갖는 데 도움이 된다.

정답 풀이

문화마다 금기가 다르다는 것을 설명한 후, 이에 대한 예시를 들고 있는 글이다. ④는 단순히 식사예절을 설명하는 것이고, 금기와는 상관이 없으므로 정답.

오답 풀이

①, ③ 나라마다 다른 금기의 예시

어휘

allow 허용하다 / **rest** 나머지 / **origin** 유례, 기원 / **respect** 존경(심)

구문 풀이 2~3행 **What** may be perfectly normal in one culture (S) can upset (V) people in another (*culture*) (O).

what은 선행사를 포함한 관계대명사로 명사절을 이끌고 있다.

6~7행 *The way* [(***that/in which***) people eat] is also ruled by taboos.

people eat은 선행사 the way를 수식하는 관계부사절로, 앞에 that 또는 in which가 생략되었다.

10 ②

해석

백열전구는 지난 200년 동안 가장 중요한 발명품 중의 하나이다. 많은 사람이 백열전구가 토머스 에디슨에 의해 발명되었다고 믿는다.

(B) 하지만 에디슨은 많은 원본(원품)의 발명가가 아니었다. 대신, 그는 대중에게 판매될 수 있도록 그것들을 개선했다.

(A) 예를 들어, 그는 백열전구를 발명하지 않았는데, 그것은 70년 전에 발명되었다. 그는 단지 오래 지속되는 전구를 개발했으며 그것을 만들고 파는 최초의 회사를 시작했다.

(C) 에디슨이 정말로 발명한 유일한 주요 발명품은 전축이었다. 그것은 녹음된 소리를 재생할 수 있는 최초의 장치였다.

정답 풀이

주어진 글은 많은 사람이 에디슨이 백열전구를 발명했을 것이라 믿는다는 내용이다. However로 시작하는 (B)가 뒤에 이어져 에디슨은 많은 것을 발명했기보다는 발명품을 개선했다는 내용이 나오는 것이 자연스러우며, 이에 대한 구체적인 예시로 에디슨이 오래 지속되는 전구를 개발해 그것을 생산, 판매하는 회사를 시작했다는 내용의 (A)가 와야 적절하다. 그리고 그의 유일한 발명품은 전축이었다는 (C)가 오는 것이 자연스러우므로, 글의 알맞은 순서는 ② (B) – (A) – (C)이다.

어휘

light bulb 백열전구 / **invention** 발명품 cf. invent 발명하다 **inventor** 발명가 / **electric** 전기의; 전기로 이용하는 / **decade** 10년 / **develop** 개발하다; 발달하다 / **long-lasting** 오래 지속되는 / **original** 원래[본래]의 / **major** 주요한, 중대한 / **record player** 전축 / **device** 장치, 기구 / **reproduce** 재생하다; 복사[복제]하다

구문 풀이

1~3행 For example, he did not invent *the electric light bulb*, **which had been invented** seven decades earlier.
주격 관계대명사 which가 이끄는 절이 the electric light bulb를 부연 설명하고 있다. which 이하의 절에 과거 완료(had been invented)가 쓰여, 주절의 시점보다 앞선 과거를 나타내고 있다.

3~5행 He just **developed** a long-lasting electric light bulb [and] **started** *the first company* [**that** made and sold them].
(He: S, developed: V_1, a long-lasting electric light bulb: O_1, started: V_2, the first company [that made and sold them]: O_2)
주어 He에 두 개의 동사 developed와 started가 and로 병렬 연결되어 있다. 주격 관계대명사 that이 이끄는 절은 앞의 the first company를 수식하고 있다.

7~8행 Instead, he improved things **so that** they could be sold to the public.
〈so that ~〉은 '~ 하기 위하여, ~하도록'이라는 목적의 의미이다.

9~10행 *The only major invention* [that Edison **did** invent] was the record player.
(The only major invention [that Edison did invent]: S, was: V, the record player: C)
invent 앞의 did는 동사를 강조하는 조동사이다.

10~12행 **It** was *the first device* ever [**that** could reproduce recorded sounds].
It은 바로 앞 문장의 the record player를 가리키며, that이하가 the first device를 수식하고 있다.

11 ③

해석

당신의 식물을 크고 튼튼하게 만드는 방법이 많이 있다. 비료를 줄 수도 있다. 적당량의 물과 햇볕을 반드시 받도록 해줄 수도 있다. 만약 이런 기본적 필요를 충족시켰다면, 당신이 시도해볼 수 있는 또 한 가지가 있다. 식물에게 상냥한 말을 해보는 것이다! 식물에게 말을 걸면 식물의 성장에 도움이 된다는 생각은 최근의 생각이 아니다. 1848년 구스타프 페히너라는 독일 사람은 식물이 영혼을 가지고 있으며 (사람들의) 대화 소리를 좋아한다고 주장했다. 이러한 미신은 여러 번 실험이 되었으며, 놀라운 결과가 발견되었다. 그것은 상냥한 목소리로 식물에게 말을 걸면 식물이 더 빨리 성장하도록 만들 수 있다는 것이다!

정답 풀이

주어진 문장은 '식물에게 상냥하게 말을 하라'는 것인데, 이는 본문 맨 처음에 언급한 식물을 크고 튼튼하게 만드는 방법 중 하나가 될 수 있을 것이다. ③의 앞에서 물, 햇볕 등 기본적 필요에 대해 언급하고 있으며, 그 뒤에 나오는 This idea가 가리키는 것이 주어진 문장의 '식물에게 상냥한 말을 하는 것'이므로 정답은 ③이 적절하다.

오답 풀이

⑤ 뒤의 문장은 앞 문장에서 주장한 것을 뒷받침하는 설명이다.

어휘

make sure 반드시 ~하다 / **satisfy** 만족시키다 / **modern** 최근의; 현대의 / **claim** 주장하다 / **conversation** 대화 / **myth** 미신

구문 풀이 3~4행 You can make sure (***that***) they get the right amount of water and sun.

make sure 뒤에 명사절을 이끄는 접속사 that이 생략되었다.

6~8행 This idea that talking to plants helps them to grow is not modern.

(This idea = that talking to plants helps them to grow: S / is: V / not modern: C)

This idea 와 that ~ grow는 동격을 이룬다.

---

12 ⑤

해석

거울을 깨트리면 7년 동안 재수가 없다는 걸 알고 있었는가? 이것은 일종의 미신이다. 어리석게 보일지 모르나, 당신은 이와 매우 유사한 자기만의 어떤 믿음을 갖고 있을지 모른다. 우리 인간은 종종 완전히 별개의 것들을 서로 연관시킨다. 만약 당신이 분홍색 양말을 신고 학교에 가서 우연히 시험을 잘 봤다고 하자. 그런 일이 몇 차례 일어난다면 어떻겠는가? 분명히 당신은 그것이 단지 운 이상의 것이었다고 생각할 것이다. 그러나 당신이 분홍색 양말을 신었는데 아무 일도 일어나지 않았던 경우는 어떨까? 글쎄, 당신은 그런 경우에 대해서는 잊어버릴 것이다. 미신이 도움이 되는지 아닌지는 두고 봐야겠지만, 그것이 우리와 함께할 것이며 우리의 삶에 영향을 미친다는 것은 사실이다.

↓

우리는 사실이었으면 하는 무엇을 (A) 뒷받침하는 것들은 기억하고, 그렇지 않는 것들은 (B) 무시하는 경향이 있기 때문에, 미신이 생긴다.

정답 풀이

분홍색 양말을 신고 시험을 잘 보면 우연임에도 불구하고 분홍색 양말 덕분에 시험을 잘 봤다고 생각하지만, 그러한 우연한 일이 일어나지 않았을 때는 단순하게 시험과 양말의 연관성을 잊어버린다고 했다. 따라서 믿고 싶은 것만 기억하는 우리의 경향 때문에 미신이 생기는 것임을 알 수 있다. 이를 잘 표현한 것은 ⑤.

선택지 해석

	(A)		(B)
①	부정하는	……	믿는
②	회피하는	……	잊어버리는
③	뒷받침하는	……	지키는
④	회피하는	……	상상하는

어휘

silly 어리석은 / **belief** 신념 / **similar** 유사한 / **human being** 사람, 인간 / **link** 관련 / **completely** 완전히 / **separate** 별개의; 따로 떨어진 / **suppose** 가정하다; 추측하다 / **what if** ~라면 어쩌지? / **remain** 남아 있다; 여전히 ~이다 / **arise** 발생하다 **[선택지 어휘]** **deny** 부인하다 / **support** 뒷받침하다 / **observe** 관찰하다; 준수하다 / **imagine** 상상하다

구문 풀이 13~15행 **Whether** superstitions are helpful **or** not remains to be seen, // but **it** is true **that** they will stay with us and affect our lives.

(Whether superstitions are helpful or not: S / remains: V / to be seen: C / it: 가주어 / that they will stay with us and affect our lives: 진주어)

첫 번째 절은 whether이 이끄는 명사절이 주어이고, 명사절은 단수 취급하기 때문에 단수 동사가 사용되었다. 여기서 whether은 '~인지 아닌지'의 의미. but 이하의 절에서는 it이 가주어, that절이 진주어이다.

---

13 ⑤
14 ④

해석

(A) 헨리는 제한 속도까지 밀어붙이고 있었다. 그는 업무 회의에 향하는 길이었고, 할애할 시간이 없었다. 그의 눈은 차에서 차로 움직였고, 그는 바위 사이의 뱀처럼 재빠르게 차량을 뚫고 나아갔다.

(D) 헨리가 막 브루클린 퀸즈 고속도로에 진입했을 때, 한 차에 의해 가로막혔다. 그 운전자의 이름은 샘이었고, 그 역시 서두르고 있었다. 헨리는 창문을 열고 샘에게 소리쳤지만, 샘은 약해 보이고 싶지 않았다. 그래서 샘은 분노를 행동으로 옮겨 다음 모퉁이에서 헨리의 차를 가로막았다.

(C) 헨리의 기분은 이제 그의 앞을 두 번씩이나 가로막은 이 운전자에게로 향했다. 몇 초 안에 헨리는 샘의 차 앞을 가로막았고, 두 차 사이의 간격은 오직 몇 인치밖에 남지 않았다. 두 운전자는 미치광이처럼 운전하면서 분노가 점점 심해졌다. 헨리가 그 다른 차를 앞질렀다고 생각했을 때, 백미러를 보았고 다시 그 차를 발견했다. 그러자 샘이 속도를 냈다. 이것은 헨리의 눈에는 오직 상황을 점점 더 나쁘게 만드는 것으로 보였고 그 추격은 훨씬 더 위험해졌다.

(B) 하지만 갑자기 시작한 것처럼 추격은 (갑자기) 끝났다. 헨리는 멈춰서 차에서 내렸는데, 샘의 차가 그의 차 바로 옆에 멈춘 것을 보고 놀랐다. 두 남자는 똑같은 건물로 걸어갔고, 똑같은 승

정답 풀이

13. 회의에 늦은 헨리가 서두르고 있는 모습을 이야기하는 (A)에 이어서 다른 운전자인 샘이 헨리의 차를 가로막았다는 내용의 (D)가 이어지는 것이 자연스럽다. 차를 두 번이나 가로막혀 화가 난 헨리가 더욱 위험하게 운전해 추격이 심해졌다는 (C)가 그 뒤에 이어지고, 마지막으로 추격이 갑자기 끝나고 알고 보니 헨리와 샘이 서로 같은 회의에 참여하기 위해 추격전을 벌였다는 진실이 밝혀지는 (B)가 오는 것이 적절하다. 그러므로 이 글의 알맞은 순서는 ⑤ (D) – (C) – (B).

14. 헨리와 샘이 서로의 차를 가로막으며 분노의 추격을 했는데 알고 보니 공급자와 고

강기를 탔다. 두 사람 모두 승강기에서 내려 같은 문을 통해 갈 때 혼란스러웠다. 그들이 침착하게 말을 시작하면서 진실은 분명해졌다. 공급자인 헨리와 고객인 샘이 서로 만나는 데 늦을까 봐 서둘렀던 것이었다.

객의 사이였다는 당황스러운 상황에 관해서 이야기하고 있으므로 이 글의 제목으로 적절한 것은 ④.

선택지 해석

14. ① 당신의 적에게 잘해라
② 친구를 사귀는 놀라운 방법
③ 아예 안 오는 것보다 늦게 오는 것이 낫다: 안전을 최우선으로 두어라
④ 분노의 추격이 당혹스러운 놀라움으로 끝나다
⑤ 공격적인 운전: 우리가 해결해야만 하는 문제

어휘

speed limit 제한 속도 / **head** 향하다; 머리 / **business meeting** 업무 회의 / **spare** 할애하다; 남는 / **work** 나아가다; 일하다 / **come to an end** 끝나다 / **surprised** 놀란; 놀라는 / **right** 바로; 맞는 / **beside** 옆에 / **march** 걸어가다; 행군하다 / **confused** 혼란스러워 하는 / **truth** 사실, 진상 / **apparent** 분명한 / **calmly** 침착하게; 고요히 / **supplier** 공급자 / **customer** 고객, 손님 / **mood** 기분 / **anger** 분노, 화 / **cut off** 가로막다; 잘라내다 / **within** 안에[이내에] / **leave** 남기다; 떠나다 / **inch** 인치 / **escalate** 악화[증가]되다 / **rearview mirror** (자동차) 백미러 / **chase** 추격 / **be about to-v** 막 v하려는 참이다 / **expressway** 고속도로 / **vehicle** 차량 / **name** 이름을 확인하다; 이름 / **be in a rush** 서두르다 / **put A into action** A를 행동으로 옮기다 / **turn** 모퉁이; 돌다 **[선택지 어휘]** **enemy** 적 / **safety** 안전 / **embarrassing** 당혹스러운; 쑥스러운 / **aggressive** 공격적인

구문 풀이

6~7행 But **just as suddenly as** it had all begun, it came to an end.
〈just as+형용사/부사+as〉는 원급 비교구문을 강조한 것으로, '꼭 ~한 것처럼'이라고 해석한다.

13~15행 ~: Henry the supplier and Sam the customer were running late to meet each other.
Henry는 the supplier와 동격이고, Sam은 the customer와 동격이다.

17~19행 Within seconds, Henry cut him off, **leaving** only inches between the two cars.
leaving ~ two cars는 부대 상황을 나타내는 분사구문으로 and he left ~로 바꿀 수 있다.

19~20행 The heat escalated **as** the two drove like maniacs.
여기서 접속사 as는 '~하면서'라고 해석한다.

Chapter ④ 흐름 파악하기 유형

유형 04 흐름 무관 문장

본문 p.82~83

QUICK CHECK!

②

해석

음악 공부는 아이들이 학교에서 하는 읽기, 수학, 그외 기타 과목 등 모든 학습의 질을 높여준다. 또한 언어와 의사소통 기술을 발달시키는 데 도움이 된다.

선택지 해석

① 아이들이 자라면서 음악 훈련은 아이들이 자제력과 자신감을 계발하도록 계속 도움을 준다.
② 음악을 들으면서 공부하는 것은 학생들이 학습자료를 공부하는 데 어려움을 겪게 한다.
③ 목표를 세우고 달성하는 것과 더불어, 매일 하는 음악 연습은 자제력과 인내심, 그리고 책임감을 키운다.

기출 맛보기

③

해석

장벽 뒤로 숨는 것은 우리가 자신을 보호하기 위해 어릴 때 배운 정상적인 반응이다. ① 어렸을 때 우리는 자신이 위협적인 상황에 처했음을 알게 될 때마다 가구 같은 단단한 물건이나 엄마 치마 뒤로 숨었다. ② 우리가 성장하면서 이런 숨는 행동은 더 발달되었다. (③ 어른들은 자신의 아이들을 보호하기 위해 다양한 전략을 사용하는 것으로 밝혀졌다.) ④ 성인이 되면, 우리는 위협이라고 인식하는 것을 차단하기 위한 시도로 한쪽 팔이나 양팔을 가슴 위로 접는다. ⑤ 여성이 팔을 장벽으로 이용하는 것이 남성들보다 덜 눈에 띄는데, 이는 여성들은 손가방이나 지갑과 같은 것들을 꼭 쥐고 있을 수 있기 때문이다.

정답 풀이

주제문인 첫 문장에서 '장벽 뒤에 숨는 것은 우리가 어릴 때 배운 정상적인 반응'이라는 내용이 나온다. 이어지는 다른 문장들은 우리가 스스로를 보호하기 위해 하는 행동들을 설명하고 있지만, ③은 어른들이 자신의 아이들을 보호하는 내용이므로 흐름과 관계없다. 따라서 정답은 ③.

구문 풀이

1~2행 Hiding behind a barrier is *a normal response* [(*that*) we learn at an early age] to protect ourselves.
관계대명사절이 a normal response를 수식하고 있다.

9~10행 Women's use of arm barriers is **less** noticeable **than** men's ~.
비교급 ⟨A is less ~ than B(A가 B보다 덜 ~하다)⟩가 쓰였다. men's는 men's use of arm barriers를 의미한다.

유형 익히기

본문 p.84~85

01 ③ 02 ④ 03 ④ 04 ④

01 ③

Q

There are many advantages to watching a sports event on television rather than going to the game itself.

해석

경기장에 직접 가는 것보다 텔레비전으로 스포츠 경기를 관람하는 것이 더 많은 이점이 있다. ① 우선, 집에 있는 비용이 훨씬 저렴하다. ② 지난번에 내가 야구 경기에 갔을 때, 입장료와 교통비, 비싼 경기장 간식과 음료를 포함해 거의 80달러가 들었다. (③ 경기장 측은 그토록 많은 사람들이 쏟아내는 쓰레기양을 처리하는 데 큰 어려움을 겪고 있다.) ④ 더욱이, 집에서는 교통 정체도 없고 과격한 관중도 없다. ⑤ 나는 언제나 편안한 좌석을 차지할 수 있고, 비나 눈이 와도 문제없다.

정답 풀이

스포츠 경기를 경기장에서 직접 관람하는 것보다 집에서 텔레비전으로 보는 것이 더 이점이 많다고 설명하는 글이다. ③은 경기장에서 처리하는 쓰레기에 관한 내용이므로 이 글의 내용과 무관하며, 앞뒤 문장과 관계가 없다.

오답 풀이

①, ④, ⑤ 집에서 텔레비전으로 경기를 관람하는 것의 구체적인 장점에 해당.

② ①의 내용을 뒷받침하는 예시.

구문 풀이

3~6행 *The last time* (***when***) I went to a baseball game // it cost me almost $80 **including** the cost of admission, transportation, and the expensive stadium snacks and drinks.
time 뒤에는 관계부사 when이 생략되어 있다. including은 '~을 포함하여'라는 의미로, 전치사이다.

02 ④

Q ①

Q 선택지 해석

① 새로운 앱

② 심장 질환

③ 의사와 환자

해석

환자의 심장박동 수를 추적하여 그 정보를 환자 스마트폰으로 보내주는 새로운 앱이 개발되었다. ① 무언가 이상한 점이 있으면, 폰이 환자의 의사에게 문자 메시지를 보내준다. ② 전문가들은 이것이 치료 시간을 줄이는 데 도움이 될 수 있다고 말한다. 의사들이 (환자의) 문제를 알기 위해 산더미 같은 정보를 모두 읽지 않아도 되기 때문이다. ③ 확실히, 이런 종류의 장치는 심장 질환이 있는 환자들을 위해 고안되었다. (④ 심각한 건강 문제가 없는 우리들도 역시 건강관리에 관심을 기울일 필요가 있다.) ⑤ 일상생활을 하면서 심장을 모니터 하는 능력은 심장 질환에 맞서 싸우는 데 있어서 큰 장점이다.

정답 풀이

심장 질환이 있는 환자의 심장박동 수를 환자 스마트폰으로 알려주는 새로운 앱을 설명하는 글이다. ④는 큰 병을 앓고 있지 않더라도 건강관리에 관심을 기울여야 한다고 말하고 있으므로 글의 흐름과는 무관하다.

구문 풀이 1~2행 *A new app* has been invented **which** can keep track of a patient's heart rate [and] send the information to his or her phone.

주격 관계대명사인 which가 이끄는 절(which ~ phone)이 선행사 A new app을 수식하고 있다. 선행사가 주어인 문장에서 관계사절이 길어 주어와 술어부가 너무 떨어질 경우, 관계사 절은 종종 문장 끝에 위치한다.

---

03 ④

Q

Why then are owls so often considered wise?

해석

누군가를 "올빼미처럼 현명하다"고 말하는 것은 그 사람의 지능을 칭찬하는 멋진 방법이지만, 올빼미가 다른 새에 비해 특별히 똑똑한 것은 아니다. 그렇다면 올빼미는 왜 그토록 자주 현명하다고 간주되는 것일까? ① 무엇보다, 올빼미의 크고 날카로운 눈이 그들을 많이 배운 것처럼(즉, 똑똑한 것처럼) 보이게 만든다. ② 또한 뛰어난 야간 시력과 날카로운 사냥 기술도 그 이유의 일부인지 모른다. ③ 고대 그리스 지혜의 여신 아테나가 종종 올빼미를 들고 있는 모습을 보였다는 것 또한 오래된 생각이다. (④ 어떤 문화에서는, 올빼미의 야간 활동 때문에 올빼미가 종종 나쁜 운으로 간주된다.) ⑤ 올빼미가 정말로 똑똑하든 그렇지 않든, 올빼미는 우리 문화에서 영원히 지혜와 연관을 맺을 것으로 보인다.

정답 풀이

실제로 똑똑한 새가 아님에도 불구하고 올빼미가 우리 사회에서 현명하다고 여겨지는 이유를 설명하는 글이다. ④는 올빼미가 현명함의 상징으로 꼽히는 이유를 설명하는 것이 아니라 '나쁜 운'으로 간주되는 것에 관해 이야기하므로 글의 흐름과 무관한 문장이다.

오답 풀이

①, ②, ③ 올빼미가 똑똑하게 보이는 이유를 설명해주는 것이므로 흐름상 자연스럽다.

구문 풀이 1~2행 **To** say (*that*) someone is "as wise as an owl" **is** a great way to praise their intelligence, ~ .
(S: To say ~ owl / V: is / C: a great way ~ intelligence)

to부정사구가 주어로 쓰여 단수 동사 is가 왔다.

9~11행 **Whether** they are truly wise **or not**, it seems they will be forever associated with intelligence in our culture.

〈whether ~ or not〉 '~이든 아니든'의 의미이다.

---

04 ④

Q

However, there are a few female-controlled societies around the world.

해석

세계 대부분 지역에서 권력은 수세기 동안 거의 언제나 남성들에 의해 장악되어 왔다. 그러나 세계 곳곳에 여성이 주도하는 몇몇 사회가 존재하고 있다. ① 그 한 사례가 파푸아뉴기니의 나고비시다. 이곳에서는 여성이 사회를 조직하며 어머니들이 소중한 물건과 땅을 아들이 아닌 딸들에게 물려준다. ② 남성과 여성이 결혼하면, 대개 남성이 여성의 집에 가서 산다. ③ 그러나 나고비시에서 여성의 힘을 표시하는 가장 중요한 징표는 여성들이 정원을 관리한다는 사실이다. (④ 나고비시 사람들은 매일 정원 일을 하는데, 정원 일이 건강에 좋기 때문이다.) ⑤ 음식을 생산하는 것은 나고비시 사람들에게 부의 토대이며, 그래서 정원은 사회의 모든 부를 상징한다.

정답 풀이

여성이 주도하는 사회인 파푸아뉴기니의 나고비시를 설명하는 글이다. ④는 여성이 주도하는 사회와 무관한 '정원 일'에 초점이 맞춰진 글이므로 이 글과 상관없는 문장이다.

오답 풀이

⑤ ③의 내용(However ~ the gardens)을 뒷받침하는 이유에 해당.

구문 풀이 3~4행 One such example is *the Nagovisi of Papua New Guinea*, **where** women organize the society ~.
(where = and there)

관계부사 where가 이끄는 절이 선행사 the Nagovisi of Papua New Guinea를 보충 설명하고 있다.

7~8행 However, the most significant sign of female power in Nagovisi society is their control of the gardens.
(S: the most significant sign ~ society / V: is / C: their control of the gardens)

유형 05 문장 삽입

본문 p.86~87

QUICK CHECK!

①

해석

하지만, 상어에게 공격당할 실제 가능성은 매우 낮다.

기출 맛보기

⑤

해석

거북은 조류와 포유류처럼 체온을 자동으로 조절하는 능력이 없다. 거북의 체온은 주위 환경에 따라 변한다. 날씨가 너무 추워지면, 거북은 연못 바닥의 진흙이나 숲의 흙 속 깊이 구멍을 판다. 흙 속에 묻히면 거북은 어떻게 숨을 쉴 수 있을까? 거북은 코와 입으로 숨 쉬는 것을 멈춘다. 대신 거북은 피부와 꼬리 아래에 있는 구멍을 통해 공기를 들이마신다. 그리고 봄이 와서 땅이 따뜻해지면, 거북은 땅을 파고 나와 다시 평소대로 숨 쉬기 시작한다.

정답 풀이

주어진 문장에서 거북이 땅 속에서 호흡하는 방법을 설명하고 있으므로, 코와 입을 사용해 숨 쉬기를 멈춘다는 내용 뒤인 ⑤에 오는 것이 적절하다.

유형 익히기

본문 p.88~89

01 ② **02** ② **03** ③ **04** ①

01 ②

Q

All animals deserve respect, and we create problems for ourselves when we forget that.

해석

하나는 쏠 수 있다. 또 하나는 어두운 동굴에 살면서 드라큘라(흡혈귀)와 어울려 다닌다. 그런데 왜 박쥐와 벌이 죽어가는 것에 대해 우리가 신경을 써야 하는가? 실제로 벌은 농작물에 수분을 시키며, 그래서 벌이 없으면 농작물이 충분히 많이 생산되지 않게 되어 식량 공급이 줄어들 것이다. 한편, 박쥐는 곤충을 잡아먹는다. 그들은 우리가 좋아하지 않는 것을 죽이며, 박쥐가 없으면 우리는 모기와 기타 해충으로 가득한 세상과 마주해야 할지 모른다. 우리는 지구상의 다른 모든 생물과 연관되어 있다. 벌은 작물의 성장을 도와주고, 박쥐는 우리와 식량을 벌레로부터 보호해 준다. 귀여운 동물만이 중요한 동물은 아니다. 모든 동물이 존중받을 가치가 있으며, 우리가 그 사실을 망각한다면 우리 스스로 문제를 일으키는 것이 된다.

정답 풀이

주어진 문장에 on the other hand가 나왔으므로 주어진 문장 앞에는 박쥐가 아닌 다른 동물에 대한 이야기가 나와야 할 것이다. 또한, 주어진 문장에서 박쥐가 곤충을 먹는다고 이야기했으므로 이와 연관된 내용이 이어져야 한다. ② 앞에서는 벌이 필요한 이유가, 뒤에서는 박쥐의 중요성이 이어지고 있으므로 주어진 문장은 ②에 오는 것이 자연스럽다.

오답 풀이

⑤ 뒤의 문장은 결론 부분에 해당하므로 전체 문맥과 연결된다.

02 ②

Q ②

Q 선택지 해석

① 제2차 세계대전
② 스윙 음악의 인기
③ 녹음 금지

해석

스윙 음악의 시대는 1935년부터 1946까지 지속되었다. 그때는 전국의 젊은이들이 함께 모여 대규모 재즈 밴드의 음악을 듣곤 했다. 많은 사람들이 음악에 맞춰 춤을 췄으며, 몇몇 춤 스텝이 이 시기에 유행했다. 그러나 스윙 음악은 제2차 세계대전 시기에 인기를 잃어가기 시작했다. 한 가지 이유는, 많은 구성원들이 전쟁터에서 싸우고 있는 상황에서 대규모 재즈 밴드 연주를 지속하기가 어려웠다. 또 1942년 이후에 실시된 몇 차례의 녹음 금지령도 있었다. 밴드들은 전시 여행 금지법 때문에 전국을 돌아다니기가 매우 어려웠다. 결국 1950년대와 1960년대에 걸쳐 유행했던 또 다른 재즈 종류인 비밥으로 사람들의 관심이 돌아갔다.

정답 풀이

주어진 문장은 However로 시작하므로, 앞에는 스윙 음악이 인기 있었다는 내용이, 그 뒤에는 스윙 음악이 인기를 잃은 것과 관련된 내용이 나와야 한다. ②의 앞에 스윙 음악의 전성기에 대해 나오고 뒤부터는 전쟁, 녹음 금지 등 스윙 음악이 인기를 잃은 이유가 제시되고 있으므로 주어진 문장은 ②에 오는 것이 적절하다.

오답 풀이

③ 앞 문장과 연결되는 스윙 음악이 인기를 잃어가는 이유 중 하나이다.

구문 풀이 **1~3행** It was *a time* [**when** *young people* [across the country] would gather to listen to large jazz bands].

when ~ jazz bands는 a time을 수식하는 관계부사절이다.

7~9행 It was very difficult for bands to travel around the country because of laws against travel ~.
(It: 가주어 / for bands: 의미상의 주어 / to travel ~ travel ~: 진주어)

9~11행 Eventually, the spotlight turned to *bebop*, (*which is*) another type of jazz that became popular through the 1950s and 1960s.

another ~ 1960s는 bebop을 보충 설명해준다.

03 ③

Q

However, being in a place filled with many people, such as a concert hall or a sports stadium, does have health risks.

해석

콘서트에 수천 명의 인파가 모여 있다. 이 많은 사람과 폐쇄된 콘서트장 안에 있으면서 안전하다고 느끼는가? 바로 옆 자리에 앉은 사람이 전염병을 갖고 있다면 어떨 겠는가? 당신은 밖에서 즐겁게 시간을 보내고 있는 동안 그것에 관해 생각조차 하지 않을 것이다. 그러나 콘서트장이나 운동 경기장처럼 많은 사람으로 가득 찬 장소에 있는 것은 건강상 위험 요인을 갖고 있다. 그런 위험 요인을 무시하면 병에 걸릴 수 있으므로, 당신은 그 위험성에 대해 알고 있어야 한다. 군중에게서 떨어져 있으라고 권유하는 것은 아니다. 다만, 삶의 짜릿함을 즐기면서도 당신의 건강과 안전을 확실히 보호하라는 것이다.

정답 풀이

주어진 문장에 However가 있으므로, 앞에는 '많은 사람들이 있는 장소는 위험하지 않다고 생각할 수 있다'는 내용이 나올 가능성이 크다. ③의 앞에 우리는 사람들이 많은 곳에 있어도 위험성에 대해 지각하지 못한다는 내용이 나오며, 뒤의 'those risks'는 주어진 문장에서 말한 'health risks'를 가리킴을 알 수 있다. 따라서 주어진 문장은 ③에 들어가야 글의 흐름이 자연스럽다.

구문 풀이 **3행** **What if** the person next to you **had** an infectious disease?

What if ~?는 What will[would] happen if ~?를 줄인 말과 같다. 아직 일어나지 않은 일을 가정할 때 사용하는 표현이므로 위와 같이 조건절에 동사의 과거형(had)을 쓰기도 하지만 현재형(have)을 사용하는 것도 무방하다.

8~9행 Just be sure to protect your health and safety **while** (*you are*) enjoying the excitement of life.

while ~ life는 분사구문으로, 의미를 명확히 해주기 위해 접속사 while이 쓰였다.

04 ①

Q

However, if discovered early, AIDS can be treated nowadays.

해석

AIDS는 사람의 면역 체계가 심각하게 손상되었을 때 걸릴 수 있는 질병을 가리킨다. 과거 1980년대와 1990년대에는 AIDS가 그 병에 걸리면 15년 안에 죽을 공산이 큰, 확실한 죽음을 의미했다. 그러나 오늘날에는 조기 발견하면 AIDS를 치료할 수 있다. AIDS에 걸린 20세 사람이라면 51세까지 살기를 기대할 수 있다. 더욱이, 유엔에 따르면 2012년까지 저소득과 중간 소득인 25개국에서 감염률이 50%나 떨어졌다. 이런 성과는 AIDS의 진행 속도를 늦추는 신약 덕분에 가능했다. 또 국가적 차원의 교육 캠페인도 AIDS에 관한 대중적 미신을 종식시키는 데 도움을 주었다. 게다가, 사람들이 감염으로부터 자신을 지킬 수 있는 방법에 대한 훨씬 많은 정보가 있다.

정답 풀이

주어진 문장은 However로 시작하고, 요즘에는 에이즈를 조기 발견하면 치료 가능하다고 말하고 있으므로 주어진 문장 앞에는 '에이즈는 치료하기 어려운 병'이라는 내용이 올 것임을 짐작할 수 있다. ① 앞에서 과거에는 AIDS에 걸리는 사람은 대부분 15년 안에 사망하는 경우가 많았다고 이야기가 나오므로 주어진 문장은 ①에 위치하는 것이 자연스럽다.

오답 풀이

②, ⑤ 뒤의 문장들은 각각 앞의 문장과 자연스럽게 연결되어 앞 문장을 보충 설명한다.

구문 풀이 **주어진 문장** However, **if** discovered early, AIDS can be treated nowadays.
(=if it is discovered early,)

if절의 주어와 주절의 주어가 일치하여 〈주어+be동사〉가 생략된 수동형 분사구문 형태이다.

10~11행 Additionally, there's a lot more information **about how** people can protect themselves ~.
접속어 how가 이끄는 명사절이 전치사 about의 목적어로 나왔다.

유형 06 글의 순서 배열

본문 p.90~91

QUICK CHECK!

②

해석

자연은 지구의 운동에 의해서 만들어진 낮과 밤의 순환을 따른다. 새가 노래하고, 꽃이 피고 지는 것은 이 24시간 주기에 맞춰져 있다. 햇빛은 또한 우리의 정신 활동의 속도를 정한다. 규칙적인 밤과 낮이 없으면, 우리의 정신은 방향을 잃을 수 있다. 이는 특히 연세가 많은 분들에게 그러하다.

기출 맛보기

③

해석

주변 환경의 분위기를 바꿈으로써 우리의 기분에 영향을 끼치려고 다른 사람들이 노력하는 많은 상황들이 있다.

(B) 예를 들어, 한 남자가 그의 결혼기념일을 잊어버렸다고 상상해 보자. 그 남자는 낭만적인 배경 음악과 함께 아내를 위해 직접 요리를 하고 촛불이 켜진 저녁식사를 준비하여 그 상황을 구해내려고 노력한다.

(C) 그가 그것을 알든 모르든, 촛불이 켜진 저녁식사는 사람의 기분에 영향을 끼치는 환상적인 방법이다. 그 남자의 아내가 그 방에 들어오면, 그가 준비한 멋진 저녁식사의 맛있는 냄새에 놀라게 된다.

(A) 은은한 촛불 조명은 그녀를 편안한 기분이 들도록 한다. 그리고 끝으로, 낭만적인 음악은 그 실수에 대한 남편의 사과를 아내가 기꺼이 받아들이게 하는 나머지 역할을 하게 된다.

정답 풀이

(B) 결혼기념일을 잊어버린 한 남자가 저녁 식사를 준비하여 이를 만회하려고 노력한다. (C) 촛불이 켜진 저녁식사는 사람의 기분에 영향을 끼칠 수 있는 환상적인 방법이다. (A) 은은한 촛불 조명에 낭만적인 음악이 더해지면 아내는 남편의 사과를 기꺼이 받아들이게 된다.

구문 풀이 **주어진 문장** There are *many situations* [**where** other people try to influence our mood **by changing** the atmosphere ~].
관계부사 where가 이끄는 절이 many situations를 꾸며주고 있다. 〈by v-ing〉는 'v함으로써'라는 뜻.

11~13행 ~, she is surprised by the delicious smell of *the outstanding dinner* [(**that**) he has prepared].
관계대명사 that(혹은 which)이 생략된 관계대명사절 he has prepared가 the outstanding dinner를 꾸며주고 있다.

유형 익히기

본문 p.92~93

01 ② **02** ⑤ **03** ② **04** ⑤

01 ②

Q Internet
(인터넷을 이용하여, 한 고등학생이 암을 찾는 더 좋은 방법을 발명했다.)

해석

잭 안드라카는 암을 찾는 대단히 빠르고 저렴한 방법을 발명했다. 그의 놀라운 감지기는 다른 검사법보다 168배 더 빠르고 26,000배 더 저렴하다.

(B) 그러나 아마 더 놀라운 것은 안드라카가 의사나 일류 대학의 교수가 아니라는 사실이다. 잭 안드라카는 고작 16세이다.

(A) 그렇다면 고등학교 학생이 어떻게 앞으로 우리가 질병을 검사할 방법을 바꾸어놓은 장치를 고안한 걸까?

정답 풀이

주어진 문장은 암을 찾는 놀라운 감지기(amazing sensor)의 발명에 관해 설명하고 있는데, (B)에서 더 놀라운 사실(even more amazing)은 이 감지기를 만든 잭 안드라카가 16세에 불과하다고 말하고 있으므로 주어진 문장 다음으로 (B)가 오는 것이 자연스럽다. 그다음으로 그가 장치를 고안한 방법에 대해 언급하는 (A)가 나오고, 그 방법에 대해 더 자세히 설명하는 (C)로 이어지는 것이 적절하다. 따라서 알맞은 순서는 ② (B) – (A) – (C)이다.

그 답은 우리 대부분이 매일 사용하는 것, 즉 인터넷이다.

(C) 인터넷에 있는 방대한 양의 의학 웹사이트와 온라인 과학 학술지를 연구하여 안드라카는 검사 1회당 겨우 3센트의 비용이 들며, 검사를 마치는 데 단 5분밖에 걸리지 않고, 90% 이상 정확한 검사법을 고안할 수 있었다.

구문 풀이

1~2행 ~ *a device* [that has changed ***the way*** [(***that/in which***) we will test for diseases in the future]]?

we will ~ future는 선행사 the way를 수식하는 관계부사절로, 앞에 that 혹은 in which가 생략되어 있다. the way (that/in which)는 how로 바꿔 쓸 수 있다.

8~10행 ~, Andraka was able to devise *a method* [**that** would cost only three cents a test, (*would*) take just five minutes to complete, and (*would*) be over 90% accurate].

a method는 주격 관계대명사 that이 이끄는 절의 수식을 받고 있다. that절에서 세 개의 동사구 would cost ~ test, (would) take ~ complete, (would) be ~ accurate가 and에 의해 병렬구조로 연결되어 있다.

02 ⑤

Q ③

해석

만약 당신이 밤에 잠드는 데 어려움을 겪는다면 기억해야 할 한 가지는 먹어서는 안 되는 음식이 무엇인가이다.

(C) 어떤 것들은 당신의 소화에 부정적인 영향을 주고 잠을 못 자게 할 수도 있다. 음식에 대한 알레르기는 배탈이 나게 할 수도 있고, 배가 너무 부르면 자는 동안 호흡 정지를 일으킬 수 있다.

(B) 만약 당신이 오후에 카페인을 섭취한다면 완전히 소화되는데 오랜 시간이 걸리기 때문에 불면증(밤에 잠드는 데 겪는 어려움)도 유발할 수 있다.

(A) 그러나, 잠들기 몇 시간 전에 작은 접시에 담은 크래커와 땅콩버터처럼 적은 양의 고단백질 음식을 먹는 것은 좋다. 이것은 수면을 조절하는 호르몬인 멜라토닌을 생성하는 데 도움을 준다.

정답 풀이

주어진 문장은 잠드는 데 어려움을 겪는다면 먹지 말아야 할 음식을 기억해야 한다고 하고 있으므로 그런 음식을 왜 피해야 하는지 부정적인 영향에 관해 설명하고 있는 (C)가 이어지는 것이 자연스러우며, 그다음으로 불면증이라는 또 다른 부정적인 영향을 부르는 성분인 카페인을 언급하는 (B)가 오는 것이 적절하다. 먹지 말아야 하는 것과는 반대로 잠드는 데 도움이 되는 음식과 그 효과에 대해 언급하는 (A)가 그 다음에 오는 것이 적절하므로, 글의 알맞은 순서는 ⑤ (C) – (B) – (A)이다.

오답 풀이

③ (B) it may also cause insomnia의 also로 보아, 앞에 이미 다른 부정적인 영향이 언급되었을 것으로 추정되므로 주어진 문장 다음에 (B)는 올 수 없다.

구문 풀이

주어진 문장 ~, *one thing* [**to remember**] is **what to avoid** eating.

to remember는 앞의 one thing을 꾸며주는 형용사 역할을 하고 있다. what to avoid는 〈의문사+to부정사〉의 형태로 what을 '무엇'이라고 해석한다.

1~2행 **What** is good, however, is **to eat** a small amount of high-protein food several hours before bedtime, ~.

What은 선행사를 포함하는 관계대명사로 '~하는 것'이라고 해석한다. 보어 자리의 to eat은 to부정사의 명사적 용법이다.

03 ②

Q ②

Q 선택지 해석

① 부의 상징
② 안경의 역사
③ 에메랄드의 가치

해석

네로 황제는 에메랄드를 통해서 검투 경기를 관람했다고 한다. 만일 그렇다면 네로는 시력을 교정하기 위해 렌즈를 사용한 최초의 인물이었다.

(B) 이후, 1000년과 1250년 사이에 사람들은 더 잘 보기 위해서 안경을 사용하기 시작했다. 그 후 얼마 동안 안경은 오직 부자들만이 사용했으며, 부의 상징이었다.

(A) 그러나 구텐베르크가 15세기 중반에 인쇄기를 발명했을 때, 더 많은 사람이 안경을 사용하기 시작했다.

(C) 읽을거리가 점점 널리 퍼지면서 독서용 안경의 사용

정답 풀이

주어진 글은 시력 교정을 위해 렌즈를 사용한 최초의 인물인 네로에 관해서 이야기하고 있는데, 그다음에는 시간이 지나 다른 사람들, 특히 부자들이 렌즈를 사용하기 시작했다는 내용의 (B)가 오는 것이 자연스럽다. 그리고 15세기 중반 인쇄기가 발명되었다고 한 (A)에 이어서 읽을거리가 널리 퍼지면서 안경이 일상생활의 일부가 되었다는 (C)가 오는 것이 적절하므로, 글의 알맞은 순서는 ② (B) – (A) – (C)이다.

이 증가했다. 곳곳에서 사람들이 안경을 사기 시작했으며, 안경은 곧 평범한 일상생활의 일부가 되었다.

구문 풀이

주어진 문장 **It is said that** the emperor Nero viewed the gladiatorial games through an emerald.

〈It is said that ...〉은 '…라고 한다'로 해석한다.

5~6행 For some time afterward glasses **were used** only by the rich [and] **were** symbols of wealth.

were used와 were가 and로 병렬 연결된 구조이다.

7~8행 The use of reading glasses (S) grew (V) **as** reading material (S′) became (V′) more widespread (C′).

as는 여기서 전치사가 아니라 때를 나타내는 접속사로 사용되어 '~하면서'라고 해석한다.

---

04 ⑤

Q ①

Q 선택지 해석

① '거짓 친구'의 의미

② 이집트인 종업원

③ 아랍어

해석

한 프랑스 사람이 이집트에서 식당에 들어간다. 그는 무엇을 먹고 싶은지 모른다. "메뉴를 볼 수 있을까요?"라고 묻는다. 이집트인 종업원이 "네, 메뉴 있습니다."고 말하지만, 그는 그 자리에 그냥 서 있다.

(C) 프랑스 사람이 다시 묻는다. "메뉴 주시겠어요?" 종업원이 말한다. "네, 네, 메뉴 있습니다." 마침내 프랑스 사람은 그 종업원이 무슨 일이 일어났는지 이해하려고 노력하는 동안 자리에서 일어나 식당에서 나가버린다.

(B) 이때 일어난 일은 '거짓 친구'였다. 그것은 똑같이 들리지만(발음은 같지만) 다른 언어에서 다른 것을 의미하는 단어들이다. 프랑스어에서 메뉴는 식당에서 제공되는 음식 목록이다. 아랍어에서 '메뉴'는 '음식'을 의미한다. 그래서 그 가여운 종업원은 단지 도우려고 노력했을 뿐이다!

(A) 거짓 친구는 진짜 당신의 친구가 아니다. 자국어의 단어와 발음이 똑같은 단어를 매우 조심하라. 그 단어들은 당신이 생각하는 것을 의미하지 않을 수도 있다!

정답 풀이

(C)의 The Frenchman과 The waiter는 주어진 문장에서 언급한 A Frenchman과 The Egyptian waiter를 가리키므로, 주어진 문장 다음에 (C)가 이어지는 것이 자연스럽다. 이어서 프랑스 사람과 이집트인 종업원 사이에 소통이 되지 않았던 이유가 드러나는 (B)가 오고, 똑같은 발음의 단어도 언어에 따라 의미가 다를 수 있으므로 주의를 기울이라고 결론짓는 (A)가 마지막에 오는 것이 적절하다. 따라서 주어진 글 다음으로 이어질 알맞은 순서는 ⑤ (C) – (B) – (A)이다.

구문 풀이

주어진 문장 He doesn't know **what he wants to eat**.

what he wants to eat은 〈의문사+S+V〉의 순서로 쓰인 간접의문문으로 '그가 무엇을 먹기를 원하는지'로 해석한다.

2~3행 They may not mean **what** you think (*that*) they **do**!

what은 선행사를 포함하는 관계대명사로 '~하는 것'이라고 해석한다. do는 동사 mean을 대신하는 대동사이다.

유형 07 연결어

본문 p.94~95

QUICK CHECK!

1. ⓑ, ⓔ **2.** ⓐ, ⓓ, ⓝ **3.** ⓒ, ⓕ, ⓘ **4.** ⓖ, ⓗ, ⓜ **5.** ⓙ, ⓚ, ⓛ

기출 맛보기

①

해석

모든 문화는 많은 사회적 가치를 지닌다. 각 가치와 상반되는 가치 사이에는 긴장이 존재한다. (A) 예를 들어, 미국 문화에서 주

정답 풀이

(A) 뒤에 (A) 앞의 주제문에 대한 예시가 나오고 있으므로 (A)는 For example이 적절하다. (B) 앞에는 미국인들이 자유를 중요하게 여긴다는

된 긴장 중의 하나는 자유와 금지 사이의 긴장이다. 미국인은 자유를 본질적인 권리로 여긴다. 그들은 자유를 수호하기 위해 많은 전쟁을 치렀고, 그것을 지키기 위해 기꺼이 죽는다. (B) 하지만, 미국 문화는 금지도 강조해왔다. 그들은 술을 너무 많이 마시거나, 너무 많이 놀거나, 또는 재산을 너무 많이 과시해서는 안 된다고 생각한다. 사실, 많은 이들이 이 두 필수 가치 사이의 갈등에 자주 직면한다.

내용이 나오고, (B) 뒤에서는 금지를 강조한다는 내용이 나오므로 (B)에는 대조를 나타내는 However가 알맞다. 따라서 정답은 ①.

구문 풀이 5행 Americans **consider** freedom an essential right.

A B

〈consider A B〉는 'A를 B로 여기다'로 해석한다.

8~10행 They believe they shouldn't **drink** too much, **play** too much, or **show off** too much wealth.

A B C

동사 세 개가 or로 병렬 연결되어 있다.

유형 익히기

본문 p.96~97

01 ② 02 ④ 03 ⑤ 04 ⑤

01 ②

Q toxic

(수은은 인간이 사용한 오랜 역사가 있는 금속이다. 그것은 인간의 몸에는 유독하지만 여러 방면으로 유용하다.)

해석

수은은 인류가 발견한 최초의 금속 가운데 하나였다. (수은의) 최초의 알려진 용도는 기원전 1500년경 이집트의 피라미드에까지 거슬러 올라간다. 수은은 사람의 몸이나 그 밖의 살아 있는 유기체에게 어떤 식으로도 필요하거나 쓸모가 있지 않다. (A) 사실, 그것은 매우 독성이 강해 수많은 심각한 문제를 일으킨다. 이런 사실에도 불구하고, 수은은 치과용 충전재(充塡材)나 백신, 화장품, 몇몇 종류의 약물처럼, 인간과 매우 밀접하게 많은 방식으로 사용되고 있다. (B) 게다가, 수은은 채굴된 흙에서 금과 은을 떼어낼 때나 그 밖의 몇몇 산업 공정에서도 사용되고 있다.

정답 풀이

(A) 앞 문장에서 수은이 살아있는 생물체에 필요하지 않다는 내용이 나오며, 뒤에는 수은의 독성이 강해 심각한 문제를 일으킬 수 있다는 내용이므로 (A)에는 앞의 내용을 강조하는 In fact가 적절하다. (B)의 앞뒤 모두 수은이 어디에서 사용되는지 설명하고 있으므로, (B)에는 내용을 덧붙이는 In addition이 적절하다. 따라서 정답은 ②.

구문 풀이 5~8행 Despite this, it is used in *a lot of ways* [**that** bring it into close contact with humans, such as dental fillings, vaccines, cosmetics, and several kinds of medications].

주격 관계대명사 that이 선행사 a lot of ways를 수식한다. 등위 접속사 and는 4개의 명사구(dental fillings, vaccines, cosmetics, several kinds of medications)를 연결해준다.

02 ④

Q ①

해석

밤하늘을 밝히는 반딧불이든 아니면 대양의 가장 어두운 지역을 밝히는 아귀든, 생체 발광은 진화의 과정이 얼마나 똑똑할 수 있는지 우리에게 보여준다. 대부분 사람은 생체 발광이 오직 반딧불이에만 일어난다고 생각한다. (A) 그러나 실제로는 물고기, 고래, 심지어 버섯을 비롯한 여러 형태의 생명체도 어둠 속에서 빛을 낼 수 있다. 각 종들은 생존하기 위해 생체 발광을 발달시켰다. 브라질에는 (B) 예를 들면, 곤충에 대해 심각한 문제를(즉, 치명적 약점을) 갖고 있는, 빛을 내는 버섯의 한 종류가 있다. 그래서 이 버섯은 생체 발광에 의존해, 곤충을 잡아먹기 좋아하는 동물을 유인한다. 이것은 빛을 내는 이 버섯이 효과적인 자기방어 기제를 확실히 진화시켰음을 보여준다.

정답 풀이

(A) 앞은 사람들이 반딧불이에게만 생체 발광이 일어난다고 생각한다는 통념을 설명하고, (A) 뒤는 몇몇 다른 생명체에게도 생체 발광이 일어난다고 설명하고 있으므로 (A)에는 역접인 However가 들어가야 한다. (B) 뒤에는 앞에서 언급한 생체 발광을 발달시킨 예시가 나오므로 (B)에는 for example 또는 for instance가 적절하다. 따라서 정답은 ④.

구문 풀이 1~3행 **Whether** it's *fireflies* [lighting up the night sky] **or** *an anglerfish* [lighting up the darkest areas of the ocean], bioluminescence shows us(IO) **how** clever the process of evolution can be(DO).

여기서 〈Whether A or B〉는 'A이든 B이든 간에'의 의미이며, 접속사 how가 이끄는 절이 show의 직접 목적어로 나왔다.

7~9행 There is *a type of glowing mushroom in Brazil*, **for example**, [**which** has a serious problem with insects].

연결사 for example이 문장 중간에 삽입되었으며, 주격관계대명사 which가 이끄는 절이 앞의 a type of glowing mushroom in Brazil을 꾸며준다.

---

03 ⑤

Q

Human beings aren't the only animals to form social groups. Around the world, other animals live according to complex social orders.

해석

인간이 사회적 무리를 형성하는 유일한 동물은 아니다. 전 세계 곳곳에서 (인간 외의) 다른 동물들도 복잡한 사회 질서에 따라 살아가고 있다. (A) 예를 들어, 미어캣은 거의 모든 것을 (무리와) 공유한다. 그들은 교대로 돌아가면서 먹이를 구하고 집을 지킨다. 미어캣은 위험을 발견하면 다른 미어캣에게 알려주려고 짖을 것이다. 미어캣은 함께 협력함으로써 포식 동물에 맞서 생존하는 법을 터득했다. (B) 마찬가지로, 범고래는 함께 협력하는 포식 동물이다. 그들은 가족을 이루어 살고, 무리 지어 이동하며, 혀 차는 소리와 서로를 부르는 소리, 그리고 그 밖의 소리들로 의사소통을 한다. 각 집단은 그들만의 언어를 갖고 있다. 어른은 어린 새끼가 태어나는 즉시 이 언어를 가르친다. 어른은 또한 무리 지어 사냥하는 법과 그 밖의 많은 기술들도 가르친다.

정답 풀이

(A) 앞을 보면 사람 이외에도 사회적 무리를 짓는 동물이 있다는 내용이 나오고, 뒤에는 이에 대한 예시로 미어캣을 제시하고 있으므로 (A)에는 For example이 와야 한다. 또한, (B) 뒤에는 앞에서 설명한 미어캣처럼 사회적 무리를 짓는 범고래를 소개하므로 (B)에는 비슷한 내용을 제시할 때 사용되는 Similarly가 적절하다. 따라서 정답은 ⑤.

구문 풀이 3~4행 They take turns searching for food [and] guarding the home.

등위 접속사 and가 동명사구 searching for food와 guarding the home을 연결하고 있다.

11~12행 Adults(S) also **teach**(V) **how** to hunt in groups and many other skills(O).

의문사 how가 이끄는 명사구가 teach의 목적어로 쓰였다.

---

04 ⑤

Q ②

Q 선택지 해석

① 비누의 종류

② 독특한 비누 회사

③ 기부

해석

닥터 브로너스 비누는 다양한 비누를 만드는 회사다. 그것은 여느 회사와 마찬가지로 보일 수도 있다. (A) 그러나, 이 회사의 사업은 실제로 매우 특이하다. 닥터 브로너스는 공정 사업 관행과 사회 환원에 대한 믿음을 갖고 있다. 이 회사는 수익의 상당액을 각종 자선단체에 기부한다. 이 회사는 또한 관리자들의 임금을 엄격히 제한하여, 최고 임금자와 최저 임금자의 임금 격차가 매우 적다. (B) 게다가, 이 회사의 설립자는 지구상의 모든 살아 있는 생명은 함께 협력해야 한다고 믿었다. "우리는 모두 하나"라는 그의 비전은 지금도 모든 비누 병의 상표에 붙어 있다. 이것은 일반적인 사업 신념은 아니지만, 닥터 브로너스는 회사가 성공적인 동시에 기부도 많이 할 수 있음을 입증하고 있다.

정답 풀이

(A) 앞 문장과 뒷문장이 대조를 이루므로 (A)에는 역접인 However가 와야 한다. (B)의 앞뒤에서는 모두 닥터 브로너스 회사의 독특한 사업 신념을 설명하고 있으므로, (B)에는 내용의 첨가를 나타내는 In addition이 적절하다. 따라서 정답은 ⑤.

제2회 미니 모의고사

본문 p.98~102

1 ③ 2 ⑤ 3 ④ 4 ③ 5 ③ 6 ④ 7 ② 8 ② 9 ① 10 ③ 11 ④ 12 ③ 13 ④ 14 ④ 15 ⑤

1 ③

해석

하루 동안 열량을 소비하려면, 엘리베이터가 아닌 계단을 이용하며 전화를 하기보다는 사람들을 만나러 걸어가라. 참 좋은 조언이기는 하지만, 당신이 불편한 바지를 입고 하이힐을 신고 있다면 한 걸음 더 움직이는 것조차 에베레스트 산을 오르는 것처럼 느껴질 것이다. 덜 격식을 차려 입으면 더 많이 움직일 수 있을 것이다. 한 연구에 의해 이것이 증명된 바 있다. 4곳의 주요 대학에 다니는 53명의 학생들에게 활동을 측정하는 장치를 주었다. 캐주얼하고 편하게 옷을 입었을 때 학생들은 격식을 차려 입었을 때보다 약 500걸음을 더 걸었으며 칼로리도 더 많이 소모했다. 우리 대부분은 입는 옷 때문에 해마다 1kg씩 살이 찐다. 가벼운 옷차림은 이러한 체중 증가를 예방해줄 수 있을 것이다.

정답 풀이

편한 옷이 체중 증가를 막을 수 있다는 것이 글의 핵심 내용이다. 주제문 역시 '더 움직이기 위해 편하게 입으라'고 말하고 있으므로 적절한 정답은 ③.

오답 풀이

① 첫 번째 문장에서 연상할 수 있는 오답 선지.

②, ④ 옷차림과 관련해 연상할 수 있는 오답 선지.

어휘

throughout 내내, ~동안 쭉 / **rather than** ~보다는 / **uncomfortable** 불편한 / **climb** 오르다 / **formally** 정식으로 / **be likely to-v** v할 가능성이 있다 / **prove** 증명하다, 입증하다 / **major** 주요한; 전공의 / **device** 장치, 기구 / **track** 추적하다 / **dress casually** 평상복 차림을 하다 / **casual** 격식을 차리지 않은; 가벼운 / **prevent** 막다, 방지하다

구문 풀이

1~3행 **To burn** calories throughout the day, / take the stairs, not the elevator, [and] walk to meet people rather than calling them.

To burn ~ the day는 '목적'을 나타내는 부사적 용법으로 쓰였으며, take ~ elevator, walk ~ calling them 두 개의 명령문이 and로 병렬 연결되고 있다.

2 ⑤

해석

어머니날은 고대 그리스에도 존재했다. 고대 그리스에서는 신들의 어머니인 레아를 위해 매년 축제를 열었다. 보다 최근에, 그 생각은 미국에서도 종종 제기되었으나 필라델피아의 안나 자비스가 어머니날 국경일(지정)을 위해 홍보 운동을 벌이기까지는 아무런 성과도 없었다. 그녀 덕분에 웨스트버지니아 주와 오클라호마 주는 1910년에 최초의 어머니날을 선포했으며, 1914년에는 우드로 윌슨 대통령이 어머니날을 국경일로 만들었다. 안나 자비스의 어머니가 가장 좋아했던 꽃이 흰 카네이션이었고, 그것은 인기 있는 어머니날 선물이 되어, 모성애의 순수함과 따뜻함을 상징한다. 이후, 붉은 카네이션이 살아 계신 어머니의 상징으로 간주되게 되었으며, 흰 카네이션은 돌아가신 어머니의 표시로 여겨지게 되었다.

정답 풀이

어머니날이 국경일로 지정되고, 카네이션이 어머니날의 상징이 된 배경에 대해 말하고 있다. 따라서 이 글의 주제는 ⑤이다.

오답 풀이

① 글의 핵심 어구를 활용한 오답

③ 글의 세부 내용을 활용한 오답

어휘

exist 존재하다 / **ancient** 고대의 / **annual** 매년의, 연례의 / **suggest** 제안하다 / **thanks to A** A 덕분에 / **carnation** 카네이션 / **represent** 상징하다, 대표하다 / **purity** 순수함 / **motherly love** 모성애

구문 풀이

1~3행 Mother's Day existed even in *ancient Greece*, **which** held an annual festival for Rhea, Mother of the Gods. (Rhea = Mother of the Gods)

which 이하는 ancient Greece를 부연 설명하는 계속적 용법의 관계대명사절로, which는 and this[that]로 바꿔 쓸 수 있다.

7~11행 Thanks to her, West Virginia and Oklahoma (S_1) announced (V_1) the first Mother's Day (O_1) in 1910, [and] in 1914, President Woodrow Wilson (S_2) **made** (V_2) Mother's Day (O_2) a national holiday (C).

두 개의 절을 접속사 and가 연결하고 있다. 두 번째 절의 사역동사 made는 목적격 보어로 명사(a national holiday)를 취했다.

11~14행 Anna Jarvis's mother's favorite flower (S_1) was (V_1) the white carnation (C_1), [and] it (S_2) became (V_2) a popular Mother's Day gift (C_2), **representing** the purity and sweetness of motherly love.

representing 이하는 분사구문으로 and it represented로 바꿔 쓸 수 있다.

3 ④

해석

동물 권리는 언제 시작되었을까? 동물 권리에 대한 생각은 새로운 것으로 보일 수 있지만, 그것은 실제로 매우 오래되었다. 고대 그리스의 현자들은 동물을 먹는 것에 관하여 자신들의 제자들과 토론을 벌였다. 서구에서 일어나고 있는 오늘날의 동물 권리 운동은 18세기 말에 시작했다. 사람들은 동물 보호 법안을 통과시키기 위하여 정부와 사법체계를 이용하기 시작했다. 1966년, 미국 의회는 실험실에서 사용되는 동물을 보호하기 위한 법안을 통과시켰다. 최근에 와서는, 많은 화장품 회사들이 동물에 대한 제품 실험을 중단했다. 그들은 동물들이 불필요한 고통을 겪게 만드는 것은 잘못된 일이라고 생각한다. 동물 권리를 위한 투쟁은 다양한 형식으로 계속되고 있다.

정답 풀이

동물 권리에 대한 과거의 인식부터, 오늘날 동물의 권리가 어떻게 보호되고 있는지 설명하고 있다. 이러한 전체적인 내용을 요약했을 때 가장 적절한 제목은 ④이다.

선택지 해석

① 동물 권리의 미래

② 동물을 가지고 장난치는 일은 그만두어야 한다!

③ 동물은 우리의 영원한 절친

④ 동물 권리의 어제와 오늘

⑤ 동물 식용이 우리 지구에 미치는 영향

오답 풀이

① 동물 권리의 과거와 현재를 설명해주고 있지만, 미래에 관해서 설명하진 않는다.

어휘

animal rights 동물의 권리 / **Ancient Greece** 고대 그리스 / **debate** 토론하다 / **modern** 현대의, 근대의 / **movement** 운동; 움직임 / **court** 법원 / **US Congress** 미국 의회 / **lab** 실험실 (= laboratory) / **unnecessary** 불필요한

구문 풀이

11~13행 More recently, many cosmetics companies **have stopped** testing products on animals.

〈have p.p.〉의 현재완료 시제가 쓰여 과거의 동작이 현재까지 영향을 미치는 것을 나타낸다. 부사구 More recently는 '최근에 막 ~했다', 즉 완료의 의미를 더해준다.

13~14행 ~ **it**(가주어) is wrong **to** make an animal feel unnecessary pain.(진주어)

to이하의 주어부분이 길어져 it 가주어가 쓰였다.

4 ③

해석

벌써 꽤 오랫동안 귀사의 단골손님인 사람입니다. 귀사의 엄선된 다양한 전자책은 제가 서점으로 직접 차를 몰고 가 신간 인쇄 도서를 구매하는 번거로움과 두꺼운 책을 들고 다니는 불편함을 덜어주었습니다. 그러나 개선이 필요하다고 생각되는 몇 가지 사항이 있습니다. 하이라이트 기능이 제대로 되지 않고, 독서 중 적어 놓은 메모는 클릭하기 전에는 보이지가 않습니다. 그리고 책 속에서 앞뒤로 이동하는 속도가 느리고 간혹 오류가 발생하기도 합니다. 귀사의 단골손님으로서 저는 향후 제품 개발에 있어 귀사가 이 문제들을 고려해 주시기를 희망합니다.

정답 풀이

글 초반에 자신이 회사의 단골손님이라 밝힌 뒤, 세 번째 문장(But, there are some things that I think need improvement)부터 전자책에 개선이 필요한 몇 가지 사항을 지적하고 있다. 따라서 정답은 ③.

오답 풀이

④ 전자책 구독료를 환불하고자 하는 것이 아니라 개선점을 말해주고 있으므로 오답.

어휘

regular[**loyal**] **customer** 단골고객 / **selection** 선택 가능한 것(들의 집합) / **thick** 두꺼운 / **improvement** 향상 / **highlight** 강조하다, 하이라이트하다 / **visible** (눈에) 보이는 / **back and forth** 앞뒤로 / **error** 실수, 오류 / **consider** 고려하다 / **development** 개발; 성장

구문 풀이

2~5행 Your large selection of e-books has saved me *the trouble* [of driving to the bookstore [and] getting a new print book], [and] [of carrying around thick books].

the trouble of A(driving ~ print book) and of B(carrying around thick books)로 A와 B가 병렬구조를 이루고, A 안에서 driving to the bookstore와 getting a new print book이 and로 병렬 연결된 구조이다.

5~7행 But, there are *some things* [**that** (**I think**) need improvement].

that I think need improvement에서 I think는 삽입절이며 주격 관계대명사 that이 이끄는 절이 선행사 some things를 수식하고 있다.

5 ③

해석

7,400명의 런던 공무원들을 대상으로 한 연구는 놀라운 통계를 산출했다. 자기 일에 대해 통제권이 별로 없다고 느낀 공무원들이, 더 많은 직무 유연성을 가진 공무원들보다 심장병 발병 위험이 50%나 높았다. 간단히 말해, 우리가 해야 하는 일에 대해 통제권이 별로 없다고 느끼는 것은 심각한 위험을 안고 있다. 그것이 상사와의 관계가 그토록 중요한 이유이다. 영국의 감기 연구 부서에 자원한 사람들에게 감기 바이러스를 노출시킨 뒤 누가 감기에 걸리는지 알아보기 위해 5일 동안 추적 관찰했더니, 사회적 스트레스를 경험하는 사람이 바이러스에 영향을 받을 가능성이 가장 큰 것으로 나타났다. 직장에서 단 하루 힘든 일을 겪는 것이 문제가 아니었다. 그러나 상사와 지속적인 문제를 갖는 것은 면역계의 힘을 낮추기에 충분할 만큼 스트레스를 주었다.

정답 풀이

③ 주어는 feeling으로 시작하는 동명사구이고, 동명사 주어는 단수 취급하므로 동사 hold를 holds로 고쳐야 한다.

오답 풀이

① 수식받고 있는 명사 statistics와의 관계가 능동이므로 현재분사 surprising이 알맞다.

② 앞에 나온 복수명사인 Workers를 받는 대명사이므로 복수형인 those가 적절.

④ volunteers와 expose의 관계는 수동이므로 수동태가 맞다.

⑤ 동명사 형태로서 문장의 주어 역할을 하고 있으므로 적절하다.

어휘

yield (결과를) 내다; 양도하다 / **statistics** 통계 / **risk** 위험 / **heart disease** 심장병 / **relationship** 관계 / **expose** 노출시키다 / **virus** 바이러스 / **turn out** 드러내다; 나타나다 / **influence** 영향을 미치다 / **continual** 거듭되는 / **stressful** 스트레스가 많은 / **lower** 낮추다; 더 낮은

구문 풀이

3~6행 ***Workers*** [who felt they had little control over their work] had a 50 percent higher risk / of heart disease / than ***those*** [with more job flexibility].

Workers가 관계대명사절의 수식을 받아 주어가 길어졌다. those는 앞의 Workers와 반복을 피하기 위한 것이다.

6~7행 In short, feeling little control over *the work* [we have to do] (S) / holds (V) serious risks (O).

9~14행 When volunteers (S′) (at a British colds-research unit) were exposed (V1′) to a cold virus and followed (V2′) (for five days) **to see** who would get sick, // it turned out that ***those*** [experiencing social stress] were most likely to be influenced by the virus.

to see ~ sick은 '목적'을 나타내는 부사적 용법의 to부정사이며, those는 앞의 volunteers를 대신해 쓰였다.

6 ④

해석

스티븐 킹은 공포 소설과 서스펜스 소설을 쓰는 미국 작가이다. 어렸을 때 그는 공포 만화 읽는 것을 좋아했으며, 형이 발행했던 '데이브의 잡동사니'라는 소식지에 자신의 기사를 게재하기도 했다. 1974년에 킹은 그의 첫 소설인 〈캐리〉를 출판했는데, 그때 그는 26세의 교사였고 결혼한 상태였다. 킹의 아내 테비사는 〈캐리〉의 초기 원고가 쓰레기통에 있는 것을 발견하고 킹이 그 작품을 완성하도록 격려했다. 그는 그 후 35년에 걸쳐 77편의 장편 소설과 단편 소설 모음집을 썼고, 이것은 1년에 평균 두 작품 이상을 쓴 것이다. 1976년 〈캐리〉의 시작 이후로 적어도 92편의 영화와 텔레비전 쇼가 킹의 작품을 바탕으로 만들어졌다.

정답 풀이

35년에 걸쳐 77편의 장편 소설과 단편 소설 모음집을 썼으며 이는 1년에 평균 두 작품 이상을 쓴 것이라 하였으므로 일치하지 않는 것은 ④.

오답 풀이

② 1947년에 킹은 첫 소설 〈캐리〉를 출판했고, 그 당시 26세의 교사였다고 하였으므로 일치하는 내용이다.

어휘

author 작가 / **horror** 공포, 경악 / **suspense** 서스펜스, 긴장감 / **novel** (장편) 소설 / **publish** 게재하다; 출판[발행]하다 / **article** 기사, 글 / **newsletter** 소식지[회보] / **rag** 잡동사니; 누더기 / **marry** 결혼하다 / **draft** 원고, 초안 / **encourage** 격려하다, 용기를 북돋우다 / **collection** 모음집; 수집품 / **average** 평균 ~이 되다 / **work** 작품; 일; 일하다

구문 풀이

4~7행 In *1974*, **when** King was a 26-year-old teacher and married, he published his first novel = *Carrie*.

계속적 용법의 관계부사절(when ~ married)이 1974년도에 대해 부연 설명하고 있다.

7~9행 King's wife Tabitha **had found** an early draft of it in the trash and encouraged him to finish it.
아내 테비사가 초기 원고를 발견한 것이 격려해준 것(encouraged)보다 먼저 일어난 일이므로 과거완료시제(had found)가 쓰였다.

9~11행 Over the next 35 years, he wrote 77 novels and collections of short stories, **averaging more than two a year.**
averaging ~ a year는 부대 상황을 나타내는 분사구문으로 '그리고 ~'라는 의미이다. (= and they averaged more than two a year.)

11~14행 At least 92 movies, films, and television shows (S) **have been made** (V) from King's works, **starting in 1976 with *Carrie*.**
starting ~ *Carrie*는 때를 나타내는 분사구문으로 '~ 이후로'의 의미이며 이로 인해 주절의 동사로 현재완료 〈have(has)+p.p.〉를 사용했다.

7 ②

해석

지능지수에 대해 걱정해야 하는 것만도 충분히 골치 아픈데, 이제 감성지수(EQ)라는 것도 생겼다. 우리는 감성지수에 대해서도 스트레스를 받아야 하는가? 이에 대한 대답은 '그렇다'이기도 하고, '아니다'이기도 하다. 당신의 감성지수는 그저 당신의 대인 관계 기술을 나타내는 척도일 뿐이다. 감성지수가 높은 사람은 스트레스받는 직원들을 관리하는 법을 잘 알고 있는 훌륭한 리더가 된다. 그들은 팀 안에서 신뢰와 열정을 일으키려면 사람들의 감정을 어떻게 활용해야 하는지 알고 있다. 일 외의 영역에서도, 높은 감성지수는 낭만적 사랑의 성공과 연결된다. 파트너의 감정을 이해하는 것은 튼튼한 관계를 만드는 데 도움을 줄 수 있다. 많은 사람들에게, 감정은 삶의 진지한 문제로서 중요해 보이지 않을 수도 있다. 그러나 실제로 우리는 감정에 대해 올바른 이해를 갖추는 일이 모든 집단 상황에서 중요하다는 사실을 알아가고 있다!

정답 풀이

빈칸으로 보아 EQ가 어떤 것의 척도인지 찾아야 한다. 빈칸 뒤에서 EQ가 높은 사람은 좋은 리더가 될 수 있으며, 연애에서도 성공할 수 있다고 했다. 마지막 문장에서도 감정을 이해할 줄 아는 것은 어떤 '집단 상황'에서나 중요하다고 말하고 있으므로 EQ는 '대인 관계 기술'의 척도임을 알 수 있다. 따라서 정답은 ②.

선택지 해석

① 당신의 지혜 ③ 문제 해결 기술
④ 감정 표현 능력
⑤ 당신이 사랑에서 성공할 가능성

오답 풀이

④ 지문의 핵심 어구인 'emotions'를 활용한 오답.
⑤ 'romantic success' 부분에서 연상할 수 있는 오답.

어휘

measure 척도; 조치 / **manage** 관리하다 / **passion** 열정 / **within** ~ 안에, 이내에 / **connect** 연결하다 / **romantic** 연애의; 낭만적인 / **success** 성공 cf. succeed 성공하다; 물려받다 / **emotion** 감정; 정서 / **issue** 문제; 쟁점; 발행 / **discover** 발견하다 / **understanding** 이해(심) / **situation** 상황 [선택지 어휘] **ability** 능력

구문 풀이

11~13행 Understanding your partner's emotions (S) can **help** (V) you (O) **create** a strong relationship (C).
help는 목적격 보어 자리에 원형부정사 또는 to부정사를 모두 취할 수 있다.

8 ②

해석

과거에는 많은 사람들이 12궁도(圖) 별자리의 힘을 믿었다. 12궁도는 12개의 별자리로 이루어진 체계이다. 자신이 태어난 날에 따라 12개의 별자리 가운데 하나를 부여받는다. 심지어 오늘날에도 어떤 사람은 별자리가 미래를 예측할 수 있다고 믿는다. 또 어떤 사람은 그것이 자신의 성격을 결정짓는다고 믿는다. (A) 예를 들어, (8월 23일에서 9월 22일 사이에 태어난) 처녀자리의 사람은 논리적이고 주의 깊은 사람으로 여겨진다. (그러나) 당연히, 이 날짜 사이에 태어난 많은 사람이 논리적이지도 않고 주의 깊지도 않다. 인간은 서로 너무나 달라서, 고작 12개 유형으로 범주화할 수 없다. (B) 그러므로 별자리 공부가 무척 재미있을 수는 있지만, 별자리가 하는 말이 당신을 지배하게 해서는 안 된다.

정답 풀이

(A) 앞 문장에 별자리가 자신의 성격을 결정한다고 믿는 사람들이 있다는 내용이 오고, (A) 뒤에서는 이에 대한 예시를 들고 있으므로 (A)에는 For example이 적절하다. (B) 앞에서는 인간은 단 열두 개의 유형으로 나뉘기에는 너무 다양하다고 말하고 있으며, (B) 뒤에서는 별자리로 성격을 결정지을 수 없다고 결론짓고 있으므로 (B)에는 앞의 내용을 통해 결론을 내리는 Therefore가 적절하다. 따라서 정답은 ②.

어휘

predict 예측하다 / **determine** 결정하다 / **personality** 성격 / **be supposed to-v** v하기로 되어 있다 / **logical** 논리적인 / **plenty of** 많은 / **categorize** 범주화하다

구문 풀이

1~3행 In the past, many people believed in the power of *the zodiac*, **which** is a system of twelve star signs.

which는 the zodiac을 선행사로 하여 그것을 부연 설명하는 계속적 용법의 관계대명사이다.

11~13행 ~, *plenty of people* [**born** between those dates] are **neither** logical(A) **nor** careful(B).

과거분사 born이 이끄는 구가 plenty of people을 후치 수식하고 있다. 또한, 〈neither A nor B〉의 구문이 쓰였으며 'A도 B도 아닌 ~'의 의미이다.

---

9 ①

해석

당신은 아마 시각장애인들이 점 위로 손가락을 더듬으며 글을 읽는 모습을 본 적이 있을 것이다. '브라유 점자(법)'이라 불리는 이 시스템은 흥미로운 역사가 있다.

(A) 그것의 이야기는 1800년경에 시작된다. 샤를 바르비에라는 프랑스 군인은 어둠 속에서 글을 읽기 위해 볼록 솟은 점들로 이루어진 시스템을 만들었다. 그러나 그것은 너무 복잡해서 군대에서 거부당했다.

(C) 몇 년 뒤, 샤를 바르비에는 루이 브라유를 만났다. 다섯 살 때부터 눈이 멀었던 루이 브라유는 즉각 바르비에의 시스템이 지닌 가능성과 중대한 약점 둘 다 알아보았다

(B) 그는 그것을 사용하기에 더 쉽게 만드는 작업에 착수했으며, 마침내 브라유 점자 시스템이 탄생했다. 군사기술이 전 세계 시각장애인들의 삶을 향상시킨 무언가로 발전했다는 것이 놀랍지 않은가?

정답 풀이

브라유 점자(법) 시스템에 흥미로운 역사가 있다는 문장 뒤에는 그 역사가 언제 어떻게 시작되었는지 설명하고 있는 (A)가 오는 것이 자연스럽다. 샤를 바르비에가 만든 시스템은 복잡하다는 이유로 군대에서 거부당했으나, 몇 년 뒤 바르비에가 그 시스템의 가능성과 약점을 알아본 브라유를 만났다는 내용의 (C)가 오고, 결국 더 쉬운 브라유 점자 시스템이 탄생했다는 (B)로 이어지는 것이 적절하므로 글의 순서는 ① (A) – (C) – (B)이다.

어휘

probably 아마 / **blind people** 시각장애인 / **by v-ing** v-함으로써 / **dot** 점 / **soldier** 군인, 병사 / **raised** 볼록 솟은, (주변보다) 높은 / **complicated** 복잡한 / **reject** 거부[거절]하다 / **military** 군대 / **set to-v** v를 시작[착수]하다 / **eventually** 마침내, 결국 / **military technology** 군사기술 / **immediately** 즉각, 즉시 / **recognize** 알아보다 / **potential** 가능성; 잠재적인 / **major** 중대한, 주요한 / **weakness** 약점

구문 풀이

주어진 문장 This system, (**called** *Braille*), has an interesting history.

called *Braille*은 삽입 구문으로 This system을 보충 설명하고 있다.

1~3행 Charles Barbier, a French soldier, created a system of raised dots for reading in the dark.

Charles Barbier와 a French soldier는 동격이다.

3~5행 However, it was **so** complicated **that** it was rejected by the military.

〈so+형용사/부사+that ...〉 구문은 '너무 ~해서 …이다'로 해석한다.

---

10 ③

해석

노인성 치매는 사랑하는 사람을 생판 모르는 사람으로, 단란한 가정을 지옥 같은 우리로, 일상의 삶을 불쾌한 사건의 연속으로 바꾸어버린다. 노인성 치매의 증상은 종종 일반적인 노화 과정과 혼동되고는 한다. ① 새 기억을 형성하는 데 어려움을 겪는 것은 대개 노인성 치매의 최초의 증상이다. ② 노인성 치매가 있는 사람들은 과거는 또렷하게 기억할지 몰라도, 어디에 주차했는지, 왜 쇼핑몰에 차를 몰고 왔는지 기억하지 못한다. (③ 새로운 연구에 따르면, 청량음료를 마시는 것은 노화 과정을 촉진할 수 있다고 한다.) ④ 과학자들은 대부분의 기억력 문제가 노화가 아니라 이 질병과 연관되어 있다는 사실을 발견하고 있다. ⑤ 기억력 상실과 이 심각한 의학적 이슈 사이의 연관성을 인식하는 일은 노인성 치매의 치료에 도움을 줄 수 있다.

정답 풀이

노인성 치매를 겪는 사람들이 어떤 증상을 보이는지 설명하면서 이 병이 기억력 상실과 연관된 질병임을 서술하고 있다. ③은 청량음료가 노화 과정을 촉진한다는 내용이므로 글의 흐름과 무관하다.

오답 풀이

①, ②, ④, ⑤ 모두 글의 주제와 관련된 것이다.

어휘

turn A into B A를 B로 바꾸다 / **a series of** 연속의, 일련의 / **unpleasant** 불쾌한 / **symptoms** 증상 / **confuse** 혼란시키다 / **the aging process** 노화과정 / **form** 형성하다 / **soft drink** 청량음료/ **discover** 발견하다 / **be related to A** A와 관계가 있다 / **recognize** 인식하다 / **relation** 연관, 관계 / **medical** 의학의 / **treatment** 치료

---

11 ④

해석

당신은 지구 상에서 가장 위험한 동물이 무엇이라고 말하겠는가? 많은 사람이 사자, 호랑이 혹은 악어를 말할 것이다. 그러나 매년 동물에 의해 사망하는 사람의 수로 판단한다면, 그에 대한 답은 위에 언급한 어느 동물도 아니다. 그것은 모기인데, 왜냐하면 모기는 말라리아처럼 심각한 질병을 옮기기 때문이다. 말라리아로 인해 매년 60만 명이 넘게 사망한다. 모기의 종류는 2,500종이 넘으며, 거의 모든 모기 한 마리 한 마리가 질병을 옮긴다. 그와 동시에, 지구 상에서 가장 위험한 또 하나의 동물은 우리 인간이다. 20세기에만 각종 전쟁에서 약 1억8천8백만 명의 사람이 죽은 것으로 생각된다. 우리의 역사는 인간이 다른 인간에게 당한 무수한 죽음으로 가득하다.

정답 풀이

주어진 문장의 another of the most dangerous creatures on Earth가 단서로, 앞에는 '또 다른 가장 위험한 생물체'에 대한 내용이 나올 것임을 짐작할 수 있다. ④ 앞 문장에서 모기의 설명이 나왔고, 그 뒤 문장부터 인간에 관한 설명이 나오므로 ④에서 흐름이 끊긴다. 따라서 주어진 문장이 들어갈 곳은 ④.

오답 풀이

② 뒤는 앞에서 나온 물음의 답을 해주는 문장.

①, ③, ⑤ 뒤의 문장 모두 문맥과 자연스럽게 연결됨.

어휘

creatures 생물 / **crocodile** 악어 / **mosquito** 모기 / **malaria** 말라리아 / **species** 종(種) / **nearly** 거의 / **various** 다양한 / **be filled with** ~로 가득 차다 / **countless** 무수한

구문 풀이

1~2행 What (**would you say**) is the most dangerous animal on Earth?
'What is the most dangerous animal on Earth?'에 would you say가 삽입되었다.

6~9행 It's mosquitoes because they carry serious diseases like *malaria*, **which** kills more than 600,000 people every year.
관계대명사 which 이하는 malaria에 대한 부연 설명으로, which는 and it으로 바꿔 쓸 수 있다.

---

12 ③

해석

역사가들은 실제 아서 왕이 정말로 존재했는지를 두고 수 세기 동안 논쟁해오고 있다. 많은 사람들은 아서 왕에 관한 이야기들이 6세기 왕의 삶에 근거할지도 모른다고 생각한다. 문제는 대부분의 아서 왕 이야기들이 훨씬 후인 9세기와 15세기 사이에 시, 노래, 사서, 그리고 모험담에 쓰였다는 것이다. 그 결과, 각 저자와 함께 서로 다른 형태의 많은 이야기가 알려졌다. 그 이야기들은 새로운 등장인물과 반전을 소개했다. 그중 많은 이야기가 아서 왕을 완전히 무시하기까지 했는데, 대신에 그의 기사인 랜슬럿의 모험에 초점을 두었다. 수백 년 후인 지금은, 아서 왕의 역사가 다양한 이야기의 복잡한 모음집이 되었기 때문에 우리는 결코 사실을 알지 못할지도 모른다.

↓

아서 왕의 이야기는 다양한 버전으로 (A) 존재하기 때문에, 우리는 (B) 사실과 허구 사이의 차이를 거의 구분할 수 없다.

정답 풀이

아서 왕에 관한 이야기는 실제 왕이 살았다고 추정되는 시대보다 훨씬 나중에 쓰여, 너무나 다양한 형태로 존재한다고 말하고 있는 글이다. 따라서 우리는 어느 이야기가 사실이고 허구인지 알기 어려울 것이다. 이를 종합하여 (A)에는 exists(존재하기)가, (B)에는 fact(사실)가 적절하다.

선택지 해석

	(A)		(B)
①	나타나기	……	구성
②	만들어지기	……	책
④	초점을 맞추기	……	진실
⑤	일어나기	……	모험

어휘

historian 사학자 / **argue over** ~을 두고 논쟁하다 / **whether** ~인지 (아닌지) / **real-life** 실제의 / **be based on** ~에 기초하다, 근거하다 / **romance** 모험담 / **as a result** 그 결과로 / **version** (이전의 것들과 다른) ~판, 형태 / **emerge** 나오다, 드러나다 / **character** 등장인물; 특성 / **plot twist** 반전 / **ignore** 무시하다 / **completely** 완전히 / **focus on** ~에 초점을 맞추다 / **knight** (중세의) 기사 / **truth** 사실 / **complicated** 복잡한 / **various** 다양한

구문 풀이 **1~3행** Historians **have been arguing** for centuries over **whether** a real-life King Arthur actually existed.

현재완료 진행형은 〈have/has been+v-ing〉의 형태로, 과거 시점에 시작한 일이 지금까지 계속 진행되고 있음을 나타낸다. 접속사 whether(~인지 어떤지)가 이끄는 절은 argue over의 목적어 역할을 한다.

11~13행 Many of them even ignored Arthur completely, **focusing** instead on the adventures of his knight Lancelot.

focusing 이하는 부대상황을 나타내는 분사구문이다. (= and they focused instead ~.)

14~17행 ~, we may never know the truth, **since** the history of Arthur has become a complicated collection of various stories.

여기서 since는 '~이므로'라는 뜻의 접속사이다.

---

13 ④
14 ④
15 ⑤

해석

(A) 한때 농부와 그의 아내는 아들과 함께 마을에 살았다. 그들은 아들을 매우 사랑했다. "우리는 애완동물을 길러야 해." 어느 날 농부가 아내에게 말했다. "우리 아들이 성장할 때, (a) 그(아들)는 친구가 필요할 거야. 애완동물은 우리 아들의 친구가 되어 줄 거야." 아내는 그 생각을 마음에 들어 했다.

(D) 어느 날 밤, 농부는 작은 몽구스를 데려왔다. "새끼 몽구스야." 그의 아내는 말했다. "하지만 이 몽구스는 곧 완전히 성장할 거야. (d) 그(몽구스)는 우리의 아기에게 친구가 되어줄 거야." 아기와 몽구스 둘 다 자랐다. 5달 혹은 6달 후에 몽구스는 완전한 크기로 성장했다. 두 개의 빛나는 검은색 눈과 털이 복슬복슬한 꼬리를 가진 사랑스러운 동물이었다. (e) 농부의 아들은 아직 아기 요람 안에 있는 아기였고 자고 울기를 번갈아 했다.

(B) 어느 날, 농부의 아내는 시장에 가고 싶어 했다. 그녀는 바구니를 들고 남편에게 말했다. "시장에 갈 거예요. 아기는 자고 있어요. 아기를 계속 지켜보세요." "당신은 무서워할 필요 없어요." 농부는 말했다. "몽구스가 (b) 그(아들)를 지켜 줄 거야." 아내는 떠났고, 농부는 밖으로 나가기로 결심했다. 농부의 아내는 쇼핑을 마치고 많은 식료품을 가지고 집으로 돌아왔다. 그녀는 몽구스를 보았고 소리를 질렀다. "피!" 그녀는 외쳤다. 몽구스의 얼굴과 발은 피로 덮여 있었다.

(C) "넌 사악한 동물이야! 내 아기를 죽였어." 그녀는 흥분하여 외쳤다. 그녀는 바구니를 던졌고 화가 난 채로 그에게 소리를 질렀다. 그러고 나서 그녀는 아기에게 달려갔다. (c) 그(아들)는 깊이 잠들어있었다. 그러나 죽은 검은 뱀이 바닥에 있었다. 순식간에 그녀는 무슨 일이 일어났는지를 알아차렸다. 그녀는 몽구스를 찾으러 뛰어갔다. "오! 네가 내 아기를 구했구나! 뱀을 죽였어! 내가 무슨 일을 한 거지?" 그녀는 몽구스에게 미안한 마음을 가지며 외쳤다.

정답 풀이

13. 농부와 아내가 그들의 아기를 위해 애완동물을 키우고 싶어 한다는 내용인 (A)에 이어서 농부가 몽구스를 집으로 데려와 키운다는 내용이 오는 것이 자연스럽다. 그 다음으로 농부의 아내가 시장에 갔다 온 후 피가 묻어있는 몽구스를 발견했다는 내용이 오고, 몽구스가 자신의 아기를 해쳤다고 오해한 후 그 오해가 풀려 몽구스에게 미안한 마음을 가졌다는 내용이 와야 자연스럽다. 따라서 이 글의 적절한 순서는 ④ (D) − (B) − (C).

14. (a), (b), (c), (e)는 아기를 가리키고, (d)는 몽구스를 가리키므로 가리키는 대상이 다른 것은 ④.

15. 몽구스와 아기는 함께 자랐지만, 5~6개월 뒤에 몽구스는 완전한 크기로 자랐고 아기는 몽구스에 비해 느리게 성장하여 아직 요람 안에 있다고 했다. 그러므로 글의 내용과 일치하지 않는 것은 ⑤.

어휘

once 한때 / **companion** 친구, 동반자 / **pick up** ~을 들다 / **keep an eye on** ~을 계속 지켜보다 / **grocery** 식료품 / **scream** 소리를 지르다 / **cover** 덮다 / **wicked** 사악한, 못된 / **rage** 화, 격노 / **fast asleep** 깊이 잠들어 / **in a flash** 순식간에, 즉각적으로 / **realize** 알아차리다 / **fully** 완전히 / **bushy** 털이 복슬복슬한 / **cradle** 요람, 아기침대 / **alternately** 번갈아, 교대로

구문 풀이 **8~9행** Picking up a basket, she said to her husband, ~.(= As she picked up a basket, ~.)

Picking up a basket은 동시동작을 나타내는 분사구문으로 '바구니를 들면서'라고 해석한다.

23~24행 In a flash she(S) realized(V) **what** had happened(O).

관계대명사 what이 이끄는 명사절이 동사 realized의 목적어로 쓰였다.

Chapter ⑤ 추론하기 유형

유형 08 빈칸 추론

본문 p.104~105

①

해석

한 실험에서 사람이 더 멀리 떨어지면, 덜 중요한 것보다는 주요한 사안에 집중한다고 한다. 연구원들은 다음에 당신이 복잡한 거래를 해결해야만 한다면, ______________하는 것이 현명할지도 모른다고 말한다.

기출 맛보기

①

해석

당신이 책을 쓴다고 상상해 보라. 당신은 책을 쓰는 데 보통 시간당 1,000단어를 입력할 수 있다. 이것은 처음 두 시간 동안은 잘 되어서 당신은 시간당 1,000단어를 입력한다. 하지만, 3시간 째에는 당신은 피곤해져서 500단어만을 입력한다. 그 500단어는 평상시 당신의 입력량보다 더 적다! 휴식을 취하지 않으면 입력량은 시간이 지날수록 감소한다. 휴식은 중요하다. 휴식을 취하면 당신의 배터리(힘)를 충전하게 되어, 다시 일하러 돌아갔을 때 일을 더 많이 할 수 있다. 당신 자신, 즉 당신의 몸과 마음 그리고 정신에 생기와 힘을 되찾아라. 그러고 나서 일하러 돌아가라.

정답 풀이

빈칸 문장은 '무엇'에 대해 중요하다고 하고 있고, 그 다음 문장에서 휴식을 취하면 다시 업무로 돌아가 더 일할 힘을 얻을 수 있으며, 휴식을 취하라고 하고 있다. 따라서 빈칸에 가장 적절한 것은 ①.

선택지 해석

② 집중 ③ 연습 ④ 인내심 ⑤ 협동

구문 풀이 **1~2행** You can usually type 1,000 words in an hour **working** on your book.
working 이하는 '때'를 나타내는 분사구문으로 '~하는 동안'이라고 해석한다. (=while you work ~)

유형 익히기

본문 p.106~107

01 ⑤ **02** ④ **03** ② **04** ③

01 ⑤

Q

If the artist is unknown, we can look at the art and think about its meaning without the information we have about the artist.

해석

뱅크시는 베일에 휩싸인 그래피티 예술가다. 그는 1990년대에 영국 브리스틀에서 활발하게 활동했다. 우리는 브리스틀, 뉴욕, 런던, 뉴올리언스에서 그의 작품을 발견할 수 있다. 많은 사람들이 그를 천재 예술가로 간주하고 있으며, 그의 예술은 "작품을 그린 작가가 누구인지가 정말로 중요한가?"라는 중요한 질문을 제기한다. 뱅크시가 누구인지는 주변의 친한 친구를 제외하고는 아무도 확실히 모른다. 뱅크시는 매우 조심스럽게 이 비밀을 지켜왔다. 어쩌면 뱅크시는 우리가 그 질문에 대해 깊이 생각해 보기를 원하는지 모른다. 만약 예술가가 알려져 있지 않다면, 우리는 작가에 대한 정보 없이 그 작품을 들여다보고 그것의 의미에 관해 생각할 수 있을 것이다.

정답 풀이

빈칸 문장을 보아, 예술가가 '어떠하면' 우리가 예술 자체에 집중할 수 있는지 찾아야 한다. 뱅크시는 자신의 작품을 통해 작가가 누구인지가 중요한 것은 아니라는 메시지를 준다고 했고, 천재 예술가로 알려졌음에도 그를 아는 사람은 거의 없다고 했다. 이러한 내용을 종합했을 때 빈칸에 가장 적절한 것은 ⑤.

선택지 해석

① 유명하다면 ② 충성스럽다면
③ 상업적이라면 ④ 재능이 있다면

구문 풀이 **5~6행** Nobody knows (for sure) **who Banksy really is** / except his close circle of friends.
간접의문문 who ~ is가 knows의 목적어로 쓰였다.

02 ④

Q ②

Q 선택지 해석

① 좋은 소설 쓰기
② 이야기의 줄거리에 관여하기
③ 더 많은 책을 읽기

해석

좋은 소설 속에서 길을 잃는 것은 누구나가 좋아하는 느낌이다. 당신이 이야기를 덧붙일 수도 있고, 이야기의 일부가 될 수도 있다고 상상해보라. 이것이 새로운 일처럼 들릴지 모르나, 독자들은 지난 50년간 이야기의 줄거리에 줄곧 관여해 왔다. 〈당신 자신의 모험을 선택하라〉라는 책은 1970년대부터 출간되기 시작했다. 이 책의 독자들은 몇 페이지를 읽을 때마다 선택권을 부여받는데, 각각의 선택은 독자들을 서로 다른 플롯(구성) 경로로 데려간다. 이는 결국 독자들을 40여 가지의 서로 다른 결말 중 하나에 이르게 한다. 이 책의 미래가 무엇이든 간에, 독자들은 재미있는 구성과 더 연결되어 있다고 느끼는 새로운 방법을 계속해서 발견하게 될 것이다.

정답 풀이

빈칸을 보아 책을 통해 독자들이 '무엇'할 새로운 방법을 찾을 수 있는지 파악해야 한다. 〈Choose Your Own Book〉이라는 책은 독자들에게 직접 이야기를 만들어 나갈 수 있는 기회를 주면서 다양한 결말을 제공한다고 했다. 스스로 내용을 구성하면서, 독자는 이야기와 '더욱 연결된' 느낌을 받을 것이다. 따라서 빈칸에 적절한 것은 ④.

선택지 해석

① 다양한 책 장르를 즐기는
② 창의적인 아이디어를 내놓는
③ 개인적 이야기를 출간하는
⑤ 그들만의 상상 속 등장인물을 창조하는

구문 풀이 **9~10행** **Whatever** the future of the book (*is*), // readers will keep finding *new ways* [to feel more connected to an enjoyable plot].
Whatever는 '~이 무엇이든'이라는 뜻의 부사절을 이끌고 있으며, book 뒤에 동사 is가 생략되어 있다.

03 ②

Q

Apparently, explaining a process in a simple way encourages people to take action.

해석

어느 두 심리학자가 대학생들에게 규칙적으로 운동하도록 동기를 부여할 수 있는지 알아보고자 했다. 그들은 대학생들을 A와 B, 두 그룹으로 나눈 뒤, 모든 학생들에게 글로 적힌 규칙적인 운동 일과 지시문을 주었다. 그런데 A그룹은 쉽게 읽을 수 있도록 디자인된 평이한 서체로 인쇄한 지시문을 받았으며, B그룹은 익숙하지 않고 읽기도 훨씬 어려운 "붓글씨" 체로 된 지시문을 받았다. 몇 분 뒤에 연구자들은 학생들에게 이제부터 운동을 규칙적으로 할 것인지 물었다. A그룹 학생들은 운동을 자신들의 하루 일과로 삼으려는 의지가 (B그룹보다) 훨씬 강했다. 확실히, 쉬운 방식으로 과정을 설명하는 것이 사람들에게 행동을 취하도록 독려한다.

정답 풀이

실험의 과정과 결과가 뚜렷이 드러난 글이다. 읽기 쉬운 글씨체로 지시문을 받은 A그룹 학생들이 읽기 어려운 글씨체로 된 지시문을 받은 B그룹 학생들보다 운동을 하고자 하는 의지를 강하게 보였다는 내용이다. 따라서 빈칸에 알맞은 것은 ②.

선택지 해석

① 사람들에게 훌륭한 예를 보여주는 것이
③ 구두 설명보다 서면 설명서를 주는 것이
④ 운동의 원리를 이해하는 것이
⑤ 사람들이 어떤 일을 하든지 칭찬으로 동기 부여하는 것이

구문 풀이 **1행** Two psychologists wanted to see **if** they could motivate ~.
여기서 if는 '~인지 아닌지'의 의미로, see의 목적어가 되는 명사절을 이끌고 있다.

2~4행 They divided the students into two groups, A and B, / **giving** all the students written instructions for a regular exercise routine.
giving 이하는 '부대상황'을 나타내는 분사구문이다. (=and they gave all the ~)

4~7행 Group A, however, received *the instructions* [**printed** in *a plain font* [**designed** for easy reading]]; group B got them in *a "Brush" font*, **which** is unfamiliar and much harder to read.
과거분사구 designed ~ reading은 a plain font를, printed ~ reading은 the instructions를 후치수식하고 있다. which는 a "Brush" font를 선행사로 하여 그것을 부연 설명하는 계속적 용법의 관계대명사이다.

04 ③

Q ①

해석

당신은 영원히 사는 것이 어떤 것일까 생각해본 적이 있는가? 대부분의 사람은 이것이 불가능하다고 생각하지만, 해파리의 한 종(種)에게 있어 불사(不死)는 삶의 또 다른 일부일 뿐이다. "죽지 않는 해파리"는 길이가 5밀리미터 정도밖에 되지 않아 당신의 손톱보다 크기가 작다.

정답 풀이

빈칸을 보아, 해파리가 '어떻게' 어려운 환경에서 살아남는지 찾아야 한다. 네 번째 문장부터 이에 대해 설명하는데, 이 해파리는 세포를 어리게 만들어 생활 주기를 역전시킴으로써 불멸의 삶을 살 수 있다고 했다. 따라서 빈칸에 가장 적절한 것은 ③ '초기 단계로 되돌아감'이다.

이러한 종류의 해파리에게 특이한 점은, 세포를 강제로 더 젊게 만들어 생명주기를 뒤바꿀 수 있다는 점이다. 생명주기를 변화시키는 것의 이로운 점 한 가지는, 먹이를 구하기 어렵거나 주변 환경이 위험한 시기를 해파리가 견뎌낼 수 있다는 점이다. 해파리는 자신의 초기 단계로 되돌아감으로써 이런 혹독한 환경을 견뎌내고, 주변 환경이 좋아질 때 되살아날 수 있다.

선택지 해석

① 더 안전한 장소에 몸을 숨김
② 음식과 에너지를 저장함
④ 다른 종에 의존함
⑤ 되도록 조심스럽게 움직임

구문 풀이 5~6행 **What**'s special about this kind of jellyfish (S) **is** (V) **that** it can reverse its life cycle by forcing its cells to become younger. (C)

선행사를 포함하는 관계대명사 what이 이끄는 명사절이 주어를 이루고 있고, 접속사 that이 이끄는 명사절이 보어를 이루고 있다.

7~9행 ***One of the benefits* [of changing its life cycle]** (S) is (V) that the jellyfish can survive *periods* [**when** food is hard to find or conditions are dangerous]. (C)

〈One of the 복수명사〉는 '~ 중 하나'라고 해석하며, one이 주어이므로 단수 동사가 쓰였다. 보어절에서 when은 관계부사로, 앞의 periods를 수식하고 있다.

유형 09 요약문

본문 p.108~109

QUICK CHECK!

change, change, shift, change ②

해석

강의 경계선은 강이 방향을 바꾸는 대로 변할 수 있다. 홍수가 난 후에 강줄기가 이동하여, 주(州)나 국가의 경계를 바꿀지도 모른다.
→ 강줄기는 바뀔 수 있다.

기출 맛보기

①

해석

한 연구에서 사라 프레스먼과 쉘던 코헨은 심리학자, 시인, 소설가에 의해 쓰인 자서전을 연구했다. 그들은 사람들이 그들의 자서전에 사용했던 관계를 나타내는 단어의 수를 세었는데, 그 단어는 '우리'와 같은 대명사뿐 아니라 '아버지', '남자 형제', '여자 형제' 같은 것이다. 그러고 나서 프레스먼과 코헨은 사람들이 관계를 나타내는 단어를 얼마나 자주 쓰는지와 그들이 얼마나 오래 살았는지 사이의 연관성을 입증했다. 그들은 작가의 삶에서 그들의 사회적 역할을 많이 언급한 작가가 그렇지 않은 작가들보다 평균적으로 5년 더 오래 살았다는 것을 발견했다.

↓

한 연구는 관계에 관한 단어 사용 빈도가 사람 삶의 길이(수명)에 영향을 준다는 것을 보여주었다.

정답 풀이

프레스먼과 코헨이 자서전에 쓰인 단어를 연구한 이야기로, 관계를 나타내는 단어 사용 횟수와 사람 수명의 연관성(the connection ~ lived)을 입증했다는 내용이다. 따라서 이를 요약한 것은 ①.

선택지 해석

	(A)		(B)
②	관계	……	질
③	태도	……	길이
④	성격	……	질
⑤	성격	……	수준

구문 풀이 6~8행 Pressman and Cohen then proved the connection **between** how often people used relational words (A) **and** how long they lived. (B)

〈between A and B〉 구문의 A와 B에 간접의문문 〈의문사+S+V〉가 쓰였다.

8~10행 They found that *the authors* [**who** heavily mentioned social roles in their life stories] lived, on average, five years longer than *those* [who did not].
(S′: the authors [who heavily mentioned social roles in their life stories] / V′: lived)

관계대명사 who가 이끄는 절이 the authors를 수식해 that절의 주어가 길어진 형태이다. that절의 동사는 lived이다.

유형 익히기

본문 p.110~111

01 ③ **02** ③ **03** ②

01 ③

Q ②

해석

초콜릿에 관해서, 개는 인간과 매우 유사하다. 개는 달고 맛있는 맛을 좋아한다. 그러나 당신은 초콜릿이 인간의 가장 친한 친구에게 사형 선고가 될 수 있다는 것을 알고 있었는가? 초콜릿은 카페인과 테오브로민을 함유하고 있다. 초콜릿이 우리의 심장을 매우 빨리 뛰게 만들 수 있지만, 그것은 우리에게는 해롭지는 않다. 반면 개에게는 이야기가 완전히 다르다. 개의 몸은 우리 몸처럼 테오브로민을 빠르게 분해하지 못한다. 초콜릿 중독의 증상은 심각하며 (이로 인해) 개는 크게 아플 수 있다. 개는 인간만큼 초콜릿 먹는 것을 좋아한다. 그래서 당신의 개가 아주 적은 양의 초콜릿이라도 절대 먹지 않도록 하는 것이 중요한 이유다.

↓

초콜릿은 인간에게는 (A) 위험하지 않지만, 개들은 초콜릿을 먹었을 때 (B) 부정적인 효과로 고생할 수 있다.

정답 풀이

개도 인간처럼 초콜릿의 달콤한 맛을 좋아하지만, 개는 인간과는 달리 초콜릿에 함유된 테오브로민을 분해할 수 없어 초콜릿을 절대 먹으면 안 된다는 내용이다. 이를 종합한 정답은 ③.

선택지 해석

(A)		(B)
① 도움이 되지	……	주요한
② 도움이 되지	……	긍정적인
④ 위험하지	……	사소한
⑤ 이롭지	……	해로운

구문 풀이 **9~11행** That's why it's important to make sure that your dog never eat even the smallest amount of chocolate.
(가주어: it / 진주어: to make sure that your dog never eat even the smallest amount of chocolate)

02 ③

Q

Being a part of a huge crowd can cause people to behave in ways that they wouldn't behave if they were by themselves.

해석

거대한 군중의 일부가 되면 사람들이 혼자라면 하지 않을 방식으로 행동하도록 만들 수 있다. 최근 영국의 어느 마술사가 실시한 실험에서 이러한 행동이 지닌 어두운 면을 들여다보았다. 그는 처음에 실제 시청자들을 상대로 가짜 TV 쇼를 마련하는 것으로 시작했다. 그런 다음 시청자들에게 낯선 사람에게 무슨 일이 일어나야 하는지 투표하도록 했다. 그들은 좋은 것과 불쾌한 것 중 고를 수 있는 선택권을 부여받았다. 쇼가 진행되면서 시청자들은 점점 더 불쾌한 선택지 쪽으로 투표했다. 이것은 그 희생자가 재산을 상실한다든지, 직장을 잃는다든지, 마침내 유괴당하는 등의 결과로 이어졌다. 이 실험은 사람들이 익명으로, 무리의 일부일 때 얼마나 이상하게 행동할 수 있는지 보여주기 위해 실시되었다.

↓

한 실험은 사람들이 자신의 정체성이 (B) 숨겨졌을 때 (A) 좋지 못하게 행동하는 경향이 있다는 것을 암시한다.

정답 풀이

한 실험을 통해, 개인의 모습을 드러내지 않고 군중 속에 있을 때 사람들은 나쁜 행동을 한다는 것이 밝혀졌다. 주제문인 마지막 문장에서도 사람들은 익명(unnamed)일 때 이상하게(strangely) 행동한다고 했으므로 정답으로 가장 적절한 것은 ③.

선택지 해석

(A)		(B)
① 개인적으로	……	드러났을
② 개인적으로	……	형성되었을
④ 좋지 못하게	……	발견되었을
⑤ 공손하게	……	창조되었을

구문 풀이 1~2행 Being a part of a huge crowd can cause people to behave in ***ways*** [**that(in which)** they **wouldn't behave** / **if** they **were** by themselves].

ways를 수식하는 that이 이끄는 관계부사절에 〈S+조동사 과거형+동사원형 ..., if+S'+동사의 과거형 ~〉 가정법 과거가 사용되었다. 관계부사 that은 in which로 바꿔 쓸 수 있다.

9~11행 This resulted in the victim **having** his property **destroyed**, losing his job, and (in the end) being kidnapped.

전치사 in의 목적어 역할을 하고 있는 세 동명사구 중 첫 번째 having ~ destroyed는 사역동사 have가 목적격보어로 과거분사(destroyed)를 취하고 있는 형태이다. the victim은 having ~ destroyed의 의미상 주어이다.

11~12행 This experiment was done **to** show **how** strangely people can behave / when they are an unnamed part of a crowd.

to show 이하는 '목적'을 나타내는 부사적 용법의 to-v이며, how가 이끄는 간접의문문(how ~ behave)은 show의 목적어로 쓰였다.

03 ②

Q ③

Q 선택지 해석

① 플라톤의 인생

② 지중해

③ 아틀란티스

해석

플라톤이 기원전 360년에 아틀란티스라는 놀라운 섬 사회에 관한 글을 썼을 때, 그는 아마도 그것이 그토록 역사적인 미스터리가 될 거라고는 미처 알지 못했을 것이다. 심지어 그의 대화편이 쓰인 지 2천 년이 지난 오늘날에도, 우리는 여전히 아틀란티스가 사실인지 허구인지 알아내려 노력하고 있다. 아틀란티스에 관한 플라톤의 이야기가 진실이라고 믿는 사람들이 있다. 그들은 이 선진화된 섬 도시의 유적이 해저 어딘가에서 발견되기를 기다리고 있다고 생각한다. 그 유적을 발견하는 일은 쉽지 않을 것이다. 대부분 사람들이 그것이 지중해 어딘가에 있다고 생각하는 한편, 또 어떤 사람들은 그것이 대서양이나 스웨덴 해안에서 떨어진 북해에 있다고 말한다.

↓

아틀란티스가 실제로 (A) 존재했었는지, 그리고 만약 그렇다면 그것의 정확한 (B) 위치에 관한 상이한 의견들이 있다.

정답 풀이

두 번째 문장(Even today, ~ fact or fiction)에서 아틀란티스의 존재가 사실인지 허구인지 여전히 논점이 되고 있다고 말하고 있다. 또한, 아틀란티스 섬의 존재를 믿는 사람들은 그것이 어디에 있는지 서로 다른 의견을 가지고 있다고 하였으므로 이를 요약한 것은 ②이다.

선택지 해석

	(A)		(B)
①	존재했었는지	……	명칭
③	붕괴했었는지	……	거리
④	사라졌는지	……	역사
⑤	사라졌는지	……	시기

유형 10 목적

본문 p.112~113

QUICK CHECK!

④

해석

잠을 자는 데 어려움을 겪고 계십니까? 사실, 전 세계의 수십억 명의 사람들이 수면 장애로 어려움을 겪고 있습니다. 그들 중 많은 사람이 밤에 푹 쉬는 것은 거의 불가능한데, 이것은 주로 스트레스 때문입니다. 만약 당신이 수면 장애로 고통받으신다면, 이 수면 건강 무료 세미나에 등록하십시오.

기출 맛보기

④

해석

책 애호가에게 좋은 소식이 있다! 여기 여러분 모두에게 좋은 웹사이트가 있다. Easy Books라는 사이트이다. 이 서비스는 사용하기 매우 쉽다. 단지 온라인 목록을 살펴보고 책을 고른 후, 그 책이 도착하기를 기다리면 된다. 택배 서비스는 도서관에 갈 시간이 없는 사람에게 매우 편리하다. 당신은 집에서 나올 필요 없이 새 책을 읽는 것을 즐길 수 있다. 또한, 가격도 꽤 괜찮다. 한 달에 10달러만 내면, 한 번에 다섯 권까지 책을 빌릴 수 있다. 더 좋은 것은, 연체료 없이 당신이 원하는 만큼 책을 가지고 있을 수 있다. 가입하면 마음에 들 것이다.

정답 풀이

여러 좋은 서비스를 제공하는 도서 대여 웹사이트를 소개하고 있는 글이다. 따라서 정답은 ④.

구문 풀이 4~6행 The door-to-door delivery service is very convenient for *people* [**who** don't have time to go to the library].
관계대명사 who 이하가 people을 꾸며주고 있어서 전명구가 길어진 형태이다.

유형 익히기

본문 p.114~115

01 ① 02 ① 03 ⑤ 04 ④

01 ①

Q

May I suggest that you use lawn bags?

해석

매년 가을 저는 우리가 작년에 잠깐 논의한 문제 때문에 불편해하는 저 자신을 발견합니다. 아마도 당신이 잊어버리셨을 것 같아, 이번에는 글로 적어야겠다고 생각한 것입니다. 당신의 아들들이 청소한 뒤에 길가에 쌓아둔 낙엽 더미에 관한 것입니다. 아시다시피 우리 마을은 길가에 쌓아둔 낙엽 더미를 수거해 가기까지 몇 주를 기다려야 합니다. 이 기간 동안 당신의 집 앞에 있던 낙엽 더미의 크기가 점점 작아졌다면 그것은 착시가 아닙니다. 그 낙엽 중 상당 부분이 바로 옆집으로 날아가, 결국 저희 집 앞마당에 쌓입니다. 이것은 당연히 제가 추가적인 일을 해야 한다는 의미입니다. 잔디 담는 자루를 사용하시면 어떨까요? 잔디 담는 자루의 가격은 저렴합니다. 그리고 즉각적으로 개선되는 것을 볼 수 있을 것입니다. 그리고 그렇게 해주시면 저로서는 매우 감사하겠습니다.

정답 풀이

옆집 아들들이 청소한 뒤 쌓아 놓는 낙엽이 바람에 날려 자신이 다시 치워야 하므로, 잔디 담는 자루를 사용하는 것이 어떠냐고 제안하고 있다(May I suggest that you use lawn bags?). 따라서 정답은 ①.

오답 풀이

④ 관리 소홀에 불평하는 것이 아니라 개선 방안을 제시했기 때문에 오답.

구문 풀이 1~2행 Each fall I **find** **myself** **bothered** by *a matter* [(*that*) we discussed briefly last year].
(find = V, myself = O, bothered = C)
⟨find+목적어+목적보어(p.p)⟩는 '~가 …되어 있다는 것을 알게 되다'의 의미이다. 목적격 관계대명사 that이 생략된 we ~ year이 a matter를 수식한다.

6~7행 During that time, **if** the piles in front of your house seem to be getting smaller, it's not an illusion.
If 이하는 조건절로 '~한다면, ~할 것이다'의 의미이다.

02 ①

Q

We currently welcome new unpaid workers who are seeking great opportunities to do volunteer work.

해석

시민 지원 서비스는 혼자 사는 시민들을 돕기 위해 마련한 자원봉사자 프로그램을 조직하는 우리 시의 소규모 부서 중 하나입니다. 저희 고객의 대부분이 노인이거나 장애인들입니다. 그러나 저희는 또한 아동 건강 클리닉 프로그램과 (신생아 가정을 지원하는) 껴안기 프로그램을 비롯한, 일반 건강 및 간호 프로그램에 대한 지원도 제공하고 있습니다. 저희 고객들은 그들의 삶을 향상시키기 위해 기울이는 모든 훌륭한 일꾼들의 노력에 매우 감사해하고 있습니다. 현재 저희는 자원봉사 일을 할 수 있는 멋진 기회를 찾고 있는 신규 무급 일꾼을 환영하고 있습니다. 관심 있으시면 자유롭게 저희에게 전화주세요.

정답 풀이

시민 지원 서비스에 대해 설명한 후, 이곳에서 일할 자원봉사자를 모집한다(We currently welcome new unpaid workers who are seeking great opportunities to do volunteer work.)고 말하고 있으므로 글의 목적은 ①.

오답 풀이

④ 본문에 나오는 어구를 활용한 오답 선지.
⑤ '자원봉사자의 도움을 원하는 신청자'가 아니라 '봉사자'를 모집하므로 오답.

구문 풀이 1~3행 Citizen Support Service is *one of the small departments in this city* [**that** organize *volunteer programs* [**designed to help citizens living alone**]].
주격 관계대명사 that이 선행사 one of the small departments in this city를 수식하며, designed ~ alone은 volunteer programs를 후치 수식하는 과거분사구이다.

8~10행 We currently welcome *new unpaid workers* [**who** are seeking great opportunities to do volunteer work].
주격 관계대명사 who가 이끄는 절은 선행사 new unpaid workers를 수식하고 있다.

---

03 ⑤

Q ②

Q 선택지 해석

① 새 차
② 새 보안 장비
③ 새 카메라

해석

범죄자들이 매일 더욱 지능화되면서, 어떤 보안 시스템도 당신의 차를 보호하기에 충분하지 않아 보입니다. 희망이 없을까요? 다행히 한 영국 회사가 어떤 도둑이든 두렵게 할 새로운 장비를 내놓았습니다! 이 장비는 작은 차량용 보안 카메라를 갖추고 있어, 도둑을 보면 짙은 연기가 차 안을 가득 채웁니다. 연기뿐만 아니라, 차는 시동이 걸리지 않고 번쩍이는 불빛과 함께 시끄러운 경보음도 냅니다. 더욱이 이 작은 차량용 보안 카메라는 어둠 속에서도 볼 수 있어 도둑의 사진을 수십 장이나 찍을 수 있습니다. 이는 경찰이 도둑을 찾아 체포하는 데 도움을 줄 수 있습니다.

정답 풀이

차 도둑을 잡는 새로운 장비의 성능에 대해 설명하며 이를 홍보하고 있다. 따라서 가장 적절한 것은 ⑤.

오답 풀이

①, ③ 글에서 자주 반복되는 어구를 활용한 오답 선지.

구문 풀이

1~2행 **With criminals getting** smarter every day, // **it** seems **that** no security system will ever be enough / to protect your car.
(it: 가주어, that ~ car: 진주어)
⟨with+O+v-ing⟩는 'O가 v한 채로, v하면서'의 뜻이다. it은 가주어로, 진주어는 that 이하이다.

8~10행 Moreover, *the tiny in-car security camera can see in the dark and take dozens of pictures of any thief*, **which** can help the police to find them and make an arrest.
the tiny ~ any thief를 선행사로 하는 which는 앞내용에 대한 부연 설명을 하는 계속적 용법으로 쓰였다. which는 and this[that]로 바꿔 쓸 수 있다.

---

04 ④

Q

I know I'll see you soon, but I needed to tell someone about the coolest job in the world!

해석

수신: 짐
발신: 질
곧 널 만날 거란 걸 알지만, 세상에서 가장 멋진 직업에 대해 누군가에게 이야기하고 싶었어! 마크 아저씨의 여동생인 베티는 옐로스톤 국립공원에서 공원 경비원으로 일하고 있어. 나는 예전에 공원 경비원에 대해 들어본 적이 한 번도 없었는데, 그들은 야외 경찰관과 과학자를 섞어놓은 것 같은 직업이라고 해. 베티가 나에게 들려준 이야기가 있는데, 지난달에 어떤 사람들이 희귀 동물을 죽이려고 하는 걸 베티가 저지했다지 뭐야. 실제로 그때 베티는 차에서 뛰어나와 "손들어!" 하고 소리쳤대. 정말 멋지지 않니? 베티는 공원 경비원이 되기 위해 필요한 것은 오직 자연에 대한 사랑뿐이라고 했어. 난 벌써 우리 지역 대학에서 과학 프로그램을 알아보고 있어. 난 내가 공원 경비원이 될 거라고 확신해!

정답 풀이

첫 문장에서 질은 짐에게 '세상에서 가장 멋진 직업에 대해 이야기하고 싶었다'고 말하고 있으며, 마지막 문장에서도 자신이 공원 경비원이 될 것이라고 확신한다고 말하고 있다. 따라서 정답은 ④.

오답 풀이

③ 본문에 나온 단어를 이용하여 만든 오답 선지.

구문 풀이

3~5행 I **had never heard** of a park ranger before, but they're kind of like *a mix* [between an outdoor police officer and a scientist].
그전에는 공원 경비원에 관해 들어본 적이 없으므로, 과거완료(had never heard)가 쓰였다.

8~9행 Betty said that *all* [(***that***) you need **to become a park ranger**] is a love for the natural world.
all 뒤에 목적격 관계대명사 that이 생략되어 있다. to become a park ranger는 '목적'을 나타내는 부사적 용법의 to부정사이다.

유형 11 심경

본문 p.116~117

기출 맛보기

①

해석

어느 날 장을 본 후, 나는 버스 정류장에 앉아있었다. 버스가 도착했을 때, 나는 급히 올라탔다. 집에 도착해서 나는 버스 정류장 벤치에 지갑을 두고 왔다는 것을 깨달았다. 지갑에는 이번 달에 쓸 현금이 다 들어 있었기 때문에 내 심장은 빠르게 뛰기 시작했다. "돈 없이 어떻게 살지?" 나는 혼잣말을 했다. 나는 택시를 잡으러 급히 서둘렀고 버스 정류장으로 다시 향했다. 버스 정류장에 도착하자마자 나는 지갑을 찾기 시작했다. 바로 그때, 벤치 아래에서 무언가가 내 눈길을 사로잡았는데, 매우 친숙한 것이었다. 그것은 내 지갑이었다. 그리고 다행스럽게도 내 모든 돈이 그대로 있었다.

정답 풀이

'I'가 집에 도착해서야 돈이 든 지갑을 버스 정류장에 두고 온 것이 기억나서 불안해했고, 다시 버스 정류장으로 돌아가 지갑을 찾았고 그 안에 들어있던 돈도 그대로 있었다고 했으므로 정답은 ①.

선택지 해석

① 불안한 → 안도하는 ② 질투하는 → 창피한
③ 흥분한 → 실망한 ④ 외로운 → 기쁜
⑤ 무관심한 → 궁금한

구문 풀이 **4~5행** My heart started to beat faster because all my cash for the month was in my purse.
(all my cash for the month: S', was: V')
because절에서 전명구 for the month 때문에 주어가 길어진 형태이다.

유형 익히기

본문 p.118~119

01 ② 02 ③ 03 ③ 04 ③

01 ②

Q

I dropped my stuff and ran.

해석

열입곱 살이었을 때 나는 부모님께 우리 가족의 호숫가 오두막집에서 며칠 동안 혼자 머물러도 되는지 여쭈었다. 그 오두막집은 항상 잠겨 있었고 안전한 지역에 있어서 부모님은 승낙하셨다. 부모님은 심지어 여행을 위해 차도 빌려주셨다. 처음으로 혼자서 그곳으로 운전해 가는 것은 나에게 엄청난 해방감을 주었다. 나는 마침내 진정한 어른이 되었다. 차를 주차한 후 나는 가방을 들고 뒷문을 향해 걸어갔다. 집 안으로 들어서자마자 나는 내 등골을 오싹하게 하는 어떤 소리를 들었다. 누군가 위층에서 샤워를 하고 있었다! 나는 확실히 우리 가족 중 누군가는 아니라는 사실을 알고 있어서, 내 짐을 떨어뜨리고 도망쳤다.

정답 풀이

'I'가 혼자 가족 소유의 호숫가 오두막집으로 여행을 갔다가 겪은 일에 대한 글이다. 운전해서 갈 때는 자유를 느꼈으나 오두막집에 들어섰을 때, 가족이 아닌 누군가가 위층에서 샤워하는 소리를 듣고 짐을 떨어뜨리고 도망쳤다고 했으므로 정답은 ②.

선택지 해석

① 걱정스러운 → 편안한 ② 흥분한 → 겁먹은
③ 궁금한 → 창피한 ④ 지루한 → 기쁜
⑤ 화난 → 차분한

구문 풀이 **1~2행** ~, I asked my parents **if** I could stay in our family's lake cabin alone for a few days.
(I: S, asked: V, my parents: IO, if ~ days: DO)
if는 명사절을 이끄는 접속사로 '~인지 (아닌지)'로 해석하며 whether로 바꾸어 쓸 수 있다.

4~5행 **Driving up** there alone for the first time gave me an incredible sense of freedom.
(Driving up ~ time: S, gave: V, me: IO, an incredible sense of freedom: DO)
Driving up은 동명사구로 주어 역할을 하고 있으며 '~하는 것'이라고 해석한다.

6~7행 **After parking the car**, I grabbed my bag and walked around to the back door.
After parking the car는 때를 나타내는 분사구문이다. 접속사가 이끄는 부사절을 분사구문으로 바꿀 때 보통 접속사를 없애지만, 명확한 뜻을 위해서 남겨두기도 한다.

02 ③

Q

Later that night, back in her bed, Padma was still smiling when she finally closed her eyes.

해석

파드마는 눈을 뜨고 담요를 벗어 던지고 침대에서 뛰쳐 나왔다. 겨울철의 마지막 보름달이었다. 그녀는 오랫동안 오늘을 고대해왔고, 마침내 (그날이) 왔다. 힌두교의 색채의 축제인 홀리를 축하할 시간이었다. 그녀는 아래층으로 내려가 문밖으로 달려나갔다. 파드마는 물총과 빨간색, 파란색, 노란색 가루로 무장하고 집을 나섰다. 그녀는 (물총과 가루를) 뿌릴 사람을 찾으며 자전거를 타고 길거리를 다녔다. 파드마는 누군가를 마주칠 때마다 "홀리 하이!"라고 소리치며 그들에게 물과 색 가루 세례를 퍼부었다. 그날 밤 침대에 돌아와 마침내 눈을 감았을 때도 파드마는 여전히 미소 짓고 있었다.

정답 풀이

홀리를 축하하는 날을 고대해왔고 밖으로 뛰어나가 즐거운 시간을 보낸 후 집에 돌아와서 잠들 때까지도 미소 짓고 있었다는 것으로 보아 파드마의 심경으로 적절한 것은 ③.

선택지 해석

① 무섭고 충격적임 ② 지루하고 외로움
③ 흥분되고 기쁨 ④ 감동받고 감사함
⑤ 편안하고 만족함

구문 풀이

4~5행 It was *time* [**to celebrate** Holi, the Hindu Festival of Colors].
(Holi = the Hindu Festival of Colors)

to celebrate가 이끄는 구는 앞의 time을 수식해주는 형용사적 용법으로 쓰인 to부정사구이다.

5~7행 (***Being***) **Armed** with water guns and red, blue, and yellow color powder, Padma left the house.

Armed with ~ powder는 연속 동작을 나타내는 분사구문으로, 앞에 Being이 생략되어 있다. (= After Padma was armed with ~ powder)

7~8행 She rode her bike through the streets **searching** for people to spray.

현재분사 searching이 이끄는 분사구문은 동시 동작을 의미하기 때문에 '~하면서'라고 해석한다.

03 ③

Q

If only I could go back and do things differently.

해석

셰이버 부인이 계속 말하고 있었지만 나는 그녀를 쳐다볼 수 없었다. 내 머리는 뜨거워졌고 나는 땀을 흘리고 있었다. 과거로 돌아가 일을 다르게 처리할 수만 있다면 얼마나 좋을까. 어젯밤, 형의 역사 에세이를 베끼는 것은 훌륭한 생각처럼 보였다. 그 누가 알겠는가 말이다. 그런데, 셰이버 부인은 형의 선생님이기도 했었고, 나는 형이 그분에게 2년 전에 제출했던 똑같은 에세이를 베꼈던 것 같다. 그 (행동의) 결과에 대해 생각했을 때 내 속은 뒤틀렸다. 나는 분명히 에세이와 아마 수업에서도 낙제할 것이다. 그리고 부모님도 있었다. 나는 셰이버 부인이 부모님의 이름을 언급하는 것을 들었다. 나는 부모님, 특히 아버지를 실망시키는 것이 정말 싫었다. 아버지의 실망스런 표정은 틀림없이 나를 괴롭힐 것이다.

정답 풀이

'I'는 형의 에세이를 그대로 베껴 셰이버 부인에게 제출했는데, 알고 보니 그 에세이가 2년 전 형이 셰이버 부인에게 제출했던 똑같은 에세이여서 후회하고 있는 상황이다. If only I could go back and do things differently로 보아 'I'의 심경은 ③.

선택지 해석

① 위협을 느끼는 ② 지루한 ③ 후회하는
④ 감사하는 ⑤ 편안한

구문 풀이

2~3행 **If only** I could go back and do things differently.

If only 가정법은 '~하기만 한다면 (좋으련만)'이라고 해석한다.

5~7행 ~, and I guess (***that***) I copied *the same essay* (*which*) he **had turned in** to her two years ago].

동사 guess 뒤에 명사절을 이끄는 접속사 that이 생략되었다. 형이 에세이를 제출한 것은 내가 그 똑같은 에세이를 베끼기 이전의 일이므로 과거완료 had p.p.(had turned in)의 형태로 쓰였다.

7행 My stomach turned **as** I thought about the consequences.

접속사 as는 'when'의 의미로 '~ 했을 때'라고 해석한다.

04 ③
Q
warm

해석

지난달, 언니는 벼룩시장에 부스를 마련했다. 언니가 집에 돌아왔을 때, 많은 돈을 가지고 있었다. 나의 명백한 부러움을 보고, 언니는 다음번에는 함께할 것을 제안했다. 나는 그 생각이 마음에 들었지만, 먼저 무언가 만들어야만 했다. 그래서 나는 다음 몇 주 주말 동안 원석과 구슬로 다양한 장신구를 만들면서 (시간을) 보냈다. 그리고 어제 나는 벼룩시장에 내 부스를 마련하고, 손님을 기다렸다. 나는 약간 초조했지만, 곧 첫 번째 손님이 찾아왔고, 그다음에 또 한 손님, 그리고 또 한 손님이 찾아왔다. 내 장신구는 잘 팔렸고 사람들은 온갖 칭찬을 했다. 내 작품에 대한 감탄을 들으면 내 마음이 따뜻해졌다. 나는 미소 지으며 또 다른 손님을 맞이했다.

정답 풀이

'I'는 언니를 따라 벼룩시장에 부스를 마련해 직접 만든 장신구를 판매했는데, 처음에는 긴장했지만, 손님들이 계속 찾아오고 칭찬을 받게 되자 (마음이) 따뜻해짐을 느꼈다고 했으므로 'I'가 느끼는 심경으로 적절한 것은 ③.

선택지 해석

① 후회하는 ② 질투하는 ③ 만족하는
④ 실망한 ⑤ 외로운

구문 풀이 2~3행 **Seeing** my obvious envy, she **suggested that** I (***should***) **join** her the next time.

Seeing ~ envy는 때를 의미하는 분사구문으로 '~ (했을) 때'라고 해석한다. 요구·주장·제안 등을 나타내는 동사(insist, recommend, suggest 등)에 계속되는 that절에는 ⟨(should)+동사원형⟩을 쓴다.

4~6행 So, I **spent the next few weekends creating** various pieces of jewelry from stones and beads.

spent ~ creating에 쓰인 ⟨spend+시간+v-ing⟩는 '시간을 v하는 데(하면서) 보내다'로 해석한다.

9~10행 **It made** me **feel** warm **to** receive appreciation for my work.
(made: V, me: O, feel warm: C, to receive appreciation for my work: S)

It은 가주어, to receive ~ work가 진주어다. 사역동사 made로 인해 목적격 보어 자리에 동사원형 feel이 쓰였다.

제3회 미니 모의고사

본문 p.120~124

1 ③ **2** ④ **3** ② **4** ② **5** ① **6** ① **7** ② **8** ④ **9** ④ **10** ④ **11** ⑤ **12** ③ **13** ① **14** ④

1 ③

해석

당신이 표현하는 말과 생각은 물론 중요하다. 그러나 당신이 자신을 드러냈을 때 (상대방에게) 들리는 방식 또한 중요하다. 정말로, 세계에는 당신이 하는 말에 대해 생각해 보기도 전에 당신의 말투에 관해 판단하는 사람들이 아직도 존재한다. 당신도 당신만의 편견을 가지고 있을지 모른다. 많은 나라에서, 도시 말투를 가진 사람들은 시골 지역 출신처럼 들리는 사람들보다 더 똑똑하고 부유하며 성공적으로 보일 수도 있다. 물론 당신의 말투는 당신이 어디에서 자랐는가 하는 것 외에는 아무것도 보여주지 않는다. 그것은 당신의 지능도, 당신의 가치도 보여주지 못한다. 사람들에게 깊은 인상을 심어주려면 다양한 상황에서 서로 다른 말투를 배워두는 것이 도움이 될 수 있다. 그래도, 우리 모두가 상대방을 우리의 모습 그대로 인정하는 법을 배운다면 더 좋을 것이다.

정답 풀이

말투에 대한 여러 편견이 있지만 사실 말투 자체는 그 사람의 중요한 가치를 보여주지 못한다고 했으므로 글의 요지로는 ③이 가장 적절하다.

오답 풀이

① 요지와 정반대되는 내용이다.
④, ⑤ 글에 포함된 내용이긴 하나 핵심이 되는 내용은 아니므로 필자의 요지와 상관없다.

어휘

accent 말씨; 강세 / **consider** 고려하다 / **successful** 성공한, 성공적인 / **countryside** 시골 지역 / **nothing but** 그저[단지] ~일 뿐인; 오직 / **intelligence** 지능 / **value** 가치(관) / **impress** 깊은 인상을 주다, 감명[감동]을 주다

구문 풀이 2~4행 However, *the way* [(**that**[***in which***]) you sound when you express yourself] is also important.

you ~ yourself는 선행사 the way를 수식하는 관계부사절로, 앞에 that 또는 in which가 생략되어 있다.

7~11행 In many countries, ***people*** [with city accents] may be seen as smarter, wealthier, and more successful than ***people*** [who sound like they are from the countryside].

같은 단어 선행사 people이 각각 전치사구와 주격관계대명사절의 수식을 받고 있으며 세 개의 비교급 형용사(smarter, wealthier, and more successful)로 비교되는 구조이다.

15~17행 Still, it would be better if we all learned to accept each other for who we are.

〈S+조동사 과거형(would) ~, if+S′+동사의 과거형(learned) ...〉의 가정법 과거 문장으로 현재 사실을 반대로 가정하여 '만약 …라면 ~할 텐데'로 해석된다.

---

2 ④

해석

모든 나라의 거리 표지판을 읽을 수 있고, 여행 중에 약을 살 수 있으며, 어떤 언어의 어떤 영화라도 자막을 읽을 수 있다고 상상해보라! 초인적 영웅의 기술처럼 들리지만, 그것은 단 몇 달러만 주면 당신의 기술이 될 수 있다. 워드 렌즈는 스마트폰에 다운로드 할 수 있는 새로운 애플리케이션이다. 그것은 텍스트를 즉각적으로 번역해준다. 단지 스마트폰 카메라를 텍스트에 갖다 대기만 하면 나머지는 앱이 다 해준다. 지금 당장은, 영어-스페인어와 영어-불어 번역에서만 워드 렌즈가 작동한다. 그러나 이 앱의 개발자들은 그것이 다른 언어에서도 작동하도록 만들기 위해 열심히 작업 중이다. 그것은 여행 가이드북 이래로 여행자들에게 최고의 물건이며, 우리가 사는 세계를 바꿀 수 있는 잠재력을 갖고 있다!

정답 풀이

카메라만 대면 즉각적으로 외국어를 번역할 수 있는 새로운 스마트폰 애플리케이션인 워드 렌즈를 소개하고 있다. 워드 렌즈는 앞으로 더욱 다양한 언어를 번역할 수 있을 것이며, 세계를 바꿀 수 있을 만큼 잠재력이 있다고 했다. 따라서 정답은 ④이다.

선택지 해석

① 혼자 외국을 여행하는 법
② 워드 렌즈 사용 안내
③ 외국어를 번역하는 기술
④ 워드 렌즈의 놀라운 가능성
⑤ 창의적인 애플리케이션의 개발

오답 풀이

② 워드 렌즈의 사용법을 설명하고 있지는 않으므로 오답.

⑤ 지문은 워드 렌즈만 다루고 있기에 '애플리케이션의 개발'은 광범위하다.

어휘

imagine 상상하다 / **subtitle** (영화 등의) 자막 / **application** 응용 프로그램, 애플리케이션 / **translate** 번역하다 cf. translation 번역 / **instantly** 즉각, 즉시 / **rest** 나머지[것들] / **work on v-ing** v하는 데 애쓰다 / **since** ~ 이후로 / **guidebook** 안내서 / **potential** 가능성이 있는 [선택지 어휘] **abroad** 해외로 / **possibility** 가능성 / **development** 발달

구문 풀이

1~4행 Imagine (V) being able to read street signs in any country (O1), buying medicine while traveling (O2), and reading subtitles in any language for any movie (O3)!

동명사구 세 개가 and로 연결되어 명령문 동사 Imagine의 목적어 역할을 하고 있다.

5~7행 *Word Lens* is *a new application* [(***that***) you can download to a smartphone].

a new application을 수식하는 목적격 관계대명사 that이 생략되어 있다.

8~9행 Just point the smartphone's camera at any text, **and** the application does the rest.

〈명령문+and ~〉 구문으로, '~해라, 그러면 ~할 것이다'라고 해석한다.

---

3 ②

해석

우리는 확실히 건강에서 커다란 발전을 이루었으나, 무언가 이상한 일이 벌어지고 있다. 우리의 새로운 발견이 종종 전통적 지혜와 똑같아 보인다는 점이다. 닭고기 수프는 거의 1천 년이나 된 감기 치료법이다. 그것은 닭, 마늘, 국수, 당근, 소금, 후추, 물로 만든다. 우리는 소금물이 박테리아를 말려 죽이는 데 도움이 될 수 있다는 것을 안다. 그러므로 그것은 (감기 치료에) 도움이 될 것이다. 마늘은 박테리아와 바이러스를 죽이는 것으로 증명되었다. 수프에서 나오는 김은 가슴

정답 풀이

현대 의학이 발달하여도, 우리의 새로운 발견이 전통적 치료법과 비슷해 보인다고 설명하고 있다. 닭고기 수프를 예로 들어 의견을 뒷받침하므로, 가장 적절한 제목은 ②.

을 풀어주는 데 도움을 준다. 닭고기는 아연을 함유하고 있으며, 최근의 연구는 아연이 바이러스의 진행 속도를 늦출 수 있음을 보여준다. 아마도 닭고기 수프는 결국 감기에 대한 최상의 치료책일 것이다.

선택지 해석

① 감기를 치료하는 방법
② 약 먹는 대신, 민간 지혜를 시도해보라.
③ 닭고기 수프의 놀라운 역사
④ 의료에 있어서 진보라는 환상
⑤ 닭고기의 비밀을 파헤친 연구!

오답 풀이

①, ③ 세부적인 내용을 활용한 오답 선지
⑤ 지문에 핵심 어구로 보이는 단어를 활용한 오답 선지.

어휘

progress 진전 / **discovery** 발견 / **treatment** 치료 / **cold** 감기 / **bacteria** 세균 / **prove** 입증하다 / **virus** 바이러스 / **steam** 김; 수증기 / **loosen up** 긴장을 풀다 / **chest** 가슴 / **contain** 함유하다 / **slow down** (속도, 진행을) 늦추다 / **after all** 결국에는
[선택지 어휘] **folk** 민속의 / **illusion** 환상 / **reveal** 파헤치다, 드러내다

구문 풀이

4~6행 Chicken soup is *a treatment for colds* [**that**'s nearly 1,000 years old].
관계대명사 that이 이끄는 절은 앞의 선행사 a treatment for colds를 수식하는 주격 관계대명사절이다.

7~9행 We(S_1) know(V_1) that salt water can help dry out bacteria(O), so that(S_2) would help(V_2).
첫 번째 that이 이끄는 절은 know의 목적어로서 명사절이며, 두 번째 that은 앞의 salt water ~ bacteria를 가리킨다.

9~10행 Garlic **has been proven** to kill bacteria and viruses.
〈have(has) been p.p.〉 구문으로 과거의 동작이 현재까지 진행되며 주어와 동사는 수동 관계이다. '~되어져 왔다'의 의미이다.

---

4 ②

해석

"저 멀리 저게 뭐죠?" 애슐리가 엄마에게 물었다. 그것은 배에서 먼 거리에 생긴 작고 하얀 물보라였다. "그것은 그냥 파도 같아." 엄마가 대답했다. 유람선 위에서는 볼 것이 많이 없었고, 애슐리는 즐거움을 간절히 바랐다. 그때 갑자기 또 다른 물보라가 생겼고 이번에는 훨씬 더 가까웠다. 애슐리가 소리쳤다. "엄마, 카메라 가져다 주세요!" 그것은 돌고래 한 마리가 아니라 배 바로 옆을 지나고 있는 고래 가족 전체였다. 가장 큰 고래가 옆으로 눕더니 거대한 지느러미를 들어 올렸는데, (고래가) 마치 "안녕"하고 말하는 것 같았다. 애슐리는 즐거워서 키득거리며 웃었고 엄마는 사진을 찍었다.

정답 풀이

볼 것이 많이 없는 유람선에서 즐거움을 간절히 바라던 중에 고래가 배 바로 옆을 지나가고 있는 것을 발견하고 즐거워서 웃었다고 했으므로 애슐리가 마지막에 느낀 심정으로 적절한 것은 ②.

선택지 해석

① 지루한 ② 즐거운 ③ 무서운 ④ 성가신 ⑤ 미안한

어휘

in the distance 저 멀리 / **burst of water** 물보라 / **cruise** 유람선; 유람선 여행 / **be eager for** ~을 간절히 바라는 / **entertainment** 즐거움, 오락 / **scream** 소리치다; 비명을 지르다 / **whole** 전체의, 모든 / **pass by** ~을 지나가다 / **enormous** 거대한 / **fin** 지느러미 / **giggle** 키득 거리며 웃다, 피식 웃다 / **delight** 즐거움[기쁨] / **snap** 사진을 찍다; 톡 부러뜨리다 [선택지 어휘] **amused** 즐거운 / **scared** 무서운 / **annoyed** 성가신

구문 풀이

10~11행 It was **not** just *one*(A) **but** *a whole family of whales*(B) [passing right by the ship]!
〈not A but B〉가 사용된 구문으로 'A가 아니라 B'라고 해석한다. 여기서 one은 one whale을 의미한다.

12~13행 **The largest** (***whale***) rolled on its side and lifted an enormous fin, **as if** (***it was***) to say, "hi."
The largest는 앞 문장에 나왔던 whale이 생략된 것이라 보고 해석한다. 접속사 as if는 '마치 ~인 것처럼'이라고 해석하며 뒤에 주어와 be동사가 생략되어 있다.

5 ①

해석

모유를 먹이는 어머니가 일하는 동안 아기와 떨어져 있어야 한다고 상상해보라. 어머니는 밤 동안에는 지속적으로 모유를 먹일 수 있게 아기와 함께 잠을 자기 원할 것이다. 많은 여성들이 단지 아기에게 젖을 먹이려고 그렇게까지 해야 하는지 묻는다. 하지만, 모유를 먹고 자란 아이들과 우유를 먹고 자란 아이들을 비교해 보니 건강과 지능 발달에서 엄청난 차이를 보였다. 사실 모유를 먹이는 것은 개인 과외나 방과 후 수업에 투자하지 않고도 당신의 아이가 학교에서 공부를 더 잘하도록 돕는 더욱 저렴한 방법이다.

정답 풀이

(A) 뒤에 the night 명사구가 있으므로 전치사 during이 적절하다.
(B) that/those는 앞에 나온 명사의 반복을 피하기 위해 쓰이는데, 여기서는 복수형인 children을 대신해 쓰였으므로 복수형 those가 와야 한다.
(C) 뒤에 'than(~보다)'이 있으므로, 비교급 형태인 cheaper가 적절하다. 따라서 정답은 ①.

어휘

separate A from B A를 B에서 분리하다 / **enable** ~을 할 수 있게 하다 / **constant** 계속되는 / **comparison** 비교 / **enormous** 막대한 / **intellectual** 지능의 / **development** 발달, 성장 / **invest** 투자하다 / **private** 개인의; 사적인 / **tutor** 개인 지도 교사 / **session** 시간, 기간

구문 풀이 **7~11행** However, *a comparison* [between *children* [who were breast-fed] and *those* [who were raised on cow's milk]] / (S) showed enormous differences in health and intellectual development.

주어 a comparison이 수식어구로 길어진 형태이다. those는 앞의 children을 가리키며, children과 those가 각각 who가 이끄는 관계사절의 수식을 받는다.

6 ①

해석

투트 왕, 즉 투탕카멘은 누구였는가? 투탕카멘은 강력하고 세력 있는 지배자 아케나톤의 아들로 생각되고 있다. 아케나톤은 강제로 전 국가가 유일신을 따르도록 만들어 이집트에서 종교를 바꾼 일로 유명하다. ① 그(아케나톤)는 ② 아들(투탕카멘)이 겨우 아홉 살 때 왕위를 아들에게 넘겨주었다. 이렇게 투탕카멘은 아주 어린 나이에 아버지가 일으킨 변화 때문에 곤란을 겪고 있던 나라를 통치하기 시작했다. ③ 그(투탕카멘)는 처음에 아버지의 신앙을 지지했으나, 시간이 지나면서 옛날 방식으로 돌아가기로 결정했다. ④ 그(투탕카멘)는 옛 신들을 부활시켰으며, 이집트의 고대 수도로 돌아갔다. 이런 방식으로 그는 그의 아버지가 일으켰던 문제들 가운데 일부를 해결했다. ⑤ 그(투탕카멘)의 지도력이 미친 영향은 크지 않았으나, 몇 년 후 발견된 투트 왕의 무덤은 전 세계에 고대 이집트를 되새겼다.

정답 풀이

왕좌를 아들에게 물려준 것은 투탕카멘의 아버지인 아케나톤이므로 ①은 아케나톤을 가리킨다. 나머지는 모두 투탕카멘.

어휘

influential 영향력 있는 / **ruler** 통치자 cf. rule over ~을 통치하다 / **religion** 종교 / **force** 강요하다 / **throne** 왕좌 / **originally** 원래 / **support** 지지하다 / **belief** 신념 / **ancient** 고대의 / **capital** 수도; 대문자 / **impact** 영향 / **leadership** 지도력 / **discovery** 발견 / **tomb** 무덤 / **bring back to life** 되살리다

구문 풀이 **14~16행** In this way, he solved *some of the problems* [that his father **had caused**].

아케나톤이 문제를 일으킨 것이 투탕카멘이 문제를 해결(solved)한 일보다 이전에 일어난 일이므로 과거완료 시제(had caused)가 쓰였다.

7 ②

해석

모든 사회에는 나름의 대중적 신화가 있다. 우리 시대의 신화 하나는 우주여행 신화이다. 영화와 텔레비전 시리즈에서 지구의 사람들은 우주 다른 곳에서 온 흥미로운 인물로 가득한 문명과 계속해서 마주친다. 아이들도 우주 공간에서 온 사람들에 대한 많은 이야기를 듣고 읽는다. 그러나 불행히도, 태양계 어느 곳에도, 심지어 태양계 1,000,000,000,000,000,000마일 이내에서도, 아마 매우 원시적 단계의 생명체를 제외하고는 생명체는 존재하지 않는다. 현실은 적어

정답 풀이

우리는 다른 행성에서 온 문명과 생명체에 관한 이야기를 흔히 볼 수 있지만, 사실 지구 밖의 어디에도 생명체는 존재하지 않는다는 것이 글의 핵심이므로 지구가 완벽히 '혼자'라는 내용이 적절하다. 따라서 빈칸에 들어갈 말로 알맞은 것은 ②.

도 21세기에서는 우리가 다른 문명을 방문하거나 그들이 우리를 방문하지는 않을 것이란 사실이다. 실제로, 이 모든 생명체를 가진 아름다운 행성(지구)은 완전히 혼자이다.

선택지 해석

① 귀중하다 ③ 의존적이다
④ 인기 있다 ⑤ 작다

어휘

myth 신화 / **continually** 계속해서 / **encounter** 마주치다; 맞닥뜨리다 / **elsewhere** 다른 곳에서 / **universe** 우주 / **outer** 외부의 / **unfortunately** 불행하게도 / **though** 그러나 / **solar system** 태양계 / **except** 제외하고는 / **possibly** 아마 / **creature** 생물, 생명이 있는 존재 / **within** 이내에[안에] / **reality** 현실 / **planet** 행성 / **completely** 완전히 **[선택지 어휘] valuable** 귀중한 / **dependent** 의존하는

구문 풀이 **1행** **Every society has** its popular myths.
여기서 every는 주어 자리에 위치해, 뒤의 명사와 동사 모두 단수 형태로 쓰였다.

---

8 ④

해석

많은 사람이 상어를 수영하는 무고한 사람을 공격하는 악랄한 괴물로 생각한다. 이런 이미지는 진실이 아니며, 주로 할리우드 영화에 의해 만들어졌다. (A) 사실 많은 상어 종(種)들은 결코 포식자가 아니며, 대신 그들은 이미 죽은 동물을 먹고 산다. 470종이 넘는 상어 가운데 오직 4종만이 인간에 대한 무자비한 공격에 연루되어 왔다. 이 4종은 인간을 해칠 수도 있다. (B) 그러나 인간은 그것들의 자연스러운 식사의 일부가 아니기 때문에, 그것들은 대개 인간과의 접촉을 피한다. 그것들은 영화에서 그려지는 것과 같은 살인 기계가 결코 아니다. 이제 바다 괴물로서의 상어 이미지를 접어야 할 때이다. 상어는 인간의 존중을 받을 가치가 있는 아름다운 동물이다.

정답 풀이

(A) 뒤 내용은 앞 내용을 강조해주며 새로운 사실을 첨가하고 있으므로 (A)에는 In fact가 적절하다. (B) 앞 내용은 상어 4종이 인간을 해칠 수 있다고 말했으나, 뒤에는 상어들 대부분이 인간과의 접촉을 피한다고 했으므로 (B)에는 대조를 나타내는 However가 적절하다. 따라서 정답은 ④.

어휘

attack 공격 / **innocent** 무고한, 결백한 / **truth** 사실 / **largely** 대체로 / **construct** 구성하다 / **species** 종(種: 생물 분류의 기초 단위) / **not ~ all** 결코 ~하지 않는 / **predator** 포식자 / **feed on** 먹고 살다 / **be capable of** 할 수 있다 / **harm** 해를 끼치다 / **deserve** 받을 만하다 / **respect** 존경

구문 풀이 **1~2행** Many people think of sharks as *evil monsters* [that attack innocent swimmers].
주격 관계대명사 절인 that ~ swimmers는 선행사 evil monsters를 수식해준다.
13~14행 **It's time (*that*) we gave up** this image of sharks as sea monsters.
〈It is time (that) S+V《과거형 or 조동사 should》〉의 구문으로 '~해야 할 때이다.'의 의미이다. If가 없지만 조건의 의미를 포함하고 있는 가정법구문이며 that절은 '실제로 아직 하지 않은'의 의미가 있다.

---

9 ④

해석

마라톤의 공식 거리는 42.195km다. 그런데 왜 그럴까? 전설에 따르면 언젠가 페이디피데스라는 이름의 한 그리스 병사가 마라톤 마을에서 아테네까지(약 40km) 달렸다고 한다.
(C) 페이디피데스는 페르시아인들을 상대로 승리한 사실을 모든 이에게 알려야 했기 때문에 멈추지 않고 달렸다. 페이디피데스는 아테네에 도착했을 때, "우리는 이겼노라"라고 외치고 나서 탈진으로 죽었다.
(A) 현대의 마라톤은 40km의 거리로 시작했는데, 이는 역사상의 거리와 비슷하다. 그러나 초기의 올림픽 시합에서 그 거리가 많이 달라졌다.
(B) 최종 거리는 1921년 국제 육상 경기 연맹에 의해 정해졌다. 그 선택된 거리가 1908년 런던 올림픽에서 뛰었던 거리, 즉 42.195km였다.

정답 풀이

주어진 문장은 마라톤의 공식 거리가 왜 42.195km인지 설명하기 위해 페이디피데스의 이야기를 언급하고 있으므로, 페이디피데스의 이야기가 이어지는 (C)가 주어진 문장 다음에 오는 것이 적절하다. 역사상의 거리와 비슷한 거리로 현대의 마라톤이 시작되었으나 거리가 많이 달라졌다는 내용인 (A)가 온 다음 마라톤의 최종 거리가 정해진 것에 대해서 설명하고 있는 (B)가 마지막에 오는 것이 자연스럽다. 따라서 글의 알맞은 순서는 ④ (C) – (A) – (B)이다.

어휘

official 공식적인 / **distance** 거리 / **according to A** A에 따르면 / **legend** 전설 / **Greek** 그리스인 / **soldier** 병사, 군인 / **Athens** 아

테네 / **nearly** 거의 / **modern** 현대의, 근대의 / **historical** 역사상의, 역사적 / **vary** 달라지다; 서로 다르다 / **victory** 승리 / **Persian** 페르시아인 / **cry out** 소리치다, 외치다 / **die from** ~로 죽다

구문 풀이 **1~3행** The modern marathon started with *a distance of 40 km*, **which** is similar to the historical distance.

which가 이끄는 절은 주격 관계대명사로 계속적 용법으로 쓰여 선행사 a distance of 40km를 부연 설명하고 있다.

7~9행 *The distance* [chosen] was *the one* [ran in the 1908 London Olympics: 42.195km].
(S: The distance [chosen] / V: was / C: the one [ran in the 1908 London Olympics: 42.195km])

과거분사구 chosen과 ran ~ 42.195km는 각각 The distance와 the one을 후치 수식하고 있다.

---

10 ④

해석

썰매 끄는 개는 북극 지방에서 아주 오랫동안 중요한 이동 수단이었다. 초기 탐험가들이 북극 지역의 지도를 그릴 때에도 썰매 개는 그곳에 있었다. ① 썰매 개는 1800년대 후반, 외딴 금광 지역에서 캐나다와 미국 경찰을 도왔다. ② 1925년에는 썰매 개 한 팀이 중요한 치료약 상자를 알래스카에 운송함으로써 질병 확산을 막는 데 도움을 주기도 했다. ③ 요즘은 눈 자동차가 북극 지방의 주요 이동 수단이 되었다. (④ 북극은 거대한 지역이므로 다양한 종류의 썰매 개가 존재한다는 사실은 놀라울 것이 없다.) ⑤ 이런 사실에도 불구하고, 썰매 개 팀이 한때 알래스카에 약을 운송했던 바로 그 루트에서 매년 개썰매 대회가 열리고 있다.

정답 풀이

썰매 개가 북극 지방에서 중요한 이동수단이었다는 글이다. ④는 다양한 썰매 개가 존재한다는 내용으로 글의 흐름과 무관하며 앞 문장과도 연결되지 않는다.

오답 풀이

③ 현재 북극에서 사용되는 이동수단을 설명해주며 ⑤ 문장과 연결된다.

어휘

means 수단 / **transportation** 이동; 운송 cf. transport 수송하다 / **arctic** 북극의 / **explorer** 탐험가 / **remote** 외딴, 먼 / **shipment** 수송 / **treatment** 치료 / **packet** 소포, 꾸러미 / **huge** 거대한 / **region** 지방, 지역 / **the very** 바로 그

구문 풀이 **14~17행** Despite this, on *the very same trail* [**that** a sled dog team once transported medicine to Alaska], sled dog races are held every year.

that ~ Alaska는 앞의 the very same trail을 수식하는 관계부사절이다.

---

11 ⑤

해석

(교육도, 고용도, 직업 훈련도 받지 않는) 니트족은 대개 일정 기간 직장과 학교, 훈련에서 벗어나 있는 사람들을 가리킨다. 많은 젊은이가 일 경험을 갖지 못해 니트족이 되어가고 있다. 그들은 자신들이 경험이 없다는 사실을 알기 때문에 자신감이 부족하다. 자신감이 없다면, 그들은 목표를 어떻게 설정해야 하는지도 잊어버릴지도 모른다. 한 조사에 따르면, 많은 니트족 젊은이들이 일하는 젊은이들보다 세상에 대해 더 부정적으로 느낀다고 한다. 니트족에 대한 분명한 해결책은 더 좋은 경제와 더 많은 일자리다. 그러나 더 중요하게는, 직업이 없는 것이 문제가 아니라는 점을 우리가 분명히 해둘 필요가 있다. 삶은 일 이상에 관한 것이므로, 우리는 우리의 삶이 여러 가지 이유로 소중하다는 사실을 기억해야 한다.

정답 풀이

주어진 문장에 however가 있으므로 앞에는 주어진 문장과 대조되는 내용이 나와야 한다. ⑤를 기점으로 ⑤의 앞에는 '일자리가 중요하다'는 내용이 나오고, 뒤에서는 '삶은 일 이상의 것'이라고 말하고 있으므로 흐름이 반대된다. 따라서 주어진 문장은 ⑤에 위치하여 'NEET족 해결을 위해 더 많은 일자리가 필요하지만, 직업이 없는 것은 문제가 되지 않는다는 인식이 더욱 중요하다'라는 문맥이 되어야 한다. 따라서 주어진 문장이 들어갈 곳은 ⑤.

어휘

refer to A A를 나타내다 / **lack** 부족하다 / **confidence** 자신감 / **survey** (설문) 조사 / **youth** 젊은이들 / **negative** 부정적인 / **obvious** 분명한 / **economy** 경제 / **valuable** 소중한

구문 풀이 **주어진 문장** ~, we need to make it clear that not having a job is not a problem.
(it: 가목적어 / that not having a job is not a problem: 진목적어)

12 ③

해석

당신은 꽃에 대해 생각할 때, 어떤 단어가 떠오르는가? 향기로운, 다채로운, … 맛있는? "멍청한 소리 하지 마세요."라고 당신이 말하는 소리가 들린다. "맛있다고요? 꽃이? 저는 소가 아니에요!" 사실, 우리는 항상 꽃을 먹는다. 우리는 재스민과 캐모마일로 차에 맛을 내고, 해바라기유로 저녁 식사를 튀긴다. 당신의 정원은 실제로 슈퍼마켓이다. 꽃 시장은 맘껏 먹을 수 있는 뷔페이다! 튤립, 로젤, 그리고 카네이션 모두 먹을 수 있고, 각각 나름대로 맛이 있다. 하지만 경고 한마디만 하겠다. 어떤 꽃들은 우리의 후각을 기쁘게 하지만, 먹으면 우리를 죽일 수도 있다. 그러므로 조심하라. 어떤 것이든 (먹으려고) 시도하기 전에 조사하는 것만 기억하라!

→ 많은 꽃은 사실 (A) 먹을 수 있지만, 어떤 (B) 정보 없이 그것을 먹기 시작하지 마라.

정답 풀이

우리는 항상 꽃을 먹고 있으나, 먹으면 죽을 수도 있는 꽃이 있으므로 꽃을 먹기 전에 조사가 필요하다는 것이 글의 핵심이다. 따라서 (A)에는 eaten이, (B)에는 information이 적절하다. 따라서 정답은 ③.

선택지 해석

	(A)		(B)
①	유용한	……	약
②	맛있는	……	조리법
④	튀긴	……	기술
⑤	독이 있는	……	검사

어휘

come to mind 생각이 떠오르다 / **fragrant** 향기로운 / **stupid** 어리석은 / **in fact** 사실 / **all the time** 항상 / **flavor** 맛을 내다, 풍미를 더하다; 맛 / **jasmine** 재스민 / **chamomile** 캐모마일 ((국화과 약용 식물)) / **all-you-can-eat** 맘껏 먹을 수 있는 / **buffet** 뷔페 / **warning** 경고 / **delight** 많은 기쁨을 주다; 기쁨 / **sense** 감각 / **research** 연구, 조사 **[선택지 어휘] information** 정보 / **poisonous** 독성이 있는 / **examination** 조사; 검사

구문 풀이

11~12행 However, just **let** me **give** you one word of warning.
사역동사 let의 목적격보어로 동사원형(give)이 쓰였다.

12~14행 Though some flowers may delight our sense of smell, they might also kill us if (***they are***) eaten.
if와 eaten 사이에 they are이 생략되어 있다.

14~16행 Just **remember to do** your research before trying anything!
〈remember+to-v〉는 '(미래에) v할 것을 기억하다'라는 뜻이며, 〈remember+v-ing〉는 '(과거에) v한 것을 기억하다'라는 뜻이다.

13 ①
14 ④

해석

언어의 기원은 수백 년 동안 우리를 혼란스럽게 하는 수수께끼이다. 초기 인류는 어떻게 동물 같은 소리를 내는 것에서 생각을 표현하게 되었을까? 이 문제를 다루는 두 가지 주된 방식이 있다. 첫 번째로는 언어가 짝짓기를 위한 신호나 위험 신호처럼 우리 영장류 조상들이 사용했던 체계에서 오랜 시간 동안 발달했다고 추측한다. 몇몇 과학자들은 180만 년 전 초기 인류에게 언어의 기본적인 형태가 존재했다고 주장한다. 이 기본 언어는 영장류의 의사소통 형태와 현대 언어 중간 어디엔가 위치했다. 그것은 아마 명령과 제안으로 구성되었으며 몸짓에 아주 많이 의존했다. 두 번째 견해는 언어가 갑자기 어디선지 모르게 생겨났다는 것이다. 이 견해 지지자들은 언어가 뇌를 재조직화한 무작위한 변화 때문에 생겨났다고 생각한다. 결과적으로, 그것(언어)은 매우 짧은 기간 안에 거의 완벽하게 형성되어 나타났다(고 하는 것이었다). 니카라과의 청각 장애 학교의 사례는 언어가 갑자기 나타났을지도 모른다는 이론을 뒷받침한다. 그 학교는 독순술에 주력했는데(주로 가르쳤는데), 아이들의 경우 함께 놀게 했을 때, 그들 자신만의 기본적인 수화(신호 언어)를 만들기 시작했다. 다음 세대의 아이들은 이것을 바탕으로 했고, 그것은 점점 더 복잡해졌다.

정답 풀이

13. 언어의 기원에 대한 글로, 언어가 영장류 조상이 사용했던 신호에서 발전했다는 가설과 갑자기 생겼다는 가설 두 가지를 설명하고 있다. 그러나 이는 모두 견해일 뿐, 첫 번째 문장에서 '수백 년 동안 우리를 괴롭히고 있는 수수께끼(a puzzle ~ years)'라고 언급했으므로 정확한 기원은 여전히 알 수 없다. 따라서 이 글의 제목으로 적절한 것은 ①.

14. 빈칸 문장은 앞에서 언급한 '언어는 갑자기 생겼다'는 가설을 충족해야 한다. 따라서 청각 장애인 학교에서 아이들은 독순법을 배웠으나, 곧 '그들만의 언어가 생겼다'는 내용이 자연스럽다. 그러므로 빈칸에 가장 적절한 것은 ④.

선택지 해석

13. ① 언어가 어떻게 시작되었는지 아무도 모른다.

② 언어는 오랜 기간에 걸쳐 어떻게 발달했는가

③ 인간 언어의 독특한 특징
④ 언어의 갑작스러운 출현
⑤ 다양한 종류의 의사소통 기술
14. ① 서로의 입술을 즉각적으로 읽어내기
② 짝과 함께 독순술 연습하기
③ 명령 내리고 제안하기
⑤ 학습에 더 큰 진전을 보이기

오답 풀이

13. ②, ④ 각각 언어의 기원에 대한 첫 번째, 두 번째 견해의 내용에만 해당하는 제목이므로 글 전체의 제목으로는 적절하지 않다.

어휘

origin 기원, 근원 / **puzzle** 수수께끼 / **confuse** 혼란시키다 / **deal with** 처리하다 / **assume** 추정하다 / **develop** 발달하다 / **ancestor** 조상, 선조 / **mating** 짝짓기[교미] / **warning signal** 경고 신호 / **suggest** 제안하다 cf. suggestion 제안, 의견 / **form** 형태; 종류 / **somewhere** 어딘가에 / **modern** 현대의 / **be made up of** ~로 구성되다 / **probably** 아마 / **command** 명령 / **depend on** ~에 달려있다 / **nowhere** 아무데도 (~않다) / **supporter** 지지자 cf. support 지지하다 / **random** 무작위의 / **reorganize** 재조직하다 / **appear** ~인 것 같다; 나타나다 cf. appearance 출현; 외모 / **perfectly** 완전히 / **period** 기간, 시기 / **Nicaragua** 니카라과 / **theory** 이론 / **focus on** ~에 주력하다, 초점을 맞추다 / **allow** 허락하다; 용납하다 / **generation** 세대 / **complex** 복잡한
[선택지 어휘] **feature** 특징 / **various** 다양한 / **order** 명령; 순서 / **progress** 진행

구문 풀이

2~4행 How did early humans go **from** producing animal-like sounds (A) **to** expressing ideas (B)?
from A to B는 'A에서 B로'라고 해석하며, A와 B에는 각각 현재분사구가 병렬 구조로 위치해있다.

13~14행 It was probably made up of (V_1) commands **and** suggestions **and** depended heavily on (V_2) gestures.
첫 번째 and는 명사 commands와 suggestions를 병렬로 연결하고 있고, 두 번째 and는 두 개의 동사 was made up of와 depended on을 병렬로 연결하고 있다.

22~25행 The school focused on lip-reading, **but** the children, (**when allowed to play together**), began creating their own basic sign language.
두 개의 절이 접속사 but에 의해 병렬로 연결되어 있으며, 부사절 when ~ together가 두 번째 절 주어와 동사 사이에 삽입되어 있다.

Chapter ⑥ 세부 내용 이해 및 기타 유형

유형 12 지칭 대상 파악

본문 p.126~127

QUICK CHECK!

① Dad
② her father

해석

엄마가 아빠와 결혼하기로 결심했을 때, 엄마의 아버지는 아빠를 좋아하지 않으셨다. 아빠는 가난한 집안 출신의 화가였고 내세울 만한 배경이 없었다. 중요한 것은 엄마가 자신과 ① 그(아빠)가 영혼이 통하는 사람임을 알았다는 것이다. 그래서 그들은 결혼해서 밀러턴에 정착했고, 나의 외할아버지는 ② 그(외할아버지)가 아빠를 받아들일 수 있다고 결정지으셨다.

기출 맛보기

④

해석

스테파니는 또 지각할 것이다! 이제야 그녀는 그렇게 오랫동안 책을 읽었던 것이 후회스러웠지만, 그 책이 정말 재미있어서 내려놓을 수가 없었다. ① 그녀(스테파니)는 엄마가 아침으로 만들어준 샌드위치의 마지막 한입을 물었다. 그녀는 집 밖으로 서둘러 나갔다. 진입로에서 ② 그녀(스테파니)는 자전거에 올라타고 가능한 한 빠르게 페달을 밟기 시작했다. ③ 그녀(스테파니)는 작년 크리스마스 선물로 그 자전거를 받았을 때 정말 뜻밖의 일이었던 것을 기억했다. 그녀는 엄마가 그것을 살 여유가 없다는 것을 알았지만, ④ 그녀(스테파니의 엄마)는 어쨌든 그것을 그녀에게 사주었다. 그것은 아름다운 파란색의 반짝이는 자전거였다. ⑤ 그녀(스테파니)는 엄마에게 정말 고마웠다.

정답 풀이

④는 '스테파니의 엄마'를 가리키며, 나머지는 모두 스테파니를 지칭하므로 정답은 ④.

구문 풀이 **2~3행** ~, but the book was **so** *interesting* (**that**) she could not put it down.

〈so+형용사[부사]+that ...〉 구문으로 '너무 ~하여 …하다'라는 의미이다. 여기서 that은 종종 생략된다.

6~7행 ~, she jumped on her bike and started to pedal **as** *fast* **as** *she could*.

〈as+형용사[부사]+as S+can[could]〉는 '가능한 한 ~한[하게]'의 의미. (= as fast as possible)

유형 익히기

본문 p.128~129

01 ④ 02 ④ 03 ② 04 ④

01 ④

Q ①

해석

매트가 학교에서 집으로 걸어가고 있을 때 그의 앞에서 걸어가던 어떤 아이가 넘어졌다. ①그(바트)는 책, 스웨터, 야구 방망이와 많은 물건을 떨어뜨렸다. 그 아이의 이름은 바트였고, 매트는 그를 도와주었다. ② 그(바트)는 온라인 게임과 야구를 좋아한다고 말했다. 그는 또 학교에서 힘든 일을 겪고 있다고 말했다. 매트는 ③ 그(바트)를 집에 데려다 주고 나서 집으로 갔다. 그들은 그 후로 친구가 되었지만, 자주 얘기할 수는 없었다. 졸업을 3주 앞두고, 바트는 매트에게 ④ 그(매트)가 얘기할 시간이 있는지 물었다. 그는 매트에게 그들이 만났던 날 ⑤ 그(바트)가 왜 그렇게 많은 물건을 가져가고 있었는지 궁금했던 적이 있느냐고 물었다. 그러고 나서, "그건 내 사물함에 있던 물건 전부였어. 난 그걸 집으로 가져가고 있었는데 왜냐하면 나는 학교를 그만두려고 했었거든. 매트, 넌 그날 내 물건만 주워준 게 아니라 (세상을 포기한) 나도 주워준 거야!"라고 그가 말했다.

정답 풀이

바트가 매트에게 이야기할 시간이 있느냐고 물어본 것이므로, ④는 매트이며, 나머지는 모두 바트를 가리킨다.

구문 풀이 **7~8행** Three weeks before graduation, Bart asked Matt **if** he had time to talk.

이때 if는 명사절을 이끌며, '~인지 (아닌지)'의 의미.

8~10행 He asked Matt **if** he ever wondered **why** he was carrying so many things on the day they met.

여기서 if 역시 '~인지 (아닌지)'의 의미이며, why가 이끄는 절은 〈의문사+주어+동사〉의 어순으로 wonder의 목적어 역할을 하고 있다.

02 ④
Q ③

해석

어젯밤에, 남동생 맥스가 오랫동안 그의 나무 위의 집에서 내려오지 않았다. 나는 ① 그(맥스)가 걱정되어 나무 위에 올라갔다. 맥스는 눈에 눈물이 가득한 채 앉아있었다. "맥스, 무슨 일이야?" "학교에서 어떤 애들이 진짜 가족은 우리처럼 피부색이 다르지 않대."라고 맥스가 말했다. 나는 웃으며 물었다. "누가 내 생일에 날 예쁘게 그려줬지?" "② 내(맥스)가 그렸어." 맥스가 속삭였다. "왜였어, 맥스?" "내가 누나의 동생이니까." ③ 그(맥스)는 살짝 미소 지었다. "그리고 누가 널 위해 이 나무 위의 집을 지으셨지?" "아빠가 지어주셨어. ④ 그(아빠)는 떨어져서 다리를 다치셨지만. 불쌍한 아빠." 맥스가 웃었다. "우리 가족은 다른 가족들처럼 진짜 가족이야. 그리고 우리는 모두 ⑤ 너(맥스)를 아낀단다." 내가 말했다.

정답 풀이

④는 나무집을 만들어 주신 '아빠'를 지칭하고, 나머지는 모두 맥스를 가리키므로 정답은 ④.

구문 풀이 **10~11행** "Our family is just **as** *real* **as** other families, ~," I said.
(Our family = A, other families = B)
〈A+동사+as+형용사+as B〉는 'A는 B만큼 ~하다'란 뜻으로 동일한 성질의 두 대상을 비교할 때 쓴다.

03 ②

해석

벤이 태어났을 때, 그는 다른 아기들과 달라 보였다. 의사는 ① 그(벤)가 걷기, 말하기, 먹기 그리고 사람 사귀기 같은 간단한 일조차 도움이 필요할 것이라고 말했다. 그 당시에 나는 매우 속상했다. 몇 년이 흘러 학교에서, 한 친구가 ② 자신(친구)의 동생이 얼마나 바보 같은지 얘기하고 있었다. 나는 그 얘기를 믿을 수가 없었다. 어떻게 형제끼리 서로 안 좋아할 수가 있지? 그러고 나서, 그가 물었다. "네 남동생은 어때?" "난 ③ 그(벤)를 사랑해."라고 나는 자랑스럽고 진지하게 말했다. 그건 정말 사실이기 때문이다. 지금 벤과 나 둘 다 나이를 좀 더 먹었지만, 나에게 ④ 그(벤)는 그저 예쁜 아홉 살 소년 같다. ⑤ 그(벤)는 그냥 있는 그대로 완벽하다. 나는 언제나 벤을 사랑할 것이고, 벤도 언제나 나를 사랑할 것이다.

정답 풀이

② his는 바로 앞의 a friend 즉 '나'의 친구를 가리킨다. 나머지는 '나'의 동생 벤을 가리키므로 정답은 ②.

구문 풀이 **1~3행** Doctors said he would need help even for *simple things* [such as walking, talking, eating [and] mixing with people].
such as 이하가 simple things를 구체적으로 설명하고 있다.

구문 풀이 **4~5행** Years later at school, a friend was talking about **how stupid his brother was.**
how가 이끄는 절이 was talking about의 목적어 역할을 하고 있다. 〈how+형용사+주어+동사〉의 구조.

9행 He is perfect just **the way he is.**
(= as he is)
〈the way+주어+be동사〉는 '있는 그대로'란 뜻으로, 〈as+주어+be동사〉로 바꿔 쓸 수 있다.

04 ④
Q ③

해석

어느 날, 배리라는 식당 주인이 가게를 청소하는데 개 한 마리가 가게 안으로 뛰어 들어왔다. 그 개는 재빠르게 계산대로 올라가서 커다란 스테이크용 고기를 가져갔다. ① 그(배리)는 화가 났다. 그러나 ② 그(배리)는 개의 주인을 알고 있었다. 개의 주인은 변호사이자 식당의

정답 풀이

④는 전화를 받아 법률 관련 조언을 해준 변호사 테드를 가리키며, 나머지는 모두 레스토랑 주인 배리다. 따라서 정답은 ④.

단골손님이었다. 그래서 ③ 그(배리)는 변호사에게 전화를 걸었다. "안녕하세요. 테드씨. 법에 관해서 여쭤볼 것이 있는데요. 만약 어떤 개가 제 가게에서 고기를 훔쳐가면, 그 개의 주인이 고깃값을 갚아야 하는 거죠?" ④ 그(테드)는 대답했다. "네. 그게 법인걸요." "그럼 잘됐군요. 당신의 개가 지금 막 우리 가게에서 20달러짜리 스테이크용 고기를 훔쳐갔어요." 배리가 말했다. 그 다음 날 아침, ⑤ 그(배리)는 현금 20달러와 쪽지가 담긴 봉투를 받았는데, 쪽지에는 "이건 당신이 전화상으로 받은 법적 조언에 대한 비용인 125달러 청구서입니다"라고 적혀 있었다.

구문 풀이 **9~11행** ~ *an envelope* [with $20 in cash and *a note* [that read, "This is a bill for $125, for *legal advice* [given to you by phone]."]]
전명구 with ~ by phone까지는 an envelope를, 관계대명사절 that ~ by phone은 a note를, 과거분사구 given ~ by phone은 legal advice를 수식한다.

유형 13 내용 일치

본문 p.130~131

QUICK CHECK!

1 ○
2 ○
3 ×

해석
1. 나사뿔영양(아닥스)은 사하라 사막 일부 지역에서 발견되는 영양의 일종이다. 이 동물은 구부러진 뿔과 짧고 굵은 다리를 가지고 있다.
2. 그것은 멸종 위기의 동물이며 야생에 500마리 정도밖에 없다.
3. 나사뿔영양은 모래로 뒤덮인 사막 지역과 돌이 많은 사막을 선호한다. 나사뿔영양은 사막의 열기 때문에 주로 밤에 활동적이다.

기출 맛보기

③

해석
세자리아 에보라는 1941년에 태어나 가난한 가정에서 성장했고, 아버지가 돌아가신 후로는 고아원에서 자랐다. 그녀는 십 대 때 선원 식당과 민델루의 항구에 있는 배에서 공연을 하기 시작했다. 그녀는 1970년대에 음악을 포기했는데 생계를 꾸릴 수 없었기 때문이다. 하지만 1985년, 그녀는 무대로 돌아왔고, 2003년에 그래미상을 수상했다. 그녀는 항상 신발을 신지 않고 공연했기 때문에 '맨발의 디바'로 알려졌다. 세자리아 에보라는 작은 케이프 베르데 섬의 음악을 전 세계 청중들에게 선사했고, 70세의 나이로 고국에서 생을 마감했다.

정답 풀이
생계를 위해서 음악을 그만둔 것은 1970년대라고 했으므로 일치하지 않는 것은 ③.

유형 익히기

본문 p.132~133

01 ④ **02** ④ **03** ⑤ **04** ④

01 ④

해석
오스카상 수상은 영화 산업에서 가장 큰 명예로 여겨진다. 대신, 골든 라즈베리 시상식, 일명 래지상은 최악의 영화에 주는 상이다. 그것은 1981년 할리우드 작가인 존 윌슨의 집에서 시작되었다. 그는 매년 오스카 시상식이 열리는 날 밤에 저녁 파티를 열었다. 어느 해, 그는 가짜 시상식을 열어서 그해의 영화 실패작에 상을 주면 재미있겠다고 생각했다. 4년째 되던 해에 그 시상식은 윌

정답 풀이
4년째 되던 해에 시상식 장소를 윌슨의 집에서 학교 강당으로 옮겼다고 하였으므로 일치하지 않는 것은 ④.

오답 풀이
⑤ 래지상 최고의 순간이 2005년에 여배우 할리 베리가 시상식에 직접 나타나 최악의 여배우 상을 받았던 때라고 하였으므로 일치하는 내용이다.

슨의 집에서 학교 강당으로 (장소를) 이동했으며, 심지어 기자들까지 데려왔다. 래지상 최고의 순간은 2005년이었는데 그 당시 여배우 할리 베리가 실제로 그 시상식에 나타났다. 그녀는 <캣우먼>이라는 형편없는 영화의 주인공 역으로 자신에게 주어진 최악의 여배우 상을 받았다.

구문 풀이 **3~4행** It began in 1981 at the house of John Wilson, a Hollywood-based writer.

John Wilson과 a Hollywood-based writer는 동격이다.

5~7행 One year, he decided **it** would be fun **to hold** a fake award ceremony **and** (*to*) **celebrate** the year's movie failures.

it은 가주어, 명사적 용법의 to부정사 to hold ~ failures가 진주어인 문장이다. to hold와 (to) celebrate가 and로 병렬 연결된 구조이다.

9~10행 The best moment of the Razzies happened in *2005*, **when** actress Halle Berry actually showed up.

when이 이끄는 관계 부사절이 2005년에 일어난 일에 대해 부연 설명하고 있다.

---

02 ④

해석

프리다 칼로는 멕시코에서 가장 유명한 화가 중 한 사람이다. 그녀는 사실 화가가 아니라 의사가 되리라 생각했다. 그러나 그녀는 18세 때 비극적인 사고를 당한 후에 그림을 그리기 시작했다. 그녀가 그린 그림들 대부분은 자화상이다. 칼로는 언젠가 이렇게 말했다. "내가 나 자신을 그리는 이유는 내가 가장 잘 아는 주제가 바로 나이기 때문이다." 그녀는 자신이 멕시코 사람이라는 것을 매우 자랑스러워했으며 정치적으로도 활발하게 활동했다. 그녀는 자신의 그림에 원숭이나 앵무새와 같은 멕시코의 이미지를 사용했다. 그녀는 멕시코 예술가 디에고 리베라와 1929년 결혼했다. 칼로와 리베라는 이혼했으나 그다음 해에 재혼했다. 1954년 7월 13일, 그녀는 47세의 나이로 숨을 거두었다. 신문에서는 그녀가 병으로 죽었다고 보도했지만, 그녀가 사망한 진짜 원인은 확실히 알려져 있지 않다.

정답 풀이

프리다 칼로는 멕시코 예술가 디에고 리베라와 1929년에 결혼했다가 이혼했지만, 그다음 해에 그와 재혼했다고 했으므로, 글의 내용과 일치하지 않는 것은 ④.

오답 풀이

① 칼로는 사실 화가가 아니라 의사가 되리라 생각했으며, 18세 때의 사고 후에 그림을 그리기 시작했다고 했으므로 일치하는 내용이다.

구문 풀이 **5행** I paint myself because I am *the subject* [(***that***) I know best].

I know best는 선행사 the subject를 수식하는 절이며 목적격 관계대명사 that이 생략되어 있다.

---

03 ⑤

해석

칼 립켄 주니어는 1981년에 볼티모어 오리올스에서 자신의 21년 야구 인생을 시작했다. 그로부터 2년 뒤 그는 아메리칸 리그의 MVP 상을 받았으며, 8년 뒤인 1991년에 또 한 번 그 상을 받았다. 1990년에는 실책을 3개밖에 하지 않아 0.996으로 유격수 최고 (수비율) 기록을 세웠다. 1995년에는 루 게릭의 2,130경기 연속 출장 기록을 경신했다. 잇따른 이 연속 출장 행진은 1998년까지 계속되었는데, 그때까지 그는 2,632경기에 연속 출장했다. 1999년에 그는 400호 홈런을 쳤고 자신의 선수 경력 중 가장 타율이 높았다. 하지만 그의 1999년 시즌은 부상 때문에 일찍 끝났다. 2001년 10월 6일, 그는 선수 생활을 마감했지만, 가족에 대한 사랑과 겸손한 자세, 팬들을 존중하는 마음으로 여전히 존경받고 있다.

정답 풀이

립켄이 1999년에는 부상 때문에 시즌을 일찍 마감했으며, 은퇴한 것은 2001년이라고 했으므로, 글의 내용과 일치하지 않는 것은 ⑤.

오답 풀이

② 한 번 MVP로 선정되고 나서 8년 후인 1991년에 한 번 더 선정되었다고 했으므로 글의 내용과 일치한다.

구문 풀이

4~5행 In 1990, he had a record for shortstops of 0.996, **committing only three errors**.
committing only three errors는 원인을 나타내는 분사구문으로, '~해서'라고 해석한다.

6~8행 *This unbroken run of games* [played one after the other] didn't end until 1998, **when** he ~.
played ~ other가 앞의 This unbroken run of games를 수식하고 있으며, when이 이끄는 관계 부사절이 앞의 1998을 부연 설명하고 있다.

04 ④

해석

북부 베네수엘라의 카타툼보에는 매년 300일까지 밤에 천둥과 번개가 친다. 그것은 하룻밤에 2만 번 이상의 번갯불로 하늘을 밝히는 끝없는 뇌우이다. 지역 사람들은 그것을 '하늘에 있는 불의 강'이라고 부른다. 번개 그 자체는 흔한 뇌우에서의 번개와 다를 바 없지만, 많은 요소들이 그 폭풍우를 독특하게 만든다. 많은 양의 천연가스는 평소보다 더 많은 번개를 일으키게 한다. 그리고 이것은 짧은 시간에 많은 섬광을 일으킨다. 또한, 먼지는 섬광에 진기한 빨간색과 주황색을 띠게 한다. 폭풍우는 때때로 10시간까지 계속될 수 있다.

정답 풀이

'Also, dust gives the flashes an unusual red or orange color'로 보아, 먼지로 인해 섬광이 진기한 빨간색과 주황색이 된다는 것을 알 수 있다. 따라서 ④가 글의 내용과 일치한다.

오답 풀이

① 첫 번째 문장에서 '300일까지'라고 했으므로 '일 년 내내'는 일치하지 않는다.

② over 20,000 flashes of lightning per night로 보아, 한 시간이 아닌 밤 동안에 2만 번 이상을 번쩍임을 알 수 있다.

③ this results in more flashes over shorter periods of time으로 보아 일치하지 않는다.

⑤ last for up to 10 hours로 보아 일치하지 않는다.

구문 풀이

2~4행 **It**'s *an endless thunderstorm* [**that** lights up the sky with over 20,000 flashes of lightning per night].
It은 앞에서 언급한 thunder and lightning을 가리키며, 주격 관계대명사 that이 이끄는 절이 an endless thunderstorm을 수식한다.

4~5행 Local people(S) **call**(V) **it**(A) **"the river of fire in the sky."**(B)
〈call A B〉는 'A를 B로 부르다'라는 뜻이다.

5~7행 Though the lightning itself is no different from **that** in common thunderstorms, **a number of** factors make the storms unique.
that은 앞의 the lightning을 가리킨다. a number of는 '많은'이라는 뜻으로, 복수명사와 짝을 이룬다.

유형 14 실용문·도표

본문 p.134~135

기출 맛보기

해석

〈주요 수출 국가의 쌀 수출〉

위 도표는 2012년과 2013년 4개 주요 쌀 수출국의 쌀 수출량을 보여준다. ① 2012년에는 그 어느 나라도 인도보다 더 많은 쌀을 수출하지 않았다. ② 두 해 모두 파키스탄이 4개국 중에서 가장 적은 양의 쌀을 수출했다. ③ 2012년에 인도가 수출한 쌀의 양은 파키스탄이 수출한 양의 약 3배였다. ④ 2013년에 태국이 수출한 쌀의 양은 전년에 비해 감소했다. ⑤ 2013년에 태국은 베트남과 거의 같은 양의 쌀을 수출했다.

정답 풀이

태국의 쌀 수출량은 2012년에 비해 2013년에 증가했으므로 ④에서 decreased를 increased로 고쳐야 한다.

01 ⑤ 02 ③ 03 ③ 04 ⑤

01 ⑤

해석

포틀랜드 과학박물관

과학의 경이로움을 경험하러 오세요!

개방 시간:

- 화요일 ~ 목요일, 오전 10시 ~ 오후 6시
- 금요일, 오전 10시 ~ 오후 10시
- 토요일 ~ 일요일, 오전 10시 ~ 오후 8시
- 월요일은 휴관

주차:

- 주차비 시간당 2달러(입장권 제출 시 무료)
- 남쪽으로 2블록 가면 있는 링컨 공원에 추가 주차 가능

표:

- 어른 12달러
- 현재 (사용 중인) 학생증이 있는 학생 7달러
- 8세 미만 어린이와 65세 이상 노인 무료

정답 풀이

8세 미만 어린이와 65세 이상 노인은 무료라고 하였으므로 글 내용과 일치하는 것은 ⑤.

오답 풀이

①, ② 화요일부터 일요일에는 개관하지만, 월요일만 휴관이므로 둘 다 일치하지 않는 내용이다.

③ 입장권 제출 시 주차비는 무료라고 하였으므로 일치하지 않는 내용이다.

④ 링컨 공원에 주차할 수 있다고는 했으나 비용에 대해서는 언급하지 않았다. 이렇게 글 내용으로 알 수 없는 내용도 오답이다.

02 ③

해석

십대를 위한 주간 영화 캠프

전국 최고의 영화학교에서 오신 경력 있는 선생님들과 함께 학생들은 먹고, 마시고 숨 쉬며 영화 제작에 관한 모든 것을 경험할 것입니다! 모든 학생은 워크숍 동안 본인만의 단편 영화를 제작할 것입니다.

시간과 장소

수업은 케슬러 강당에서 6월 12일부터 시작해 월요일에서 토요일까지 오전 9시에서 오후 10시에 있을 예정입니다.

장비와 설비

캠프에 등록한 학생들은 고화질 디지털 비디오카메라와 디지털 편집 소프트웨어를 사용할 것입니다.

구성 방식

각 학생은 자신만의 영화를 집필, 제작, 감독, 그리고 편집할 것이며, 반 친구들의 프로젝트도 도울 것입니다.

숙소

숙박은 제공되지 않지만, 근처의 호텔이나 게스트하우스에 지내면 할인을 받을 수 있습니다. 더 많은 정보는 저희 웹사이트, www.teensandmovies.com을 방문하세요.

정답 풀이

캠프 참가자들은 고화질 디지털 비디오카메라와 디지털 편집 소프트웨어를 사용한다고 했으므로, 선택 가능하다는 ③은 글의 내용과 일치하지 않는다.

구문 풀이

7~8행 ***Classes*** will be held Monday through Saturday, 9 a.m. - 10 p.m, **beginning** June 12th in the Kessler Auditorium.

현재분사구(beginning ~ Auditorium)는 Classes에 대해 부연 설명하고 있다.

10~11행 *Students* [**enrolled** in the camp] will use HD digital video cameras [and] digital editing software.

(S: Students [enrolled in the camp] / V: will use / O_1: HD digital video cameras / O_2: digital editing software)

과거분사구 enrolled in the camp는 Students를 수식하고 있다.

03 ③

해석

〈하루당 식사 시간 대 국가 비만율〉

위의 도표는 선택된 경제 협력 개발 기구 국가 사람들의 하루 당 식사 시간을 보여주고 그 정보를 각 국가의 비만율과 연관시키고 있다. 비만율은 (전 국민 중) 체질량 지수가 30보다 높은 인구의 백분율이다. ① 미국은 선택된 국가 중 단연코 가장 높은 비만율을 가진다. ② 하지만, 미국인들은 멕시코와 캐나다를 제외한 다른 모든 나라의 사람들보다 하루의 식사 시간이 짧다. ③ 유럽 국가 중 프랑스 국민은 하루에 가장 긴 식사 시간을 보내지만, 비만율은 가장 낮다. ④ 한국은 일본을 근소한 차이로 물리치며 가장 낮은 비만율을 누리고 있다. ⑤ 터키 사람들은 전반적으로 160분 이상의 가장 긴 식사 시간을 보낸다.

정답 풀이

유럽 국가 중 프랑스 국민들이 가장 긴 식사 시간을 보내는 것은 사실이나, 비만율이 가장 낮은 나라는 이탈리아다. 따라서 도표의 내용과 일치하지 않는 것은 ③.

구문 풀이

1~3행 The chart above shows *the average time* [**spent** eating per day by people in selected OECD nations] and relates **the information** to the obesity rate of each nation.
(S: The chart above / V_1: shows / O_1: the average time ~ nations / V_2: relates / O_2: the information)

과거분사구 spent ~ nations가 the average time을 수식하고 있다. the information은 앞의 the average ~ nations를 의미한다.

6~7행 However, Americans spend less time eating per day than **do *people*** [from all the other nations ~].

여기서 do는 spend time eating per day를 대신해서 쓰인 대동사이다. 비교구문에서 쓰인 than 뒤에서는 선택적으로 도치가 일어날 수 있어, 주어 people과 대동사 do가 도치됐다.

04 ⑤

해석

〈나이지리아 15-49세 인구의 자기보고 문해율과 시험 문해율〉

위의 도표는 나이지리아의 자기보고 문해율(읽고 쓸 수 있다고 대답한 나이지리아인의 백분율)을 시험을 거친 문해율(간단한 읽기 시험을 통과한 나이지리아인의 백분율)과 비교한다. ① 자기보고와 시험을 거친 문해율의 비교에서는 모든 집단에서 자기보고 문해율이 시험을 거친 문해율 보다 높은 것을 보여준다. ② 도표를 기반으로, 총 조사 참가자의 62.3%가 읽고 쓸 수 있다고 주장했다. ③ 그러나, 시험 (결과)에서는 오직 약 55%만이 실제로 읽을 수 있음을 보여줬다. ④ 자기보고 문해율과 시험을 거친 문해율 사이의 격차는 남성, 여성, 도시 거주민, 시골 거주민 등 모든 그룹에서 보였다. ⑤ 가장 큰 격차는 시골 지역에서 보였는데, 그곳의 차이는 도시 지역의 두 배 이상이었다.

정답 풀이

자기보고 문해율과 시험 문해율의 격차가 가장 큰 곳은 8.4%인 시골 지역이 맞으나, 도시 지역의 격차 5.6%의 두 배 이상에 해당하는 수치는 아니므로, 도표의 내용과 일치하지 않는 것은 ⑤.

오답 풀이

③ 도표에서 나이지리아인 전체 집단의 시험을 거친 문해율은 54.9%라고 나타났으나 이는 약 55%(about 55 percent)나 다름없는 수치이므로 일치하는 내용이다.

구문 풀이

4~6행 A comparison of the self-reported and tested literacy rates shows **that** self-reporting was higher in all groups than tested literacy.
(S: A comparison ~ rates / V: shows / O: that ~ tested literacy)

주어 자리에는 명사구가 and로 병렬 연결되어 있고, 목적어 자리에는 that절이 들어와 문장이 길어진 형태이다.

12~13행 ~ in *rural areas*, **where** the difference was more than twice **that** in urban areas.

관계부사 where가 이끄는 절은 계속적 용법으로 쓰여 rural areas를 부연 설명하고 있다. that은 앞에 나온 the difference를 가리킨다.

유형 15 장문

본문 p.140~141

기출 맛보기

1 ①
2 ⑤

해석

음식은 경영자로서 여러분이 사용할 수 있는 가장 중요한 수단 중 하나이다. 배가 부르면 사람들은 더 행복해진다. 함께 먹는 것은 직원들에게 서로 관계를 맺을 시간을 제공한다. 때때로 간식을 주고 점심을 사는 것은 사무실이 더 따뜻한 느낌이 들게 한다. 이것들은 공들인 계획이 될 필요는 없다. 예산이 적으면, 여러분은 전체 직원에게 식당에서 점심을 사기를 원하지는 않을 것이다. 이따금씩 약간의 쿠키를 가져 오는 것으로 충분하다.
음식을 효과적으로 사용하는 비결은 그것이 계획된 행사가 되게 하지 않는 것이다. 만약 모두가 여러분이 금요일 오전 회의에 도넛을 가지고 오는 것을 안다면, 그것은 예상한 일이 되고 뜻밖의 일이 되지 않는다. 호의를 보이려면 음식은 예기치 않은 것으로 보여야 한다. 요청받지 않고 음식을 가지고 오는 직원을 칭찬하는 것 또한 좋은 생각이다. 이것은 나눔의 분위기를 만든다.

정답 풀이

1. 첫 문장이 주제문으로, 가끔 음식을 싸와서 직원들에게 주거나 점심을 사줌으로써 사무실 분위기를 더 따뜻하게 하고 직원들과 관계를 더 좋게 만들 수 있다는 내용의 글이다. 이 글의 제목으로 가장 적절한 것은 ①.

선택지 해석

① 더 좋은 관계를 위해 음식을 제공하라
② 외식하되, 예산을 고려하라
③ 점심을 더 많이 먹되, 저녁을 덜 먹어라
④ 피곤하지 않게 휴식을 취해라
⑤ 근무시간 중에 먹지 마라

2. 음식을 효과적으로 사용하려면 그것이 '어떠한' 행사가 되지 않도록 해야 하는지 찾아야 한다. 글의 끝에서 두 번째 문장에서 '음식이 예기치 않은 것으로 보여야 한다(the food must appear to be unexpected)'고 했으므로 빈칸에 들어갈 말로 가장 적절한 것은 ⑤.

선택지 해석

① 놀라운 ② 재미있는 ③ 편안한 ④ 임의적인 ⑤ 계획된

구문 풀이

1~2행 Food is one of *the most important tools* [(**that**) you can use as a manager].
관계대명사절이 the most important tools를 꾸며주고 있다. 관계대명사 that이 생략된 구조.

10~11행 The key to using food effectively is **for it** *not to become a planned event.*
for it은 이어지는 to부정사의 의미상 주어.

유형 익히기

본문 p.142~145

01 ⑤ **02** ④ **03** ⑤ **04** ② **05** ⑤ **06** ② **07** ⑤

01 ⑤
02 ④
Q
imaginary friends

해석

당신이 어렸을 때, 이상한 친구를 가진 적 있는가? 이상한 색이나 모양을 가졌거나, 당신의 주머니에 숨을 수 있는 친구(를 가진 적 있었는가)? 완전히 상상에만 존재했던 친구를 가진 적 있었는가? 만약 그랬다면, 당신은 정상이다. 사람들은 상상 속 친구(마음속에만 존재하는 친구)는 드문 일이라고 믿곤 했었지만, 최근 연구는 아이들의 46%가 상상 속 친구를 가지고 있다는 것을 보여준다. 부모는 아이가 혼잣말한다고 걱정할지도 모르지만, 상상 속 친구는 전혀 해롭지 않은 듯 보인다. 사실, 몇몇 연구는 상상 속 친구를 가지는 것이 아이들이 사교술을 발달시키고 더 많은 실제 친구를 사귀는 데 도움이 되는 것을 보여준다. 사람들은 상상 속 친구를 아이의 삶에서 무언가가 빠졌다는 징후라고 믿곤 했다. 그 아이는 외롭거나 무언가를 필요로 하는 것이 틀림없다(고 믿곤 했다). 그러나 지난 10년간의 연구에서는 정반대라고 말한다. 그 연구는 더 많은 자유 시간을 가진 아이들이 상상 속 친구를 만드는 경향이 있다고 말한다. 이 자유 시간은 일상 속에서 생긴 변화로 인한 결과일지도 모르지만, 이것이 상상 속 친구가 고통이나 상실로 인해서 오는 것을 의미하는

정답 풀이

1. 과거 사람들의 생각과는 달리 상상 속 친구를 가지는 것은 정상이며, 오히려 긍정적인 역할을 한다는 글이므로 이 글의 제목으로 적절한 것은 ⑤.
2. 빈칸 문장 뒤에서 상상 속 친구를 가지는 것이 긍정적인 도움을 준다는 연구 결과가 있다고 했으므로 빈칸에는 '해롭지 않다'는 말이 자연스럽다. 그러므로 정답은 ④.

선택지 해석

1. ① 무엇이 상상 속 우정을 만드는가?
② 아이들은 어떻게 새 친구를 사귀는가?
③ 상상 속의 친구: 고통의 징후
④ 자녀의 특별한 우정 이해하기
⑤ 상상 속의 친구: 성장의 자연스러운 부분
2. ① 흔하지 ② 창의적이지 ③ 유용하지 ⑤ 필요하지

오답 풀이

1. ③ 예전에는 사람들이 아이가 상상 속의 친구를 가지면 문제가 있다는 징후로 여겼으나, 이와 정반대되는 최신 연구 결과가 있다 하였으므로 이 글의 제목으로 적절하지 않다.

건 아니다. 대신, 상상 속 친구는 긍정적인 영향을 주는 것처럼 보인다. 아마 부모님들은 아이들이 몇 년간 허공에 대고 이야기하는 데 시간을 보내길 바라기 시작할 것이다.

구문 풀이

1~2행 (***Did you have***) ***One*** [**that** had a funny color and shape **or** could hide in your pocket]?
a friend를 가리키는 One 앞에는 Did you have가 생략되어 있다고 볼 수 있다. 관계대명사절 that ~ pocket이 One을 수식하고 있으며, that절 안에는 두 개의 동사구가 or에 의해서 병렬로 연결되어 있다.

4~7행 People **used to believe that** imaginary friends (friends that exist only in the mind) were rare, **but** recent research **shows that** about 46% of children have imaginary friends.
두 개의 절이 접속사 but으로 병렬로 연결되어 길어진 문장이다. 두 절의 동사 used to believe와 shows는 각각 that절을 목적어로 취하고 있다.

8~9행 **While** parents might worry when children talk to themselves, imaginary friends don't seem to be harmful at all.
여기서 접속사 While은 양보의 의미로 '비록 ~이지만'이라고 해석한다.

10~11행 ~ having imaginary friends(S') **helps**(V') children(O') **develop** social skills **and** **make** more real friends(C').
사역동사 help로 인해 목적격 보어 자리에 동사원형으로 develop과 make가 쓰였다.

16~18행 **While** this free time may come as a result of a change in routine, this doesn't mean that imaginary friends come from pain or loss.
여기서 접속사 While은 양보의 의미로 '비록 ~이지만'이라고 해석한다.

---

03 ⑤
04 ②

해석

애틀랜타 대학의 연구원들은 이전까지 아무도 알지 못했던 침팬지의 일면을 발견했다. 인간의 먼 친척인 이들은 우리가 생각했던 것만큼 이기적이고 잔인하지 않을지도 모른다(는 것이다). 침팬지가 우리의 살아있는 가장 가까운 친척이기 때문에, 우리는 그들을 인간이 가진 모든 약점의 근원으로 생각하는 경향이 있다. 그래서 우리 인간이 탐욕스럽고 이기적인 것은 사실이지만 침팬지는 더 심하다고 생각한다. 그러나 침팬지 행동에 대한 한 새로운 연구가 이러한 흔한 견해에 도전 중이다. 연구원들은 철망으로 분리된 두 개의 방에 두 마리의 침팬지를 각각 두고 실험을 했다. 각 침팬지 앞에 다양한 색의 표가 가득 찬 양동이를 두었다. 침팬지가 연구원에게 초록색 표를 주면 침팬지는 보상으로 과자를 받았다. 반면에, 침팬지가 파란색 표를 선택했다면, 두 침팬지 모두 과자를 받았다. 이 상황에서 그 침팬지들은 계속 파란색 표를 선택했다. 그들은 혼자 과자를 즐기기보다 친구를 도왔다. 연구원들에 따르면, 이것(실험)은 침팬지가 자신만의 욕구보다 집단 이익을 우선시할 수 있음을 입증한다.

정답 풀이

3. 실험을 통해 발견한 침팬지의 새로운 사실에 관한 이야기이므로 이 글의 제목으로 가장 적절한 것은 ⑤.
4. 침팬지가 두 마리 모두 과자를 받을 수 있는 파란색 표를 계속 선택했다고 하였으므로 침팬지가 혼자만의 욕구보다는 집단 이익을 우선시한다는 것을 알 수 있다. 따라서 빈칸에 들어갈 말은 ②.

선택지 해석

3. ① 영리한 두 침팬지 이야기
② 침팬지가 무리 안에서 행동하는 방식
③ 침팬지: 어쨌든 별로 사회적이지 않은
④ 보상 : 침팬지를 훈련시키는 최상의 도구
⑤ 침팬지의 본성에 대해 우리가 몰랐던 것
4. ① 멋진 도전
③ 다른 침팬지의 선택
④ 자신감
⑤ 특별한 선물

오답 풀이

3. ④ 두 침팬지에 대한 실험에서 보상을 주긴 했지만, 보상 그 자체가 실험의 목적은 아니므로 이 글의 제목으로는 적절하지 않다.

구문 풀이

4~5행 **Since** chimpanzees are our closest living relatives, we tend to think of them as the source of all of humanity's weaknesses.
이 문장에서 접속사 Since는 주절과 종속절이 인과관계를 나타내고 있어서 '~ 때문에'라고 해석한다.

6행 So, **it**'s true **that** we can be greedy and selfish, ~.
it은 가주어고, that we ~ selfish가 진주어이다.

8~10행 Researchers performed *an experiment* [**where** two chimps were placed in *two rooms* [**separated** by a wire net]].

관계부사 where로 시작하는 절이 an experiment를 수식하고 있다. 과거분사구 separated ~ net은 two rooms를 수식하고 있다.

15~16행 They **would rather** help out their friend (A) **than** enjoy a snack alone (B).

〈would rather A than B〉는 'B라기보다는 A다'라고 해석하며, 이 문장에서 A와 B에는 동사구가 위치했다.

16~18행 ~, **this** proves **that** chimpanzees can put group benefit ahead of their own needs.

this는 experiment를 대신하고 있으며, 목적어 자리에 접속사 that이 이끄는 절이 위치했다.

---

05 ⑤
06 ②
07 ⑤
Q ③

Q 선택지 해석

① 발명
② 성공한 사업가
③ 점

해석

(A) 20년 전에, 아니타 유는 그녀의 약혼자와 함께 공원에 앉아 있었는데 그때 목이 마르기 시작했다. 약혼자인 리만쿵은 그녀에게 마실 것을 가져다주기 위해 잠깐 자리를 비웠다. (a) 그(리만쿵)가 가자마자 한 노인이 그녀에게 다가와 물었다. "방금 떠난 저 남자를 사랑하오?" 그녀가 그렇다고 대답하자 그 노인은 머리를 가로저었다. 그는 자신이 미래를 예견할 수 있다고 하며 아니타가 그와 결혼해서는 안 된다고 말했다. (b) 그(노인)가 말했다. "당신이 그와 결혼한다면, 그는 젊어서 죽을 것이오."

(D) 유는 웃으면서 그 모든 일을 장난처럼 여기는 척했다. 하지만 후에 그것에 관해 진지하게 생각해보면서 그녀는 매우 불안해지기 시작했다. 그래서 그녀는 또 다른 중국 점쟁이를 찾아가기로 결심했다. 이 점쟁이도 정확하게 똑같은 예견을 해서 그녀는 두 명의 다른 점쟁이를 더 찾아갔다. 그들 모두 만약 (e) 그(리만쿵)가 오래 행복한 삶을 살길 바란다면 그를 떠나라고 그녀에게 조언했다.

(C) 그래서 그녀는 자신의 삶에 새로운 남자를 (가짜로) 지어내기로 결심했다. 그녀는 이 지어낸 남자친구가 리와 끝내는 최고의 방법이라고 믿었다. 가슴 아픈 일이었지만, 그녀는 (d)그(리만쿵)에게 말했다. "다른 사람과 사랑에 빠져서 당신과 결혼할 수 없어요." 리는 이 사실에 대해 뭐라고 할 수 없었다. 그들의 관계는 그 즉시 끝났고 리만쿵은 호주로 이민 갔다.

(B) 오늘날, 리만쿵은 여전히 호주에서 살고 있으며 매우 성공했다. (c) 그(리만쿵)는 결혼했으며 가족을 꾸렸고, 거기서 매우 행복하다. 유는 현재 성공한 여성 사업가이지만, 그녀는 아직 결혼하지 못했다. "저는 제가 오직 만쿵만을 사랑할 수 있었다는 걸 알았어요."라고 그녀는 말한다. 그리고 그녀는 "저는 그를 떠나야만 했어요. 그 점쟁이를 믿다니 제가 멍청했나요? 저도 모르겠지만, 누군가를 사랑할 때, 그의 삶을 가지고 도박을 할 수 없을 거예요."라고 설명한다.

정답 풀이

5. 20년 전, 아니타 유가 점쟁이에게서 리만쿵과 헤어지지 않으면 그가 일찍 죽을 것이라는 예언을 들었던 내용인 (A)에 이어서 처음에는 믿지 않다가 다른 점쟁이에게 찾아가 똑같은 예언을 듣는다는 (D)가 오는 것이 자연스럽다. 그다음으로 그를 위해 이별을 하는 내용의 (C)로 이어지고, 마지막으로 Today로 시작하며 현재의 이야기를 하는 (B)로 이어지는 것이 자연스러우므로 적절한 글의 순서는 ⑤ (D) – (C) – (B).

6. (a), (c), (d), (e)는 모두 약혼자 리만쿵을 가리키고, (b)는 공원에서 만난 노인을 가리키므로 가리키는 대상이 다른 하나는 ②.

7. 아니타 유는 처음에는 점쟁이인 노인의 말을 장난처럼 여겼으나, 점차 불안해져 다른 점쟁이들을 찾아가 똑같은 말을 들은 후 리만쿵에게 헤어지자고 하였으므로 점쟁이의 말을 믿었다고 할 수 있다. 그러므로 글의 내용과 일치하지 않는 것은 ⑤.

오답 풀이

7. ④ 아니타 유는 약혼자와 끝내기 위해 다른 남자친구가 있다고 거짓말을 하였으므로 글의 내용과 일치하는 내용이다.

구문 풀이

2~3행 **Her fiancé**, **Li Man-kwong**, left her for a few minutes **to get** her a drink.

Her fiancé와 Li Man-kwong은 동격이다. to부정사구 to get ~ drink는 목적을 나타내는 부사적 용법으로 쓰여 '~하기 위해서'라고 해석한다.

3~4행 As soon as he **had gone**, an old man **came up** to her and **asked**, ~

리만쿵이 자리를 비운 것은 노인이 다가와 질문을 했던 과거 시점(came up, asked)보다 더 이전이므로 과거완료형(had gone)이 쓰였다.

16~17행 She believed (***that***) this invented boyfriend was *the best way* [**to end** things with Li].

동사 believed의 목적어로 that절이 위치했는데 접속사 that은 생략되어 있다. to end ~ Li는 앞의 the best way를 수식하는 형용사적 용법으로 쓰인 to부정사구이다.

23~24행 But later she began to feel very anxious **as** she thought seriously about it.

as는 접속사로 쓰여 '~하면서'라고 해석한다.

유형 16 어법

본문 p.146~147

기출 맛보기

③

해석

책을 읽지 않는 아이들의 가장 큰 불평은 그들의 흥미를 끄는 읽을거리를 전혀 찾을 수 없다는 것이다. 이는 우리 아이들을 흥미롭게 하는 장르를 발견할 수 있도록 부모들이 도와줘야 하는 부분이다. 거주하는 지역 공공도서관의 아동 사서, 학교의 사서, 또는 좋은 서점의 아동 코너 관리자가 당신에게 익숙하지 않은 새로운 자료를 고르는 것을 도와줄 수 있다. 또한, 당신이 어렸을 때 좋아했던 책들을 회상해보라. 남편과 나는 모두 비벌리 클리어리의 책을 즐겨 읽었고, 우리 아이들도 그 책들을 좋아하는 것으로 드러났다.

정답 풀이

(A) that ~ them은 anything to read를 수식하는 관계대명사절. interest(s)의 주어는 관계대명사 that이며 이것이 가리키는 것은 선행사 anything이므로 단수 동사인 interests가 적절하다.

(B) excite의 목적어는 문맥상 our kids이다. 따라서 복수형인 them이 알맞다.

(C) when you were a child가 주어, 동사, 보어를 모두 갖춘 완전한 구조이기 때문에 when이 적절하다. what이 쓰이려면 뒤에 이어지는 절이 주어, 목적어, 혹은 보어가 빠진 불완전한 구조여야 한다. 따라서 정답은 ③.

구문 풀이

3~4행 This is (the point) **where** we parents need to **help** our kids identify the genres that excite them.

(we = parents)

여기서 where은 관계부사로, 앞에 선행사가 생략되었다. we와 parents는 동격.

4~8행 The children's librarian at your local public library (A), your school librarian (B), or the manager of the kids' section at a good bookstore (C) can help you choose *new material* [that isn't familiar to you].

명사구 세 개가 or로 병렬 연결되어 있다. 명사구 A, B, C가 모두 합쳐져 이 문장의 주어가 된다.

10~11행 ~ and it (가주어) turns out (**that**) our kids love them, too. (진주어)

여기서 it은 가주어, that 이하가 진주어이다. 진주어를 이끄는 접속사 that은 종종 생략된다.

유형 익히기

본문 p.148~149

01 ② **02** ② **03** ⑤ **04** ②

01 ②

해석

별을 연구하는 과학자를 천문학자라고 부른다. 그들은 별과 행성, 달의 위치와 크기, 구조, 그리고 우주에서 일어나는 그 밖의 일에 관한 정보를 수집한다. 고대의 천문학자들은 하늘을 연구하기 위해 자신의 눈과 수학, 물리학에 의존해야 했다. 그들은 이런 방식으로 놀랄 만한 양의 지식을 가까스로 모을 수 있었다. 그러나 1609년 갈릴레오의 망원경 발명은 하늘에 대해 연구하는 것을 더 쉽게 만들어 주었다.

정답 풀이

(A) Scientists ~ stars가 astronomers라고 '불리는' 것이므로 수동태인 are called가 적절하다.

(B) manage는 to부정사를 목적어로 취하는 동사로, 'manage to-v'는 '가까스로[힘들게] v하다'라는 의미이다.

(C) made의 진목적어는 to study the skies이므로, 이를 대신하는 가목적어 it이 필요하다. 따라서 정답은 ②.

구문 풀이 1행 Scientists [who study the stars] are called astronomers.
(S: Scientists [who study the stars], V: are called, C: astronomers)

〈call A B〉는 'A를 B라고 부르다'라는 의미로, 〈A is called B〉는 'A가 B라고 불리다'라고 해석할 수 있다.

7~8행 However, Galileo's invention of the telescope in 1609 made **it** easier **to** study the skies.
(가목적어: it, 진목적어: to study the skies)

동사 made의 진목적어는 to ~ skies이고, easier는 목적격보어이다.

---

02 ②

Q

that → what

해석

데이지는 호주의 한 야생동물 공원에서 가장 나이가 많은 악어인데, 여성 관광객을 좋아하지 않는 것 같다. 바로 지난주, 한 여성 관광객이 데이지를 구경하고 있었는데, 그때 데이지가 갑자기 그 여성의 핸드백을 덥석 물더니 그녀에게서 핸드백을 낚아챈 일이 있었다. 구경하려고 모였던 군중들은 그다음에 일어난 일을 믿을 수 없었다. 그 여성은 주변에 있던 긴 막대를 집어 들고는 악어 우리 안으로 뛰어들어가 데이지 쪽으로 걸어가면서 이렇게 외쳤다. "내 핸드백 내놔!" 데이지는 물속으로 도망가려 했지만, 그 여자는 데이지가 핸드백을 놓을 때까지 데이지를 놓아주지 않았다. 그 다음 그 여성은 핸드백을 주워서는 우리 밖으로 넘어 나왔다. 그때부터는 누구도 데이지 근처에 갈 수 없었다.

정답 풀이

②는 believe의 목적어가 되는 명사절을 이끌 수 있는 접속사가 와야 할 자리이다. 그런데 접속사 뒤에 '주어+동사 ~' 구조가 아닌 동사(happened)가 이어지고 있으므로, 접속사와 주어 역할을 동시에 할 수 있는 관계대명사 what이 적절하다.

오답 풀이

① 〈seem to-v〉는 'v하는 것처럼 보이다'란 뜻으로 to like가 적절히 쓰임.

③ 문맥상 '막대를 잡고 우리 안으로 뛰어 들어가서 걸어가기 시작했다'고 해야 자연스러우므로 동사 grabbed, began and로 연결된 병렬구조인 jumped가 적절.

④ 뒤에 '주어+동사'를 갖춘 절이 이어지므로 접속사가 필요하다. 문맥상 '~할 때까지'의 뜻을 나타내는 접속사 until이 적절히 쓰였다.

⑤ Since가 이끄는 시간의 부사구(Since then)와 함께 쓰여 과거부터 현재까지 계속되는 상태를 나타내므로 현재완료가 적절.

구문 풀이 5~8행 The woman grabbed *a long stick* [that was lying nearby], jumped into the crocodile pen [and] began walking towards Daisy, **yelling** "Give me my handbag!"

yelling 이하는 부대상황을 나타내는 분사구문으로, '~하면서'로 해석하는 것이 자연스럽다.

---

03 ⑤

해석

가난은 어둠의 세계이다. 그곳에서는 하루하루가 생존을 위한 투쟁이다. 가난한 자들은 배고픔과 질병의 삶을 경험하며, 교육, 의료, 깨끗한 물에 대한 접근을 거부당한다. 많은 경우, 그들은 위험에서 보호받을 권리조차 없다. 세계화가 예정된 과정대로 진행됨에 따라 빈곤층은 계속 증가하고 있다. 여기에는 국경을 넘어 시장을 확대하고, 부를 소수의 손에 집중시키는 한편, 투자자가 될 자원이 부족한 사람들의 삶은 더 쥐어짜는 일이 포함된다.

정답 풀이

(A) 주어가 The poor, 즉 Poor people이므로 복수동사 are가 정답. 〈the+형용사〉는 사람을 나타내는 복수보통명사와 같다.

(B) 주어가 they(the poor)로, 가난한 사람들이 '보호받을' 권리란 뜻이 되어야 하므로 수동형이 와야 한다.

(C) 수식 받는 명사 people과 live가 능동 관계이므로 현재분사 living이 적절하다. 따라서 정답은 ⑤.

구문 풀이 1~2행 Poverty is *a world of darkness*, **where** every day is a struggle to survive.

where 이하는 a world of darkness를 선행사로 하여 그것을 부연 설명하는 계속적 용법의 관계부사절이다.

2~4행 The poor experience lives of hunger and illness [and] are denied *access* [to education, health care, and clean water].
(S: The poor, V_1: experience, O_1: lives of hunger and illness, V_2: are denied, O_2: access [to education, health care, and clean water])

주어는 The poor, 동사는 and로 연결된 experience와 are denied이다. are denied 이하는 〈deny+간접목적어(the poor)+직접목적어(access ~ water)〉에서 간접목적어가 주어로 나간 수동태 형태다.

5~7행 *The number of people* [**living in poverty**] continues to grow **as** globalization proceeds along its due course.
living in poverty는 The number of people을 후치 수식하는 현재분사구이며, 여기서 as는 '~함에 따라'라고 해석할 수 있다.

04 ②

Q

where → that 또는 which

해석

1천2백만 명이 넘는 인구가 사는 태국의 수도가 매일 조금씩 바다 밑으로 가라앉고 있다. 매년, 평균 1.5cm에서 5cm 정도 가라앉고 있다. 이 수치는 해수면에서 고작 1.5m 위에 지어진 도시로서는 큰 수치다. 어떤 사람은 2030년이 되면 방콕 일부가 물에 잠길 것이라 믿는다. 방콕을 구하려면 시간과 돈, 노력이 들 것이다. 이런 재앙을 피하고자 한다면 태국 정부는 신속하게 행동을 취해야 한다. 만약 태국 정부가 너무 오래 지체한다면, 남는 선택권은 오직 하나밖에 없을지도 모른다. 바로 태국의 수도를 떠나 다른 지역에 새 도시를 짓는 일이다.

정답 풀이

② 관계부사 where 뒤에는 완전한 구조가 오는데, where 뒤에는 주어가 없는 불완전한 형태이다. 따라서 where를 관계대명사 that 혹은 which로 바꿔야 한다.

오답 풀이

① 주어는 Thailand's capital이므로 단수 동사 is가 오는 것이 맞다.
③ 주어의 자리에 동명사 Saving이 적절히 위치했다.
④ want는 to부정사를 목적어로 취하는 동사로, to avoid가 적절하다.
⑤ leave와 and로 연결된 병렬구조이므로 build가 적절하다.

구문 풀이 **8~10행** ~, it might find that it only has *one option* [**left**]: **leave** the capital of the country [and] **build** a new city somewhere else.
과거분사구 left가 one option을 후치 수식하고 있으며, 명령문 leave ~ country와 build ~ else가 and로 연결되고 있다.

유형 17 어휘

본문 p.150~151

기출 맛보기

③

해석

나는 막 TV 대본을 다 쓰고 그것을 인쇄하러 서두르고 있었다. 그때, 내 컴퓨터가 갑자기 먹통이 되었다. 커서가 사라졌다. 대본도 보이지 않았다. 아무것도 보이지 않았다. 허둥지둥 나는 컴퓨터 전문가인 친구 닐을 불렀다. 컴퓨터가 악성 스파이웨어에 감염되어 그것이 컴퓨터의 고장을 일으킨 것으로 밝혀졌다. 그는 컴퓨터가 느리게 작동했는지 그리고 새 툴바가 난데없이 나타났는지 물었다. 내 컴퓨터가 어떻게 감염되었는지 정확히 알 수 없지만, 닐이 그것을 제거했다. 우리는 정기 점검을 위해 차를 정비사에게 가져간다. 왜 우리는 우리의 컴퓨터가 그러한 점검 없이도 정상적으로 작동하기를 기대하는가?

정답 풀이

(A) 작성한 TV 대본을 인쇄하려고 했을 때, 컴퓨터에 커서도 대본도 없어졌다고 했으므로 작동이 '멈추었다(froze up)'는 말이 적절하다.
(B) 나쁜 스파이웨어가 컴퓨터의 고장을 '야기했다(causing)'고 하는 것이 적절하다.
(C) 정기적인 검사를 해야 컴퓨터도 정상적으로 작동한다는 의도로 한 말이므로 '규칙적으로 신경 쓰지 않으면서 왜 컴퓨터가 '정상적으로(normally)' 작동하길 바라는가'라고 말하는 것이 자연스럽다. 따라서 정답은 ③.

유형 익히기

본문 p.152~153

01 ③ **02** ⑤ **03** ④ **04** ③

01 ③

해석

전통 치료법은 중국에서 3천 년 이상 사용되어 왔으며, 중국 문화의 많은 부분에 깊이 뿌리내리고 있다. 서양에서 중국 의술은 오직 서양 의술을 (A) 불편하게 여기는 중국 사람에게만 사용되곤 했었지만, 이제 그것은 훨씬 더 인기 있는 의료 형태가 되었다. 선진국 사람들의 70% 이상이 그것을 시도해봤으며, 전통적 치료법이 현대의 약물

정답 풀이

(A) but으로 시작하는 해당 문장의 뒷부분에서 현재 서양에서는 중국 의술이 훨씬 더 인기가 있다고 하였으므로, 예전에는 서양 의술을 '불편하게' 여긴 사람만이 중국 의술을 사용했을 것으로 유추할 수 있다.
(B) 부작용이 적어, 전통 치료법을 시도하려는 사람들의 수가 '늘어나고' 있다는 것이 문맥상 자연스럽다.

보다 부작용이 적다는 믿음 때문에, 그 숫자는 (B) 증가하고 있다. 비록 대부분의 서양 의사들이 침술과 부항의 효과는 대부분 상상에만 존재한다고 말하지만, 많은 할리우드 배우들이 이 치료법에 대해 말하고 있으며, 이러한 사정은 그 치료법들이 더욱 (C) 유행하게 만들고 있다.

(C) 할리우드 배우가 침술이나 부항에 대해 말하면, 이 치료법들은 홍보가 되어 더욱 '유행할' 것이다. 따라서 적절한 어휘는 ③.

구문 풀이

2~4행 In the West, Chinese medicine **used to be used** only for *Chinese people* [(**who is**) uncomfortable with Western medicine], ~.

used to be used는 '사용되곤 했다'라고 해석할 수 있으며, Chinese people 뒤에는 who is가 생략되어 있다.

6~8행 ~, and the numbers are increasing due to **the belief** **that** traditional cures have fewer side effects than modern drugs.

the belief와 that절은 동격을 이룬다.

02 ⑤

Q

impossible → possible

해석

영화나 TV에 나오는 흡연 장면은 많은 사람들을 담배 중독으로 이끌었다. 화면상에서 '멋지게' 보일 수 있다는 점이 젊은이들을 흡연으로 ① 유인하는 주요한 요인들 가운데 하나다. 십 대들은 자신이 좋아하는 스타들을 ② 흉내 내고 싶어 하며, 만약 그 스타가 흡연자라면 거기에는(흉내 내는 것에는) 흡연도 포함된다. 또한, 부모가 흡연하는 것을 보는 아이들은 흡연자가 될 가능성이 ③ 크다. 흡연이 멋지게 보일지 몰라도 실제로는 질병의 일종이라는 사실을 아이들은 배울 필요가 있다. 그럼에도, ④ 불행하게 담배에 중독된 사람이라 해도 낙담할 필요는 없다. 쉽지는 않지만, 담배를 끊는 일은 충분히 ⑤ 불가능하며(→ 가능하며) 그만큼 노력할 만한 가치가 있다.

정답 풀이

십 대의 흡연 원인을 밝히고 금연을 장려하는 글이다. '흡연에 중독되었다고 해도 절망감을 느낄 필요는 없다(Nevertheless, ~ hopeless)'라고 했으므로 ⑤는 금연이 충분히 '가능하다(possible)'가 되어야 한다.

구문 풀이

2~3행 **That** it can look "cool" on screen is ***one of the main factors*** [that attracts young people to smoking].

That은 주어로 쓰인 명사절을 이끄는 접속사로, '~이라는 것'이라 해석한다. 〈one of the+복수명사〉는 '~ 중의 하나'라는 의미이다.

5~6행 Also, *kids* [who see(V') their parents(O') smoking(C')] are more likely to become smokers themselves.

who가 이끄는 절 안의 지각동사 see는 목적격보어로 현재분사(smoking)나 원형부정사(smoke)를 취한다.

8~9행 Nevertheless, *those* [who have unfortunately become addicted] **need not** feel hopeless.

〈those who ~〉는 '~하는 사람'이라는 의미이며, need not은 ~할 필요가 없다(don't have to-v)고 해석한다.

9~10행 Though (***it is***) not easy, quitting smoking is very much possible and worth the effort.

Though not easy의 의미상 주어는 문장의 주어(quitting smoking)와 같아서 〈주어+be동사〉가 생략되었다.

03 ④

Q

worse → better

해석

간편한 복장이 유행이지만, 많은 사람이 이러한 유행을 좋아하지 않는다. 여기에 강경하게 ① 반대하는 일부 근로자들은 그들이 "은퇴하면 그때 간편하게 옷을 입어도 된다."고 말한다. 또 어떤 근로자들은 편하게 옷을 입으면 단 하루라도 고용주의 전문적 이미지를 ② 손상한다고 말한다. "금요일에 중요한 고객들이 오기로 되어 있었어요." 또 다른 근로자의 말이다. "그분들은 짙은 남색 정장을 입고 있었어요. 우리 직원들은 편하게 입고 있었

정답 풀이

직장에서 간편 복장 착용을 반대하는 의견에 대한 글이다. 따라서 직장에서는 정장, 넥타이, 드레스가 간편한 옷차림보다 '더 낫다'는 문맥이 되어야 하므로 ④ worse는 better로 바꿔야 한다.

고요. 나는 그것이 우리 회사에 관한 ③ 잘못된 메시지를 보냈다고 생각했어요." 만약 당신의 회사가 긍정적인 전문적 이미지를 보이고 싶다면 정장, 타이, 그리고 드레스가 캐주얼한 옷보다 ④ 못하다(→ 낫다). 이들 비판자에 따르면 직장에서 편하게 옷을 입는 것은 그 집단의 수준이 ⑤ 낮아지고 있다는 신호 가운데 하나다.

구문 풀이 2~3행 *Some workers* [who are strongly opposed] argue that they "can dress down when they retire."
who ~ opposed는 선행사 Some workers를 수식하는 주격 관계대명사절이다.

5~6행 "We had some important clients come in on a Friday," says another worker.
(V: had, O: some important clients, C: come in)
〈have+O+C〉의 구조에서 목적어와 목적격보어가 능동관계일 때 have는 목적격보어로 원형부정사(come in)를 취할 수 있다.

10~12행 ~, dressing down at work is **one of the signs that** society's standards are getting lower.
one of the signs와 that절은 동격을 이룬다.

---

04 ③

해석

인쇄기가 발명되기 전에는 책을 손으로 베꼈다. 하지만 책을 손으로 베끼는 일은 비용이 너무 비싸서 (A) 소량의 필사본이 만들어졌다. 그 결과, 부자들만이 책에 접근할 수 있었고 글 읽는 법을 배웠다. 인쇄기는 독일의 요하네스 구텐베르크에 의해 발명되었지만, 인쇄술은 (그 전부터) 이미 (B) 존재하고 있었다. 중국에서는 글씨가 새겨진 목판을 인쇄에 사용했다. 그러나 구텐베르크는 나무를 사용하는 대신 작은 크기의 금속판을 사용했다. 목판에 비해 금속판은 훨씬 (C) 튼튼했기 때문에, 값싸고 효율적으로 책을 만들 수 있었다. 그의 기계가 준 영향은 종종 인터넷이 미친 영향에 비교되곤 한다. 사회의 주목할 만한 발전은 구텐베르크가 만든 인쇄기에 힘입은 바 크다.

정답 풀이

(A) 손으로 일일이 책을 베낄 때는 비용이 많이 들어 '소량의' 복사본밖에 만들지 못했을 것으로 유추할 수 있다.
(B) 해당 문장은 While(~이긴 하지만)로 시작하므로 구텐베르크가 인쇄기를 발명했지만, 그 이전에 이미 인쇄술이 '존재했다'는 흐름이 적절하다. 다음 문장에서 중국의 사례가 나와 이를 뒷받침한다.
(C) 구텐베르크의 인쇄기로 책을 싸고 효율적으로 만들 수 있었던 이유는 나무판보다 훨씬 더 '튼튼한' 금속판을 이용했기 때문일 것이다. 따라서 정답은 ③.

구문 풀이 2~3행 But copying a book was **so** *expensive* **that** few copies of each book were made.
〈so/such ~ that ...〉구문은 '너무 ~해서 …하다'의 의미이며 〈so+형용사[부사]〉 또는 〈such+(a/an)+(형용사)+명사〉형태가 쓰인다.

4~6행 While the printing press was invented in 1450 by Johannes Gutenberg from Germany, printing **had** already **existed**.
구텐베르크가 인쇄기를 만든 1450년 이전에 이미 인쇄술이 존재했다는 문맥이므로 과거완료(had existed) 시제가 쓰였다.

제4회 미니 모의고사

본문 p.154~158

1 ③ **2** ⑤ **3** ② **4** ④ **5** ② **6** ⑤ **7** ② **8** ④ **9** ⑤ **10** ③ **11** ① **12** ③ **13** ② **14** ⑤

---

1 ③

해석

인생에서 몇몇 일에 전력을 다하는 것은 중요하다. 유감스럽게도 너무나 많은 사람들이 '언제나 최선을 다하라!'를 생각하고 말한다. 이런 사람들은, 최고가 되지 못할 거라는 두려움 때문에 즐거운 활동을 많이 거부한다. 태도를 바꿔라. 그림 그리는 것을 즐긴다면, 평균 이하의 능력을 가진 화가가 되어도 좋다. 피아노 치는 것이 당신에게 즐거움을 준다면, 평범한 피아니스트가 되는 것도 좋다. 당신이 즐기는 무언가가 있다면, 그냥 그것을 하라. 그리고 '최선을 다하라'고 하

정답 풀이

무엇이든 최선을 다하는 것보다는 자신이 즐길 수 있는 일을 하라는 것이 글의 핵심이다. 주제문(If there's something you enjoy, ~ people.) 역시 즐기는 무언가가 있다면 다른 사람들은 잊어버리고 그냥 그

는 사람은 잊어라. 실수했을 때 자신에게 웃을 수 있다면, 당신의 '연주'에 대한 어떤 비평가에게도 웃을 수 있을 것이다.

것을 하라고 말하고 있으므로, 글의 주장으로 가장 적절한 것은 ③.

오답 풀이

① 글은 '최선을 다하라'라는 말에 이의를 제기하고 있으므로 정답이 아니다.

④ 마지막 문장에서 언급한 '비판하는 사람들'을 활용한 오답 선지.

어휘

commitment 전념, 헌신; 약속 / **reject** 거부하다, 거절하다 / **fear** 두려움 / **attitude** 태도, 사고방식 / **average** 평범한; 평균의 / **critic** 비평가

구문 풀이 1~2행 It's important to give *some things* [in life] your full commitment.
가주어 진주어 V' IO' DO'

---

2 ⑤

해석

당신이 심각한 병이 있다는 사실을 방금 알았다고 상상해보라. 절망에 빠질 거라고 생각하기 쉽다. 그러나 심각한 질병이 언제나 불행을 가져오는 것만은 아니다. 연구자들은 한 그룹의 암 생존자들을 연구했다. 모두가 암 치료를 성공적으로 마치고 회복 중인 사람들이었다. 그들에게 결과적으로 그들의 삶이 어떻게 바뀌었는지 말해 달라고 요청했다. 절반가량이 운동을 더 많이 한다든가, 더 느긋해진다거나, 담배를 끊는 등 건강한 생활 방식의 변화가 생겼다고 말했다. 그리고 4분의 1이 넘는 사람이 더 깊은 사랑과 우정의 감정을 보고했다. 그 밖의 다른 변화에는, 사랑과 인생 자체에 대한 이해가 깊어진 것이 있었다.

정답 풀이

심각한 질병이 항상 불행을 가져오는 것은 아니라는(However, a serious ~ bring unhappiness.) 것이 이 글의 요지. 이어서 암 환자들이 질병을 이겨내면서 어떤 긍정적인 변화를 겪었는지 구체적인 근거를 제시하고 있다. 따라서 이 글의 주제는 ⑤.

선택지 해석

① 심각한 질병으로 고통받는 사람들

② 주요 질병으로부터 자신을 보호하는 방법

③ 심각한 질병이 있는 사람들의 노력

④ 타인의 고통을 이해하는 비결

⑤ 개인적 곤경으로 인해 일어난 긍정적 변화

오답 풀이

①, ③ 글에서 등장한 어구를 활용한 오답.

어휘

imagine 상상하다 / **find out** 알아차리다 / **illness** 병 / **fall into** ~에 빠지다 / **despair** 절망 / **unhappiness** 불행 / **researcher** 연구원 / **survivor** 생존자 / **therapy** 치료 / **successfully** 성공적으로 / **recovery** 회복 / **relax** 휴식을 취하다 / **quarter** 4분의 1 / **include** 포함하다 **[선택지 어휘] suffer** 고통받다 cf. suffering 고통 / **sickness** 질병, 아픔 / **major** 주요한, 중대한 / **struggle** 투쟁 / **personal** 개인적인

구문 풀이 2~3행 **It**'s easy **to** imagine falling into despair.
가주어 진주어
to이하의 주어 부분이 길어져 가주어 It이 쓰였다.

9~11행 About half said that **they'd** had healthy lifestyle changes, **such as** exercising more, relaxing more, and quitting smoking.
S V O
that ~ changes의 명사절이 said의 목적어 역할을 하고 있으며, they'd는 they had의 줄임말이다. such as 뒤에는 세 개의 동명사구가 병렬 구조를 이루고 있다.

3 ②

해석

우리는 동물의 권리에 대해 예전보다 더 많이 생각하기 시작했다. 그런데도, 우리의 행동이 동물의 정신 상태에 어떤 영향을 주는지에 대해 이야기하는 일은 잘 없다. 예컨대, 고래는 매우 사회적인 동물이며, 제대로 살아가기 위해서는 동료 집단을 필요로 한다. 그래서 프랑스의 자연학자 이브 파칼레는 사냥이 고래를 외롭게 만들 수도 있다고 생각한다. 파칼레는 외롭고 우울한 고래는 삶의 의지를 잃어버릴 수 있다고 경고한다. 그들은 모든 것에서 포기해 버릴지 모른다. 더 이상 먹지 않거나, 건강에 해로운 다른 짓을 할 수도 있다. 새끼를 낳는 시도를 멈춰버릴 수도 있다. 고래 개체 수를 낮추는 요인은 사냥만이 아니다. 그물과 그 밖의 위험한 어로 장비들은 환경오염과 함께 모두 고래에게 위험한 세상을 만들고 있다. 이런 사정이 바뀌지 않으면 고래들은 그저 포기하면서 죽어 나갈 것이다.

정답 풀이

'인간으로 인한 고래의 피해'가 글의 중심 소재이다. 인간에 의해 피해를 보고 있는 현재와 같은 상황이 지속된다면 고래는 계속 죽어 나갈 수밖에 없다고 했으므로 ②가 글을 함축적으로 잘 표현한 제목이다.

선택지 해석

① 왜 동물 권리를 말하는가?
② 파도 아래에서 일어나는 슬픈 일
③ 고래에 관한 놀라운 사실
④ 전 세계적인 고래 사냥의 증가
⑤ 고래: 인간의 가장 친한 친구인가 아니면 적인가?

오답 풀이

① 첫 문장에 나온 어구를 활용한 오답 선지.
④ hunting이라는 어구를 활용한 오답 선지.

어휘

put A into B A를 B에 더하다 / **right** 권리, 권한 / **still** 그럼에도 / **rarely** 좀처럼 ~하지 않는 / **affect** 영향을 미치다 / **state** 상태; 국가 / **thrive** 잘 자라다; 번창하다 / **naturalist** 동식물 연구가 / **warn** 경고하다 / **depressed** 우울한 / **give up** ~을 포기하다 / **unhealthy** 건강에 해로운 / **lower** 낮추다, 내리다 / **population** 개체 수 / **net** 그물 / **gear** 장비, 기어 / **along with** ~와 함께 / **environmental** 환경의 / **pollution** 오염 / **die off** 죽어나가다 **[선택지 어휘] sadness** 슬픔 / **worldwide** 전 세계적인 / **enemy** 적

구문 풀이

2~3행 Still, we rarely discuss **how** our actions affect their mental states.
(S: we / V: rarely discuss / O: how our actions affect their mental states)
동사 discuss의 목적어로 how가 이끄는 명사절이 쓰였다.

5~7행 So, French naturalist Yves Paccalet believes **that** hunting might be making them lonely.
(S: French naturalist Yves Paccalet / V: believes / O: that hunting might be making them lonely)
동사 believe의 목적어로 접속사 that이 이끄는 명사절이 쓰였다.

4 ④

해석

〈단어 의미 파악하기〉

위 그래프는 영어 원어민과 비원어민이 단어의 의미를 파악하는 데 사용하는 방법을 비교한다. 두 학생 집단 모두 단어 의미를 찾는 가장 흔한 방법은 사전을 사용하는 것이다. ① 하지만, 사전을 사용하는 비원어민의 수는 원어민의 수의 두 배 이상이다. ② 비원어민은 친구에게 물어보는 경우가 원어민보다 더 많다. ③ 선생님에게 도움을 요청하는 방법에서는 원어민과 비원어민이 같다. ④ 비원어민은 단어의 의미를 스스로 파악하려는 경우가 원어민보다 훨씬 더 많다. ⑤ 또한, 스스로 단어의 의미를 파악하려는 비원어민의 수와 단어를 무시하는 비원어민의 수는 비슷하다.

정답 풀이

도표에서 스스로 단어의 의미를 파악하는 학생의 수는 원어민의 학생 수가 비원어민의 수보다 훨씬 많다. 그러므로 도표의 내용과 일치하지 않는 것은 ④.

오답 풀이

① 사전을 사용하는 비원어민의 수는 120이 넘었고 원어민의 수는 60으로 두 배 이상 차이 나므로 일치하는 내용이다.

어휘

ignore 무시하다 / **compare** 비교하다 / **strategy** 방법; 전략[계획] / **native** (사람이) 태어난 곳의 / **common** 흔한 / **way** 방법; 길 / **the number of** ~의 수 / **times** ~배 / **be likely to-v** v할 것 같다 / **when it comes to v-ing** v에 대해서라면 / **figure out** 알아내다 / **similar** 비슷한

구문 풀이 **1~4행** The graph above compares *the strategies* [**used** by native English speakers (NS) and non-native speakers (NNS) **to find** the meaning of words].

과거분사구 used ~ words가 the strategies를 수식하고 있다. to find는 목적을 나타내는 to부정사의 부사적 용법으로 쓰여 '~하기 위해서'라고 해석한다.

4~6행 *The most common way* [**to find** a word's meaning for both groups of students] (S) is (V) **to use** a dictionary (C).

The most common way를 수식하는 형용사적 용법으로 쓰인 to부정사구(to find ~ students) 때문에 주어가 길어진 문장이다. 두 번째 to부정사(to use ~)는 명사적 용법으로 쓰여 is의 보어 역할을 한다.

13~16행 Also, *the number of NNS* [**who** find the meaning of words by themselves] and ***that** of NNS* [**who** ignore them] (S) are (V) similar (C).

the number of NNS와 that of NNS가 각각 관계대명사 who가 이끄는 절의 수식을 받아서 주어가 길어진 문장이다. that은 앞에 나온 단어의 반복을 피하려고 쓰였으며, the number를 가리킨다.

---

5 ②

해석

세계동물보호협회에 따르면, 세계 모든 고양이와 개의 약 80% 정도가 떠돌이이거나 야생이다. 여기서 떠돌이란 버려졌거나 길을 잃은 고양이와 개를 말한다. 이 고양이와 개들은 어쩔 수 없이 길에서 살 (A) 수밖에 없으며, 고통스러운 질병으로 괴로움을 겪는다. 야생 고양이와 개는 길에서 태어난 동물을 말한다. 많은 국가에서 이러한 떠돌이 및 야생 동물에 대한 관리가 급속히 논란거리가 되고 있다. 그러나 많은 국가가 떠돌이 및 야생 개와 고양이의 심각한 문제를 현명하게 관리하는 데 필요한 지식과 자원이 (B) 부족하다. 그들은 대개 독살이나 익사, 총살 같은 잔인한 방법에 (C) 의존한다. 이것은 문제의 근원에 닿지 못하기 때문에 장기적으로 효과가 없을 것이다.

정답 풀이

(A) 두 번째 문장에서 버려지거나 길을 잃은 동물을 떠돌이라 부른다고 말했으므로, 떠돌이 동물은 '어쩔 수 없이 길에서 살 수밖에 없다'는 내용이 자연스럽다.

(B) 해당 문장은 However로 시작하고 있으므로 앞과 대조되는 내용이 이어져야 한다. 따라서 여러 국가가 떠돌이와 야생 동물 문제로 곤란을 겪고 있음에도 불구하고 문제를 해결할 지식이나 자원이 '부족하다'는 흐름이 적절하다.

(C) 많은 나라는 떠돌이 및 야생 동물 문제를 해결할 제대로 된 대책이 없다고 했으므로, 잔인한 수법에 '의존하고 있음'을 유추할 수 있다. 따라서 정답은 ②.

어휘

according to A A에 따르면 / **protection** 보호 / **be willing to-v** 기꺼이 v하다 / **be forced to-v** 하는 수 없이 v하다; v하도록 강요받다 / **suffer from** ~로 고통받다 / **painful** 고통스러운 / **rapidly** 빨리, 순식간에 / **controversial** 논란이 많은 / **lack** ~이 없다[부족하다]; 부족 / **possess** 보유하다 / **knowledge** 지식 / **resource** 자원 / **wisely** 현명하게 / **rely on** ~에 의존하다 / **give up** ~을 포기하다 / **cruel** 잔혹한 / **means** 수단, 방법 / **poison** 독살하다 / **drown** 익사시키다; 익사하다 / **shoot** (총 등을) 쏘다 / **term** 기간; 용어 / **origin** 근원, 기원

구문 풀이 **11~14행** However, many of them lack *the knowledge and resources* [**to control** wisely the serious problem of stray and feral dogs and cats].

to control 이하는 the knowledge and resources를 수식하는 형용사적 용법의 to부정사이다.

16~18행 This might not work in the long term, **as** it does not get to the origin of the problem.

여기서 접속사 as는 '~이기 때문에'의 의미로 쓰였다.

---

6 ⑤

해석

맥은 이상한 동물이다. 그것은 코끼리 같은 코, 돼지를 닮은 몸, 코뿔소를 연상하게 하는 발가락을 가지고 있다. 그들은 하마처럼 물에서 노는 것을 좋아하지만, 말처럼 달릴 수도 있다. 맥에 관해 가장 이상한 점은 아마도 그들의 코일 것이다. 맥의 코는 코끼리의 코보다 (길이가) 짧지만 그래도 물건을 잡을 수 있다. 그것은 그들이 코를 뻗어 먹이를 잡거나 먹기 위해서 산산이 부술

정답 풀이

맥은 위협적으로 생겼지만, 일반적으로는 온순하며 공격적이지 않다고 하였으므로 일치하지 않는 것은 ⑤.

수도 있다는 것을 의미한다. 맥은 수줍음이 많지만, 그들의 강력한 턱으로 자신들을 보호할 수 있다. 맥은 무섭게 보일 수도 있지만, 일반적으로는 온순하고 공격적이지 않다. 맥의 두꺼운 피부는 재규어나 악어처럼 몸집이 더 큰 동물들로부터 자신을 보호하는 데 도움을 준다.

오답 풀이

③ 코끼리의 코보다 길이는 짧지만, 물건을 잡을 수는 있다고 하였으므로 일치하는 내용이다.

어휘

creature 동물, 생물 / **remind A of B** A에게 B를 생각[연상]하게 하다 / **hippo** 하마 / **probably** 아마 / **prehensile** (동물의 몸 부위가) 물건을 잡을 수 있는 / **reach out** (손 등을) 뻗다 / **grab** 붙잡다[움켜잡다] / **jaw** 턱 / **generally** 일반적으로 / **thick** 두꺼운, 두툼한 / **jaguar** 재규어 / **crocodile** 악어

구문 풀이

1~3행 It has a nose like an elephant, a body like a pig, and *toes* [**that** might remind you of a rhino].

and가 세 개의 명사구를 병렬구조로 연결하고 있다. toes는 주격 관계대명사 that이 이끄는 절의 수식을 받고 있다.

8~9행 **It** means **that** they can reach out and grab things or break them apart **to eat**.

It은 바로 앞 문장 Tapirs' noses ~ prehensible을 대신하는 대명사이다. 접속사 that이 이끄는 절이 문장의 목적어이다. to eat은 to 부정사의 부사적 용법 중 목적의 의미로 '~하기 위해서'라고 해석한다.

---

7 ②

해석

미국인들은 일과 돈 사이에 매우 강한 연관성을 둔다. '당신은 누구인가'에 대한 인식을 운이 아닌 일을 해서 버는 돈에 연관시킨다. 그들은 열심히 일하지 않고 번 돈에 대해 불쾌해한다. 예를 들어, 미국인들은 복권을 통해 갑작스러운 부를 얻는 사람을 거의 존경하지 않는다. 미국인들은 그것을 열심히 일해서 번 돈이 아니므로 그 사람(복권 당첨자)의 '진정한' 돈으로 생각하지 않는다. 복권 당첨자는 복권에 당첨된 것으로 그 혹은 그녀가 정말 운이 좋다는 사실을 제외하고는 아무것도 증명하지 못한다. 그들의 갑작스러운 부는 그들을 아웃사이더(소외자)로 만든다. 그들은 가난했었기 때문에 부자들과 어울리지 못한다. 그들은 그들의 동료들과도 더는 어울리지 못한다. 미국인들은 하루 내외로 복권 당첨자의 이름을 잊고, 그들에게서 다시는 소식을 듣지 않으려는 경향이 있다.

정답 풀이

빈칸 다음 문장에서, 미국인들은 복권에 당첨된 사람들이 노력이 아닌 단지 운으로 부자가 됐기 때문에 그들을 인정하지 않는다고 했다. 글의 첫 부분에서도 미국인들은 돈을 운이 아닌 '일'과 연관 짓는다고 했으므로, 그들이 불쾌감을 느끼는 것은 불로소득, 즉 '열심히 일하지 않고 번 돈'이다. 그러므로 빈칸에 적절한 것은 ②.

선택지 해석

① 부를 가지고 태어난 사람
③ 한 푼도 절약하지 않는 사람
④ 너무 많은 돈을 버는 직업
⑤ 충분한 임금을 주지 않는 힘든 일

어휘

connection 연관성[관련성] / **sense** 인식; 감각 / **connect** 연결하다 / **earn** (돈을) 벌다 / **uncomfortable** 불쾌한; 불편한 / **for instance** 예를 들어 / **respect** 존경; 존경하다 / **sudden** 갑작스러운 / **wealth** 부, 많은 재산 / **lottery** 복권 cf. lottery winner 복권 당첨자 / **prove** 증명하다 / **except** ~을 제외하고는 / **fortunate** 운 좋은 / **instant** 갑작스러운; 즉각적인 / **outsider** 아웃사이더[외부인] / **belong with** ~와 어울리다 / **the rich** 부자들 / **poverty** 가난, 빈곤 / **peer** 동료, 또래 / **within** 이내에 **[선택지어휘] career** 직업; 직장 생활 / **wage** 임금[급료]

---

8 ④

해석

안드로이드 로봇들은 인간처럼 보고 행동한다. 그것들은 수년간 공상과학 이야기의 일부였다. 레오나르도 다빈치는 심지어 15세기경에 사람들을 위해 그것들에 대한 설계도를 그렸다! 오늘날, 과학 기술은 이러한 꿈들에 가까워진 것 같다. (A) 예를 들어, 한국 연구소에서 나온 EveR-1은 인간의 얼굴과 35개의 작은 모터를 가지고 있다. 그 모터들은 그녀의 몸 윗부분과 얼굴을 움직인다. 그녀의 후임자는 EveR-2이다. 그녀는 노래를 부를 수 있다. (B) 게다가, EveR-3는 심지어 16개의 사실적인 표정을 짓고 차를 타고 돌아다닐 수 있다. 몇 년 전에는 그것들을 상상할 수 없었지만, 지금 로봇들은 우리 주변에 두루 존재한다!

정답 풀이

안드로이드 로봇과 오늘날의 과학 기술에 대해 말한 후에, (A) 뒤에서 그 예를 언급하고 있으므로 (A)에는 For example(예를 들어)이 가장 적절하다. EveR-1, EveR-2에 대해 말한 후에, (B) 뒤에서 EveR-3에 대해 추가로 언급하고 있으므로, (B)에는 In addition(게다가)이 가장 적절하다. 따라서 정답은 ④.

어휘

for years 수년간 / **plan** 도면, 설계도; 계획 / **technology** (과학) 기술 / **appear to-v** v인 것 같다 / **close** 가까운; 닫다 / **institute** 기관, 연구소 / **motor** 모터, 전동기; 자동차 / **upper** 위쪽의 / **realistic** 실제 그대로의, 현실적인 / **facial** 얼굴의 / **expression** 표현 / **on wheels** 차로, 차를 타고

구문 풀이

2~3행 They **have been** part of science fiction stories for years.
have been은 계속 용법의 현재완료로, '계속 ~해왔다'라고 해석한다. 주로 for, since와 함께 쓴다.

6~8행 For example, *EveR-1*, [from the Korean Institute], has a human face and 35 small motors.
(EveR-1, [from the Korean Institute]: S / has: V / a human face and 35 small motors: O)

10~12행 ~, EveR-3 **can** even **make** 16 realistic facial expressions [and] **move** around on wheels.
조동사 동사 can에 make와 move가 연결되어 있다.

9 ⑤

해석

유로는 유로존의 공식적인 형태의 화폐이다. 처음에 유로는 단지 12개국에서만 사용되었다.

(C) 현재 그것은 17개국에서 사용된다. 유로는 거래되는 돈의 공통적인 형태를 나라에 제공했다. 유로의 도입은 나라 간의 무역을 가능하게 했다.

(B) 하지만, 유로와 유로존에 대해 비판을 하는 사람들이 있다. 더 작은 나라들은 자기들이 더 큰 경제를 가진 더 큰 나라들에 의해 지배되고 있다고 말한다.

(A) 그들은 강한 나라들이 모두가 동등하게 득을 보도록 하지 않는 일을 한다고 말한다. 더 작은 나라들은 자립할 수 있는 더 많은 자유를 원한다. 또한, 유로로 바뀐 후 몇몇 국가들에서 물가는 오른 반면, 임금은 오르지 않았다.

정답 풀이

유로존의 공식 화폐인 유로가 처음에는 12개국에서 사용되었다는 주어진 글 다음에, 현재 유로를 사용하는 나라는 17개국이라는 (C)가 이어지는 것이 자연스럽다. 또한, (C)에서는 유로 사용의 장점을 언급하고 있는데, 그 뒤에 유로에 대해 비평하는 사람도 있음을 언급하는 (B)가 적절하다. (A)의 They는 (B)에서 언급한 Smaller states를 가리키므로 적절한 순서는 ⑤ (C) – (B) – (A).

어휘

official 공식적인 / **form** 유형, 형태 / **state** 국가; 정부 / **benefit** 유익하다; 혜택 / **equally** 동등하게 / **freedom** 자유 / **wage** 임금, 급료 / **critic** 비평가 / **economy** 경제 / **common** 공통의; 평범한 / **allow** 허락하다, 가능하게 하다 / **nation** 국가; 국민

구문 풀이

1~2행 They say **that** the big states do *things* [**that** don't benefit everyone equally].
첫 번째 that은 say의 목적어절을 이끄는 접속사이고, 두 번째 that은 앞의 명사 things를 수식하는 절을 이끄는 주격 관계대명사이다

4~6행 Also, after changing to the Euro, prices rose in some countries while wages didn't (***rise***).
앞에 나온 rose가 반복되어 didn't 뒤에는 rise가 생략되어 있다.

8~10행 Smaller states say (***that***) they **are being controlled** by bigger states with bigger economies.
say의 뒤에 접속사 that이 생략되어 있다. 진행형 수동태 〈be동사+being p.p.〉가 쓰였다.

11~13행 The Euro gave countries *a common form of money* [**to trade with**].
(The Euro: S / gave: V / countries: IO / a common form of money [to trade with]: DO)
to trade with는 형용사적 용법으로 a common form of money를 수식한다.

10 ③

해석

잠자기는 쉬워야 할 것처럼 보인다. 어쨌든 그것은 그저 아무것도 하지 않는 것이기 때문이다. 하지만, 불면증으로 고통받는 사람들은 소중한 잠을 자는 것이 불가능하다고 느낄 수 있다. 두 가지 종류가 있는데, 일차성 불면증과 이차성 불면증이다. 이차성 불면증은 고통, 호흡 장애, 약, 또는 다른 표준 시간대로 이동 같은 외부 요인에 의해 생긴다. 그것은 원인이 확인된다면 치료하기 어렵지 않다. 대조적으로, 일차성 불면증은 약이나 고통으로 생기지 않기 때문에 더 복잡하다. 제거할 원인이 없으므로 치료하기가 더 어렵다. 불면증은 매우 심각한 문제이다. 여러분이 숙면 후에 아침에 잠이 깨면, 그것에 감사할 것을 기억하라.

정답 풀이

주어진 문장은 In contrast로 시작하고 있으므로 앞에는 일차성 불면증보다 복잡하지 않은 불면증에 관한 이야기가 나올 것을 유추할 수 있다. ①, ②에서 이차성 불면증은 원인을 파악할 수 있어 치료하기 어렵지 않다는 내용이 나오는데, 주어진 문장은 ③에 위치하여 일차성 불면증은 이차성 불면증과는 달리 원인이 분명하지 않아 치료하기 어렵다는 흐름이 되는 것이 자연스럽다.

어휘

in contrast 대조적으로 / **primary** 제1의 / **complex** 복잡한 / **drug** 약물 / **after all** 어쨌든 / **precious** 소중한 / **secondary** 제2의 / **factor** 요인 / **time zone** 표준 시간대 / **treat** 치료하다 / **identify** 확인하다 / **cure** 치료하다 / **remove** 제거하다 / **grateful** 감사하는

구문 풀이 11~12행 **It** is harder **to cure** as there's no *cause* **to remove**.
가주어 진주어
It은 가주어, to cure 이하가 진주어이다. to remove는 형용사적 용법으로 명사 cause를 수식한다.

---

11 ①

해석

사람들이 고양이에 대해 생각할 때, '사회적'이라는 단어는 보통 떠오르지 않는다. 9천 년이 넘는 시간 동안 고양이가 애완동물로 길러졌음을 고려하면 이는 이상하지 않은가? 고양이는 쥐를 죽이는 데 유용하게 되어서야 길들었다고 여겨진다. 인간이 농업을 시작했을 때, 창고는 쥐들의 표적이었다. 야생 고양이는 먹잇감이 달아나지 않게 할 셈으로, 바로 사람들의 마을로 쥐를 따라왔다. 따라서 고양이는 자기 자신을 길들인 것처럼 보인다. 고양이는 스스로 (사람들) 안으로 들어왔고, 시간이 흘러서, 사람들 근처에 사는 데 익숙해졌다. 이 설명은 왜 집고양이가 여전히 그렇게 독립적인지를 보여준다. 개와 달리, 고양이는 언제든지 야생으로 돌아갈 수 있을 것처럼 보인다. 어쨌든, 고양이는 오늘날 가장 인기 있는 애완동물 중 하나다.

↓

고양이는 (A) 독립적이라고 알려져 있는데, 이는 아마도 그들이 (B) 자진해서 인간 사회에 참여했기 때문이다.

정답 풀이

고양이는 오랫동안 애완동물로 길러졌음에도 불구하고 여전히 독립적인 성향을 지니고 있는데, 이는 고양이가 스스로 인간 사회에 들어왔기 때문이라는 것이 글의 요지이다. 따라서 (A)에는 independent(독립적인)가, (B)에는 willingly(자진해서)가 적절하다.

선택지 해석

	(A)		(B)
②	사회적인	……	최근에
③	침착한	……	일찍
④	야생의	……	자진해서
⑤	부끄러워하는	……	최근에

오답 풀이

② 첫 문장에서 고양이는 사회적이지 않다고 했으므로 social은 적절하지 않다.

②, ⑤ 고양이는 9천 년 이상 동안 애완동물로 길러졌으므로, 최근에 인간 사회와 함께한 것이 아니다.

어휘

come to mind 생각이 떠오르다 / **store** 창고, 저장소 / **target** 표적; 목표(물) / **prey** 먹이, 사냥감 / **escape** 달아나다, 탈출하다 / **get used to-v** v에 익숙해지다 / **explanation** 설명 / **independent** 자립심이 강한; 독립적인 (↔ dependent 의존적인) / **unlike** ~와 달리 / **regardless** 개의치 않고, 어쨌든

구문 풀이 2~4행 Isn't that strange **since** cats have been kept as pets for over 9,000 years?
여기서 since는 '~ 때문에, ~이므로'의 의미이다.

---

12 ③
13 ②
14 ⑤

해석

(A) 어렸을 때 삼촌은 나를 데리고 축제에 간 적이 있다. 바이야는 우리 집에서 일하는데 그도 함께 갔다. 삼촌은 축제에서 친구들을 만났다. 그래서 바이야와 나는 함께 둘러보러 갔다. 머지않아 우리는 Lucky 상점이라 불리는 곳에 들렀다. 상점 주인은 엎어져 있는 1에서 10까지 쓰여 있는 카드들을 탁자 위에 가지고 있었다. (a) 그(상점 주인)는 당신이 해야 할 것은 2달러를 지불하고, 6개의 아무 카드를 꺼내고, 카드에 쓰여 있는 숫자들을 더해서 총합계를 구하는 것이라고 말했다. 그 (합친) 숫자가 쓰여 있는 상이 당신 것이 되었다.

(C) 한 노인은 2달러를 지불했고 6장의 카드를 골랐다. 그는 그 카드에 쓰여 있는 숫자들을 합산했고 총15의 숫자가 나왔다. 그는 15가 쓰여 있는 상을 받았고, 그 상은 아름다운 시계였다. 하지만 그 노인은 시계를 원하지 않았다. (c) 그 상점 주인은 이것을 25달러에 기쁘게 다시 사주

정답 풀이

12. Lucky 상점에서 한 카드게임을 알게 된다는 내용인 (A)에 이어서 어떤 노인이 그 게임을 하는 것을 보며 자신도 그 게임을 하고 싶어 하는 내용 (C)가 오는 것이 적절하다. 다음으로 그 카드 게임을 통해 모든 돈을 잃었다는 내용 (D)가 나온 후, 삼촌이 자신이 속았다는 것을 알려주는 내용 (B)가 마지막에 와야 자연스러우므로 이 글의 적절한 순서는 ③ (C) – (D) – (B).

었다. 그 노인은 매우 기쁘게 돌아갔다. 이것은 매우 쉬워 보였고, 나도 내 운을 시험해보길 원했다.

(D) 나는 바이아를 보았다. 그는 나를 격려해주었다. 나는 2달러를 지불했고 6개의 카드를 골랐다. 내 운은 그리 좋지 않았다. 나는 연필 두 자루를 받았다. (d) 그(상점 주인)는 나에게 이 연필들을 1달러에 샀다. 나는 다시 시도했다. 이번엔 잉크병을 받았고 이것 또한 가치가 없는 것이었다. (e) 그(상점 주인)는 이것 또한 1달러에 샀다. 나는 세 번째에 기회를 얻었다. 그러나 운은 나한테 있지 않았다. 나는 마지막으로 (그 게임을) 했고, 내 마지막 돈도 다 사라졌다.

(B) 후에, 바이아는 이 이야기를 삼촌에게 말했다. (b) 그(삼촌)는 (이야기를) 듣고 Lucky 상점의 사람이 날 속인 거라고 말했다. "아니야, 삼촌," 나는 말했다. "단지 운이 안 좋았어." "아니다, 조카야," 삼촌이 말했다. "그 남자는 상점 주인의 친구였어. 그들은 네 돈을 갖기 위해 너에게 속임수를 쓴 것이란다. 다음부터는 이렇게 속지 말렴."

13. (a), (c), (d), (e)는 모두 상점 주인을 가리키고, (b)는 삼촌을 가리키므로 가리키는 대상이 다른 것은 ②.

14. 필자는 마지막 게임인 세 번째 게임에서 모든 돈을 잃었다고 했다. 그러므로 이 글의 내용과 일치하지 않는 것은 ⑤.

어휘

fair 축제 / **as well** 또한, 역시 / **look around** 둘러 보다 / **shopkeeper** 상점주인 / **face down** (앞면이 밑으로 가게) 거꾸로 / **pick up** ~을 집다, 들어 올리다 / **make a fool of** ~을 놀리다, 속이다 / **play a trick on** ~을 속이다 / **foolish** 어리석은 / **select** 선택하다 / **buy A back** A를 되사다 / **pleased** 기쁜 / **encourage** 격려하다, 고무하다 / **little** 거의 ~ 않는 / **disappear** 사라지다

구문 풀이

5~6행 Soon, we came to **what** was called the Lucky Shop.
what은 선행사를 포함한 관계대명사로, 명사절을 이끈다.

10~11행 ***The prize*** [marked with that number] was yours.
marked ~ number는 과거분사구로서 The prize를 후치 수식한다.

21~22행 He was given *the prize* [*marked 15*], **which** was a beautiful clock.
which 이하는 the prize marked 15를 부연 설명하는 계속적 용법의 관계대명사절이다.

쎄듀 첫단추 BASIC 시리즈

문법·어법편 1·2

- 수능 영어에 꼭 필요한 핵심 문법·어법 엄선!
- 문법과 빈출 어법 포인트의 통합 학습 시스템!

정가 13,000원 (각 권)

독해편 1·2

- 글에 대한 기본 개념부터 문제 유형별 완성까지!
- 실전 맛보기를 위한 미니 모의고사 4회분 수록!

정가 13,000원 (각 권)

어휘리스트·어휘테스트·어휘 출제 프로그램·MP3 파일 다운로드

www.cedubook.com